普通高等教育高职高专“十三五”规划教材

物流信息技术与应用

主编　黄沫

中国水利水电出版社
www.waterpub.com.cn
·北京·

内 容 提 要

本教材是物流管理专业学生必修的一门核心课程。全书共九章，包括物流信息技术概述、物流条码技术、无线射频识别技术（RFID）、全球定位系统（GPS）、地理信息系统（GIS）、电子数据交换（EDI）、物流信息管理系统、物联网技术及其应用、物流信息标准化。本教材介绍了物流信息技术的基本原理及其应用，各章均有学习目标、案例导入、本章小结及课后练习，还有最新技术、最新行业信息及相关知识链接、案例阅读等材料。

本教材可作为高职高专物流管理及其相关专业的教材和参考书，同时可作为物流企业信息管理者相关人员的培训教材及参考读物。

图书在版编目（CIP）数据

物流信息技术与应用 / 黄沫主编. -- 北京 : 中国水利水电出版社, 2019.8（2020.12重印）
普通高等教育高职高专“十三五”规划教材
ISBN 978-7-5170-6556-2

Ⅰ. ①物… Ⅱ. ①黄… Ⅲ. ①物流－信息技术－高等职业教育－教材 Ⅳ. ①F253.9

中国版本图书馆CIP数据核字(2018)第140548号

书 名	普通高等教育高职高专“十三五”规划教材 **物流信息技术与应用** WULIU XINXI JISHU YU YINGYONG
作 者	主编 黄沫
出版发行	中国水利水电出版社 （北京市海淀区玉渊潭南路1号D座 100038） 网址：www. waterpub. com. cn E-mail：sales@waterpub. com. cn 电话：（010）68367658（营销中心）
经 售	北京科水图书销售中心（零售） 电话：（010）88383994、63202643、68545874 全国各地新华书店和相关出版物销售网点
排 版	中国水利水电出版社微机排版中心
印 刷	清淞永业（天津）印刷有限公司
规 格	184mm×260mm 16开本 17.25印张 409千字
版 次	2019年8月第1版 2020年12月第2次印刷
印 数	2001—5000册
定 价	**48.00**元

本书编写人员

主　编　黄　沫

副主编　李松林　　郑艳玲　　李丽萍

前言 QIANYAN

随着经济全球化的快速发展，新的经营管理模式开始出现并且不断创新，国际贸易量迅速增长，范围扩大，全球范围内的销售网络、采购网络不断建立，使现代物流的功能更复杂，服务要求更高。由过去集化物流（大批量、长周期）向现在的分化物流（小批量、多频次）方向转变，并且在时效上要求更快、更高，这就需要先进的技术支持才能提高物流服务和质量。信息技术的快速发展，对现代物流业的发展有着巨大的推动作用。正是有了信息技术的飞速发展，物流业才得以发展得如此迅速。因此，现代信息技术广泛运用于物流业的各个领域，是现代物流强有力的支撑，是现代物流的核心竞争力。

物流信息技术是现代信息技术在物流各个环节作业中的综合应用，是现代物流区别传统物流的根本标志，也是物流技术中发展最快的领域。物流信息技术可使企业在全球范围内低能耗生产，也可以使企业进行超时空、零距离、低成本交易，而一个高效的物流信息系统，可让企业库存、运输、资金流通及一切作业活动得到优化，从而降低物流企业的费用，创造利润。

本教材根据我国物流信息技术应用的实际，结合物流管理与信息技术，以物流信息技术应用为主线，对物流信息技术进行详细介绍，探讨了条形码技术、射频识别技术、GPS、GIS、EDI、物联网以及物流信息系统等技术的理论和应用问题，重点帮助学生学会应用中的操作问题。对于各项技术应用中可能出现的问题，结合实训和案例来解决。通过对本教材的学习，希望能够让高职高专的学生对上述技术操作有一定的掌握，能对信息技术在物流系统中的应用有一定的全局把握，具备一定的整合能力。

本教材是普通高等教育高职高专“十三五”规划教材中的一本，由计算机应用技术示范特色专业及实训基地项目建设项目予以资助。本教材由黄沫担任主编，李松林、郑艳玲、李丽萍担任副主编。具体分工为：第一、二、四、五、八、九章由黄沫编写，第三章由李松林编写，第六章由李丽萍编写，第七章由郑艳玲编写。

由于编写时间仓促，作者水平有限，对技术的研究还不够深入，书中难免存在不妥和疏漏之处，恳请读者批评指正。

编者

2019 年 5 月

目录 MULU

前言

第一章

物流信息技术概述

学习目标

知识目标：1. 理解信息与物流信息的含义。

2. 了解物流信息的分类和作用。

3. 熟悉物流信息技术和基本功能。

4. 了解物流信息的发展趋势。

技能目标：1. 会识别常用的物流信息技术。

2. 能列举信息技术的应用实例。

案例导入

沃尔玛独有的不可战胜的技术

1992 年，沃尔玛在山姆·沃尔顿的手里已经长成了一棵参天大树，成为了美国最大的零售企业。山姆去世后，儿子罗布逊执掌了沃尔玛，沃尔玛在不断地成长。罗布逊不仅靠着父亲留给他的许多法宝继续开疆拓土，还给沃尔玛创造了独有的不可战胜的技术。这个技术是什么呢？

2000 年后，沃尔玛在世界各地有了许多分店，进沃尔玛一眼看去，是长长的等待付款的客户，对这种现象，罗布逊是看在眼里，急在心里，怎么能让“老板”等这么久呢？这意味着山姆留下来的“顾客是老板的根基”正在松动。怎么办？增加收银台，可是这仍然解决不了顾客排队的等待问题。

当时沃尔玛已率先使用了条码扫描技术。在结账的时候，购买的商品必须一件一件地从购物车里拿出来，收银员用扫描器一件一件地扫描商品，动作再快，一个顾客得等几分钟。实际上，当时的条码扫描已经快多了。但是罗布逊想，是否能在父亲的这个基础之上更进一步，加快收银的速度呢？如果能一次将一个购物筐中的所有商品一次性地读出来，那就好了。

有了这个想法，罗布逊大胆地去推进，他找到了一个叫做“无线射频识别”的技术，今天，我们也把它称为“电子标签”。它能做到一次性扫描完一个购物筐中的所有商品。应用这一技术，沃尔玛又一次站到了零售业新技术应用的最前沿。沃尔玛在全球有近上万家商店，里面的商品更是成千上万种，应用电子标签技术，仅用 15 分钟就可以一次性盘点完成，商店有什么商品，放在什么地方，多少量全部信息都能记录完。沃尔玛又进步了。

沃尔玛分店越开越多，老板需要及时了解各个店的业务情况。怎样才能及时了解各个店的业务情况呢？沃尔玛有神功，这个神功就是通信卫星。1979 年，第二次石油危机困扰着美国，经济受到影响，这时的沃尔玛有200多家商店。面对危机，所有的企业都在节衣缩食，没想到沃尔玛宣布，从美国休斯公司购买通信卫星，这不仅仅是购买一颗卫星，还包括发射卫星、计算机配套、大量的控制系统等，而且要三五年以后才能使用，总计要七八亿的投资。当时，全世界没有几个国家能发射卫星，一个企业就搞一颗卫星，大家当是笑话。因此这个消息一传出，沃尔玛的股票一路大跌，成为当时的一大笑料。

他为什么要发这颗卫星呢？为了让所有的计算机连在一起，让每一个商店的货物都能够及时地了解，山姆下决心购买通信卫星。有了通信卫星，沃尔玛通过大量采购、集中运输的方式，并且在不会造成积压的前提下，有效地满足了客户低价购买高质量商品的要求。全球的沃尔玛商品有十万多种，商店近万家，每天销售折合75亿元人民币的货物，每天有7500万人会光顾沃尔玛，同时还有上万家的厂商在供货，200多万的员工在工作，这么一个庞然大物，沃尔玛能做到忙而不乱，每天时时刻刻都能钱货清楚，利润当天就知道。

从这里，我们可以看出沃尔玛对信息技术的执着追求，这些成就了沃尔玛今天的伟业。

思考：(1) 沃尔玛为什么能够成功？

(2) 沃尔玛应用了哪些信息技术？

第一节　物　流　信　息

一、信息

世界是由物质组成的，物质是运动变化的，客观变化的事物不断地呈现出各种不同的信息。“信息无处不在，信息就在大家身边。”在日常生活中，人们经常不假思索地使用着信息这个词语。例如，人们在电视新闻、网络或报纸中获取政治、经济、军事、文化信息，从天气预报中获得未来的天气信息等。那么我们所看到的文字、图形、图像、声音、影视和动画等都是信息吗？

要认识信息，首先要知道什么是数据。数据是对客观事物记录下来的可鉴别的符号，包括数字、字符、文字、图形等。它是客观事物的基本表达。例如，一个男人的身高为170cm，体重为40kg。这句话包含了许多数据，如“男人、170cm、40kg”等，这些数据反映了一个人身体的基本情况。

但是这些仅仅是数据。数据经过解释，变得有意义了才能成为信息。信息是经过加工后，并对客观世界产生影响的数据。如170cm的男人体重才40kg，说明这个人很瘦，使人们对其身体健康的认识产生影响，人们做出的反应是他要加强饮食与营养；再比如汽车时速150km，给司机传递的信息就是速度太快，应减速。

因此，人们需要对获得的数据进行加工处理，并加以利用，它才能变为信息。所以，文字、图形、图像、声音、影视和动画等都不是信息，它们所承载的内容才是信息。

（一）信息的定义

目前，关于信息的定义还没有统一的认识，其粗看有三个关键的重要时段。

第一时段是香农和维纳的信息定义。1948年，信息论、控制论创始时，美国数学家香农在题为《通信的数学理论》的论文中指出："信息是用来消除随机不定性的东西。"虽然不完全，但该定义是信息具有革命化的原始定义。

另一个著名的定义是由美国科学家维纳提出的，他在1948年出版的《控制论——动物和机器中的通信与控制问题》一书中给出"信息"的定义："信息就是信息，既不是物质也不是能量。"根据维纳的说法，物质、能量和信息之间是有区别的，是人类社会赖以生存和发展的三大基础。世界由物质组成，能量是一切物质运动的动力，信息是人类了解自然及人类社会的凭据。

第二时段是钟义信的信息定义，是阶段性的突破。其间"信息是被反映的物质属性"算是经典。

关于信息定义的讨论，钟义信在《信息科学原理》一书中对各种观点进行了归纳分析，给出定义："信息，就是主体所感知或所表述的事物运动状态和方式的形式化关系。"到目前为止，围绕信息定义所出现的流行说法已不下百种。如"信息是事物之间的差异"（Longo，1975）、"信息不是物质，它是物质状态的映射"（张学文等，2003）、"信息是被反映的物质属性"（刘长林，1985）、"信息是作用于人类感觉器官的东西"。钟义信在《信息科学原理》一书中认为，在信息概念的诸多层次中，最重要的是两个层次，一个是没有任何约束条件的本体论层次，另一个是受主体约束的认识论层次。从本体论层次上考察，信息可被定义为"事物运动的状态以及它的状态的改变方式"（纯客观的意义），其中信息泛指一切物质客体和精神现象，泛指一切意义上的变化，这个层次上定义的信息是最广泛意义的信息，它的适用范围最广。

第三阶段是逆香农、逆维纳的信息定义，即现代的新定义。代表有"信息就是信息，信息是物质、能量、信息及其属性的标示"（邓宇等，2006）、"信息是确定性的增加，即肯定性的确认""信息是事物属性标志的集合"等。

现代通信理论认为，信息是用来表征事物形态和运动特征的一种普遍形式，它包含着事物发出的消息、数据和信号等内容。表达信息的主要形式是文字、声音、数据和图像等。

从使用者的角度看，信息是指经过加工、处理、解释而形成的对人们有意义和效用的某种数据形式，也可以说是人们对数据的理解。

（二）信息的特征

1. 依附性

信息必须依附一定的媒体介质表现出来，如看到蚂蚁搬家就知道快下雨了。

2. 价值性

信息能够满足人们某些方面的需要，如会考时间为6月20日，此信息对高一的学生具有价值；还有一千个读者就有一千个哈姆雷特，带给人们不同感受。

3. 时效性

信息的价值是有时间性的，信息会随着客观事物的变化而变化，在一定时间内能产生效益，过了这个时期就不会产生效益了。如天气预报、市场信息都会随时间的推移而变化。

4. 共享性

一个信息可以在同一时间由多人进行分享，共同受益。如网络上的信息被人下载和利用。但共享的各方受益、受损是不确定的。

5. 真伪性

信息是能被接收者接收并经过加工处理而获取的数据，其具有真伪性。如成语“明修栈道，暗度陈仓”、诸葛亮巧设“空城计”等典故，其计谋虚虚实实、真真假假，让人难以判断。

6. 可存储性

信息可以存储。大脑就是一个信息存储器。人类发明的文字、摄影、录音、录像以及计算机存储器等都可以进行信息存储。

7. 可传递性

信息具有可传递性。信息的传递性打破了时间和空间的限制，可产生更多的价值。如：通过书籍、报刊，我们能够了解他人的思想学习经验，通过广播、电视、网络了解世界各地发生的许多事情。

8. 可处理性

大脑就是最佳的信息处理器。大脑的思维功能可以进行决策、设计、研究、写作、改进、发明、创造等多种信息处理活动。计算机也具有信息处理功能。

二、物流信息概述

（一）物流信息的定义

GB/T 18354—2006《物流术语》把物流信息定义为“反映物流各种活动内容的知识、资料、图像、数据、文件的总称”。包括从生产到消费的物流过程中各环节产生的信息，与物流过程中的运输、保管、装卸、包装等各种职能有机结合在一起，是整个物流活动顺利进行的必要要素。物流信息涉及的环节如图 1-1 所示。

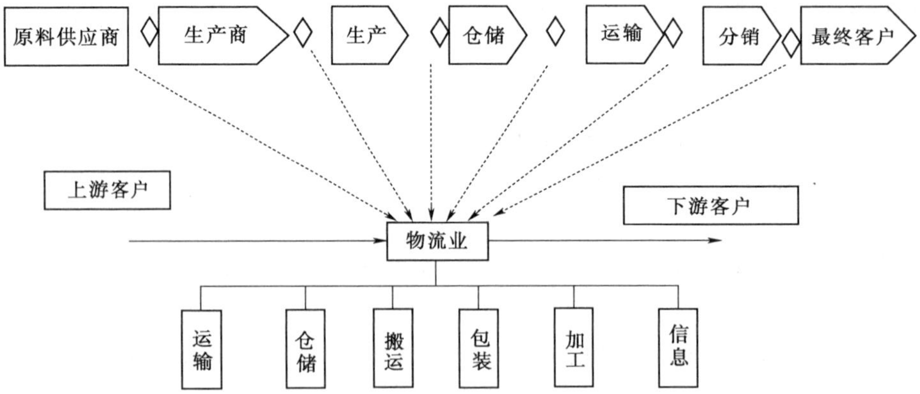

图 1-1　物流信息涉及的环节

物流信息可以分为狭义物流信息和广义物流信息。狭义物流信息，是指与物流活动（如运输、保管、包装、装卸、流通加工等）有关的信息，它是伴随着物流活动而产生的。如图 1-1 所示，在物流过程中，运输管理如线路的确定、工具的选择、运输批量的确定、在途货物的追踪，仓储管理如仓库面积的有效利用、最佳库存数量的确定、库存时间的制定、订单管理、有效客户反应管理等，都需要准确及时的物流信息，有了物流信息才能对运输管理、仓储管理、订单管理等活动进行有效的管理与决策。

广义物流信息，不仅指与物流活动有关的狭义物流信息，而且包含与其他流通活动有关的信息，包括商品物流信息和市场物流信息。如原料供应商信息、商品交易信息、客户信息、订货合同信息、交通运输信息、政策信息、市场信息等，还有来自企业内生产、财务等部门与物流有关的信息。广义物流信息的内容如图 1－2 所示。

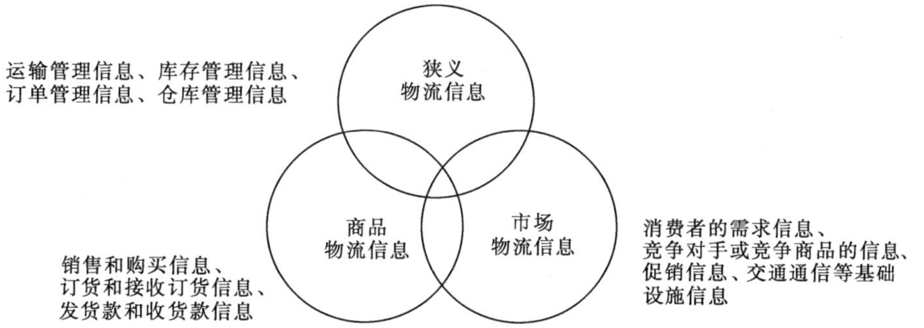

图 1－2　广义物流信息的内容

（二）物流信息的分类

1. 按信息沟通方式划分

（1）口头信息。通过面对面交谈所进行交流的信息，它可以迅速、直接传播，但也容易失真，与其他传播方式相比，速度较慢。物流活动的各种现场调查和研究是获得口头信息最简单的方法。

（2）书面信息。物流信息表示的书面形式，可以重复说明和例行检查。各种物流环节中的报表、文字说明、技术资料等都属于这类信息。

2. 按信息来源划分

按信息来源的不同，物流信息分为外部信息和内部信息。

（1）外部信息。外部信息是在物流活动以外发生，提供给物流活动使用的信息，包括供货人信息、顾客信息、订货合同信息、交通运输信息、市场信息、政策信息，还有来自企业内生产等部门的与物流有关的信息。通常外部信息是相对而言的，对于物流子系统来说，来自于另一个子系统的信息也称为外部信息。例如，物资储存系统从运输系统中获得的运输信息，对于储存系统来说是外部信息。企业外部信息的收集、加工和利用是实现危机管理、风险管理的基础和保证。

（2）内部信息。来自企业内部运作、财务等部门与物流有关的信息则是内部信息。企业全年生产经营指标完成情况、生产计划完成情况等则为企业内部信息。这些信息通常是协调系统内部人力、物力活动的重要依据，也具有一定的相对性。

按照信息产生源头划分，容易保证信息的收集以及信息的准确性，但是要注意防止产生“信息孤岛”，使不同活动不易共享信息。

3. 按信息的作用划分

（1）计划信息。计划信息是指对未来物流活动实现目标、采取方案、时间进度和资源使用做出的事先安排，如物流量计划、仓库吞吐量计划、车皮计划、顾客服务水平等。与物流活动相关的如国民经济计划、工农业产品产量计划等，甚至是带有作业性质的如协议、合同、投资等信息都是计划信息。这种信息具有相对稳定性，信息更新速度较慢。

计划信息对物流活动具有非常重要的战略性指导意义。掌握了这些信息之后，人们便可以对物流活动进行战略性思考，是战略决策或大的业务决策不可缺少的依据。

（2）控制及作业信息。控制及作业信息是指物流活动过程中发生的信息，带有很强的动态性，是掌握物流现实活动状况不可缺少的信息，如库存种类、库存量、在运量、运输工具状况、物价、运费、投资在建情况、港口发运情况等。这种信息的特点是动态性非常强、更新速度很快、时效性很强，往往是此时非常有价值的信息，瞬间就变得一文不值。

物流活动过程中，在连续的作业中产生的信息，都是上一阶段作业的结果信息，但并不是此项物流活动最终结束后的信息。这种信息的主要作用是控制和调整正在发生的物流活动和指导下一次即将发生的物流活动，以实现对过程的控制和对业务活动的微调。这是管理工作不可缺少的信息。

（3）统计信息。统计信息是指物流活动结束后，得出的整个物流活动一种终结性、归纳性的信息。这种信息是一种恒定不变的信息，有很强的资料性，虽然新的统计结果不断出现，从总体来看具有动态性，但已产生的统计信息都是一个历史性的结论，是静态不变的。如上一年度发生的物流量、物流种类、运输方式、运输工具使用量、装卸量以及与物流有关的工农业产品产量、内外贸易数量等都属于这类信息。统计信息有很强的战略价值，通过对统计资料的分析可以揭示过去的物流活动规律，预测未来物流活动发展趋势，指导物流战略发展和制订计划。统计信息是经济领域中非常重要的一类信息。

（4）支持信息。支持信息是指能对物流计划、业务、操作产生影响的文化、科技、产品、法律、教育、民俗等方面的信息。这些信息不仅对物流战略发展有价值，而且对物流控制、操作能起到指导、启示的作用，是可以从整体上提高物流水平的一类信息。

4. 按管理层次划分

根据管理层次划分，物流信息可分为业务操作信息、管理控制信息、决策支持信息和战略管理信息。

（1）业务操作信息。业务操作信息产生于物流作业管理层，反映和控制企业的日常生产和经营工作，它处于管理信息中的最底层，是信息源，来自于企业的基层，如每天的产品质量指标、用户订货合同、供应厂商原材料信息等。这类信息通常具有量大、发生频率高等特点。

（2）管理控制信息。管理控制信息是部门负责人作关系局部和中期决策涉及的信息，如月销售计划完成情况、单位产品的制造成本、库存费用、合同、客户关系、质量、计划、市场商情信息等。这类信息一般来自于本单位所属各部门。

(3) 决策支持信息。决策支持信息是管理部门相关人员对企业自身的知识进行收集、分类、存储和查询，并进行知识分析得到的信息，如专家决策知识、物流企业相关业务知识、工人的技术和经验形成等。

(4) 战略管理信息。战略管理信息是企业高层管理决策者制定企业年经营目标、企业战略决策所需信息，如企业全年经营业绩综合报表、消费者收入动向和市场动态、国家有关政策法规等。这类信息一部分来自企业内部，多为报表形式；另一部分来自企业外部，数据量较少，不确定性高，内容较抽象。

5. 按物流活动划分

按物流活动划分，物流信息一般由物流系统内信息和物流系统外信息两部分组成。物流系统内信息包括物料流转信息、物流操作层信息，具体包括运输信息、储存信息、物流加工信息、配送信息、定价信息等。物流系统外信息主要包括用户物品运输、配送信息，运力资源信息，交通和地理信息等。

(三) 物流信息的特征

物流信息与其他信息相比具有以下特征。

1. 信息量大

物流信息随着物流活动以及商品交易活动的展开而大量产生，多品种少批量生产和多频度小数量配送使库存、运输等物流活动的信息大量增加。零售商广泛使用 POS 系统读取销售时点的商品价格、品种、数量等即时销售信息，并对这些信息加工整理，通过电子数据交换（EDI）向相关企业传送。同时，为了使库存补充作业合理化，许多企业采用 EOS。随着企业间合作倾向的增强和信息技术的发展，物流信息的信息量将会越来越大。

2. 更新快

多品种少批量生产、多频度小数量配送和利用 POS 系统的即时销售使得各种作业活动频繁发生，从而要求物流信息不断更新，而且更新的速度越来越快。

3. 来源多样化

物流信息不仅包括企业内部的物流信息（如生产信息、库存信息等），而且包括企业间的物流信息和与物流活动有关的基础设施的信息。企业竞争优势的获得需要供应链上各相关企业之间相互协调合作。协调合作的手段之一是信息即时交换和共享。为了能够实现信息即时交换和共享，企业与合作伙伴之间的信息必须是容易转换和读取的信息形式，因此要进行信息的标准化。现在，越来越多的企业群把物流信息标准化和格式化，并利用 EDI 在相关企业间进行传递，实现信息共享。另外，物流活动往往利用道路、港湾、机场等基础设施，因此为了高效率地完成物流活动，必须掌握与基础设施有关的信息，如在国际物流过程中必须掌握报关所需信息、港湾作业信息等。

4. 物流信息趋于标准化

现在，企业间的物流信息一般采用 EDI 标准，企业内部物流信息也拥有各自的数据标准。随着 XML 技术的成熟，企业物流信息系统内外部信息标准可以统一起来，从而简化了系统的开发，功能也更强大。

第二节　物流信息技术

一、信息技术

（一）信息技术的定义及范围

信息技术（information technology，IT）是指获取、传递、处理、再生和利用信息的技术，泛指能拓展人的信息处理能力的技术。信息技术主要包括计算机技术（信息处理的核心与支柱）、通信技术、微电子技术（现代信息技术的基石）、传感技术等，它代替或辅助人们完成了对信息的检测、识别、变换、存储、传递、计算、提取、控制和利用。

计算机技术具有扩展人的思维器官处理信息和决策的功能；通信技术具有扩展人的神经系统传递信息的功能；传感技术具有扩展人的感觉器官收集信息的功能；微电子技术扩展了人们对信息的控制与使用能力。

（二）信息技术的发展历程

1. 语言的产生和应用

第一次信息技术革命是语言的创造，发生在猿向人转变的时期。人类创造了语言，获得了人类特有的交流信息的物质手段和加工信息的特有工具——概念，是人类信息能力质的飞跃。

2. 文字的发明和使用

第二次信息技术革命是文字的发明，发生在原始社会末期。这一次革命使人类信息突破了口语的直接传递方式，可以将信息储存在文字中加以传播。首次超越了时间和空间的局限。

3. 造纸术和印刷术的发明和应用

第三次信息技术革命是造纸术和印刷术的发明，发生于封建社会时期。这两项发明扩大了知识的生产、存储、流通，扩大了信息的交流、传递的容量和范围，使人类文明得以迅速传播。

4. 电子技术

第四次信息技术革命是电报、电话、电视等现代通信技术的运用。现代通信技术信息的传递手段发生了根本性变革和历史性的变革，信息传递效率手段质的飞跃，大大加快了信息传输的速度，缩短了信息的时空跨度。

5. 计算机

第五次信息技术革命是电子计算机的发明和应用，发生在20世纪中叶。计算机的出现从根本上改变了人类加工信息的手段，突破了人类大脑及感觉器官加工利用信息的能力。这次用电子计算机、通信卫星、光导纤维组成的现代信息技术革命的成果，使人类进入信息社会时代。

二、物流信息技术

（一）物流信息技术概述

物流信息技术（logistics information technology，LIT）是运用于物流各环节中的信

息技术，是物流现代化的重要标志。根据 GB/T 18354—2006《物流术语》，物流信息技术是指物流各环节中应用的信息技术，包括计算机、网络、信息分类编码、自动识别、电子数据交换、全球定位系统、地理信息系统等技术。

物流信息技术是建立在计算机技术、网络通信技术平台上的各种技术应用，包括硬件技术和软件技术。硬件是物流信息系统运行的硬件平台，主要有计算机、网卡、集线器、路由器、扫描器、POS 终端设备和无线射频设备等。软件又可分为系统软件和应用软件两类，系统软件主要应用于系统管理、维护、控制及装入程序等工作；应用软件主要是通过计算机进行信息处理的程序或文件，如仓储管理系统、运输管理系统和配送管理系统等。

（二）物流信息技术体系

物流信息技术体系的环节如图 1－3 所示。

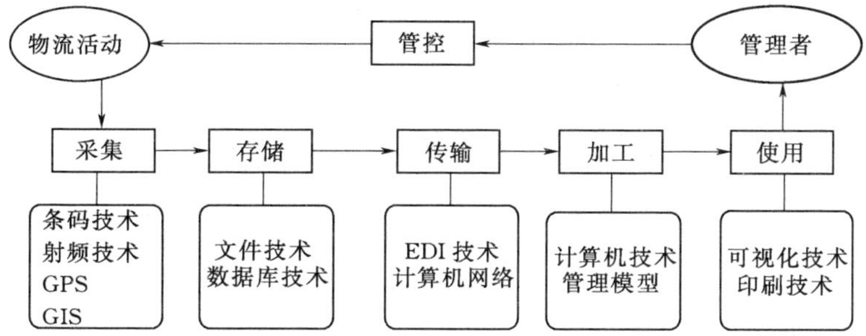

图 1－3　物流信息技术体系的环节

（三）常用的物流信息技术

根据物流的功能和特点，物流信息技术主要包括计算机网络技术、数据库技术、条码及射频识别技术、地理信息技术、全球卫星定位技术、电子数据交换技术、物联网技术、管理软件技术、智能技术、遥感技术等。在这些信息技术的支撑下，形成了以移动通信、资源管理、监控调度管理、自动化仓储管理、业务管理、客户服务管理、财务管理等多种业务集成的一体化现代物流信息系统。以下主要介绍 10 种物流信息技术。

1. 基础技术

基础技术主要包括计算机技术、网络技术和数据库技术。

（1）计算机技术。计算机技术是计算领域中运用的技术方法，计算机技术具有明显的综合特性，它与电子工程、应用物理、机械工程、现代通信技术和数学等紧密结合，发展很快。计算机技术在许多学科和工业技术的基础上产生和发展，又在几乎所有科学技术和国民经济领域中得到广泛应用。计算机技术的内容非常广泛，可分为计算机系统技术、计算机器件技术、计算机部件技术和计算机组装技术等。在物流信息技术中，计算机技术主要是指计算机的操作技术。

（2）网络技术。网络技术是从 20 世纪 90 年代中期发展起来的新技术，它把互联网上分散的资源融为有机整体，实现资源的全面共享和有机协作，使人们能够透明地使用资源的整体能力并按需获取信息。资源包括高性能计算机、存储资源、数据资源、信息资源、知识资源、专家资源、大型数据库、网络和传感器等。当前的互联网只限于信息共享，网络则被认为是互联网发展的第三阶段。网络可以构造地区性的网络、企事业内部网络、局域网网络甚至是家庭网络和个人网络。网络的根本特征并不是它的规模，而是资源共享，消除“资源孤岛”。在物流管理中，网络技术为物流供应链管理提供技术实现手段，实现信息在企业之间的交互与共享。

(3) 数据库技术。数据库技术产生于20世纪60年代末至20世纪70年代初，其主要目的是有效地管理和存取大量的数据资源。数据库技术主要研究如何存储、使用和管理数据。近年来，数据库技术和计算机网络技术的发展相互渗透、相互促进，已成为当今计算机领域发展迅速、应用广泛的两大领域。数据库技术不仅应用于事务处理，还进一步应用到情报检索、人工智能、专家系统、计算机辅助设计等领域。在物流管理中，数据库技术主要用于物流信息的存储与查询，提供信息支持与辅助决策的作用。

2. 条码技术

条码技术为我们提供了一种对物流中的货物进行标志和描述的方法。它是在计算机的应用实践中产生和发展起来的一种自动识别技术。条码技术是物流自动跟踪的最有力工具，被广泛应用，是实现电子商务、POS系统、EDI、供应链管理的技术基础，是物流管理提高企业管理水平和实现现代化的重要手段。

3. 射频识别技术

射频识别（radio frequency identification，RFID）技术，也称无线射频识别技术，是从20世纪90年代兴起的一项非接触式自动识别技术，它通过射频信号自动识别目标对象来获取相关数据，识别工作无须人工干预，可工作于各种恶劣环境。短距离射频产品可以替代条码，不怕油渍、污染等恶劣的环境，用在工厂的流水线上可以进行物体跟踪。长距射频产品识别距离可达几十米，多用于交通上，如识别车辆身份和自动收费等。

4. EDI技术

电子数据交换（electronic data interchange，EDI）是指采用标准化的格式，通过电子方式，利用计算机网络进行数据的交换和传输。构成EDI系统共有三个要素，分别是通信网络、EDI软硬件以及数据标准化。EDI的工作方式大体如下：通过EDI转换软件将原始数据格式转换为平面文件，之后用户在计算机上进行原始数据的编辑处理，平面文件是用户原始资料格式与EDI标准格式之间的对照性文件；然后在文件外层加上通信信封（envelope），通过翻译软件将平面文件变成EDI标准格式文件；最后，通过通信软件“EDI系统交换中心邮箱（mailbox）”发送到增值服务网络（VAN）或直接传送给对方用户，最后成为用户应用系统能够接收的文件格式。

5. GPS技术

全球定位系统（global positioning system，GPS）在物流领域中可以应用于铁路运输管理、跟踪调度、汽车自定位、军事物流等，具有在海、陆、空进行全方位定位的能力和实时三维导航的能力。

6. GIS技术

地理信息系统（geographical information system，GIS）是采用地理模型分析方法，以地理空间数据为基础，适时地提供多种空间的和动态的地理信息，是多种学科交叉的产物，是一种为地理研究和地理决策服务的计算机技术系统。GIS的显示范围可以从国际地图到非常详细的小区地图，显示对象包括销售情况、人口、运输线路和其他内容，它的基本功能是对显示结果进行操作、浏览和分析，并将表格型数据转换为地理图形显示。

7. 物联网技术

物联网（Internet of things）就是“物物相连的互联网”，是通过射频识别技术、红外感应器、全球定位系统、激光扫描器等信息传感设备，按约定的协议，把任何物品与互联网连接起来，进行信息交换和通信，以实现智能化识别、定位、跟踪、监控和管理的一种网络。物联网有两层意思：一是物联网的核心和基础仍然是互联网，是在互联网基础上的延伸和扩展的网络；二是其用户延伸和扩展到了任何物品与物品之间进行信息交换和通信。

8. 管理软件

物流管理软件包括仓储管理系统（WMS）、供应链管理系统（SCM）、运输管理系统（TMS）、货代管理系统（FMS）、智能运输系统（ITS）等。

9. 智能技术

智能技术包括智能计算技术、云计算技术、移动计算技术、ERP 技术、数据挖掘技术和专家系统技术，还有各种可视化的软件技术等。通过运用智能技术，在企业物流系统中与企业生产管理系统无缝结合，智能运作，做到自动化与智能化的物流作业。

10. 遥感技术

遥感技术（remote sensing，RS）是从远距离感知目标反射或自身辐射的电磁波、可见光、红外线，对目标进行探测和识别的技术。

遥感技术是 20 世纪 60 年代在航空摄影和判读的基础上随航天技术和电子计算机技术的发展而逐渐形成的综合性感测技术。遥感技术在国民经济和军事的很多方面获得广泛的应用。例如，遥感技术可用于植被资源调查、气候气象观测预报、作物产量估测、病虫害预测、环境质量监测、交通线路网络与旅游景点分布、地图测绘和军事侦察等方面。人造地球卫星发射成功，大大推动了遥感技术的发展。例如，在大比例尺的遥感图像上，可以直接统计烟囱的数量、直径、分布以及机动车辆的数量、类型，找出其与燃煤、烧油量的关系，求出相关系数，并结合城市实测资料以及城市气象、风向频率、风速变化等因数估算城市大气状况。同样，遥感图像能反映水体的色调、灰阶、形态、纹理等特征的差别，根据这些影像显示，一般可以识别水体的污染源、污染范围、面积和浓度。另外，利用热红外遥感图像能够对城市的热岛效应进行有效的调查。

现代遥感技术主要包括信息的获取、传输、存储和处理等环节。包含这些环节的全套系统称为遥感系统，其核心组成部分是获取信息的遥感器。遥感器的种类很多，主要有照相机、电视摄像机、多光谱扫描仪、成像光谱仪、微波辐射计、合成孔径雷达等。传输设备用于将遥感信息从远距离平台（如卫星）传回地面站。信息处理设备包括彩色合成仪、图像判读仪和数字图像处理机等。目前利用人造卫星每隔 18 天就可送回一套全球的图像资料。

（1）遥感技术的原理。任何物体都具有光谱特性，具体地说，它们都具有不同的吸收、反射、辐射光谱的性能。在同一光谱区各种物体反映的情况不同，同一物体对不同光谱反映的情况也有明显差别。即使同一物体，在不同的时间和地点，由于太阳光照射角度不同，它们反射和吸收的光谱也各不相同。遥感技术就是根据这些原理对物体作出判断。遥感技术通常是使用绿光、红光和红外光 3 种光谱波段进行探测。绿光段一般用来探测地下水、岩石和土壤的特性；红光段探测植物生长、变化及水污染等；红外光段探测土地、矿产等资源。此外，还有微波段，用来探测气象云层及海底鱼群的游弋。

（2）遥感技术的系统组成。遥感技术系统是由遥感器、遥感平台、信息传输设备、接收装置以及图像处理设备等组成。遥感器装在遥感平台上，它是遥感系统的重要设备，它可以是照相机、多光谱扫描仪、微波辐射计或合成孔径雷达等。信息传输设备是飞行器和地面间传递信息的工具。图像处理设备对地面接收到的遥感图像信息进行处理（几何校正、滤波等）以获取反映地物性质和状态的信息。图像处理设备可分为模拟图像处理设备和数字图像处理设备两类，现在常用的是后一类。判读和成图设备是把经过处理的图像信息提供给判释人员直接判释，或进一步用光学仪器或计算机进行分析，找出特征，与典型地物特征进行比较，以识别目标。地面目标特征测试设备测试典型地物的波谱特征，为判释目标提供依据。

遥感技术（RS）、地理信息系统（GIS）和全球定位系统（GPS）统称为 3S 技术。3S 技术是空间技术、传感器技术、卫星定位与导航技术和计算机技术、通信技术相结合，多学科高度集成的对空间信息进行采集、处理、管理、分析、表达、传播和应用的现代信息技术。

第三节　物流信息技术的发展趋势

随着企业对一体化经济的融入，企业对物流系统的服务要求也发生着深刻的变化，从简单的物流单项服务需求向更高层次的供应链管理发展，物流越来越成为企业生产、经营活动的不可分割的重要内容。物流信息化的发展趋势如图 1－4 所示。

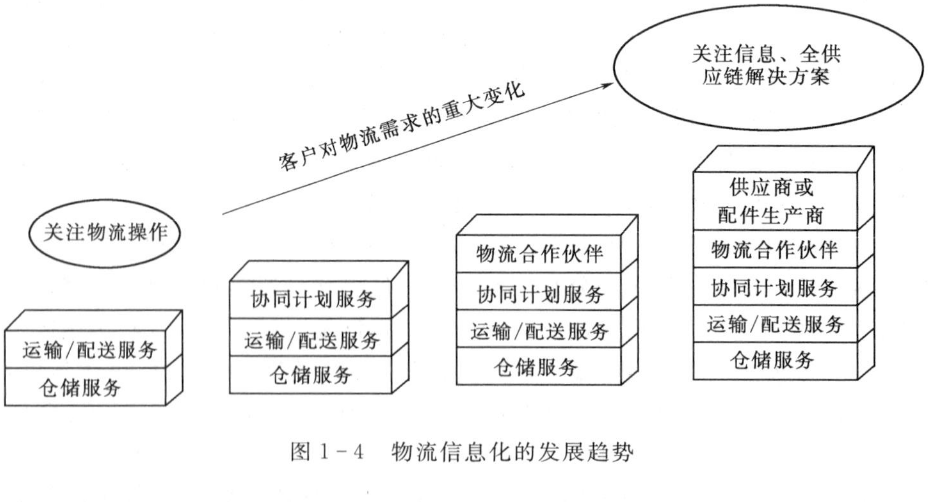

图 1－4　物流信息化的发展趋势

一、物流需求的变化将推动物流企业信息技术的应用

社会经济的发展为科学技术的进步提供了一定的资金支持，而科学技术的进步又可反

过来促进社会经济的发展。随着人们生活水平的提高，未来人们对于物流的需求将是多种多样的，各物流企业也需要提供更加专业化的服务，才能提高其在市场上的竞争力。而物流企业专业化的发展则需要物流信息技术的全面支持。顾客在通过物流运输物品时，需要及时地掌握物流信息，那么各物流公司就需要进行实时的物品过渡与无缝对接。这些需求就需要计算机网络、射频技术等来进行。在顾客需求增加之后，物流的信息化是唯一的出路。物流企业能提供的新技术越多，顾客在寻求物流服务时获得满足感就越强烈。正如，消费可以促进经济增长一样，顾客对于物流的需求也可推动物流企业在信息技术方面的革新。

二、物流信息的管控集成化

随着物流行业各种技术的成熟，已经有越来越多的人看到物流业的发展潜力，很多物流企业也如雨后春笋般冒了出来。也有更多的大型国际物流公司在抢占中国的物流市场，信息技术的发展程度成为决定一个物流企业兴败存亡的关键因素。党的十七大明确提出要大力推进信息技术与工业的结合，各级政府要支持信息技术在物流行业中的应用。物流企业的管控模式与运营模式决定了其所占的市场份额，物流信息技术的发展促进了物流企业管控模式的转变，它将与管控模式一起提高物流企业在市场上竞争力。另外，第三方系统的信息集成建设将拓展客户的服务领域。就目前而言，我国物流信息技术虽然发展较快，但是还未形成规模，也不足以成为物流企业的核心竞争力。我国与国外物流企业抢占市场份额最主要的竞争力是客户服务，这也就决定了我国的物流企业在发展过程中要注重提高客户服务效率和质量。随着物流信息技术的发展，物流越来越成为一个更加开放的平台。而我国物流企业的发展也要打破原有的封闭模式，为客户提供网上查询服务、手机短信以及邮件等更多人性化服务。

三、物流信息平台化

（1）从物流企业角度看，根据物流企业信息化的发展趋势，物流信息技术的应用将发展以需求对象为主题的专业物流管理信息系统平台，建立可视化的监控物流管理系统，逐步推进跨平台的数据交互。企业物流管理信息平台的重点在两个方面，分别是以采购为主体的供应物流和以分销为主体的成品分销物流。部分企业物流已经建立了自身的 WMS、TMS、进销存等平台，或者将服务分包给具有以上平台功能的服务商，但是在可用数据采集的实时性、准确性方面存在着巨大的漏洞，协同能力较弱，特别是在不同经营体制下的企业，在这方面表现得尤为突出。

（2）从企业物流信息化的角度看，将建设如下平台：以集中采购管理为主体的采购物流信息平台；以企业内部供应链计划管理的信息化平台；跨企业的供应链可视化协同平台；以物联网为核心的数据信息识别与信息平台。

（3）从软件厂商角度看，发展趋势如下：

1）平台化。公共平台是在当今物流园区规划建设之后的又一需求，2009 年的物流行业振兴规划带动了大批园区的发展。

2）产业化。以产业为核心的软件平台逐步树立了产业物流信息化的标准，带动的产业有汽车行业、通信行业、快销品行业、医药行业、烟草行业等。

3）集成化。集成化主要表现在几个方面：基于新技术运用的平台化（云计算的兴起、SOA成熟等）；基于使用功能数据交互的集成，也就是延伸到供应链的前端、后端等；基于与“物联网”的集成。

4）可视化。从产品角度来看，展现物流供应链整个过程的节点可视化成为了客户新的管理需求。

本 章 小 结

本章介绍了信息、物流信息、信息技术、物流信息技术的概念，物流信息的特点及分类，常见物流信息技术的基本情况和现代物流信息技术的发展趋势等内容。

实训：物流信息应用调研实训

1. 实训目的及要求

（1）实训目的：通过调查的形式进行，可以通过调查走访企业，结合网上信息搜集的形式来进行，让学生理解信息、物流信息、物流信息技术的概念，以及掌握相关技术在企业的应用情况，为今后的学习做铺垫，并认识该实训的重要性。

（2）实训要求：选择1～2家第三方物流企业进行走访调查，并记录他们的规模和物流信息化情况，包括使用的物流信息技术及物流管理信息系统，撰写调查报告，并汇报调研情况。

2. 实训内容

（1）确定调研的内容。主要围绕企业物流信息化建设，当地物流信息化的现状、原因及发展趋势，物流信息技术在物流企业中的应用和物流信息采集的常用方法。可以根据具体情况进行选择或自拟。

（2）制订调研计划。围绕调查目标，明确调查主题，确定调查对象、地点、时间、方式，并确定要收集哪些相关材料。

（3）调查以小组为单位。5～10人一组，设1名组长，并带上调查工具，比如笔记本和笔、照相机和录音笔等。

（4）调查之前，进行相关资料的收集并做好知识准备。

（5）本项目的时间安排。企业现场调查根据实际情况自行安排。

3. 提交资料

（1）调研报告。

（2）PPT演示文稿。

4. 相关网站信息

（1）中国物流信息网：http：//www.china-wl.cn。

（2）中国物流网：http：//www.cnw56.com。

（3）中国物流与采购网：http：//www.chinawuliu.com.cn。

5. 思考题

（1）物流信息技术在企业中的实际应用情况如何？

（2）你所调研的物流企业目前物流信息化程度如何？你有何建议？

课 后 练 习

一、填空题

1. 下列关于信息特征的叙述，错误的是（　　）。

A. “明修栈道，暗度陈仓”的故事说明了信息具有真伪性的特征

B. 天气预报、情报等日常生活事件说明了信息具有时效性的特征

C. 信息是不会随着时间的推移而发生变化的

D. “盲人摸象”的故事说明了信息具有依附性的特征

2. “一人计短，二人计长”这个典故反映了信息的（　　）特征。

A. 共享性　　B. 可处理性　　C. 真伪性　　D. 时效性

3. “飞鸽传书”主要体现了信息的（　　）特征。

A. 可处理性　　B. 传递性　　C. 真伪性　　D. 时效性

4. “两个人交换手中的一个苹果，每个人手中还是只有一个苹果；两个人交换所掌握一份信息，每个人便拥有两份信息。”这句话体现了信息的（　　）。

A. 共享性　　B. 客观性　　C. 发散性　　D. 多样性

5. “老皇历看不得”，这句话体现了信息的（　　）特征。

A. 共享性　　B. 价值相对性　　C. 真伪性　　D. 时效性

6. “一千个读者，一千个哈姆雷特”说明对于同一件事情不同的人可能有不同的看法。这说明了信息的（　　）特征。

A. 可处理性　　B. 共享性　　C. 真伪性　　D. 价值相对性

7. 下列属于现代通信技术应用的是（　　）。

A. 飞鸽传书　　B. 移动电话　　C. 烽火狼烟　　D. 动画制作

8. 第三次信息技术革命的主要标志是（　　）。

A. 语言的使用　　B. 印刷术的发明

C. 文字的创造　　D. 电报、电话、广播的发明和普及

9. “动口不动手”将成为今后计算机输入的发展趋势，其核心技术是（　　）。

A. 语音识别技术　　B. 虚拟现实技术　　C. 智能代理技术　　D. 生物芯片技术

10. 下列哪种现象说明了现代信息技术对人们生活的消极影响？（　　）

A. 网上购物　　B. 垃圾邮件　　C. 网上影院　　D. QQ 聊天

二、简答题

1. 什么是信息技术、物流信息技术？

2. 简述物流信息的分类及特点。

3. 简述几种主要的现代物流信息技术在物流中的应用。

案例阅读

强大的信息技术和后勤保障体系是沃尔玛成功的基石

20世纪50年代末，当第一颗人造卫星上天的时候，全世界商业对现代通信技术还无人问津，而20世纪70年代沃尔玛就率先使用了卫星通信系统，21世纪开始，沃尔玛又投资上亿美元开始实施"互联网统一标准平台"的建设。借先发优势、科技实力，沃尔玛的店铺冲出阿肯色州，遍及美国，走向世界。由此可见，与其说它是零售企业，不如说它是物流企业。

沃尔玛领先于竞争对手，先行对零售信息系统进行了非常积极的投资：最早使用计算机跟踪存货（1969年），全面实现S.K.U.单品级库存控制（1974年），最早使用条码（1980年），最早使用CM品类管理软件（1984年），最早使用EDI（1985年），最早使用无线扫描枪（1988年），最早与宝洁公司（Procter & Gamble）等大供应商实现VMI-ECR产销合作（1989年）。在信息技术的支持下，沃尔玛能够以最低的成本、最优质的服务、最快速的管理反应进行全球运作，尽管信息技术并不是沃尔玛取得成功的充分条件，但它却是沃尔玛成功的必要条件。

沃尔玛的全球采购战略、配送系统、商品管理、人力资源管理、天天平价战略在业界都是可圈可点的经典案例，可以说，所有的成功都是建立在沃尔玛利用信息技术整合优势资源、信息技术战略与传统物流的基础之上，强大的信息技术和后勤保障体系使它不仅在经营商品，更在生产商品，经营物流。

20世纪90年代，沃尔玛提出了新的零售业配送理论，开创了零售业工业化运作的新阶段：集中管理的配送中心向各商店提供货源，而不是直接将货品运送到商店。其独特的配送体系，大大降低了成本，加速了存货周转，形成了沃尔玛的核心竞争力。20世纪90年代初，沃尔玛就在公司总部建立了庞大的数据中心，全集团的所有店铺、配送中心和经营的所有商品，每天发生的一切与经营有关的购销调存等详细信息，都通过主干网和通信卫星传送到数据中心。任何一家沃尔玛商店都具有自己的终端，并通过卫星与总部相连，在商场设有专门负责排货的部门。沃尔玛每销售一件商品，都会通过与收款机相连的电脑记录下来，每天都能清楚地知道实际销售情况，管理人员根据数据中心的信息对日常运营与企业战略做出分析和决策。

沃尔玛的数据中心已与上万家供应商建立了协同工作关系，从而实现了快速反应的供应链管理库存VMI，厂商通过这套系统可以进入沃尔玛的电脑配销系统和数据中心，直接从POS系统得到其供应的商品流通动态状况，如不同店铺及不同商品的销售统计数据，沃尔玛各仓库的存货和调配状况，销售预测、电子邮件与付款通知等，以此作为安排生产、供货和送货的依据，生产厂商可通过这个系统查阅沃尔玛产销计划。这套信息系统为生产商和沃尔玛都带来了巨大的利益。

沃尔玛总部的通信网络系统使各分店、供应商、配送中心之间的每一进销调存节点都能形成在线作业，使沃尔玛的配送系统高速运转。应用这套系统，在短短数小时内便可完成"填写订单—各分店订单汇总—送出订单"的整个流程，大大提高了营业的高效性和准确性。

（资料来源：http：//www.chinawuliu.com.cn/information/200612/28/150903.shtml）

第二章

物流条码技术

学习目标

知识目标：1. 了解条码技术的概念及其结构。
2. 熟悉常见一维条码，掌握一维条码技术的编码方法。
3. 掌握二维条码技术及其特点。
4. 掌握物流条码识读设备。
5. 熟悉条码技术在物流中的应用。

技能目标：1. 会识别条码的含义，能操作常用的物流条码识别设备。
2. 掌握二维条码的特点、常见二维条码及其应用。

案例导入

条码风云录

1993 年 5 月 18 日，中国商界发生了一次不大不小的“地震”。中国最著名的、大腕级的 177 家销售集团的总经理们齐聚北京。这些平时在产供销领域互不相让的商场斗士们，奇迹般地发出了同一个声音，177 家商店的总经理们倡议：①建立中国自己的条码扫描系统，177 家商店都将优先采购印有合格条码的商品；②177 家商店建立条码扫描系统后，原则上只订购印有合格条码的商品。希望尚未获得商品条码使用权的制造商尽快到中国物品编码中心及其设在各地的分支机构办理申请手续、注册手续。

177 家商店的倡议以新闻发布会的形式刊登在第二天出版的多家重量级报刊上。

人们说，华尔街打个喷嚏，世界就要感冒。177 家商店扔下的这枚重磅炸弹，不能说一定让世界引起轰动，但让在中国国土上做生意的每个商人，感受到了这个声音的分量。北京西单商场集团、天津国际商场、沈阳秋林公司、上海市人民广场超级市场、郑州华联商厦、成都人民商场等，177 家商店在当地都是商业霸主。

条码是什么？它何以有如此巨大的感召力把那些总经理们聚在一起？

（资料来源：http：//www.doc88.com/p－779865364646.html）

第一节　物流条码技术

一、条码技术概述

（一）条码的产生和发展

1. 条码的历史

（1）条码的诞生阶段（20 世纪 20 年代）。条码技术最早产生在 20 世纪 20 年代，诞生于美国西屋电器公司（Westinghouse）的实验室里。一位名叫约翰·科芒德（John Kermode）的发明家"异想天开"地想对邮政单据实现自动分拣，那时候对电子技术应用方面的每一个设想都使人感到非常新奇。

约翰·科芒德的扫描器是利用当时新发明的光电池来收集反射光的。"空"反射回来的是强信号，"条"反射回来的是弱信号。

（2）初期阶段（20 世纪 40 年代）。早在 20 世纪 40 年代，美国乔·伍德兰德（Joe Wood Land）和伯尼·西尔沃（Berny Silver）两位工程师就开始研究用代码表示食品项目及相应的自动识别设备，他们设计的代码图案于 1949 年获得了美国专利。

该图案很像微型射箭靶，被称作"公牛眼"代码（图 2－1）。靶式的同心圆是由"圆条"和"空"绘成圆环形。在原理上，"公牛眼"代码与后来的条码很相近，遗憾的是当时的工艺和商品经济还没有能力印制出这种码。然而 20 年后，乔·伍德兰德作为 IBM 公司的工程师成为北美统一代码 UPC 码的奠基人。

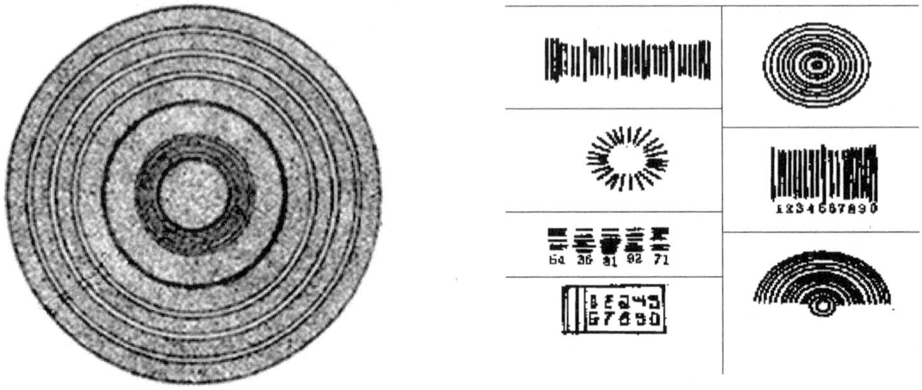

图 2－1 "公牛眼"代码图形

美国福克斯新闻网评论，乔·伍德兰德的条码引发了零售业变革。

（3）发展阶段（20 世纪 60—80 年代）。1969 年，美国电子现金收款机的问世加速了条码技术在商业领域中的应用和推广。

1971 年，布莱西公司研制出"布莱西码"及相应的自动识别系统，用以库存验算。这是条码技术第一次在仓库管理系统中的实际应用。

1972 年，莫那奇·马金等人研制出库德巴码（Codabar 码）。在医疗系统及工业自动化流水线方面，尽领风骚。

1973 年，美国统一编码委员会（Uniform Code Council，UCC）成立，并从若干种条码方案中选定了 IBM 公司提出的 Dalte－Dietance 为基础的通用产品代码（Universal Product Code，UPC），为美国产品统一的标志符号建立了 UPC 码系统，并全面实现了该码制标准化。

1974 年，第一部 UPC 的条码扫描器正式在超市使用，从此 UPC 就在北美快速流行。同年，Intermec 公司的戴维·阿利尔（Davide Allair）博士研制出 39 码，很快被美国国防部所采纳，作为军用条码码制。39 码是第一个字母、数字式的条码，后来广泛应用于工业领域。

1976年，美国和加拿大在超级市场上成功地使用了UPC商品条码应用系统。

1977年，欧洲物品编码协会开发出与UPC-A商品条码兼容的欧洲物品编码系统（European Article Numbering System，EAN）。

1981年，EAN组织改称为“国际物品编码协会”（International Article Numbering Association，EAN International）。

20世纪80年代以来，为提高信息密度，又出现了EAN-128码和93码等。

1983年，美国标准化委员会（ANSI）制定了条码标准ANSIMH 10.8，制定内容包括交叉25码、93码和Codabar码。

1988年，可见镭射二极体研制成功。

（4）成熟阶段。随着条码技术的发展和条码码制种类的不断增加，条码的标准化显得越来越重要。为此，美国先后制定了军用标准，如交叉25码、39码和Codabar码被美国标准化委员会（ANSI）制定为美国军用标准。同时，一些行业也开始建立行业标准，如1983年汽车工业行动小组（AIAG）选用39码作为行业标准。这是第一个行业采用了“现场标志”来识别条码。1984年医疗保健业条码委员会采用39码作为其行业标准。该标准被称为AIAG标准，这是第一个行业采用了“现场标志”来识别条码的使用。1990年，美国颁布条码印刷质量美国国家标准ANSI X3.182，以适应发展的需要。

（5）二维条码阶段。戴维·阿利尔研制出第一个二维条码码制——49码，特德·威廉斯（Ted Williams）于1988年推出第二个二维条码码制——16K码。

1990年，Symbol公司推出二维条码PDF417。1994年9月，日本Denso公司研制成QR Code。

2003年，中国龙贝公司研制成龙贝码，上海矽感公司研制成二维半条码码制——Compact Matrix。从此，中国在二维码方面有了自主知识产权。

2. 条码在亚洲

1978年，大洋彼岸的日本加入了EAN集团，当时的参加者以欧洲各国为主，总共不过12个国家。

1982年，以南斯拉夫为先行，捷克、匈牙利、苏联相继加入了EAN组织。

从某种意义上说，素有“世界普通话”之称的EAN编码，在20世纪80年代，率先充当了东西方两大政治集团对话和交流的使者。目前在亚洲，几乎所有国家和地区都成立了货品编码协会（或物品编码中心），并参加了EAN国际物品编码协会，加入了EAN系统。

我国条码技术的研究始于20世纪70年代末至20世纪80年代初，条码应用系统是20世纪80年代末建立的，中国物品编码中心于1988年12月28日正式成立，于1991年4月19日正式加入国际物品编码协会，国际物品编码协会分配给中国的前缀码为“690、691、692、693、694、695”。

2005年，我国拥有完全自主知识产权的新型二维条码——汉信码。

日本从1974年开始着手建立POS系统（Point of Sale System），研究有关条码标准以及信息输入方式和印制技术等，并在EAN系统的基础上，于1978年制定出日本物品编码JAN码。同年，日本加入国际物品编码协会，开始厂家登记注册，并全面转入条码技术及其系列产品的开发工作。

案例

7-11 闹 东 瀛

7-11基业开创于1974年，当时仅有一家门市部，到1988年，7-11下属门市部已发展到3000多个，平均每年扩大300多个支店，扩张速度堪称奇迹。7-11的3000多个门市部“都在网中央”，营运销售无一不采用基于条码的POS系统，出货、小批量订货、结账都通过电脑办理，这样，不但大大加快了商品流通速度，也减少了库存。7-11遍布日本的3000多个门市部，其正式职工还不到1000人。

时至今日，7-11所经营商品的99%都采用了条码，但在7-11采用POS系统的时候，条码的应用还仅仅停留在大部分企业家的年终报告上。

在推动条码的普及应用方面，7-11扮演了“播种机”的角色。7-11的收款机前，人们除了结算啤酒、酱油之外，还持有印着条码的电费单据。7-11难道还要收取顾客们选购东西时的照明费吗？7-11的总经理当然不会“抠”到这种地步，他们是在为东京电子股份有限公司代收电费。

7-11很快为东京电力定做了带条码的收费单据，过去银行、邮局收缴的电费，两天或四天后才能到达东京电力，如今不足一日便可金钱在握。7-11和东京电力公司协作用条码收缴电费，彼此大获丰收。原本就小有名气的7-11，由于成了社会公用性强的电费交纳窗口而名声大振。

大型零售业连锁商店7-11的成功，引起了大力推广条码应用的连锁效应。1978—1979年间，日本进行了厂家编码的商品几乎为零，但到了1983年，一下子上升到了22000家，7-11带头羊、排头兵的作用，功不可没。一部7-11的创业史正是一部日本条码的发展史。

（资料来源：http：//www. doc88. com/p-779865364646. html)

（二）条码概念及基本术语

1. 条码概念

条码（图2-2）是利用光电扫描阅读设备识读并实现数据输入计算机的一种特殊代码。

条码是由一组规则排列的条、空及其对应字符组成的标记，用以表示特定的信息。“条”是指对光线反射率较低的部分，“空”是指对光线反射率较高的部分。并能够用特定的设备识读，转换成与计算机兼容的二进制和十进制信息。

2. 条码的符号结构

条码一般长为31.35mm，宽为22.85mm。条码的结构如图2-3所示。

空白区：没有任何印刷符或条形码信息，它通常是白的，位于条码符号的两侧。空白区的作用是提示阅读器即扫描器准备扫描条码符号。

起始字符：条码符号的第一位字符是起始字符，它的特殊条、空结构用于识别一个条

图 2-2 条码

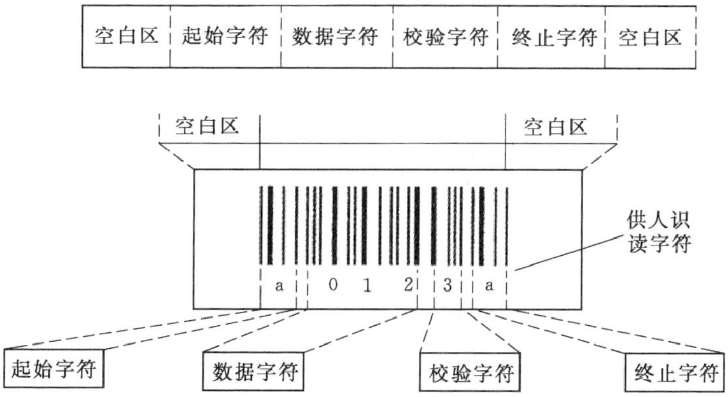

图 2-3 条码的结构

码符号的开始。阅读器首先确认此字符的存在，然后处理由扫描器获得的一系列脉冲。

数据字符：由条码字符组成，用于代表一定的原始数据信息。

校验字符：在条码制中定义了校验字符。有些码制的校验字符是必需的，有些码制的校验字符则是可选的。校验字符是通过对数据字符进行一种算术运算而确定的。当符号中的各字符被解码器对其进行同一种算术运算，并将结果与校验字符比较。

终止字符：条码符号的最后一位字符是终止字符，它的特殊条、空结构用于识别一个条码符号的结束。阅读器识别终止字符，便可知道条码符号已扫描完毕。若条码符号结束，阅读器就向计算机传送数据住处并向操作者提供“有效读入”的反馈。终止字符的使用，避免了不完整信息的输入。当采用校验字符时，终止字符还指示阅读器对数据字符实施校验计算。起始字符、终止字符的条、空结构通常是不对称的二进制序列。这一非对称允许扫描器进行双向扫描。当条码符号被反向扫描时，阅读器会在进行校验计算和传送信息前把条码各字符重新排列成正确的顺序。

3. 条码的特点

（1）可靠准确。采用键盘录入数据，误码率为1/300；利用光学字符识别技术，误码率约为万分之一。而采用条码扫描录入方式，误码率仅为百万分之一，首读率可达98%以上。

（2）数据输入速度快。普通计算机键盘录入速度是每分钟200字符，而利用条码扫描的录入信息的速度是键盘录入的20倍。

（3）经济便宜。与其他自动化技术相比，推广应用条码技术所需费用较低。

（4）灵活实用。条码符号作为一种识别手段可以单独使用，也可以和有关设备组成识别系统实现自动化识别，还可以和其他控制设备联系起来实现整个系统的自动化管理。同时，在没有自动识别设备时，也可以实现手工键盘输入。

利用条码扫描，依次可以采集几十位字符的信息，而且可以通过选择不同码制的条码增加字符密度，使采集的信息量成倍增加。

（5）自由度大。识别装置与条码标签相对位置的自由度要比光学字符识别（OCR）大得多。

（6）设备简单。条码符号识别设备的结构简单，容易操作，无须专门训练便可使用。

（7）易于制作。条码符号制作容易，扫描操作简单易行。

4. 条码的编码原则

商品编码是指用一组阿拉伯数字标志商品的过程，这组数字称为代码。国际通用的商品代码（EAN代码）和北美地区通用的商品代码（UPC代码）在结构上有所不同。对商品编码是为了进一步用条码符号表示商品，以适应国际、国内市场销售方式的变革，提高商品的竞争力，为建立产、供、销信息系统，提高企业的经济效益奠定基础。

（1）唯一性。唯一性原则是商品编码的基本原则。所谓唯一性是指商品项目与其标志代码一一对应，即一个商品项目只有一个代码，一个代码只标志同一商品项目。商品项目代码一旦确定，永不改变，即使该商品停止生产，停止供应了，在一段时间内也不得将该代码分配给其他商品项目。在商品条码系统中，商品及商品价格的差异，是靠不同的代码识别的。假如把两种不同价格的商品用同一代码标志，自动识别系统就把它们视为同一种商品，这样会给顾客或销售商带来经济损失，同时这样做的结果还会导致销售商和制造商不能准确掌握商品销售信息，使商店自动化系统失去意义。如果同一商品项目有几个代码，自动识别系统将视其为几种不同的商品，这样不仅大大增加数据处理的工作量，而且会造成管理上的混乱。在我国，同一种商品，往往由不同的厂家生产，确保相同商品必须为同一代码就显得格外重要。

为此，中国物品编码中心作出规定，凡是获准使用他人注册商标的商品，必须采用商标注册者拥有的厂商代码和商标注册者统一编定的商品项目代码。例如，很多省、市的粮油食品进出口公司经营的罐头食品均获准使用中国粮油食品进出口公司注册的“长城”牌商标。这些罐头食品无论是哪个厂生产的，都必须使用中国粮油食品进出口公司的厂商代码（1009）和该公司编制的关于罐头食品的商品项目代码。当然这些厂家生产的使用自己注册商标的产品不在其内。唯一的商品项目代码与厂商代码和国别（地区）代码组配在一起（在UPC系统中，商品项目代码与厂商代码和编码系统字符组配使用），就可保证商品的代码标志在一个国家（地区）乃至世界范围内都是唯一的。唯一性是商品编码最重要的一条原则。

（2）稳定性。稳定性原则是指商品标志代码一旦分配，只要商品的基本特征没有发生变化，就应保持不变。同一商品无论是长期连续生产还是间断式生产，都必须采用相同的商品代码。即使该商品停止生产，其代码也应至少在 4 年之内不能用在其他商品上。

（3）无含义性。无含义代码是指代码数字本身及其位置不表示商品的任何特定信息。平常说的“流水号”就是一种无含义代码。在 EAN 系统及 UPC 系统中，商品编码仅仅是一种识别商品的手段，而不是商品分类的手段。无含义使商品编码具有简单、灵活、可靠、充分利用代码容量、生命力强等优点，这种编码方法尤其适合于较大的商品系统。

与无含义代码相对应的是有含义代码，即代码数字本身及其位置能够表示商品特定信息的代码。由于不同种类商品的数量不均衡，而且很难预测新产品的种类与数量，这就给设计有含义代码带来困难。其结果可能是一些商品的代码容量留多了，造成浪费；另一些商品的代码容量留少了，只好占用给其他商品预留的代码。这样一来，有含义代码最终还是变成无含义代码。特别是当企业没有固定的编码人员时，由于对代码含义（例如商品分类）理解不同等原因，有含义代码很难长期保持下去。

当然，如果一个企业的产品种类不多，有固定的编码人员和严格的编码制度，有含义代码也是可以使用的，但不提倡。

（4）全数字性。在 EAN 系统及 UCC 系统中，全部采用阿拉伯数字。

二、条码的分类

（一）按码制分类

按码制分类常用的可分为 UPC 码、EAN 码、39 码、Codabar 码、128 码、交叉 25 码、93 码、49 码。

1. UPC 码（Universal Product Code）

UPC 码是美国统一代码委员会制定的一种商品用条码，是最早大规模应用的条码，它是一种长度固定的连续型数字式码制，其字符集为数字 0～9。1973 年，美国率先在国内的商业系统中应用 UPC 码，目前主要在美国和加拿大地区使用，我们在美国进口的商品上可以看到。UPC 码有两种类型，即 UPC－A 码和 UPC－E 码，UPC－A 码由 12 位阿拉伯数字构成，UPC－E 码由 8 位数字构成，如图 2－4 和图 2－5 所示。

2　34567　89678　7

图 2－4　UPC－A 码

0　562336　5

图 2－5　UPC－E 码

2. EAN 码

EAN 码是国际物品编码协会制定的一种商品用条码，通用于全世界。EAN 码有两种版本：标准版和缩短版。标准版由13位数字表示，又称为EAN－13码，缩短版由8位数字表示，又称EAN－8码。两种条码的最后一位为校验位，由前面的12位或7位数字计算得出，如图2－6和图2－7所示。

4 713546 575609

图2－6 EAN－13码

4713 7486

图2－7 EAN－8码

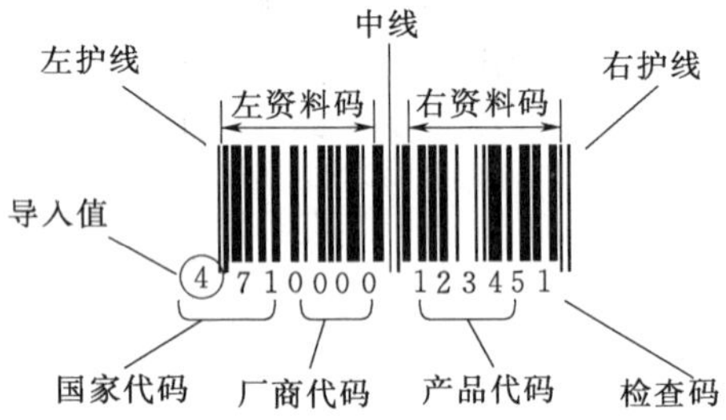

图2－8 EAN－13码结构

EAN码由前缀码、厂商识别码、商品项目代码和校验码组成。前缀码是国际EAN组织标志各会员组织的代码，我国为690～695；厂商代码是EAN编码组织在EAN分配的前缀码的基础上分配给厂商的代码；商品项目代码由厂商自行编码；校验码为了校验代码的正确性。

EAN－13商品条码是标准版EAN商品条码，用于表示EAN/UCC代码的商品条码，如图2－8所示。它由13位数字组成，分别代表不同的意义，其代码结构有三种类型，见表2－1和表2－2。

表2－1　　EAN－13的三种代码结构类型

结构种类	前缀码	厂商识别代码	产品代码	校验码
结构一	$X_{13}X_{12}X_{11}$	$X_{10}X_9X_8X_7$	$X_6X_5X_4X_3X_2$	X_1
结构二	$X_{13}X_{12}X_{11}$	$X_{10}X_9X_8X_7X_6$	$X_5X_4X_3X_2$	X_1
结构三	$X_{13}X_{12}X_{11}$	$X_{10}X_9X_8X_7X_6X_5$	$X_4X_3X_2$	X_1

表2－2　　各国编码组织的前缀码一览表

前缀码	编码组织所在地	前缀码	编码组织所在地
00～13	美国和加拿大	471	中国台湾
30～37	法国	628	沙特阿拉伯
380	保加利亚	629	阿拉伯联合酋长国
489	中国香港	64	芬兰
50	英国	690～695	中国大陆
387	波黑	70	挪威
40～44	德国	880	韩国

续表

前缀码	编码组织所在地	前缀码	编码组织所在地
45～49	日本	73	瑞典
460～469	俄罗斯	740	危地马拉
741	萨尔瓦多	80～83	意大利
84	西班牙		

注 店内码的前缀码为20～29。

在我国，690～691的厂商识别码是7位，692～694的厂商识别码是8位，695目前没有分配。如听装健力宝饮料6901010101098，690代表中国物品编码中心，1010代表广东健力宝公司，10109是广东健力宝公司分配给听装饮料的商品项目代码，8为该条码的校验码。

再比如康师傅劲爽拉面香辣牛肉面的条码6920152461020，692代表中国，01524代表杭州顶益食品有限公司，6102代表康师傅亚洲精选香辣牛肉面，0为校验码（图2-9）。该条码表示的信息如下。

图2-9 康师傅劲爽拉面香辣牛肉面的条码结构

参考价格：1.50元。

厂商代码：69201524。

商品国别：中国。

厂商名称：杭州顶益食品有限公司。

注册状态：有效。

相关链接

奶粉条形码“乱象”：条形码不能判定奶粉产地

近日，一则被无数次转载的网帖称：“通过条形码前缀可辨识奶粉原产地：45—49代表日本，940—949代表新西兰，87代表荷兰……”。很多人信以为真，将其视作辨识奶粉原产地的法宝。

从条形码就能辨识出奶粉姓“洋”或姓“中”？有关负责人在回应中澄清：“条形码并非产品的原产地，简单一点来说，是注册地。用条形码来辨识奶粉原产地是不准确的。”而随后从市内多个奶粉卖场得知，奶粉条形码确实存在诸多乱象。

1. 生产国相同，条形码不同

“明治”婴幼儿配方奶粉和“澳优能力多”婴幼儿配方奶粉：“生产国”一栏标示为澳大利亚，但“明治”的条形码却以490开头，“澳优能力多”则以933开头。

2. 生产国不同，条形码相同

惠氏“启赋系列”奶粉，外包装标称“原装进口”，原产国为爱尔兰；惠氏金装S-26同样标称“原装进口”，原产国为新加坡。两种奶粉的原产国并不一样，而条形码前缀却均为“300”。

3. 标原装进口，条码显示“69x”

雅培婴幼儿奶粉均在外罐显著标明“原装进口”。其中“雅培金装小安素”系列为“新加坡原装进口”，“喜康力”系列为“新西兰进口”，但条形码均以“693”开头。还有，安婴儿无乳糖婴儿配方奶粉标称“原装进口”，条形码前三位数却是“691”。

专家表明：“条形码不能说明国产还是进口。”条形码的前缀码并不是表示商品的产地，而是条形码的注册地。

（资料来源：http：//www. wzljl. cn/content/2011－09/13/content _ 71222. htm）

3. Code 39 码

1974 年，美国 Intermec 公司的戴维·阿利尔（Davide Allair）博士研制出 39 码。39 码是第一个字母数字式相结合的条形码，它所能表示的资料内容，包含有 0～9 的数字，大写字母 A～Z 的英文字母，还有［+］、［-］、［*］、［/］、［%］、［$］以及空格符（space）等，共 43 组编码。39 码的起始码与终止码均为 * 字符，如图 2－10 所示。

Code 39 码常用于工业、图书以及票证自动化管理上。

4. Code 128 码

128 码出现于 1981 年，是一种长度可变的连续型自校验数字式码制。

Code 128 码常用于工业、仓库及零售批发中，如图 2－11 和表 2－3 所示。EAN－128 码是 Code 128 码的子集，在字符集和条空规则上与 Code 128 码完全一致是我国所推行的 128 码，EAN－128 码多用于货运标签、便携式资料袋、物流配送标签等。

* 1 2 3 4 5 6 7 8 9 0 *

图 2－10　Code 39 码

(00) 3　5412345　123456789　2　(420)　1000

A　B　C　D　E　F　G

图 2－11　Code 128 码

表 2－3　Code 128 码结构

代号	码　别	长度	说　明
A	应用识别码	18	00 代表其后的资料内容为运送容器序号，为固定 18 位数字
B	包装形态指示码	1	3 代表无定义的包装指示码
C	前置码与公司码	7	代表 EAN 前置码与公司码
D	自行编定序号	9	由公司指定序号
E	检查码	1	校验码
F	应用识别码		420 代表其后的资料内容为配送邮政编码应用于仅有一邮政局
G	配送邮政编码		代表配送邮政编码

5. 库德巴码（Codabar 码）

库德巴码出现于 1972 年，是一种长度可变的连续型自校验数字式码制。其字符集由

0～9 的数字，字符［$］、［+］、［－］以及 a、b、c、d 共 16 个字符组成，其中 a、b、c、d 只能用作起始或终止符，如图 2－12 所示。

库德巴码常应用于物料管理、图书馆、血站和当前的机场包裹发送中。

6. 交叉 25 码

交叉 25 码只能用数字 0～9 表示，其连续、非定长，具有自校验功能，如图 2－13 所示。

交叉 25 码应用于商品批发、仓库、机场、生产/包装识别、工业中。

a 1 2 3 4 5 6 7 8 9 0 a

图 2－12 库德巴码（Codabar 码）

1 2 3 4 5 6 7 8 9 0

图 2－13 非定长的交叉 25 码

7. Code 93 码

Code 93 码出现于 1982 年，由 Intermec 公司设计。93 码与 39 码的应用范围类似，都可以应用在内部管理、工业生产流程、物流控制等行业。Code 93 码是条码密度及安全性较高的条码类型，除此之外，它的数据承载类型多样化，承载量比较多，没有码位（数据位数）限制。Code 93 码支持双向扫描，安全性比较高，支持双校验。Code 93 码跟 39 码支持的字符集是一样的，包含 0～9 的数字，大写字母 A～Z 的英文字母，还有［+］、［－］、［*］、［/］、［%］、［$］以及空格符（space）等，共 43 组编码。在制作条码标签的时候，基于计算方法不同，同样内容的条码，Code 93 码比 Code 39 码密度大，条码就窄一些，如图 2－14 所示。

8. 49 码

49 码是一种多行的连续性、长度可变的字母数字式码制，出现于 1987 年，主要用于小物品标签上的符号，采用多种元素宽度。其字符集为数字 0～9，26 个大写字母和 7 个特殊字符［－、。、空格符（space）、%、/、+、¥］，3 个功能键（F1、F2、F3）和 3 个变换字符，共 49 个字符，如图 2－15 所示。

1 5 4 0 0 1 4 1 2 8 8 7 6 3

图 2－14 Code 93 码

BJ 1 0 0 0 8 0

图 2－15 49 码

9. 店内码

连锁店和超级市场中的水果、蔬菜、鲜鱼肉等类商品，是以随机称重量销售或是分小包装形式出售的，最好使用条码电子秤，必须采用带有价格的特别内部条码，其结构见表 2－4。

表 2-4　特别内部条码代码编制结构表

特别内部标识码	特别商品编码	商品价格	校验码
20	$H_1H_2H_3H_4H_5$	$K_1K_2K_3K_4K_5$	C

（二）按维数分类

1. 一维条码

一维条码问世以来，便很快普及并得到了广泛应用。一维条码所携带的信息量有限，如商品上的条码仅能容纳 13 位（EAN-13 码）阿拉伯数字，更多的信息只能依赖商品数据库的支持，离开了预先建立的数据库，这种条码就没有意义了，因此在一定程度上也限制了条码的应用范围。

2. 二维条码

由于一维条码应用的限制，人们在 20 世纪 90 年代发明了二维条码。二维条码是将一维条码存储信息的方式在二维空间上扩展，从而存储更多的信息，故称为二维条码（2-dimensional bar code），如图 2-16 所示。

1D

(a) 一维条码

2D

(b) 二维条码

图 2-16　一维条码和二维条码

二维条码除了具有一维条码的优点外，同时还有信息量大、可靠性高、保密、防伪性强等优点。目前二维条码主要有 PDF417 码、Code 49 码、Code 16K 码、Data Matrix 码、Maxi Code 码等，主要分为堆叠或层排式和棋盘或矩阵式两大类。

堆叠或层排式二维条码是在一维条码编码原理的基础上，将多个一维条码在纵向堆叠而产生的。典型的码制：Code 16K、Code 49、PDF417（图 2-17）等。

矩阵式二维条码是在一个矩形空间通过黑、白像素在矩阵中的不同分布进行编码。典型的码制：Aztec Code、Maxi Code、QR Code、Data Matrix（图 2-18）等。

图 2-17　堆叠或层排式二维条码的典型码制——PDF417

图 2-18　矩阵式二维条码的典型码制——Data Matrix

常用的码制：QR Code、PDF417、Code 49、Code 16K 等，如图 2-19 所示。

图 2-19 常见二维条码图例

相关链接

PDF417 码的简介

PDF417 由留美华人王寅敬（音）博士发明。PDF 是取英文 Portable Data File 三个单词的首字母的缩写，意为“便携数据文件”。因为组成条码的每一符号字符都是由 4 个条和 4 个空构成，如果将组成条码的最窄条或空称为一个模块，则上述的 4 个条和 4 个空的总模块数一定为 17，所以称 417 码或 PDF417 码。其特点是信息容量大，编码范围广，保密、防伪性能好，译码可靠性高，容易制作且成本很低以及条码符号的形状可变。

QR 条码的简介

超高速识读是其区别于其他二维条码的最大特点。QR 条码用特定的数据压缩模式表示中国汉字和日本汉字，而其他二维条码没有特点模式表示。

二维条码依靠其庞大的信息携带量，能够把过去使用一维条码时存储于后台数据库中的信息包含在条码中，可以直接通过阅读条码得到相应的信息，并且二维条码还有错误修正技术及防伪功能，增加了数据的安全性。

二维条码作为一种新的信息存储和传递技术，从诞生之时就受到了国际社会的广泛关注。经过几年的努力，现已应用在国防、公共安全、交通运输、医疗保健、工业、商业、金融、海关及政府管理等多个领域。二维条码可把照片、指纹编制于其中，可有效地解决证件的可机读和防伪问题。因此，可广泛应用于护照、身份证、行车证、军人证、健康证、保险卡等。一维条码与二维条码的区别见表 2-5。

二维条码与磁卡、IC 卡、光卡等其他几种自动识别技术的比较见表 2-6。

三、物流领域的条码应用

国际上公认的用于物流领域的条码标准，分别是通用商品条码（EAN）、储运单元条码（ITF-14、EAN-13、Code 128）、贸易 128 条码（EAN-128），见表 2-7 和表 2-8。

表 2-5 一维条码与二维条码的区别

条码类型	信息密度与信息量	纠错校验及纠错能力	垂直方向是否携带信息	用途	对数据库和通信网络的依赖	保密性	识读设备
一维条码	信息密度低，信息容量小	可通过校验符对错误校验，没有纠错能力	不携带信息	对物体的标志	多数应用场合依赖数据库及通信网络	保密性差	可用线扫描识读器，如光笔、线阵CCD、激光枪等
二维条码	信息密度高，信息容量大	具有错误校验和纠错能力，可根据要求设置不同的纠错级别	携带信息	对物体的描述	可不依赖数据库及通信网络而单独使用	保密性好	堆叠或层排式二维条码可用线扫描器多次扫描识读；矩阵式二维条码仅能用图像扫描器识读

表 2-6 二维条码与磁卡、IC卡、光卡的比较

比较点	二维条码	磁卡	IC卡	光卡
抗磁力	强	弱	中等	强
抗静电	强	中等	中等	强
可折叠性	可折叠	不可折叠	不可折叠	不可折叠
可穿孔性	可穿孔	不可穿孔	不可穿孔	不可穿孔
可切割性	可切割	不可切割	不可切割	不可切割
影印性	可	不可	不可	不可
传真性	可	不可	不可	不可
容量	1100B	76B	3KB	2MB
成本/元	1	10	300	500

表 2-7 ID代码与条形码的对应关系

代　码	国际条码标准	国家条码标准
EAN-13（UCC-13）	EAN-13	GB 12904—2008《商品条码 零售商品编码与条码表示》
EAN-14（UCC-14）	ITF-14	GB 16830—2008《商品条码 储运包装商品编码与条码表示》
SSCC-18（货运包装箱代码）	EAN/UCC-128	GB 15425—2014《商品条码 128条码》
条码应用标识符	EAN/UCC-128	GB 15425—2014《商品条码 128条码》

表 2-8 商品条形码和物流条形码的区别

条形码	应用对象	数字构成	包装形式	应用领域
商品条形码	向消费者销售的商品	13位数字	单个包装	POS系统、补充订货系统
物流条形码	物流过程中的商品	14位数字（标准物流条码）	集合包装（如纸箱、集装箱等）	出入库管理、运输保管、分拣管理

四、条码识读设备

条码识读设备是用来读取条码信息的设备。它使用一个光学装置将条码的条空信息转换成电平信息，再由专用译码器翻译成相应的数据信息。条码识读设备一般不需要驱动程序，接上后直接使用，如同键盘一般。

1. 按扫描方式分类

条码识读设备按扫描方式分类可分为接触式和非接触式两种。接触式识读设备包括光笔与卡槽式条码扫描器；非接触式识读设备包括 CCD 扫描器和激光扫描器。

2. 按操作方式分类

条码识读设备按操作方式分类可分为手持式和固定式两种，如图 2－20 和图 2－21 所示。

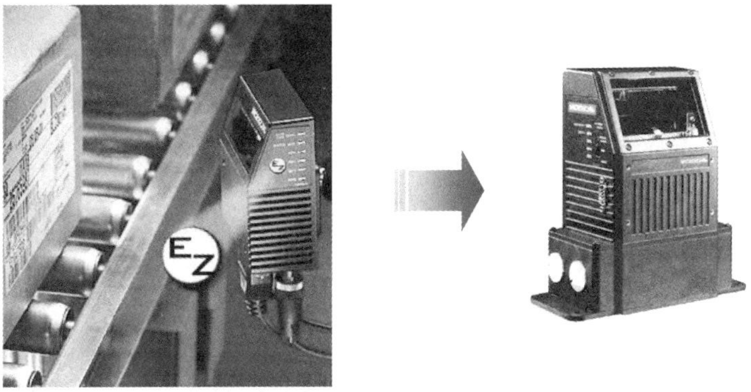

图 2－20　固定式条码扫描器

图 2－21　手持式条码扫描器

3. 按原理分类

条码识读设备按原理分类可分为光笔、CCD、激光和拍摄 4 种。

4. 按扫描方向分类

条码识读设备按扫描方向分类可分为单向和全向条码扫描器，其中全向条码扫描器又分为平台式和悬挂式。

第二节 条码技术的应用

一、条码的主要应用

迄今为止，条码技术是最经济实用的一种自动识别技术，具有输入速度快、可靠性高、采集信息量大和灵活实用等优点，其应用极为广泛。

1. 商业领域

无论在商品的入库、出库、上架还是结算过程中，都面对将大量的商品信息输入计算机的问题。如果在商品的包装上印制条码符号，利用条码识读设备，就可以高速、准确、及时地掌握商品的种类、数量、单价、生产厂家、出产日期等信息。商店自动销售管理系统（POS）就是一个很好的例子。

2. 工业领域

企业管理中，条码识别设备是数据采集的有利手段，如企业的人事管理（如考勤管理、工资管理、档案管理）、物资管理（如仓库自动化管理）、生产管理（如生产中的功耗、能耗、材耗、加工进度）等。此外，生产过程的自动化控制系统中，条码技术是重要的数据采集手段。

3. 交通运输业及邮电通信行业

早在 20 世纪 60 年代，北美铁路系统便将条码技术用于列车编码与自动识别。现在铁路、公路的旅客车票售票系统中条码技术已被广泛采用，大大提高了运输效率。在邮电业中，在邮件上贴上条码符号，利用条码阅读设备输入相应的信息，保证及时准确地完成邮件揽收与投递，确保装车的正确性，提高投递效率，保证邮件服务系统业务数据的及时更新，实现自动化管理。在我国大中城市，包裹和挂号信等邮件已开始使用条形码。

4. 其他

在图书出版业中，从 1994 年起，一切书刊及音像制品都要统一印上条码符号，前缀码为“977”的是期刊代码，“978”为图书代码。在图书管理系统、血库管理系统和旅游业中已广泛采用条码技术。另外，在证件防伪方面，如护照、身份证、驾驶证、会员证等；在税务申报、医院暂住人口管理等方面条形码都得到了人们的关注。

二、条码技术在物流领域的应用

1. 仓库货物管理

条码技术的应用与库存管理，避免手工书写票据和送到机房输入的步骤，大大提高了工作效率。同时解决了库房信息滞后的问题，提高了交货日期的准确性。另外，解决了票据信息不准确的问题，提高了客户服务质量，消除了事物处理中的人工操作，减少了无效劳动。

2. 生产线人员管理

每个班次开工时，工作小组每个成员都要用条形码数据采集器扫描他们员工卡上的条码，把考勤数据和小组成员记录到数据采集器，然后输入到计算机系统。小组成员根据记录的情况，决定相应的奖惩。

3. 流水线生产管理

在条码技术没有应用的时期，每个产品在生产线前，必须手工记载生成这个产品所需的工序和零件，领料号按记载分配好物料后才能开始生产。在每条生产线上每个产品都有记录表单，每个工序完成后，填上元件号和自己的工号。手工记载工作量大且复杂，而且不能及时反映商品在生产线上的流动情况。采用条码技术后，订单号、零件种类、产品编号都可条码化，在产品零件和装配的生产线上及时打印并粘贴标签。产品下线时，由生产线质检人员检验合格后扫入产品的条码、生产线条码号并按工序扫入工人的条码，对于不合格的产品送维修，由维修确定故障的原因，整个过程不需要手工记录。

4. 仓储管理

仓储作业是以货物的存储、保管活动为中心，从仓库接收货物入库开始，到按需把货物全部完好地发送出去的全过程。在仓储作业过程中，各个作业环节之间存在着内在联系，并且需要耗费大量的人力、物力及财力。条码出现以前，仓库管理作业存在着很多问题，如物料出入库、物品存放地点等信息，手记过程烦琐，信息传递滞后，导致库存量上升，发货日期无法保证，决策依据不准，降低了系统可靠性。为了避免失误，一些企业增设验单人员，这就降低了劳动生产率，影响指令处理速度。使用条码和手持终端管理后，可快速、准确地将这些数据传输到计算机系统中，通过计算机处理完成仓储管理工作。

5. 进货管理

进货时需要核对产品品种和数量，这部分工作由数据采集器完成的。首先将所有本次进货的单据、产品信息下载到数据采集器中，数据采集器将提示材料管理员输入收货单的号码，由数据采集器在应用系统中判断这个条码是否正确。如果不正确，系统会立刻向材料管理员作出警示；如果正确，材料管理员再扫描材料单上的项目号，系统随后检查购货单上的项目是否与实际相符。

6. 入库管理

根据订货合同将订货数量传输给手持终端，要为原包装没有通用商品条码的商品事先准备好内部条码，货到后先将内部条码标签贴到没有条码的相应商品包装上，用手持终端扫描每种商品的条码后，手持终端的显示屏上就会自动显示出每种应到货的规格、数量，经核对无误后便可以直接确认，否则用键盘输入实际到货数量。货物入库后按照其分类和属性将其安排到相应的货位上，用手持终端扫描要放置商品的条码后再扫描一下货架上的位置条码。当该批次的所有到货商品处理完后，利用手持终端的通信功能，就可以把商品的到货和库存位置等数据信息传送到计算机系统中。

搬运工（或叉车司机）只需扫描准备入库的物料箱上的标签即可。入库可分为间接和直接两种：间接入库指物料堆放在任意空位上后，通过条码扫描记录器地址；直接入库指将某一类货物存放在指定货架，并为其存放位置建立一个记录。

7. 库存货物的管理

库存盘点。使用手持终端依次扫描仓库货架上的商品条码，并输入实际库存数量，操作完成后，将实际库存数传送到计算机系统中，由计算机系统自动进行处理，做出各种分析报告。

对于标签破损，参照同类物或依据其所在的位置，在计算机上制作标签进行补贴。在货物移位时，用识别器进行识读，自动收集数据，把采集数据自动传送至计算机货物管理系统中进行管理。按照规定的标准，通过条码识读器对仓库分类整理好的货物或零散货物进行定期的盘存。在货物发放过程中，出现某些物品的货物零散领取的情况，可采用两种方式：一是重新打包，系统生成新的二维码标签，作为一个包箱处理；另一种是系统设置零散物品库，专门存储零散货物信息，记录货物的品名，数量、位置等信息，统一管理。

8. 货物信息控制、跟踪，库存自动预警

对各种货物的库存量高于或低于规定的限量进行自动预警。结合各种货物近期平均用量，自动生成需要在一定时间内需要采购或取消订货，有效地控制库存量。空间监控：监控货物的实际位置、存放时间、空间余地等参数，自动对不合理位置、超长存放时间、余地不足等规定的限量自动预警。货物信息跟踪：对整个供应链进行跟踪。报损处理：自动对将要报损货物进行跟踪，管理人员可对报损货物进行登记，填写报损申请表，报损申请批准后，系统对报损货物进行报损处理，建立报损明细。

9. 出库管理

采用条码识读器对出库货物包装上的条码标签进行识读，并将货物信息快递给计算机，计算机根据货物的编号、品名、规格等自动生成出库明细。发现标签破损或丢失，按照上述程序人工补贴。出库货物经过核对确认无误后，再进行出库登账处理，更新货物库存明细。

条形码技术有机地联系了各行各业的信息系统，为实现物流和信息流的同步提供了技术手段，有效地提高了供应链管理的效率，是电子商务、物流管理现代化等的必要前提。

第三节　EAN · UCC 系统

一、EAN · UCC 系统的形成和发展

随着贸易全球化，EAN 与 UCC 两大组织从技术的合作最终走向联合。从最初的零售端的条码扫描应用，到后来 EAN 与 UCC 两大组织不断合作与融合，两者逐渐发展成为全球供应链及电子商务过程统一应用的全球物品标志系统，即 EAN · UCC 全球统一标志系统（简称 EAN · UCC 系统）。

EAN · UCC 系统是由国际物品编码协会（EAN International）和美国统一代码委员会（UCC）共同开发、管理和维护的全球统一和通用的商业语言，为贸易产品与服务（即贸易项目）、物流单元、资产、位置以及特殊应用领域等提供全球唯一的标志。EAN · UCC 系统是应市场需求应运而生的，它以提高整个供应链的效率，简化电子商务过程，为产品与服务增值为目的，积极采用先进技术，快速反应市场需求，是真正的“全球商务语言”。

美国最早将条码用于零售商品的标志，1973 年，美国统一代码委员会（UCC）正式推出 UPC 条码作为美国和加拿大零售商品的统一标志。1977 年，欧洲物品编码协会（EAN）推出与 UPC 兼容的 EAN 条码，EAN 发展成国际物品编码协会后，EAN 条码随之成为零售商品的全球统一标志。到了 20 世纪 80 年代中期，ITF 条码、UCC/EAN-128 码产生。1989 年，EAN 与 UCC 签署合作协议，合作内容除包括当 EAN 成员国（地区）企业产品销往北美地区时，由该国（地区）的 EAN 编码组织负责为企业办理申请

UCC成员手续外，还有多项统一应用的技术开发合作，如共同开发了UCC/EAN－128码、用于对物流单元的标志等。但是，这种单项的技术、应用合作，无法适应全球经济一体化的需要。1997年7月，EAN与UCC签署了新的合作协议，宣告了两大组织进一步的联合行动，所有EAN成员国（地区）的企业申请UPC代码都要经过当地EAN组织，并同时成为EAN·UCC成员。2002年11月，UCC正式加入EAN，并宣布从2005年1月1日起，EAN码也能在北美地区正常使用，且美国、加拿大新的条码用户将采用EAN条码标志商品。这标志着国际物品编码协会真正成为了全球化的编码组织。EDI是EAN·UCC系统的一个组成部分，射频识别（RFID）也开始应用于EAN·UCC系统。为了准确概括这一系统的现有内容并考虑未来的发展，EAN和UCC将他们共同创立和推广的全球统一标志系统和通用商务标准起名为EAN·UCC系统。商品条码是EAN·UCC系统的核心组成部分。

EAN·UCC系统形成后，以全球化、系统化、标准化的观点，对已在应用中形成的全球物品标志体系进行了统一规划，使其更加科学、规范、实用，并逐步建立了一整套国际通行的跨行业的产品、物流单元、资产、位置和服务的标志体系，以及与供应链管理、电子商务相关的技术与应用标准。

中国物品编码中心（ANCC）成立于1989年，由国务院授权统一组织、协调、管理全国的条码工作，1991年代表中国加入国际物品编码协会，是目前全世界99个国家（地区）编码组织之一，负责在我国推广应用EAN·UCC系统。依据EAN·UCC的系统规则，编码中心经过10多年的工作摸索与探索，研究制定了一套适合我国国情的、技术上与国际接轨的产品与服务标志系统——ANCC全球统一标志系统，简称“ANCC系统”。

二、EAN · UCC体系

EAN·UCC系统是以对贸易项目、物流单元、位置、资产、服务关系等的编码为核心，集条码和射频等自动数据采集、电子数交换、全球产品分类、全球数据同步、产品电子代码（EPC）等技术系统为一体的，服务于物流供应链开放的标准体系。

目前EAN·UCC系统的主要组成有编码系统（ID coding system）、条码符号系统（symbology）、应用标识符（application identifier）、EDI/EANCOM系统（EDI communication system），如图2－22所示。

三、EAN · UCC物流单元码

（一）物流单元的条码符号表示

UCC·EAN－128码用以表示物流单元的标志代码SSCC及物流单元的相关信息。

1. 物流标签

物流标签是物流过程中用于表示物流单元有关信息的条码符号标签。每个物流单元都要有自己唯一的SSCC，在实际应用中，一般不事先把包括SSCC在内的条码符号印在物流单元包装上。比较合理的办法是，在物流单元确定时制作标签并贴在物流单元上面。

UCC·EAN物流标签用于标志由包装单元组成的托盘或其他物流单元，标志内容涉及有关承运商、客户和供应商的信息。标签上表示的信息有两种基本形式：由文本和图形组成的供人识读信息和为自动数据采集设计的机读信息。版面划分为下述三个区段，一般

图 2-22 EAN·UCC 全球统一标志系统

来说，标签区段从顶部到底部的顺序依次为承运商、客户和供应商。物流标签表示的内容和这种从上到下的次序可以根据物流单元的尺寸和贸易过程来做调整。

（1）供应商区段。供应商区段所包含的信息一般是供应商在包装时知晓的、必备的系列货运包装箱代码（SSCC），在此作为物流单元的标识符。如果过去使用全球贸易项目代码（GTIN），在此也可以使用。供应商非常感兴趣的，同时对客户和承运商也有用的其他信息也可采用。这些与产品相关的信息包括产品变体、生产日期、包装日期、有效期、最佳食用日期、组号、批号和系列号。

（2）客户区段。客户区段所包含的信息通常是在订购时和供应商处理订单时知晓的。典型的信息是到货地、购货订单代码、客户特定运输路线和装卸信息。

(3) 承运商区段。承运商区段所包含的信息通常是在装货时知晓的，并且与运输有关。典型的信息有到货地邮政编码、托运代码、承运商特定运输路线和装卸信息。含承运商区段、客户区段和供应商区段的标签图例如图 2-23 所示。

图 2-23 含承运商区段、客户区段和供应商区段的标签图例

2. 物流标签尺寸

物流标签尺寸建议宽度为 A6（105mm），高度可以根据所需信息量变化，包括 SSCC 在内的条码最小高度为 32mm，如图 2-24 所示。

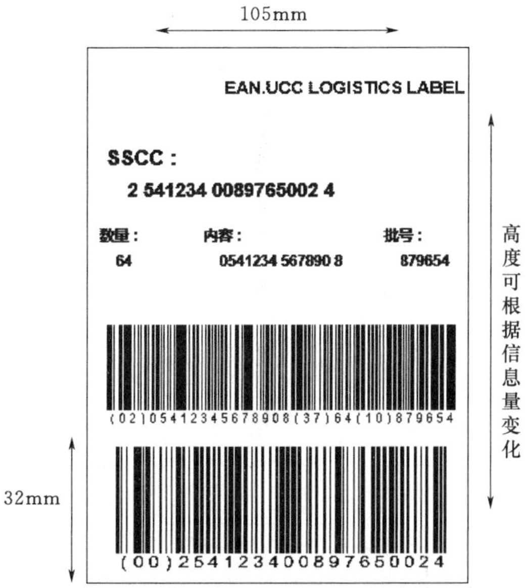

图 2-24 物流标签的尺寸要求

3. 物流标签的位置

物流单元标签条码的条与空应垂直于物流单元的底面。SSCC 条码符号应位于标签的最下端，也可以是其他位置，物流标签的贴标位置如图 2-25 所示。每个物流单元最少有 1 个标签。如果有 2 个标签，最好固定在相邻的两个侧面上，以方便扫描。

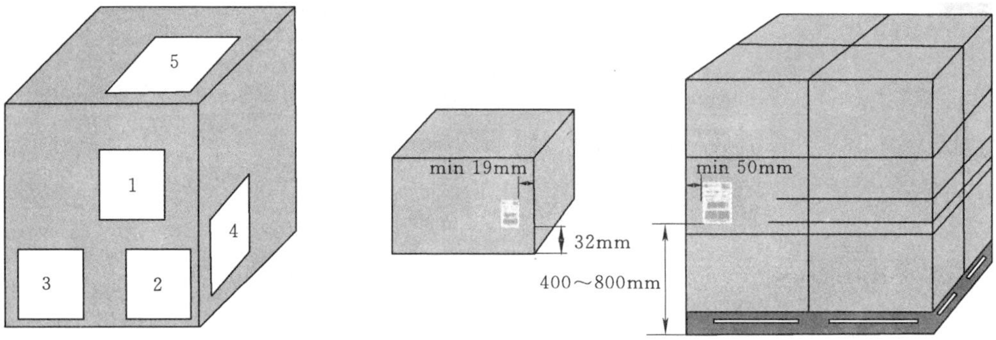

图 2-25　物流标签的贴标位置

4. 采用 EAN·UCC 物流标签的好处

（1）全球统一标准。

（2）广泛用于 FMCG（FMCG 为快速消费品，是指使用寿命较短，消费速度较快的消费品）中的托盘上。

（3）UCC/EAN-128 条码提供最准确的数据采集方式。

（4）通过标准的标签设计达到节省费用的目的。

（5）在物流与信息流之间建立关联，如图 2-26 所示。

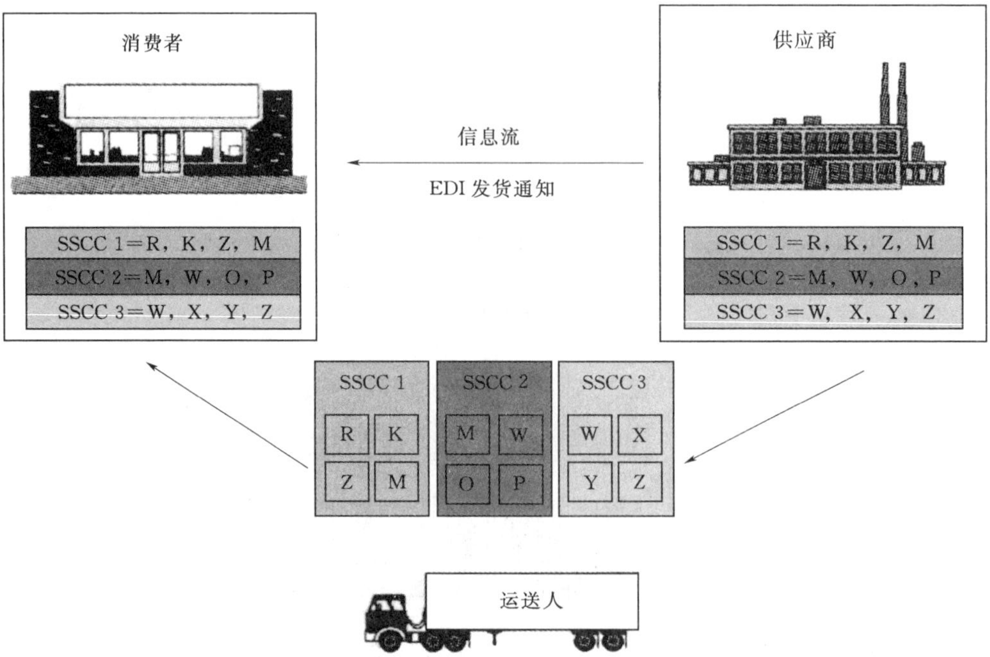

图 2-26　物流与信息流之间建立关联

(二) EAN·UCC物流标签的应用

通过实施EAN·UCC系统，在信息流和实物流过程物流节点（贸易伙伴）建立以条码技术为核心的物流信息标志标准体系，通过对产品、货运单元、位置与服务的唯一标志，为物流信息提供一揽子的物流信息标志、表示以及运用电子方式传输的应用方案，在物流领域中采用数据格式统一、数据内容一致的物流信息，消除信息流和实物流过程物流节点（贸易伙伴）的数据重复录入，避免物流作业环节发展差错的可能性，加快货物运输流通过程中数据处理的准确性，实现对货物在物流过程中的全过程跟踪与管理，降低了企业物流运作成本，提高了物流效率，增加了企业收益。EAN·UCC系统信息流和物流示意图如图2-27所示。

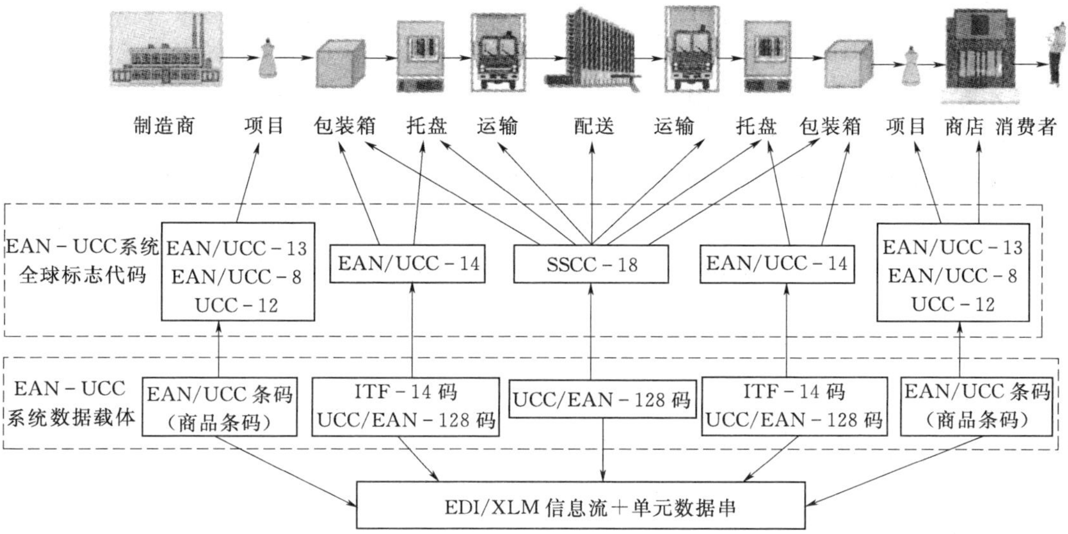

图2-27 EAN·UCC系统信息流和物流示意图

全球现代物流要实现发展，在采购、制造、运输、仓储、配送、零售、系统集成等物流信息标志标准化环节，积极导入EAN·UCC系统，依靠计算机网络和信息技术的支撑，将原本分隔的信息流、实物流、资金流、增值流、业务流以及贸易伙伴紧密联系起来，形成了一条完整的供应链。通过实施全球和地区标准消除非增值过程和重复操作，以更低的成本提高供应链速率，使供应链上的贸易伙伴实现物流信息和资源的共享，从而对物流各环节进行实时跟踪、有效控制与全程管理，并最终实现一体化物流，有了EAN·UCC系统，这个目标一定能够实现。

本 章 小 结

本章介绍了条码的发展、条码的基本概念、条码的特征及分类、条码扫描技术和扫描设备、条码的应用标准及条码技术在物流领域的具体应用。

实训一：商品条码的申请

1. 实训目的及要求

通过条码申请流程的操作实训，掌握条码的使用规则，了解中国物品编码中心及广西壮族自治区标准技术研究院的工作流程。

2. 实训内容

学生以张强身份申请商品条码，登录相应网站，查看条码申请流程图。

（1）登录相关网站。

1）中国物品编码中心：http：//www.ancc.org.cn/。

2）广西壮族自治区标准技术研究院：http：//www.gxzl.org.cn/。

（2）回答以下问题。

1）简要介绍中国物品编码中心。

2）中国商品标志系统图。

3）注册 EAN/UCC－13 费用是多少？注册缩短码（EAN/UCC－8）费用是多少？

实训二：商品条码的制作与运用

1. 实训目的及要求

（1）实训目的：进行条码的编制和打印，掌握条码识读设备的应用环境、安装和操作，结合模拟软件通过条码识读完成入库业务。

（2）实训要求：掌握条码的编制；了解条码打印机的使用，生成条码标签；掌握条码识读设备的操作。

2. 实训内容

（1）张华强是某食品企业的产品开发部门负责人，如今开发一种名为“亲亲”带有甜味的糖果新产品，为了能快速打入消费品市场，决定向有关部门申请商品条码。

（2）请你以张华强的身份来为他完成商品条码的申请工作。

（3）利用相应的条码制作软件制作相应的商品条码，并利用条码打印机打印出来。

（4）使用条码识读设备把制作出来的条码扫描到系统中。

（5）登录相关网站查询资料并完成相关任务。

3. 提交资料

（1）商品条码注册流程图。

（2）提交制作的商品条码。

4. 相关网站信息

（1）中国物品编码中心：http：//www.ancc.org.cn/。

（2）广西壮族自治区标准技术研究院：http：//www.gxzl.org.cn/。

5. 思考问题

（1）条码在物流中起到什么样的作用？

（2）商品条码有哪些类型，它们在我们日常生活中起到什么样的作用？

（3）在我国物品编码由谁负责管理？

（4）条码的编码有什么规则？

课 后 练 习

1. 简述条形码的含义。
2. 假如让你来设计一个图书销售大厦的信息系统，可以在什么地方使用条形码？
3. 物流条码的特点是什么？
4. 简述一维条码和二维条码的区别。

案例阅读

二维码门禁专用条码扫描器在各个领域的应用场景

在“互联网+”的影响下，手机逐渐成为一种“门禁卡”载体并非常受当下年轻一族的欢迎。在很多领域，手机扫码已成为一种时尚和潮流，以智能闸机为例，结合实际需求，运用二维码识别技术和移动互联网等科技手段增设二维码扫描器，充分发挥二维码自动识别、采集和数据传输性能，以此拓展“扫码进闸”的增值服务。

1. 车站检票闸机：刷手机二维码检票

在自助检票机上通过嵌入二维码扫描器，乘客只需将二维码电子车票或纸质二维码车票置于自助检票机上的条码扫描窗口刷一下，验证成功即可进站乘车（图 2-28）。

图 2-28　车站二维码检票

2. 图书馆智能闸机：刷微信校园卡进馆

进入微信“卡包”内领取微信校园卡，进闸前在“卡包”内找到校园卡并调出动态二维码，对准智能闸机上的扫描窗口处一刷，验证成功即可顺利通过闸门（图 2-29）。

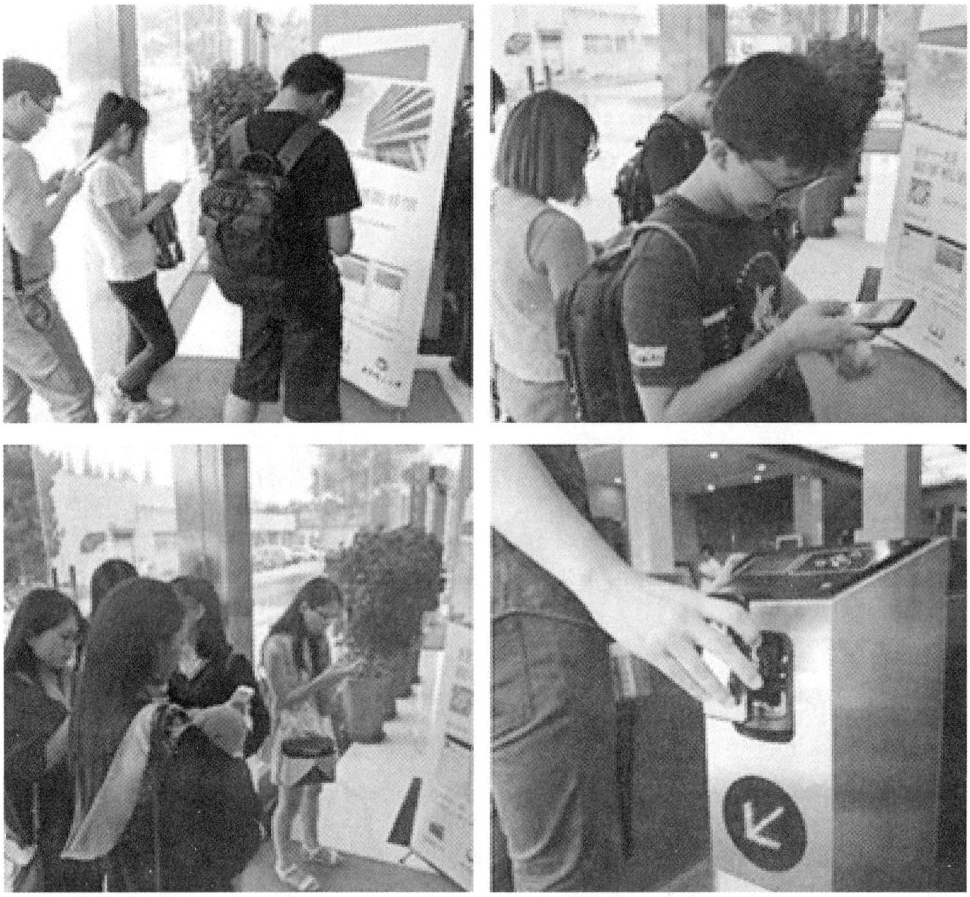

图 2-29 图书馆智能闸机

3. 地铁闸机：刷手机二维码乘地铁

跟广州地铁“云闸机”（或无锡地铁）类似，无需到人工窗口和自助售票机上购票，直接在手机上购票即获取到二维码电子票，将此二维码对准闸机的扫描窗口一刷，验证成功即可（图 2-30）。

4. 小区二维码门禁：手机二维码开门

在升级改造后的二维码门禁闸机上出示手机二维码通行证，扫码成功即可顺利进入楼宇（图 2-31）。

值得一提的是，二维码扫描硬件品牌方案商根据不同场景、不同需求的智慧闸机扫码功能需求，推出一系列二维码扫描器以提升扫码体验。据悉，该二维码扫描器采用了卓越工业级别影像识别技术+智能图形识别系统；特别针对手机屏幕码阅读作了特殊技术调校，大视窗口极速扫码，平均每秒扫描频率在 280 次左右；不仅能够满足 24 小时全天候高效运转，而且能在各种工业环境下和恶劣环境中使用。

（资料来源：http：//www.sohu.com/a/160195843_701816）

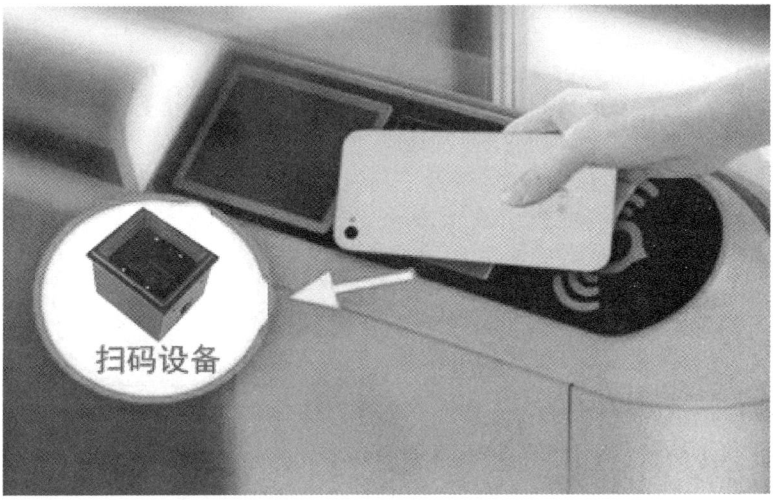

图 2-30　地铁闸机扫码设备

图 2-31　小区二维码门禁

第三章

无线射频识别技术（RFID）

学习目标

知识目标：1. 理解 RFID 系统的组成。
2. 了解 RFID 技术的工作原理。
3. 掌握常见 RFID 射频标签的分类及应用。
4. 理解 RFID 技术在物流中的应用。

技能目标：1. 能利用 RFID 技术采集信息。
2. 运用 RFID 专业知识解决物流供应链的问题。

案例导入

你真的懂 RFID 吗？

在杂货店结账时排的长长的队或许是人们对购物最大的抱怨之一了。但不久后，随着全球产品编号（UPC）条形码被智能标签［也称射频识别（RFID）标签］取代，这些长队可能就会随之消失了。RFID 标签是一种智能条形码，可以向网络系统跟踪报告你放入购物车中每一个产品。

想象一下，你去到杂货店，把东西装满了你的购物车，便直接走出门去。你不用再排队等待收银员一个个的扫描你车里的每个东西。这些 RFID 标签将连接到电子读取器，这些读取器可以即时的检测车里的每一个物品。这些读取器又将被连接到一个更大的网络，该网络将您的购买信息发送给零售商和产品生成商。接着，你的银行将收到相应的通知，该应付的金额从您的账户中直接扣除。一切无需排队，无需等待。

RFID 标签，一项曾经只是用来跟踪牛群的技术，如今正被用于跟踪全球的消费产品。许多制造商用 RFID 标签来全程追踪每一个产品，从产品被生产出来开始，直到它被人从货架上取下来扔进购物车里。

除了零售商品领域以外，RFID 标签还用于跟踪车辆、飞机乘客、阿尔茨海默病患者和宠物。不久后，他们甚至可能跟踪你对奶油花生酱的偏好。一些批评者说，RFID 技术占据了我们生活中太多的部分了——我们生活中几乎所有的地方都在受着它的影响。

在本章中，你可以学习 RFID 标签有哪些类型以及这些标签是如何跟踪整个供应链的。我们还将关注 RFID 标签的非商业用途，也将学习一些评论家认为 RFID 标签在动物、人类社会中的应用，如停车、寄放物品、搭乘大众运输系统、购买饮料及各种其他商品等额外的加值服务。

（资料来源：http://dy.163.com/v2/article/detail/CS96BK4D0511EFCI.html）

第一节 RFID 概 述

一、RFID 的定义

RFID（radio frequency identification），即无线射频识别，是一种非接触式的自动识别技术，它通过射频信号自动识别目标对象并获取相关数据，识别工作无需人工干预，可工作于各种恶劣环境。RFID 技术可识别高速运动物体，并可同时识别多个标签，操作快捷方便，同时具有极高的保密性。

埃森哲实验室首席科学家弗格森认为 RFID 是一种突破性的技术：①可以识别单个的非常具体的物体，而不是像条形码那样只能识别一类物体；②其采用无线电射频，可以透过外部材料读取数据，而条形码必须靠激光来读取信息；③可以同时对多个物体进行识读，而条形码只能一个一个地读。此外，储存的信息量也非常大。

射频识别技术适用的领域主要是物料跟踪、运载工具和货架识别等要求非接触数据采集和交换的场合，要求频繁改变数据内容的场合尤为适用。如不停车电子收费系统 ETC（electronic toll collection）采用的主要技术就是射频识别技术。当车辆通过收费站时，收费车道通过无线射频技术感知车辆的到来，在车辆正常行进中就能自动进行所有信息的交互传递，完成车辆的收费、登记及建档的过程，并对允许通行的车辆予以放行。这样，驾驶员不需停车即可完成缴费，不但节约时间，大大提升了高速公路的通行效率，同时也有效地降低了能耗和磨损。

二、RFID 的发展历程

RFID 技术最早起源于英国，应用于第二次世界大战中辨别敌我飞机身份，20 世纪 60 年代开始商用。RFID 技术是一种自动识别技术，美国国防部规定 2005 年 1 月 1 日以后，所有军需物资都要使用 RFID 标签；美国食品与药品管理局（FDA）建议制药商从 2006 年起利用 RFID 跟踪常造假的药品。Walmart、Metro 零售业应用 RFID 技术等一系列行动更是推动了 RFID 在全世界的应用热潮。欧盟统计办公室的统计数据表明，2010 年，欧盟有 3%的公司应用 RFID 技术，应用分布在身份证件和门禁控制、供应链和库存跟踪、汽车收费、防盗、生产控制、资产管理。RFID 技术发展史见表 3-1。

表 3-1　　RFID 技术发展史

年份	RFID 技术发展史
1941—1950 年	雷达的改进和应用催生了 RFID 技术，1948 年奠定了 RFID 技术的理论基础
1951—1960 年	早期 RFID 技术的探索阶段，主要处于实验室实验研究
1961—1970 年	RFID 技术的理论得到了发展，开始了一些应用尝试
1971—1980 年	RFID 技术与产品研发处于一个大发展时期，各种 RFID 技术测试得到加速。出现了一些最早的 RFID 应用
1981—1990 年	RFID 技术及产品进入商业应用阶段，各种封闭系统应用开始出现
1991—2000 年	RFID 技术标准化问题日趋得到重视，RFID 产品得到广泛采用
2001 年至今	标准化问题日趋为人们所重视，RFID 产品种类更加丰富，有源电子标签、无源电子标签及半无源电子标签均得到发展，电子标签成本不断降低

三、RFID 技术的特点

RFID 技术是通过磁场或电磁场，可识别高速运动物体并可同时识别多个目标。与传统识别方式相比，RFID 技术无须直接接触、无须光学可视、无须人工干预，即可完成信息输入和处理，操作方便快捷。其技术特点具体表现在以下几个方面。

（1）全自动快速识别多目标。标签一进入磁场，阅读器就可以即时读取其中的信息，同时辨识读取数个 RFID 标签，实现批量识别。某些超高频设备间隔 7m 即可感应，每秒可读取 250 个标签，比条码辨识快数十倍，无须人工手持条码机逐个扫描。

（2）体积小型化、形状多样化，应用面广。RFID 在读取上并不受尺寸大小与形状限制，不需要为了读取精确度而配合纸张的固定尺寸和印刷品质。此外，RFID 标签更可往小型化与多样形态发展，可嵌入在各种不同类型、形状的产品上，以应用于不同产品。日立（HITACHI）研发的被动式 RFID 芯片仅 0.4mm×0.4mm 大小，与一颗沙粒相仿，可贴附在任何大小的商品上。

（3）储存资料容量大。一维条码的容量是 50 字节，二维条码最大的容量可存储 2000～3000 字节，二维条码比普通条码信息容量高几十倍，RFID 标签最大的容量则可达数兆字节。随着记忆载体的发展，数据容量也有不断扩大的趋势。未来物品所需携带的资料量会越来越大，对卷标所能扩充容量的需求也相应增加。

（4）环境适应性强。传统条码的载体是纸张，因此容易受到污染，但 RFID 对水、油和化学药品等物质具有很强抵抗性。此外，由于条码是附于塑料袋或外包装纸箱上，所以特别容易受到折损；RFID 卷标是将数据存在芯片中，可以免受污损，因此可以应用于粉尘、油污等高污染环境和放射性环境。

（5）穿透性和无屏障阅读。在被覆盖的情况下，RFID 能够穿透纸张、木材和塑料等非金属或非透明的材质，并能够进行穿透性通信。而条码扫描机必须在近距离而且没有物体阻挡的情况下才可以辨读条形码。

（6）可重复使用。现今的条码印刷上去之后就无法更改，RFID 标签则可以重复地新增、修改、删除 RFID 卷标内储存的数据，方便信息的更新。

（7）安全性能高。由于 RFID 承载的是电子式信息，可以为标签数据的读写设置密码保护，使其内容不易被伪造及变造。RFID 芯片内藏 96B 容量，可辨识 1600 万种产品，680 亿个不同序号。

四、RFID 与条码的区别

从概念上来说，RFID 与条码很相似，都是能识别物品的一种技术，目的是快速准确地确认追踪目标物体。但射频技术与条码是两种不同的技术，有不同的适用范围，当然两者有时也会有重叠。

两者之间最大的区别是：条码是“可视技术”，扫描仪在人的指导下工作，只能接收它视野范围内的条形码；射频识别不要求看见目标，只要在接收器的作用范围内就可以被读取。条码本身还具有其他缺点，如果标签被划破、污染或脱落，扫描仪就无法辨认目标。条码只能识别生产者和产品，并不能辨认具体的商品，贴在所有同一种产品包装上的条码都一样，无法辨认哪些产品先过期。射频标签的芯片内存有该产品的详细信息：产品的名称、产地、材料、批次、生产日期以及产品有效等信息。

条码与RFID的区别因材而异，见表3-2。

人工录入、条码扫描、RFID处理速度比较见表3-3。

表3-2　　条码与RFID的区别

功能	条　　码	RFID
读取数量	条码读取时只能一次一个	可同时读取多个RFID标签数量
信息容量	容量小	容量大
读写能力	条码资料不可更新	电子信息可以反复修改
读取方便性	读条码时需要光线	RFID不需光线
坚固性	污损即无法使用，无耐用性	可在恶劣环境下使用
隐蔽性	需外漏，可见	可隐藏在包装内读取
高速读取	移动中读取有限制	可进行高速移动读取
费用	生产较廉价	较昂贵，贴标签需要费用

表3-3　　人工录入、条码扫描、RFID处理速度比较

数据量 / 登入方式	1笔订单	10笔订单	100笔订单	1000笔订单
人工录入	10s	100s	1000s	2h47min
条码扫描	2s	20s	200s	33min
RFID	0.1s	1s	10s	1min40s

第二节　RFID构成及工作原理

一、RFID系统构成

一套完整的RFID系统由电子标签（tag）、阅读器（reader）、天线（antenna）及主机及应用软件系统4个部分组成，其工作原理是阅读器发射特定频率的无线电波能量给应答器，用以驱动应答器电路将内部的数据送出，此时阅读器便依序接收解读数据，送给应用程序做相应的处理。RFID系统的基本组成如图3-1所示。

（一）电子标签（tag）

在射频识别系统中，信号发射机为了不同的应用目的，以不同的形式存在，最常用的形式是标签（tag）。电子标签也称为智能标签、tag或smart labels。其核心是采用RFID射频识别技术、具有一定存储容量的芯片。标签相当于条码技术中的条码符号，用来存储需要识别的传输信息。但与条码不同的是，标签必须能够自动或在外力的作用下，把存储的信息主动发射出去。标签一般是带线圈、天线、存储器与控制系统的低电压集成电路。各类电子标签如图3-2所示。

1. 标签分类

（1）主动式标签（active tag）与被动式标签（passive tag）。在实际应用中，标签必

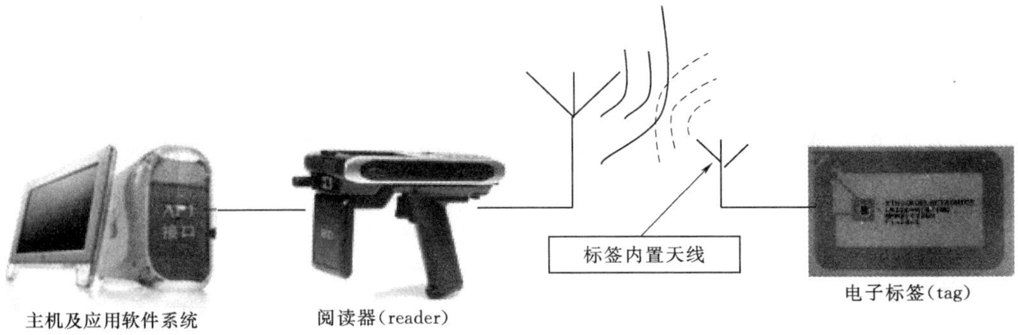

图 3-1　RFID 系统的基本组成

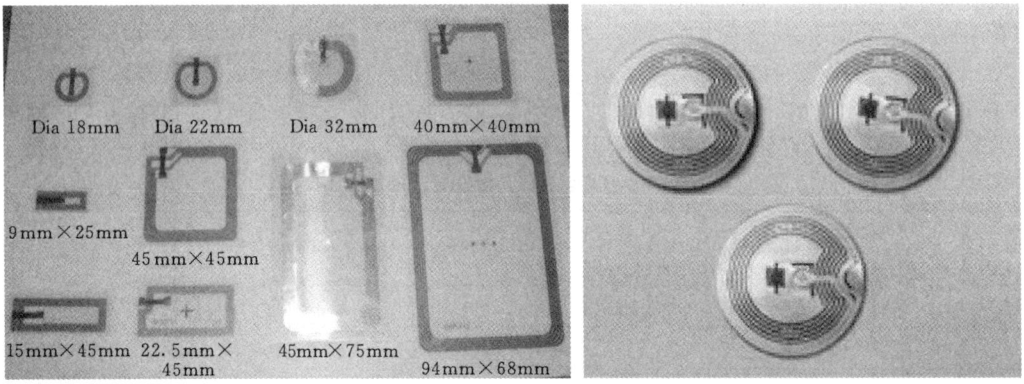

图 3-2　各类电子标签

须有电才能工作，但是它的电能消耗是非常低的（一般是百万分之一毫瓦级别）。按照标签获取电能的方式不同，可以把标签分成主动式标签与被动式标签。

主动式标签由内部自带电池供电，它的电能充足，工作可靠性高，信号传送的距离远。主动式标签可以通过设计电池的不同寿命对标签的使用时间或使用次数进行限制。它可以用在需要限制数据传输量或者使用数据有限制的地方，比如，一年内标签只允许读写有限次。主动式标签的缺点主要是标签的使用寿命受到限制，而且随着标签内电池电力的消耗，数据传输的距离会越来越小，影响系统的正常工作。

被动式标签内部不带电池，要靠外界提供能量才能正常工作。被动式标签典型的产生电能的装置是天线与线圈，当标签进入系统的工作区域，天线接收到特定的电磁波，线圈就会产生感应电流，再经过整流电路给标签供电。被动式标签具有永久的使用期，常常用在标签信息需要每天读写或频繁读写多次的地方，而且被动式标签支持长时间的数据传输和永久性的数据存储。被动式标签的缺点是数据传输的距离要比主动式标签小，因为被动式标签依靠外部的电磁感应而供电，它的电能就比较弱，数据传输的距离和信号强度就受到限制，需要敏感性比较高的信号接收机（阅读器）才能可靠识读。主动式标签与被动式标签如图 3-3 所示。

（2）只读标签与可读写标签。根据内部使用存储器类型的不同，标签可以分成只读标签与可读写标签。

只读标签内部只有只读存储器（read only memory，ROM）和随机存储器（random access memory，RAM）。ROM用于存储发射器操作系统说明和安全性要求较高的数据，它与内部的处理器或逻辑处理单元完成内部的操作控制功能，如响应延迟时间控制、数据流控制、电源开关控制等。另外，只读标签的ROM中还存储有标签的标识信息。这些信息可以在标签制造过程中由制造商写入ROM中，也可以在标签开始使用时由使用者根据特定的应用目的写入特殊的编码信息。这种信息可以只简单地代表二进制中的“0”或者“1”，也可以像二维条码那样，包含复杂的相当丰富的信息。但这种信息只能是一次写入，多次读出。只读标签中的RAM用于存储标签反应和数据传输过程中临时产生的数据。另外，只读标签中除了ROM和RAM外，一般还有缓冲存储器，用于暂时存储调制后等待天线发送的信息。

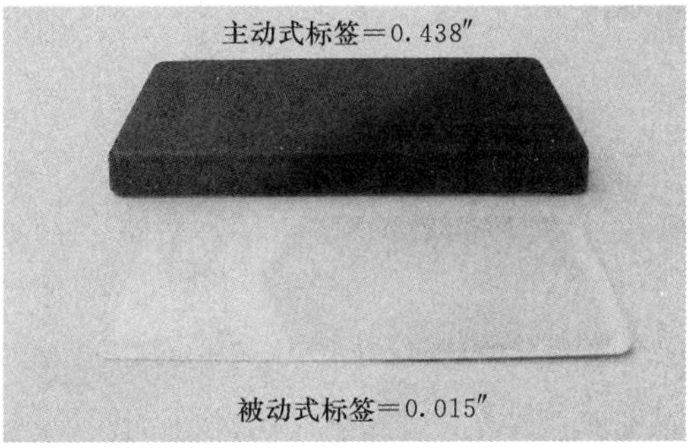

图3-3 主动式标签与被动式标签

可读写标签内部的存储器除了ROM、RAM和缓冲存储器之外，还有非活动可编程记忆存储器。这种存储器除了存储数据的功能外，还具有在适当的条件下允许多次写入数据的功能。非活动可编程记忆存储器有许多种，EEPROM（电可擦除可编写只读存储器）是比较常见的一种，这种存储器在加电的情况下，可实现对原有数据的擦除以及数据的重新写入。

（3）标识标签与便携式数据文件。根据标签中存储器数据存储能力的不同，可以把标签分成仅用于标识目的的标识标签与便携式数据文件两种。对于标识标签来说，一个数字或者多个数字、字母、字符串存储在标签中，是为了识别或者是作为进入信息管理系统中数据库的钥匙（key）。条码技术中标准码制的号码，如EAN/UPC条码、混合编码或者标签使用者按照特别的方法编的号码，都可以存储在标识标签中。标识标签中存储的只是标识号码，用于对特定的标识项目，如人、物、地点进行标识，关于被标识项目详细的、特定的信息，只能在与系统相连接的数据库中查找。

便携式数据文件是指标签中存储的数据非常大，可以看作是一个数据文件。用户在使用这种标签时可进行自定义编程。标签中除了存储标识码外，还存储有大量的被标识项目其他的相关信息，如加工包装说明、工艺过程说明等。在实际应用中，关于被标识项目的所有信息都是存储在标签中的，读标签就可以得到关于被标识项目的所有信息，而不用再连接到数据库进行信息读取。另外，随着存储能力的提高，标签可以提供组织数据的能力，在读标签的过程中，可以根据特定的应用目的控制数据的读出，实现在不同的情况下读出的数据部分不同。

2. 电子标签的应用领域

电子标签作为数据载体，能起到标识识别、物品跟踪、信息采集的作用。电子标签、读写天线和应用软件构成的RFID系统直接与相应的管理信息系统相连。每一件物品都可以被准确地跟踪，这种全面的信息管理系统能为客户带来诸多的利益，包括实时数据的自由采集、安全数据存取通道、离线状态下对所有产品信息的获取等。采用电子标签系统，意味着能提供更新、更好的服务，以提高客户满意度。

电子标签基于低成本的设计和制造工艺，可广泛用于工业生产和日常生活的各个方面。RFID满足国际ISO 156931、ISO 18000—6B、EPC G2等多种标准，采用不同的天线设计和封装材料可制成多种形式的标签，如车辆标签、货盘标签、物流标签、金属标签、图书标签、液体标签、人员门票标签、门票标签、行李标签等。

（1）Inlay。Inlay是智能卡行业专用术语，是指一种由多层PVC片材含有芯片及线圈层合在一起的预层压产品。一般由两层或三层组成。表面无任何印刷图案，Inlay产品适用多品种卡片的前期大量生产。Inlay上下再覆上有不同印刷图案的材料通过再次层压就组成了丰富多彩的非接触卡片。Inlay可封装成多种形式的电子标签（图3-4）。

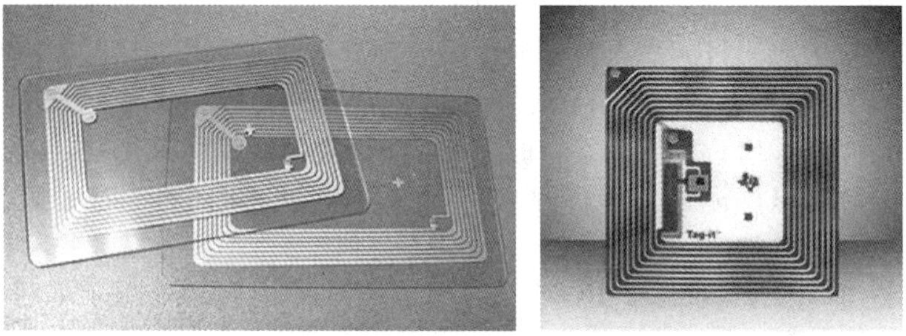

图3-4　Inlay

（2）Label。Label剥离底纸可直接粘贴于纸质包装箱上，实现“即贴出货”的过程，适用于物流、供应链管理等（图3-5）。

图3-5　Label

图3-6　PVC层压的标准卡

（3）标准卡。PVC层压的标准卡，类似银行卡、饭卡等大小，可持在手中或挂于胸前。主要应用于人员管理、图书管理和车辆管理等（图3-6）。

（4）金属标签。金属标签可直接粘贴于带金属外壳的设备上。主要适用于机箱、板卡等资产管理领域。

（5）车辆标签。车辆标签一般直接粘贴于汽车挡风玻璃上部内表面或插于标签卡座内（图3-7）。主要适用于汽车管理等领域。电子标签安装的位置一般在车内后视镜的附近，前风挡上的黑色区域为专门的信号穿透区，对电子标签的无线信号阻挡较弱。对于有防弹玻璃或前风挡贴有金属膜的车，就需要请专人来安装。

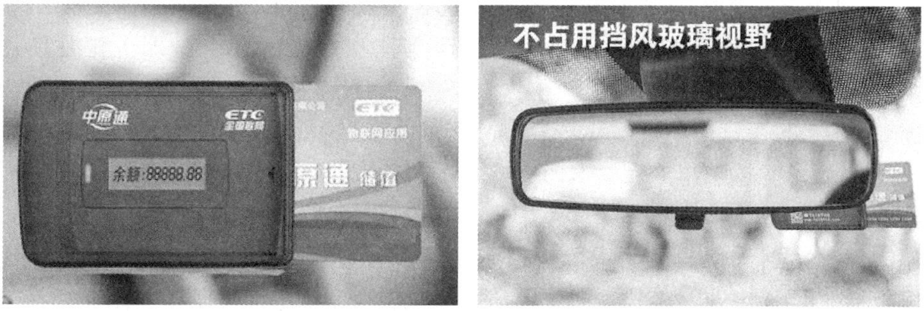

图 3－7　车辆标签

（图片来源：http://fashion.eastday.com/a/190322173442670.html）

（6）吊牌标签。吊牌标签吊附在待识别物品上（图 3－8）。主要应用于高档服装管理和资产管理。

（7）动物标签。动物标签使用专用动物耳标钳将标签装在牲畜的耳朵上（图 3－9）。主要用于种畜繁育、疫情防治、肉类检疫。

（8）托盘标签。托盘标签使用时直接插入塑料托盘隙孔中或用钉子穿过定位孔，将标签固定于木质托盘正中央。主要适用于物品的分拣、装卸、搬运等领域。

（9）门票标签。门票标签持在手中或挂于胸前。适用于会议出入证明及门票管理等领域。

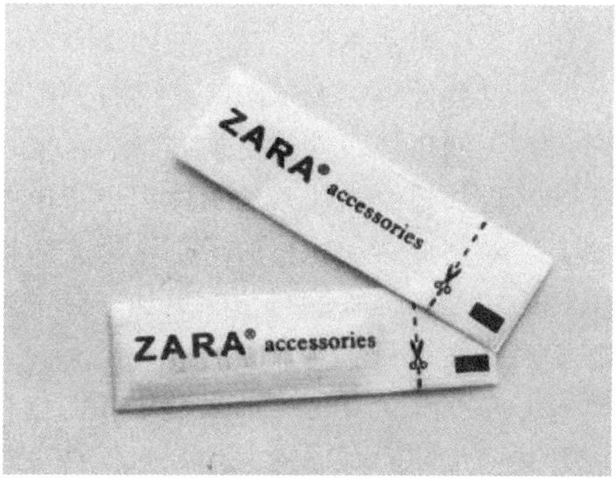

图 3－8　吊牌标签

（图片来源：http://www.baimao.com/manufacturer/supply/yc1003/6818100.htm）

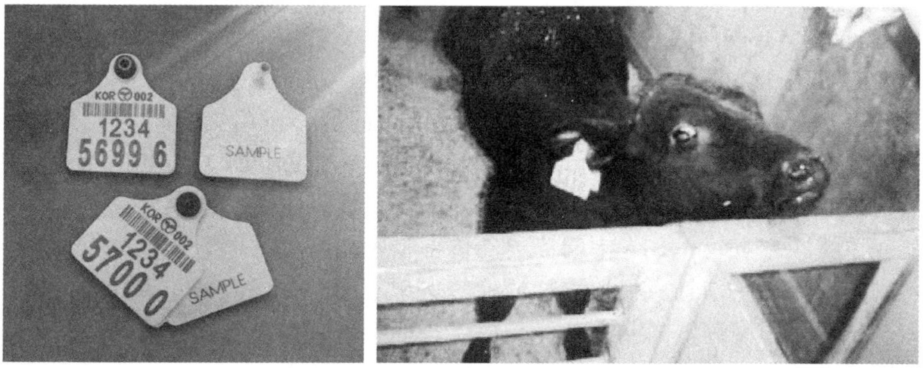

图 3－9　动物标签

（图片来源：http://detail.net114.com/chanpin/1012071553.html；https://tech.hqew.com/news_1246382）

（10）行李标签。行李标签剥离底纸直接粘贴于被识别物体上。主要适用于航空行李管理、邮政包裹管理、物流跟踪管理等。

（11）图书标签。图书标签直接粘贴于书内。主要应用于图书馆、书店等场所。

（12）珠宝标签。珠宝标签使用时将各类珠宝挂到标签的环上，即可正常使用，便于珠宝行业对各类珠宝产品的管理。

经过10多年的探索与尝试，RFID技术不断满足行业定制化需求，价格方面也在需求增长、技术革新下越来越亲民，RFID项目的投资回报率正越来越为行业应用客户所接受，特别在国内人力成本上扬、互联网＋、工业4.0和物联网战略的整体背景下，RFID作为物品标识、信息采集的重要手段会被越来越多行业所应用。在未来，行业应用比较看好的领域包括服装零售业、航空、智能制造、防伪溯源、资产管理、智能交通和新零售终端等。

3. 电子标签的发展趋势

未来电子标签的发展趋势如下：

（1）工作距离更远。随着低功耗IC技术的发展，电子标签所需功耗可以降到非常低的水平，这就使得无源RFID系统的工作距离可以更远，有些甚至可以达到几十米以上。

（2）无线可读写性能更加完善。系统误码率不断降低，抗干扰性不断提高。

（3）更加适合高速移动物体识别。电子标签和阅读器之间的通信速率会获得很大程度的提高，对高速移动物体的识别会越来越准确。

（4）快速多标签读写功能更加完善。采用适用于识别大量物品的系统通信协议，实现快速的多标签读写功能。

（5）自我保护功能更加完善。在能量场很强的环境中，电子标签接收到的电磁能量很强，产生高电压，为此需要加强自保功能，保护电子标签芯片不受损害。

（6）标签附属功能更多。例如带有传感器或者带有蜂鸣器、光指示或者标签具备杀死功能，即标签到达寿命或终止应用时能够自行销毁。

（7）体积更小。目前日立公司设计开发的带有内置天线的芯片厚度约为0.1mm。

（8）成本更低。新的生产工艺使得整个系统的生产成本不断降低。

（二）阅读器（reader）

在RFID系统中，信号接收机一般称为阅读器，也被称为应答器（transponder）。RFID阅读器（reader）的主要任务是控制射频模块向标签发射读取信号，并接收标签的应答，对标签的对象标识信息进行解码，将对象标识言息连带标签上其他相关信息传输到主机以供处理。根据应用不同，阅读器可以是手持式或固定式。当前阅读器成本较高而且大多只能在单一频率点工作；未来阅读器的价格将大幅降低，而且支持多个频率点，能自动识别不同频率的标签信息。根据支持的标签类型不同与完成的功能不同，阅读器的复杂程度是显著不同的。阅读器的基本功能是提供与标签进行数据传输的途径。另外，阅读器还提供相当复杂的信号状态控制、奇偶错误校验与更正功能等。标签中除了存储需要传输的信息外，还必须含有一定的附加信息，如错误校验信息等。识别数据信息和附加信息按照一定的结构编制在一起，并按照特定的顺序向外发送。阅读器通过接收到的附加信息来控制数据流的发送。一旦到达阅读器的信息被正确地接收和译解后，阅读器通过特定的算法决定是否需要信号发射机对发送的信号重发一次，或者直到信号发射机停止发信号，这就是“命响应协议”。使用这种协议，即便在很短的时间、很小的空间阅读多个标签，也可以有效地防止“欺骗问题”的产生。阅读器的接收范围受到很多因素的影响，如电波频率、标签的尺寸形状、阅读器的能量、金属物体的干扰和其他射频装置等。

阅读器负责与电子标签的双向通信，与标签交互信息，其频率决定了 RFID 工作的频段。

RFID 阅读器，也称识读器或读写器。根据使用用途，各种读写器在结构上及制造形式上也是千差万别的。大致可以将读写器划分为以下几类：固定式读写器、OEM 读写器、工业读写器、发卡机、便携式读写器以及有特殊结构的读写器。

（1）固定式读写器。固定式读写器是最常见的一种读写器。它是将射频控制器和高频接口封装在一个固定的外壳中。有时，为了减小设备尺寸，降低成本，便于运输，将天线和射频接口模块封装在一个外壳单元中，这样就构成了集成式读写器或者一体化读写器。

（2）OEM 读写器。为了将读写器集成到用户自己的数据操作终端、BDE 终端、出入控制系统、收款系统及自动装置等，需要采用 OEM 读写器。OEM 读写器是装在一个屏蔽的白铁皮外壳中向用户供货的，或者以无外壳的插件板的方式供货。电子连接的形式大致有焊接端子、插接端子或螺丝旋接端子等。

（3）工业读写器。对于在安装或生产设备中的应用，需要采用工业读写器。工业读写器大多具备标准的 S 总线接口，以便容易集成到现有设备中，它主要应用在矿井、畜牧、自动化生产等领域。此外，类读写器还可以满足多种不同的防护需要，包括防爆保护。

（4）发卡机。发卡机也称为读卡器、发卡器等，主要用来对电子标签进行具体内容的操作，包括建立档案、消费纠正、挂失、补卡、信息纠正等，经常与计算机放在一起。从本质上说，发卡机实际上是小型射频读写器。

（5）便携式读写器。便携式读写器是适合于用户手持使用的一类射频电子标签读写设备，其工作原理与其他式的读写器完全一样。便携式读写器主要用于动物识别，作为检查设备、付款往来的设备、服务及测试工作中的辅助设备。便携式读写器一般带有 LCD 显示屏，并且带有键盘面板以便于操作或输入数据。

固定式阅读器与手持式阅读器如图 3－10 所示。

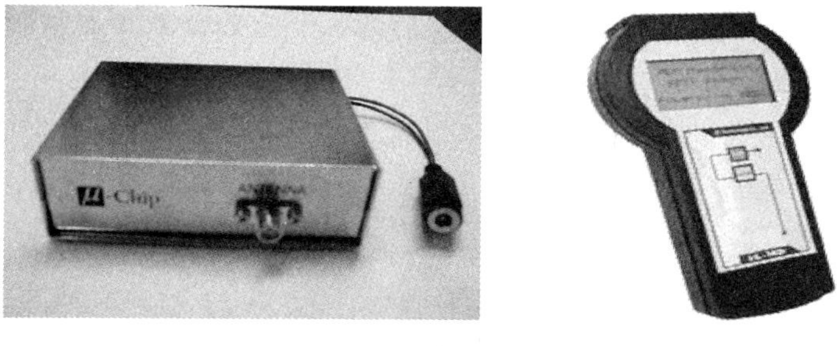

图 3－10　固定式阅读器与手持式阅读器

（三）天线（antenna）

天线（antenna）是标签与阅读器之间传输数据的发射、接收装置。在实际应用中除了系统功率外，天线的形状和相对位置也会影响数据的发射和接收，需要专业人员对系统的天线进行设计。

（四）主机及应用软件系统

根据RFID系统完成的功能不同，可以把RFID系统分成四种类型：EAS系统、便携式数据采集系统、物流控制系统和定位系统。

1. EAS系统

EAS（Electronic Article Surveillance）是一种设置在需要控制物品出入门口的RFID技术，这种技术的典型应用场合是商店、图书馆和数据中心等地方，当未被授权的人从这些地方非法取走物品时，EAS系统会发出警告。在应用EAS技术时，首先在物品上黏附EAS标签，当物品被正常购买或者合法移出时，在结算处通过一定的装置使EAS标签失活，物品就可以取走。物品经过装有EAS系统的门口时，EAS装置能自动检测标签的活动性，发现活动性标签EAS系统会发出警告。EAS技术的应用可以有效防止物品被盗，不管是大件的物品，还是很小的物品，应用EAS技术就能使物品不用再锁在玻璃橱柜里，可以让顾客自由地观看、检查商品，这在自选商品日益流行的今天有着非常重要的现实意义。

EAS系统的工作原理是：在监视区，信号发射机以一定的频率向信号接收机发射信号。信号发射机与信号接收机一般安装在零售店、图书馆的出入口，形成一定的监视空间。当具有特殊特征的标签进入该区域时，会对信号发射机发出的信号产生干扰，这种干扰信号也会被信号接收机接收，再经过微处理器的分析判断，就会控制警报器的鸣响。根据信号发射机发出的信号不同以及标签对信号干扰原理不同，EAS可以分成许多种类型。关于EAS技术最新的研究方向是标签的制作，人们正在讨论EAS标签能不能像条码一样，在产品的制作或包装过程中加进产品，成为产品的一部分。

典型的EAS系统一般由三部分组成：

（1）附着在商品上的电子标签、电子传感器。

（2）电子标签灭活装置，以便授权商品能正常出入。

（3）监视器，在出口形成一定区域的监视空间。

2. 便携式数据采集系统

便携式数据采集系统是使用带有RFID阅读器的手持式数据采集器采集RFID标签上的数据。这种系统具有比较大的灵活性，适用于不宜安装固定式RFID系统的应用环境。手持式阅读器（数据输入终端）可以在读取数据的同时，通过无线电波数据传输方式（RFDC）实时地向主计算机系统传输数据，也可以暂时将数据存储在阅读器中，成批地向主计算机系统传输数据。

3. 物流控制系统

在物流控制系统中，RFID阅读器分散布置在给定的区域，并且阅读器直接与数据管理信息系统相连，信号发射机是移动的，一般安装在移动的物体、人上面。当物体、人流经过阅读器时，阅读器会自动扫描标签上的信息并把数据信息输入数据管理信息系统进行存储、分析和处理，以达到控制物流的目的。

4. 定位系统

定位系统用于自动化加工系统中的定位，以及对车辆、轮船等进行运行定位支持。阅读器放置在移动的车辆、轮船或者自动化流水线中移动的物料、半成品和成品上，信号发射机嵌入到操作环境的地表下面。信号发射机上存储有位置识别信息，阅读器一般通过无线的方式（有的采用有线的方式）连接到主信息管理系统。

二、RFID工作原理

RFID技术的基本工作原理并不复杂：标签进入磁场后，接收解读器发出的射频信号，凭借感应电流所获得的能量发送出存储在芯片中的产品信息（passive tag，无源标签或被动标签），或者主动发送某一频率的信号（active tag，有源标签或主动标签）；解读器读取信息并解码后，送至中央信息系统进行有关数据处理。

电子标签又称为射频标签、应答器、数据载体，阅读器又称为读出装置、扫描器、通信器、读写器（取决于电子标签是否可以无线改写数据）。电子标签与阅读器之间通过耦合元件实现射频信号的空间（无接触）耦合，三耦合通道内，根据时序关系，实现能量的传递、数据的交换。射频识别系统的基本模型如图3-11所示。

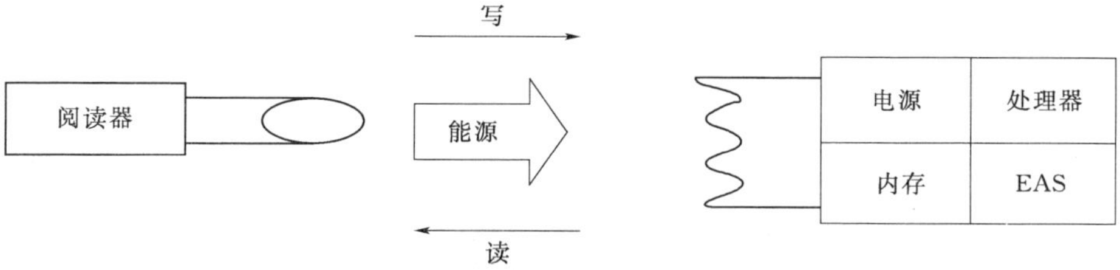

图3-11 射频识别系统的基本模型

以RFID卡片读卡器及电子标签之间的通信及能量感应方式来看，大致上可以分为电感耦合（inductive coupling）及反向散射耦合（backscatter coupling）两种，一般低频的RFID大都采用第一种方式，而较高频大多采用第二种方式，如图3-12所示。

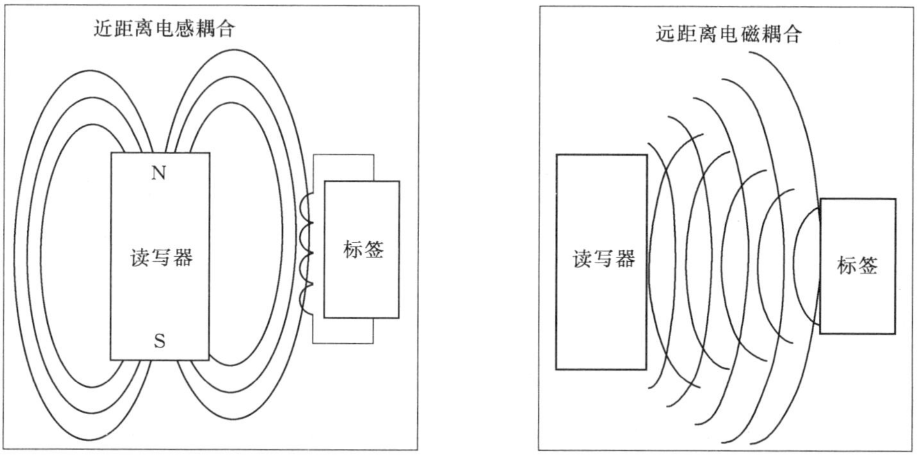

图3-12 RFID射频信号的耦合类型

（1）电感耦合。近距离（LF、HF）电感耦合为变压器模型，通过空间高频交变磁场实现耦合，依据的是电磁感应定律。

（2）电磁反向散射耦合。为雷达原理模型，发射出去的电磁波，碰到目标后反射，同时携带回目标信息，依据的是电磁波的空间传播规律。

电感耦合方式一般适合于中、低频工作的近距离射频识别系统，典型的工作频率有125kHz、225kHz 和 13.56MHz，识别作用距离小于 1m，典型作用距离为 10～20cm。

电磁反向散射耦合方式一般适合于高频、微波工作的远距离射频识别系统，典型的工作频率有 433MHz、915MHz、2.45GHz、5.8GHz，识别作用距离大于 1m，典型作用距离为 3～10m。

RFID 工作原理示意如图 3－13 所示。

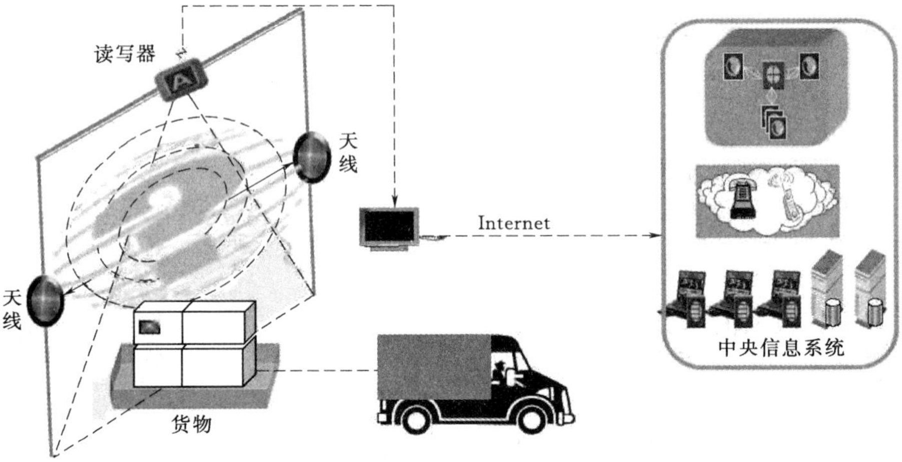

图 3－13　RFID 工作原理示意图

三、RFID 工作频率的分类

RFID 按应用频率不同分为低频（LF）、高频（HF）、超高频（UHF）、微波（MW），相对应代表性频率分别为：低频 135kHz 以下、高频 13.56MHz、超高频860～960MHz、微波 2.45～5.6GHz。RFID 主要频段分类见表 3－4。

表 3－4　　RFID 主要频段分类

频段	频　率	读写距离	应用案例
LF	135kHz 以下	Few cm	汽车发动机防盗锁止系统
HF	13.56MHz	1m	图书管理系统、智能货架的管理
UHF	860～960MHz	1～10m	物流
MW	2.45～5.6GHz	10m 以上	公路收费

在其频率范围内的不同的产品符合不同的标准，不同频段的 RFID 产品会有不同的特性，其中感应器有无源和有源两种方式，下面详细介绍无源的感应器在不同工作频率下产品的特性以及主要的应用。

1. 低频（125～134kHz）

RFID技术首先在低频下得到广泛的应用和推广，该频率主要是通过电感耦合的方式进行工作，也就是在读写器线圈和感应器线圈间存在着变压器耦合作用，通过读写器交变磁场的作用在感应器天线中感应的电压被整流，可做供电电压使用。磁场区域能够很好地被定义，但是场强下降得太快。

低频产品的特性如下：

（1）感应器的一般工作频率为120～134kHz，TI的工作频率为134.2kHz。该频段的波长大约为2500m。

（2）除了金属材料影响外，一般低频能够穿过任意材料的物品而不降低它的读取距离。

（3）工作在低频的读写器在全球没有任何特殊的许可限制。

（4）低频产品有不同的封装形式。好的封装形式价格太贵，但是有10年以上的使用寿命。

（5）虽然低频下的磁场强度下降很快，但是能够产生相对均匀的读写区域。

（6）相对于其他频段的RFID产品，该频段数据传输速率比较慢。

（7）感应器的价格相对于其他频段来说要贵。

主要应用场合：畜牧业的管理系统、汽车防盗和无钥匙开门系统、马拉松赛跑系统、自动停车场收费和车辆管理系统、自动加油系统、酒店门锁系统以及门禁和安全管理系统。

低频产品应符合的国际标准如下：

（1）ISO 11784《RFID畜牧业的应用——编码结构》。

（2）ISO 11785《RFID畜牧业的应用——技术理论》。

（3）ISO 14223—1《RFID畜牧业的应用——空气接口》。

（4）ISO 14223—2《RFID畜牧业的应用——协议定义》。

（5）ISO 18000—2《定义低频的物理层、防冲撞和通讯协议》。

（6）DIN 30745等主要是欧洲对垃圾管理应用定义的标准。

2. 高频（工作频率为13.56MHz）

在该频率下的感应器不再需要绕制线圈，可以通过腐蚀或者印刷的方式制作天线。感应器一般通过负载调制的方式进行工作，也就是通过感应器上的负载电阻的接通和断开促使读写器天线上的电压发生变化，实现用远距离感应器对天线电压进行振幅调制。如果通过数据控制负载电压的接通和断开，那么这些数据就能够从感应器传输到读写器。

高频产品的特性如下：

（1）工作频率为13.56MHz，该频率的波长约为22m。

（2）除了金属材料外，该频率的波长可以穿过大多数的材料，但是往往会降低读取距离，感应器需要离开金属一段距离。

（3）该频段在全球都得到认可并没有特殊的限制。

（4）感应器一般为电子标签的形式。

（5）虽然该频率的磁场强度下降很快，但是能够产生相对均匀的域。

（6）该系统具有防冲撞特性，可以同时读取多个电子标签。

（7）可以把某些数据信息写入标签中。

（8）数据传输速率比低频要快，价格不是很贵。

主要应用场合：图书管理系统、瓦斯钢瓶的管理、服装生产线和物流系统的管理、预收费系统、酒店门锁的管理、大型会议人员通道系统、固定资产的管理系统、医药物流系统的管理和智能货架的管理。

高频产品应符合的国际标准如下：

（1）ISO/IEC 14443 协议是非接触式 IC 卡标准协议，定义的卡是近耦合卡（PICC），对应读卡机具简写为 PCD。最大的读取距离为 10cm。

（2）ISO/IEC 15693 协议是针对射频识别应用的一个国际标准，对应的卡是遥耦合卡（VICC），对应的读卡机具简写为 VCD。最大的读取距离为 1m。

（3）ISO/IEC 18000—3 协议隶属于 ISO/IEC 18000 射频识别空中接口标准，它定义了 13.56MHz 频率段下的空中接口通信参数。

3. 超高频（工作频率为 860～960MHz）

超高频系统通过电场来传输能量。电场的能量下降的不是很快，但是读取的区域不能很好地进行定义。该频段读取距离比较远，无源可达 10m 左右，主要是通过电容耦合的方式进行实现。

超高频产品的特性如下：

（1）在该频段，全球的定义不同：欧洲和部分亚洲定义的频率为 868MHz，北美定义的频段为 902～905MHz，在日本建议的频段为 950～956MHz。该频段的波长大概为 30cm。

（2）目前，该频段功率输出美国定义为 4W，欧洲定义为 500MW。

（3）该频段的电波不能通过许多材料，特别是水、灰尘、雾等。相对于高频的电子标签来说，该频段的电子标签不需要和金属分开。

（4）电子标签的天线一般是长条和标签状，天线有线性和圆极化两种设计，以满足不同的应用需求。

（5）该频段的读取距离远，但是对读取区域甩卷进行定义。

（6）有很高的数据传输速率，在很短的时间内可以读取大量的电子标签。

主要应用场合如下：

（1）供应链上的管理。

（2）生产线自动化的管理。

（3）航空包裹的管理。

（4）集装箱的管理。

（5）铁路包裹的管理。

（6）后勤管理系统。

超高频产品应符合的国际标准如下：

（1）ISO/IEC 18000—6 定义了超高频的物理层和通信协议；空气接口定义了 Type A 和 Type B 两部分；支持可读和可写操作。

(2) EPC global定义了电子物品编码的结构和超高频的空气接口以及通信协议，例如：Class 0、Class 1、UHF Gen2。

(3) Ubiquitous ID定义了UID编码结构和通信管理协议。

毋庸置疑，在将来，超高频的产品会得到大量的应用，例如沃尔玛（Wal - Mart）、特易购（Tesco）、美国国防部和麦德龙超市都会在它们的供应链上应用RFID技术。

4. 微波频段（工作频率为2.45～5.6GHz）

超高频与微波频段的标签简称为微波射频标签，微波射频标签可分为有源标签和无源标签两种。以目前的技术水平，无源微波射频标签比较成功的产品相对集中，在超高频段902～928MHz工作频段上，2.45GHz和5.8GHz射频识别系统多以半无源微波射频标签产品面世。半无源标签一般采用纽扣电池供电。

第三节　RFID 的 应 用

相关链接

RFID 漫 谈

如果RFID产业能够降低价格，它将走向一个可以全程智能追踪供应链的随处可见的网络。商店货架上将放满智能标签产品，可以从被购买一直追踪到扔进垃圾桶。货架本身会与网络进行无线通信。而标签将只是这个大的产品追踪网络的一个组件。

网络的另外两个部分有与标签通信的读取器和给网络提供通信线路的互联网。

让我们来看一下这个系统的一个实际场景。

在杂货店，你买了一盒牛奶。牛奶的容器上的RFID标签储存了牛奶的过期日期和价格。当你从货架上拿起牛奶，架子上会显示出牛奶的截止日期或者信息可以通过无线网络发送到你的个人数字助理或手机。

当你走出商店，穿过嵌有RFID读取器的门。读取器会列出你的购物车里所有物品的价格，并把账单送到你的银行，银行就从你的账户中扣除相应金额。产品制造商就会知道你买了他们的产品，并且商店的库存系统也会自动统计出商店每一种产品需要增加多少数量。

你回到家就把你的牛奶也放进配备了RFID读取器的冰箱里。这个智能冰箱能够追踪里面储存的所有食品。它可以跟踪你使用的食物，记录你使用冰箱的频率，而且能让你知道什么时候牛奶和其他食物变质。

产品还可以被跟踪到它们被扔进垃圾桶或回收站。这时，你的冰箱就可以将牛奶加入到你的购物清单，或者你还可以给冰箱设定让冰箱自动订购这些物品。

基于你购买的产品，你的杂货店可以知道你独特的偏好，不再每周收到通用的杂货店特价简报，或许你会接收到一个专为你制作的简报。如果你有两个在上学年龄的孩子、一只小狗，你的杂货店就会寄给你果汁和狗食等您会喜欢的物品的优惠券。

为了让这个系统能实现，每个产品都要有一种独特的产品号码。麻省理工学院的Auto - ID中心正致力于研制电子产品代码（EPC）标识符，它可以代替条形码。每个智能标签可能存储96B信息，包括产品制造商、产品名称和40B序列号。在这个系统里，智能标签与一个叫目标命名服务的网络进行通信。这个数据库将检索信息，然后直接将信息送到厂商的电脑上。

储存在智能标签里的信息用产品标记语言（PML）来写，主要是基于可扩展标记语言（XML）的。使用PML语言，所有的计算机都可以与任何计算机系统通信，方法类似于网络服务器阅读超文本标记语言（HTML）——用于创建网页的语言。

RFID还没有达到这种阶段，但是RFID标签在你生活中起到的作用比你可能想象到的还要多。沃尔玛和Best Buy只是用RFID标签管理货存和市场销售的其中两大客户。被称作智能软件代理的自动化系统可以处理所有进出RFID标签的数据并像整理物品一样执行具体的行动。

美国零售市场主要通过使用近场通信的支付系统在捆绑式的实施RFID技术。这些将成为未来的信用卡。

（资料来源：http：//dy.163.com/v2/article/detail/CS96BK4D0511EFCI.html）

目前，RFID已广泛在各个领域中运用于制造、物流、交通、娱乐、环境和其他、医疗、保全及个人信息。

一、制造领域

RFID应用于生产过程的生产数据实时监控、质量追踪、自动化生产、个性化生产等，在贵重及精密生产领域应用更为迫切。在产品生产或库存过程中，将标签贴在物品上，这些标签都将一直存在于整个供应链上。当物品从生产线前端到各加工流程、成品入库直至被摆上货架时，通过扫描，详尽的物流记录就生成了。

1. 物料控制

将射频识别技术应用到物料管理中，能提高企业物流管理水平。通过建立物料管理系统，利用RFID及其相关技术，实现物料管理的电子化和智能化，其应用主要包括物料的出入库管理、物料的盘点与补货、物料的移动、物料的查询等功能。如卡乐康投入巨资，全球同步升级换代ERP系统，用计算机来进行日常的管理，尽可能地降低人为的差错，采用世界先进的RFID系统对物料进行识别和控制，让每个物料都有身份证，杜绝污染和交叉污染。

2. 自动控制

一个产品的加工流程分为若干基本工序，每个加工单元（或工人）只完成其中的一道工序，在加工过程中只重复地完成一个简单操作。生产过程中的所有单元通过一条主导轨道相连，被加工的物料随着生产流程进行移动。同时，主导轨在各个加工单元处分支出一条支导轨，供物料或产品进出加工单元。物料是自动传递到各工作单元，即通过安装在主导轨上的RFID扫描器，检测物料上的射频标签识别物料，并根据预设的物料工序路径控制物料自动送至正确的工作单元进行加工。

3. 生产管理

用RFID技术在生产流水线上实现自动控制、监视，将极大提高快捷性和准确性，提高工作效率，改进生产方式，节约成本。电子标签在生产流水线上可以方便、准确地记录工序信息和工艺操作信息，满足柔性化生产需求。对工人工号、时间、操作、质检结果的记录，可以完全实现生产的可追溯，还可避免生产环境中手写、眼看信息造成的失误（图3-14）。

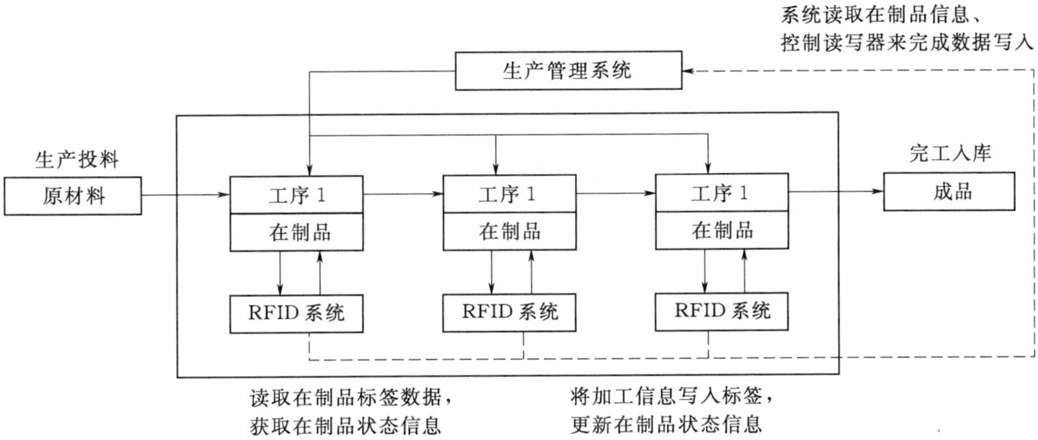

图3-14　RFID应用于生产线

二、医疗领域

在医疗系统中，身份识别的功能是第一位的，其次是样品识别，第三才是提高数据录入效率。医院信息化的目的是要在正确的时间、正确的地点，对病人给予正确的处置，同时要将处置的环境进行准确的记录。就目前的医院信息化程度，以及对未来的展望，RFID技术有以下应用。

1. 医疗卡管理

将病人信息印制在医疗卡上，由病人随身携带。当该病人入院诊治时，医院只需用二维条码扫描器扫描医疗卡上的标签信息，所有数据不到1s就进入计算机中，完成病人的入院登记和病历获取，因此为急救病人节省了许多宝贵的时间。由于RFID技术提供了一个可靠、高效、省钱的信息储存和检验方法，因此医院对急诊病人的抢救不会延误，更不会发生伤员错认而导致医疗事故。另外，在需要转院治疗的情况下，病人的数据，包括病史、受伤类型、提出的治疗方法、治疗场所、治疗状态等，都可以制成新的标签，传送给下一个治疗医院。由于所有这些信息的输入都可以通过读取射频标签一次完成，减少了不必要的手工录入，避免了人为造成的错误。

2. 生化物品管理

通过RFID技术的应用，加强了供应室业务数据的采集、传递、存储和使用管理，促进了信息共享，使医护人员、决策者、管理者能及时准确地获取其所需信息，提高工作质量，并且解决供应室手术包流程缺乏可视化、信息化、可追溯管理的问题，做到针对单包器械进行追溯。通过对手术包消毒流程人员管理，使得医院对员工计件考核准确，避免手术包流程中的交叉感染或消毒不彻底造成的隐患。

应用后，结合医疗垃圾管理系统和医院实时定位系统，各防疫和行政单位可以即时而且准确地掌握整个处理流程的动态信息，进而防止类似非典型肺炎疫情的院内感染管制问题再度发生。规范医疗垃圾处理过程中的各个环节，避免医疗垃圾流出进行再利用造成的医疗事故，整个过程采用扫描设备进行信息的采集，避免出现二次交叉感染，通过垃圾处理各个环节的人员刷卡登录，明确了各自的责任，在出现医疗垃圾流失、发生事故等情况下能够快速精准的进行追溯管理。

3. 病患管理

通过RFID标签的独有的唯一性特性，电子标签能够帮助医院职工检查处方剂量、流水单/药品数据，也使得当发生病人对药品过敏事故时和价格问题时能够通过健康追踪看护系统及时联系。在急救时能够快速精准地识别患者信息，快捷提取最新医嘱信息，从而节省了宝贵的抢救时间，避免由于疏忽出现的医疗事故。并且可以对日常护理工作的每一个细节，及时、准确地记录下来，做到可追溯管理，减轻医护人员日常的工作量，提高工作效率，把医护人员从日常繁重的工作当中解脱出来，从而可以为患者提供更好、更到位的服务。

4. 药品管理

RFID技术在药物防伪、追踪及供应链管理等方面具有很大的应用潜力，采用RFID技术后，由于药品在销售的每个环节都被跟踪，并把数据实时记录在电子数据库中，因此极大地保障了药品在流通环节中的安全性。

制药企业作为药品的生产商，负责将药品的RFID电子标签贴在包装上。药品RFID电子标签分为两种，一种为贴在每个销售单位的药品小包装盒上的HF标签，另一种为贴于包装纸箱上的UHF标签。

药品批发企业、药品零售企业、医疗机构等需配置专用的RFID可鉴别读写机具。药品经营企业在产品出入库环节中进行产品真伪鉴别和流通信息写入操作。

药监部门可以使用手持机，对药品流通相关单位的在库和在售药品进行现场检查和鉴别。对药品生产企业、药品流通企业、药品零售企业、医疗机构的身份注册和数字证书的颁发进行管理。各企业和机构使用的机具，也通过适当的机制进行认证和管理。消费者在医院或者药店购买药品时，通过医院或者药店的可鉴别读写机具或自助鉴别终端对药品进行真伪鉴别。RFID药品管理过程如图3-15所示。

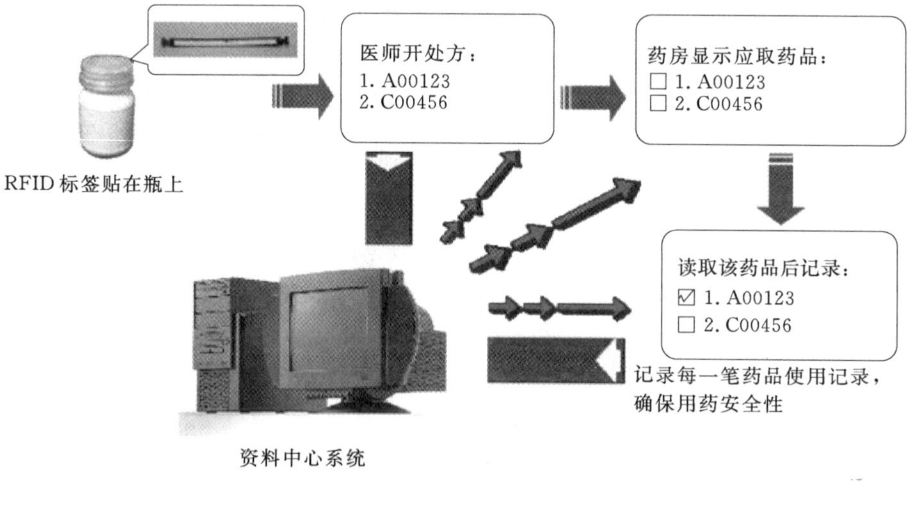

图3-15　RFID药品管理过程

三、保全管理

1. 门禁管理

电子标签可以方便、安全地应用于门禁保安。同时用于出入口安全检查、考勤及公司财产监控等方面，由于系统可以同时识别多个电子标签，消灭了上班前排队打卡的现象。人员进入射频感应区，RFID获取现场人员图像，调出原始资料对照，感应证照，人员携卡通过。如与原始资料不符，拒绝进入。安全级别要求高的地方，还可以结合指纹、掌纹等其他识别方式。1996年夏季奥林匹克运动会的安全机构就采用了这种保安系统。APEC会议人员身份识别系统也是用电子标签来设计的。

2. 防盗管理

（1）汽车防盗。现在已经有了一种小到能够封装到汽车钥匙当中的电子标签，使RFID系统可方便地应用于汽车防盗。当钥匙插入点火器时，汽车上的读写器能够辨别钥匙的身份。如果读写器接到电子标签发送来的特定信号，中央计算机将关闭汽车引擎。用这种电子验证的方法就能容易地防止目前常见的盗车行为。

汽车防盗系统还有一种是将读写器装在座椅底部，当读到有效ID时，引擎才能启动。门和引擎都没有关闭，读写器就要读另一个ID，如果读不到，引擎就会关闭并触发警报系统。

此外，还有一种防盗系统在巴西圣保罗应用，即在城市主要街道埋设RHD天线，或在警车上装天线。只要车辆带有射频卡，就可以被监控行踪。

（2）贵重物品防盗。贵重物品防盗即上述贵重物品管理中防盗技术单独应用，其芯片存储量更小。还可应用于博物馆、名画展的防盗、结算和售后保证，其防盗功能属于电子物品监视（EAS）的一种，如用于照相机、摄像机、便携式计算机、CD随身听、珠宝等贵重商品防盗。

电子标签可以附着或内置于物品包装内。专门的货品扫描器会对货品实时扫描，得到存货记录。如果货品从货架上拿走，系统就将报警。买单出库时，不同类别的全部物品可通过扫描器一交性完成扫描，在收银台生成销售单的同时解除防盗功能。这样客户所购物品也得到相应的保证和承诺。

四、个人信息

RFID技术由于快速读取与难伪造性而被广泛应用于个人的身份识别证件。如现在世界各国开展的电子护照项目，我国的第二代身份证、学生证、校园卡等其他各种电子证件。

通过RFID技术，能够快速获得居民资料、个人认证、收费系统、电子钱包等服务。

五、环境和其他

1. 回收管理

垃圾桶废弃物收运车工作人员通过手持机实现车载称重计量、实时传输、数据比对等监管技术手段，实现智能化操作。具体运作过程为：通过在废弃物专用收集桶上加装电子标签标示“身份”，并在废弃物专用收运车辆上加装自动称重、读卡、GPS、视频监控等信息集成设备，实现了收运过程中自动识别餐厨废弃物收集桶身份、读取数据、抓拍视频、定位路线等功能，为废弃物的产生、收集、运输及处置、利用等全过程监管提供可靠可信的数据和决策支持。

2. 动物管理

动物管理是指对动物个体或群体进行标识，对有关饲养、屠宰加工等场所进行登记，对动物的饲养、运输、屠宰及动物产品的加工、储藏、运输、销售等环节相关信息进行记录，从而实现在发生疫情或出现质量安全事件时，能对动物饲养及动物产品生产、加工、销售等不同环节可能存在的问题进行有效追踪和溯源，及时加以解决。其做法是将 RFID 以耳环形式穿置在动物耳上，使用固定型或手提型卡片阅读机辨读，使饲养相关工作自动化。

3. 垃圾计量

跨国公司 Otto Corporation 的 Otto Lift - System Gmb H 公司在德国几个社区引进一套采用 RFID 技术的“垃圾清运及计量系统”，并且计划将此系统扩充全德国，甚至其他欧洲国家。

这个系统提供社区两种不同的使用方式，其一是单独计算重量及记录各用户垃圾的垃圾量（辨识及称重），另一个方式是当用户的垃圾装满后，放在指定地点等待清运（辨识），清运卡车每周到用户收取一次。此系统利用 Tiris 研发的无线电收发信号器（transponder）所赋予的唯一号码为识别依据，分别量测每个垃圾箱，每个号码在主数据库中对应到单一客户上。无线电收发信号器安装在垃圾箱的正面。

当垃圾箱被放置在升降臂时，无线电收发信号器自动地经由安装在升降臂上的天线解读出 ID 识别码并储存在读码机中。在此同时，垃圾箱的总重量将被记录一次。当垃圾倒出后，空箱重量再记录一次，将两次的重量相减，即为垃圾重量并加以记录。所有的资料都会登录在安装于驾驶室内的计算机中，一份备份的报表也会在每次清理时印出，以维护资料的安全。当垃圾车完成一天的清运行程后驶回管理中心，此时驾驶员将车上计算机的记忆卡片取下，将资料存入管理中心的中央计算机中。这种将车上资料传送到主数据库的方法，可确保每一笔资料都能安全地记录下来。中央计算机再根据每户家庭产生的垃圾量，个别计算清运费用。而中央计算机也联机到市政中心的计算机上，使社区管理者能监督整个系统的运行。

4. 环境管理

随着经济与社会的快速发展，环境问题越来越突出，形势非常严峻，人类的生活也面临着巨大的挑战。由于人口激增、人类活动频繁，矿物燃料用量猛增，森林植被受到破坏等，使得大气中二氧化碳的含量不断增加，造成温室效应加剧，导致全球性气候变暖。因此，全球都在积极采取措施控制二氧化碳排放，除了科学地使用燃料、加强植树造林之外，RFID 技术也用于节能减排，缓解温室效应，促进环境保护。

目前，法国巴黎的戴高乐机场已经安装了采用 RFID 技术的出租车管理系统。巴黎机场规定：只有得到许可的出租车才能进入机场等待乘客。这些出租车顶部的“Taxi”标志中安装有半被动式 RFID 标签。出租车在进入机场后会被安排到某个指定区域内等待，特别说明一下，在等待的这段时间里，司机可以关掉汽车发动机。当有航班抵达时，机场方面可以根据航班的乘客人数预测大约需要多少辆出租车接站，然后通过基于 RFID 技术的出租车管理系统向相应数量的出租车发出信号，通知其前往出站口等待，从而避免了所有的出租车都在出站口排队，并在等待过程中必须保持发动机运转以不断向前挪动现象的出现。基于 RFID 技术的出租车管理系统可以有效减少出租车尾气排放而造成的空气污染，并遏制了部分出租车未经允许私自运营的现象。

通过 RFID 技术，沃尔玛总部能够更加准确地掌握各分店的存货量，实现适时补货，以减少送货卡车的往返次数。

将医疗垃圾进行分类，装入不同的容器后再进行适当地密封及处理。为了确保各类垃圾的正确处理过程可被追踪，所有的容器上都会贴有 RFID 标签，由处理设备上安装的 RFID 读取器进行识别，通过检测后才可进行处理。系统每天都会自动产生报告，报告中包括每批垃圾的详细信息及相应的负责人，一旦发现任何错误都会突出显示，以提醒相关人员采取补救行动。

六、娱乐

RFID 技术应用在自动验票系统体现在两个方面。首先，票纸升级，每张票纸中都内嵌一枚全球唯一的超高频 RFID 芯片模块；其次，验票设备升级，使用专业便携式手持数据采集设备检验票纸内的 RFID 芯片的有效性，避免假票蒙混过关。通过这种更高级别的防伪手段，更加有效防止假票入场，保证消费者合法权益不受侵害。

七、交通领域

RFID 在交通领域的应用主要是车辆的调度及车辆管理。目前应用较成熟的有高速不停车自动收费系统、铁路机车识别、出租车管理、公交车枢纽管理，管理内容包括车辆的调度、实时状态、流量统计、车辆考勤、任务考核、路单报表生成，以及维修保养期提示、车辆维修记录、审验记录等方面的自动化管理。

在车辆交通安全方面，采用 RFID 技术的驾车安全管理系统，这套系统具有车辆和驾驶员电子证件双卡配对、过车自动检测、图像触发抓拍、车牌图像智能识别、自动放行、黑名单布控及及时报警等功能，为车驾安全提供保障。

如电子车牌，其工作过程是利用 RFID 技术可堆车辆进行高速状态下的远距离、高效率、低成本的车辆信息读写与加密处理，实现车辆身份核定、交通数据实时采集，为交通环保、保险、公安、交管等多领域提供车辆信息电子化管理平台（图 3－16）。

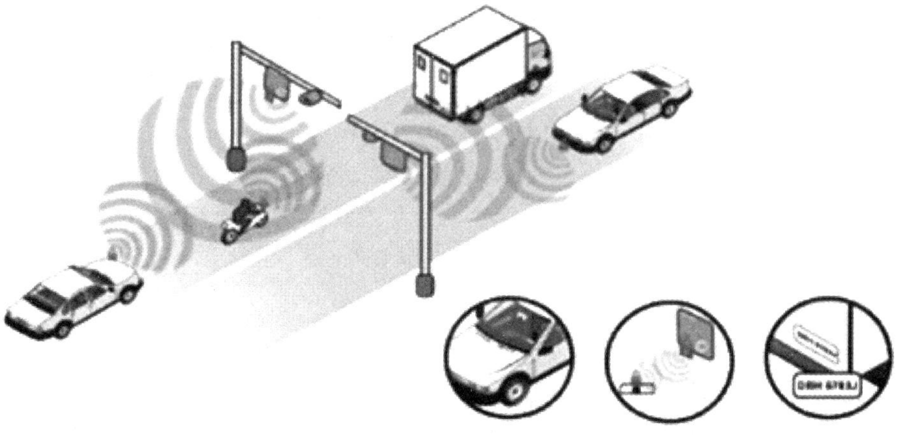

图 3－16　RFID 电子车牌工作过程

电子车牌在智慧交通中的作用有车辆注册管理、车辆交通管理、车辆收费管理。

（1）车辆注册管理。车辆注册管理可完成车辆的自动电子识别，与后台数据库存记录信息对比，发现真伪、核实检验记录（如环保检测、保险购买等），公安对违法车辆查询等功能。

（2）车辆交通管理。在完成车辆自动电子识别后，对城市行驶车辆进行宏观和局部的调控与行进路径定位功能，产生人与车、车与车、车与后台的联动。

（3）车辆收费管理。车辆收费管理系统涉及城市部分道路和区域的拥堵收费、停车场收费、交警罚款、高速公路收费等，这些收费都建立在国际通用的后台信用卡支付方式上。

八、物流领域

1. 存货管理

将 RFID 系统用于智能仓库货物管理，能有效地解决仓储货物信息管理。对于大型仓储基地来说，管理中心可以实时了解货物位、货物存储的情况，对于提高仓储效率、反馈库存信息、指导生产都有很重要的意义。它不但可以增加一天内处理货物的件数，还可以监控货物的一切信息。其中应用的形式多种多样，可以将电子标签贴在货物上，由叉车上的读写器和仓库相应位置上的读写器读写，也可以将条码和电子标签配合使用（图 3－17）。

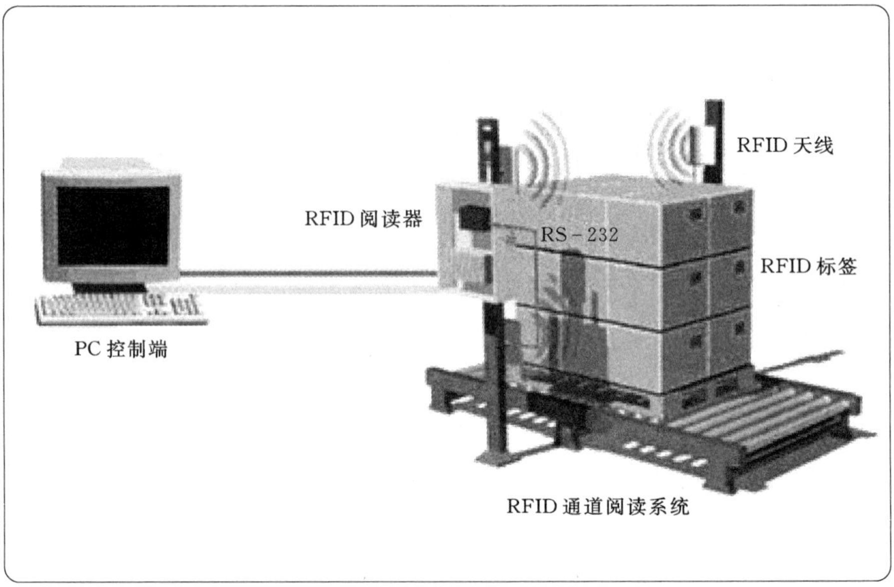

图 3－17　RFID 在仓储管理中的应用

2. 物流运输管理

（1）航空包裹管理。随着全球航空业每年以 6% 的速度快速增长，旅客数量不断增加，传统的航空包裹的处理流程正面临着巨大的压力。能提供快速准确的航空包裹服务，已成为航空公司和机场提供服务、增强市场竞争力的重要手段。要增强包裹的安全性，防止出错，电子标签系统是目前能满足这一需求的最佳产品。

（2）运输车辆管理。对每一辆运输车辆进行实时跟踪。

3. 物品管理

通过读取核心物品上的标签，读取核心物品的各种信息，比如卡号、物品名称、物品描述、责任人，是否外出、是否需要报警等。

九、农业的应用

1. 种植、养殖业实时监控

RFID应用于种植、养殖业，可远程监控动植物的生长情况。如对养殖业的应用，对牲畜编号识别，从饲养到最终上市过程中都可以应用。可以对畜喂养和生长情况进行准确的记录，同时便于牲畜入棚的管理，还可用于对肉类品质等信息的准确标识。在牲畜疾病盛行的欧洲，RFID系统已经在使用，以避免不合格的肉食进入市场。

此外，还可以将电子标签植入宠物中，这样可以方便识别无证宠物、失踪宠物的认领等。

2. 食品溯源

在食品供应链中将全面运用RFID电子标签技术，实现食品的安全信息全程溯源（图3-18）。进入园区的蔬菜、水果、水产品、禽畜等初级产品及配送的餐饮半成品，包装袋上都将戴上RFID标签，这个标签会储存各个种植、养殖企业或生产单位、品名、产地、生产日期和保质期等信息，在专供食品的物流货车上也配备相应的RFID设备，对装载冷藏、冷冻食品的车辆上配备RFID温度连续监控设备，在食品进入园区时，工作人员通过手持式RFID读取器，就能在现场快速追溯食品和原料的来源。如萝卜上的RFID记录了整个萝卜生产信息（产地、施肥、农药）和运输信息等。买家在超市可以追踪这些信息。

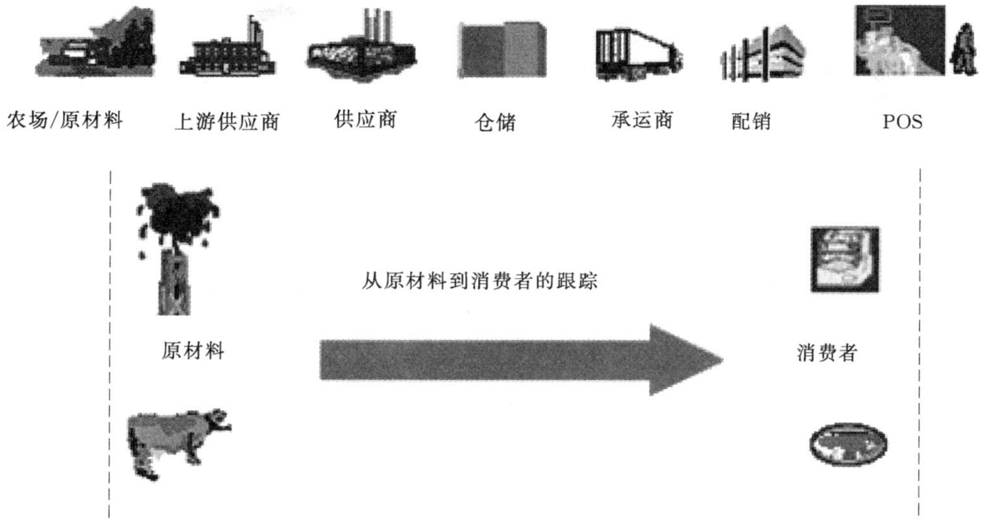

图3-18 食品溯源系统

十、RFID技术在服装业的应用

RFID技术在服装业的应用越来越受到业主的重视。通过RFID技术提供供应链管理的透明度，提高库存转存率，减少缺货损失，提升门店的消费体验。通过RFID技术，基本上可为服装业带来如下四大效益：

（1）快：物流效率快，货品交接点数快，提高物流作业效率。

（2）准：数据准，在供应链的各个环节对服装流通数据采集准确。

（3）防：通过嵌入RFID芯片到服装内部，实现防窜货和防伪功效，提高物流效率。

（4）服务：通过RFID智能商店，提高消费者体验，通过互动和更多商品的展示，快速响应消费者需求来提高服务水平，提升门店销售额。

此外，RFID具有防伪功能，内容如下：

（1）商品防伪。如今，防伪产品已经在世界范围内形成了一个庞大的行业。防伪产品要求成本低，但很难伪造。电子标签的制造要有昂贵的成本，伪造几乎不可能，可产品的单价却相对十分便宜。电子标签体积很小，便于封装。例如：可将防伪标签内置于酒瓶盖中，用手持设备进行检验；在电视机、计算机、摄像机、名牌服装等产品上也都可以使用。

（2）车牌防伪。在车牌中置入标签，便于交通管理部门查验真假，并获知车主信息。

（3）证件防伪。如护照的防伪。一般而言，防伪分为专业型防伪和消费者防伪两种。专业型防伪的使用者一般是机构，防伪时面对的是大量的产品；消费者防伪是消费者面对较少数量的产品。电子标签的应用需要专门的读写器，更适用于专业型防伪。其用在消费类产品上时，最好和其他防伪产品结合使用，发挥更多的功能，如防盗、供应链管理等。

在其他对识别准确性要求特别高的领域，RFID电子标签都很适用。例如：血液管理、婴儿防错、马拉松比赛、汽车比赛、药品和医疗器械管理、气体产品管理、工业洗衣店管理、容器跟踪（如啤酒桶、液化气瓶）、垃圾管理。

第四节 RFID在物流领域中的应用

随着经济全球化进程的推进，调度、管理和平衡供应链各环节之间的资源变得日益迫切，以电子产品编码（EPC码）和RFID技术为核心，在互联网之上构造物联网，将在全球范围内从根本上改变对产品生产、运输、仓储及销售等物流供应链中各环节的物品流动监控和动态协调的管理水平。从采购、存储、生产制造、包装、装卸、运输、流通加工、配送、销售到服务，RFID技术在供应链的诸多环节上都发挥重大的作用。

一、RFID技术在生产制造环节中的应用

RFID技术不仅是一种与零售业相关的技术，还是和生产制造业紧密相关的技术。RFID技术正在从零售业进入制造过程的核心。通过在工厂车间层逐步采用RFID技术，制造商可以无缝且不间断地集成从RFID捕获的信息并链接到现有的、已验证和工业加强的控制系统基础结构，与配置RFID功能的供应链相协调，不需要更新已有的制造执行系统和制造信息系统就可以传送准确、可靠的实时信息流，从而创造附加值，提高生产率和大幅度地节省投资。

RFID技术在生产制造业中的影响是广泛的，包括制造信息管理、制造执行、质量控制、标准符合性、产品的跟踪和追溯和库存可视化管理等。

（一）制造信息管理

将 RFID 技术和现有的制造信息系统，如 MES、ERP、CRM 和 IDM 等相结合，可建立更强大的信息链，并在准确的时间及时传送准确的数据，从而提高生产力、提高资产利用率以及更高层次的质量控制和各种在线测量。通常从 RFID 获取数据后，还需要中间件将这些数据进行处理，反馈到制造信息系统。

（二）制造执行、质量控制和标准的一致性

实施 RFID 技术可实现对整个生产流程的跟踪、识别和控制。在实际生产过程中，实时统计各个车位、车间和仓库中物品的数量，以及跟踪某一批号的物品目前正送往什么位置等都非常重要。电子标签支持信息写入，使用可读写电子标签就可以标记生产过程中任何想要标记的要素，再通过安装在生产线上的电子标签自动读写器就可以将上述所需数据自动、实时、准确地送到计算机中，这样就可以进行实时的统计，以便进行产品的管理及员工的管理等。

（三）产品的跟踪和追溯

随着市场上要求符合特定质量规范的呼声不断增强，促使消费用包装品、食品、饮料企业在其整个供应链中要求准确地跟踪和追溯产品信息。在这些方面，RFID 技术能和现有的制造执行系统互为补充。对大多数部件而言，制造执行系统已能收集如产品标识符、时间、物理属性、订货号和每个过程的批量等信息，这些信息可以被转换成 RFID 编码并传送到供应链，帮助制造商跟踪和追溯产品的历史信息。

（四）库存可视化管理

应用 RFID 技术跟踪库存，实现库存可视化，必须做到以下两点：

（1）必须给待识别物品附加电子标签。

（2）必须在物品存储或经过的关键节点安装相应的读写器，这些关键节点包括原材料仓库、成品仓库以及生产车间的各关键工序之间。

当附着有电子标签的待识别物品出现在读写器的读写范围内，读写器自动以非接触的方式将电子标签信息取出，从而实现自动识别物品或自动收集物品标识信息的功能。这样，RFID 读写器就可以对待识别物品存储或经过的多个关键节点实施跟踪。这个过程是自动的，无须人工参与，保证了数据采集的实时性及准确性。

除了具备以上两个基本条件外，库存可视化管理还需要有功能强大的计算机网络系统，以实现对所收集数据进行处理，并实现在制造企业内部甚至供应链物流内的信息共享。

二、RFID 技术在仓储管理环节中的应用

传统仓储管理中的许多操作都依赖于实时的手工输入操作，需要人根据仓库管理系统（WMS）的指示做出响应，采用手工输入条码甚至语音来验证库存量单位（SKU）、数量或者库存位置等数据。尽管 SKU 能够通过条码准确获得，但大多数情况下，数量信息还是通过操作员目测得到的，从订单接收到库存盘点都需要依赖人工操作。现在可以利用 RFID 技术提供的信息，在仓储管理的以下场合减少对人的依赖。RFID 仓储管理系统示意如图 3－19 所示。

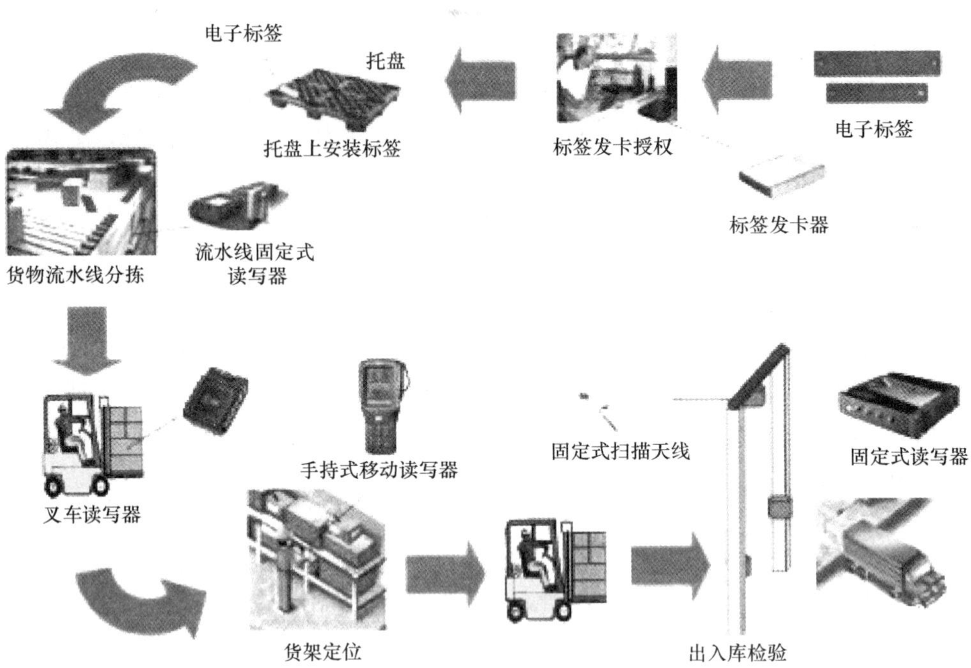

图 3-19 RFID 仓储管理系统示意图

1. 收货

读取每个货箱和托盘上的电子标签，将获取的信息自动与供应商提供的信息进行比较，从而可将耗损、货物替换、数量不符以及运送错误都检查出来。

2. 位置

产品的存储位置信息在堆放过程中已经被探测并保存下来，保证在任何时候都可以知道每个货箱实际的堆放位置，特别是在实际位置和预设的堆放位置不同的时候。通过 RFID 技术，某个特定库存物品可以通过手持式读写器来快速定位，语音或其他提示功能可以向操作员指明库存物品在众多相同物品中的确切位置。

3. 备料

RFID 数据可以通过在备料操作中为成套业务自动核实实际内容与计划之间的差异来提高精度，并减少备料，确认缩量、不正确的组件以及过剩或者不足的实时引导，以更好地控制库存和质量。此外，从组件产品到成品组件制造推广，RFID 数据能够提高召回管理和退货处理的能力。

4. 运输

利用 RFID 信息可以确保正确的数量、产品和运输工具，有助于精细化管理运输业务。在客户收货发现错误的时候，运输过程中所获所有 RFID 信息就可以用来查找错误的环节。

5. 退货

理想化的情况下，根据 RFID 技术提供的信息跟踪检查可以追溯到生产过程中，仓储管理中的退货步骤将更加有效和快速。损坏的货物和需要退回工厂的货物，可以安全地与其他货物分开，并且进行记录，通过分析 RFID 信息，可以找出损坏发生位置，还可以退回原产地。

6. 货场管理

目前，集成到 WMS 中的货物管理软件可以优化出货的步骤和调度交通工具。基于 RFID 的货物管理软件可以很容易地完成货场管理和跟踪、移动库存货柜（即拖车）的管理和优化。货场出入口的 RFID 读写器可以提供可视化操作，拖车使用电子标签可由手持式读写器读取。例如，货场管理系统可以指示司机哪里有空地；安排离码头最近的拖车去装货；利用基于 RFID 技术的实时定位系统，可即时跟踪在货场中拖车的位置、设备甚至是人。采用 RFID 技术的货场管理软件可以充分利用场地空间和准确实时地将货物运送到仓库的入货处。

RFID 技术所提供信息能够给仓储业务的配送效率、性能和精度带来巨大的影响。仓储管理系统最终会直接影响位于供应链物流中的上游或下游贸易伙伴，通过 RFID 信息可以改善流通、提高质量、准确地采购物品和运送货物，最终改善整个供应链物流管理。

相关链接

基于 RFID 技术的仓储物流管理系统应用方案

基于 RFID 技术的仓储物流管理系统应用方案主要将 RFID 技术特性与仓库管理的流程结合，在软件上实现更科学、可视化的管理（图 3－20）。

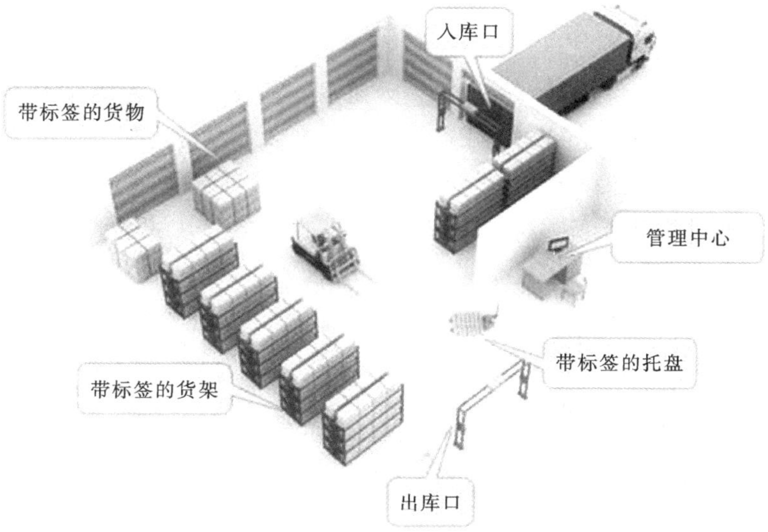

图 3－20　基于 RFID 技术的仓储管理系统标签标识

1. 入库管理

在仓库的门口部署RFID固定式读写器，同时根据现场环境进行射频规划，比如可以安装上、下、左、右4个天线，保证RFID电子标签不被漏读。接到入库单后，按照一定的规则将产品进行入库，当RFID电子标签（超高频）进入RFID固定式读写器的电磁波范围内会主动激活，然后RFID电子标签与RFID固定式读写器进行通信，当采集RFID标签完成后，会与订单进行比对，核对货物数量及型号是否正确，如有错漏，则进行人工处理，最后将货物运送到指定的位置，按照规则进行摆放。RFID在仓库管理应用中最主要的优势非接触式远距离识别，且能够批量读取，提高效率与准确性。

2. 出库管理

根据提货的计划，出库的货物进行分拣处理，并进行出库管理。如果出库数量较多时，将货物呈批推到仓库门口，利用固定式读写器与标签通信，对出库的货物的RFID电子标签采集，检查是否与计划对应，如有错误，尽快人工处理。对于少量的货物，可以使用RFID手持式终端进行RFID电子标签的信息采集（手持扫描枪或RFID平板电脑），出现错误时，会发出警报，工作人员应该及时处理，最后把数据发送到管理中心更新数据库完成出库。

3. 盘点管理

按照仓库管理的要求，进行定期不定期的盘点。传统的盘点，耗时耗力，且容易出错。而这一切RFID把这些问题解决了。当有了盘点计划的时候，利用RFID手持式的终端进行货物盘点扫描，盘点服装的信息，可以通过无线网络传入后台数据库，并与数据库中的信息进行比对，生成差异信息实时的显示在RFID手持终端上，供给盘点工作人员核查。在盘点完成后，盘点的信息与后台的数据库信息进行核对，盘点完成。在盘点的过程中，系统通过RFID非接触式读取（通常可以在1～2m范围内）非常快速、方便地读取服装货物信息，与传统的模式相比，会提高效率和盘点的准确性。

4. 基本信息管理

对货物的属性进行设置管理，主要功能有添加、编辑、删除、查询仓库中存储货物的基本属性。这样就可以针对不同的企业的经营产品的属性进行设置，保证其符合每个企业的个性化需求。也可以对仓库进行划分位置，可以以仓库、区域、货位等为单位进行划分，从而对大型的仓库做到管理更精确。各层级仓库管理人员可以针对不同维度的库存信息进行查询与相关的业务操作。

5. 系统信息管理

充分考虑系统的扩展性与安全性，提供合理的、确保系统安全的工具。系统管理主要完成系统运行参数进行校正、维护等。完成权限分配，数据表单的增加、修改、删除等操作。同时具有完备的登录程序（用户名和口令）。不同的人员赋予不同的权限，由系统管理员进行设置。系统中还提供了一键数据备份与恢复功能，进一步保证了业务数据的安全性与连续性。

6. 数据统计分析

系统可以按照时间、数量等要素形成统计报表，明晰周转周期和效率，方便对库存管理业务流程的计划和控制；系统的运行能够加快货物出入库速度，从而增加库存中心的吞吐量，能够给管理者与决策者提供及时准确的库存信息，能够提高货物查询的准确性，降低库存水平，提高物流系统的效率，以强化企业的竞争力。

（资料来源：http：//solution. rfidworld. com. cn/2016 _ 09/f9416a5d686fd261. html）

三、RFID技术在配送中心环节中的应用

目前，国内配送中心大多数采用的是条码技术作为仓库管理中货物流和信息流同步的主要主体。但随着企业对信息化要求的不断提高，条码技术在应用中存在着许多无法克服的缺点。RFID技术优于条码技术之处在于可以动态地同时识别多个数据，识别距离大，信息可以改写。由于电子标签可以唯一标识商品，所以可以在整个供应链上跟踪货物，实时地掌握商品处于供应链上的哪个节点上并将信息及时反馈给配送中心。RFID技术在配送中心主要应用在以下几个方面。

1. 入库和检验

当贴有电子标签的货物运抵配送中心时，入口处的读写器将自动识读电子标签，根据得到的信息，配送中心信息管理系统会自动更新存货清单。同时，根据订单的需要，将相应货品发往正确的地点。这一过程将传统的货物验收入库程序大大简化，省去了烦琐的检验、记录、清点等大量需要人力的工作。

2. 整理和补充货物

装有移动读写器的运送车自动对货物进行整理，根据计算机管理中心的指示自动将货物运送到正确的位置，同时将计算机管理中心的存货清单更新，记录最新的货品位置。在存货不足系统设定的数量时，存货补充系统会自动向管理中心发出申请，根据管理中心的命令，在适当的时间补充相应数量的货物。在整理货物和补充存货时，如果发现有货物堆放到了错误位置，读写器将随时向管理中心报警，根据指示，运送车将把这些货物重新堆放到指定的正确位置。

3. 订单填写

通过RFID系统，存货和管理中心紧密联系在一起。而在管理中心的订单填写过程中，将发库、出库、验货、更新存货目录整合成一个整体，最大限度地减少了错误的发生，同时大大节省了人力。

4. 货物出库运输

应用RFID技术后，货物运输将实现高度自动化。当货品在配送中心出库，经过仓库出口处读写器有效范围时，读写器自动读取货品电子标签上的信息，不需要扫描，可以直接将出库的货物运输到零售商手中。而且由于前述的自动操作，整个运输过程速度大为提高，同时所有货物都避免了条码不可读和存放到错误位置等情况的出现，准确率大大提高。

四、RFID技术在集装箱运输管理中的应用

目前，集装箱的识别和交接是以箱号为准的。而人工的数据采集难免会出现差错，比如在集装箱装卸时常会因箱号看错发生集装箱装卸错误，延误了交货期限，带来很大的损失。集装箱的运输管理需要一种更加自动化、智能化，能够实时更新数据的技术。RFID技术无疑具备了这些特点，它提高了集装箱信息传递的准确性和安全性，加快了集装箱流

转速度，具有很高的经济效益。

RFID 技术和现代信息技术的结合将是集装箱运输行业的一个发展契机。RFID 集装箱管理系统完成装箱点数据输入、集装箱信息实时采集和自动识别完成数据统计与分析，向客户提供集装箱信息查询服务；通信系统完成数据无线传输。而港口集装箱管理系统可以监测、记录经过出入口的集装箱、拖运车辆、事件发生时间、操作人员、集装箱堆放位置等信息。

RFID 集装箱运输管理系统常见的应用如下。

1. 集装箱的自动识别

将记录有集装箱号、箱型、货物种类、数量等数据的电子标签安装在集装箱上，在经过安装有识别设备的公路、铁路的出入口、码头的检查门时，RFID 电子标签自动感应后将相应的数据返回阅读器，从而将电子标签上保存的信息传输到 EDI 系统，实现了集装箱的动态跟踪与管理，提高了集装箱运输的效率和信息的共享。这种系统一般使用被动式 RFID 技术，在集装箱码头应用较多。这种系统不仅加快了车辆进港提箱的速度，而且对车辆提箱进行了严密的管理，并减少了人为因素造成的差错。

2. 电子封条与货运追踪

一般电子封条采取的是物理封条与 RFID 组件的混合形式。如前所述，大多数电子封条也同样用到被动式 RFID 技术和主动式 RHD 技术。

被动式电子封条的主要特点是：使用距离短、成本低、一次性。由于被动式电子封条不能提供持续的电力来检测封条的状态，所以它们也不能检测和记录损害行为发生的时间，而仅仅只能在通过装有阅读装备的供应链节点时提供它们完整与否的信息。

主动式电子封条更复杂一些，只有当其价格明显下降的时候才可能反复使用。主动式电子封条在结合 GPS 技术后，能在集装箱状态发生变化时实时将状态变化发生的时间、地点以及周围的环境信息传输到货主或管理人员的机器上去。更有一些电子封条能够在损害行为发生时提供即时求救信号。

被动式电子封条是美国在“9·11”事件前首选的防止偷盗的安全解决方案。主动式电子封条因其更强的安全性能使得它在“9·11”事件后得到更多的使用需求和推广。自“9·11”事件后，为防止恐怖组织利用船舶携带大规模毁灭性武器或恐怖分子进入美国，美国政府不断强化其港口和航运的保安措施。CSI（集装箱安全协议）就是美国政府基于此项考虑而出台的一项措施。根据协议，美方对来自 CSI 对应港口的货柜实行优检。2003 年深圳港也加入该协议，此后从深圳港出口的所有输美货柜将安装电子封条。

从长远来看，这种电子封条提高了集装箱运输的安全程度和透明度，将使综合运输成本大幅降低。而且随着技术的成熟、成本的降低，这种技术的前景值得人们期待。

射频识别技术将很大程度上改变供应链业务流程、提高运营边际收益、加快存货流转和改善整个供应链服务水平。借助射频识别技术的供应链将在运营成本和执行效率方面大大超过其竞争对手。

五、目前 RFID 技术在供应链物流管理中存在的问题

1. 技术标准

当前的条码自动识别技术在许多行业中都有共同的标准，并且已有多年供应链物流管

理的实践传统，而RFID技术应用涉及使用频率、发射功率、标签类型等诸多因素，目前尚没有像条码那样形成在社会范围中应用的统一标准，主要是在一些企业内部系统中使用，因此RFID技术在供应链物流应用中面临的最大问题是技术标准。由于尚未形成统一的行业标准，应用企业持观望态度，在RFID项目的投入上会相对谨慎与保守。RFID是一个开放式的系统，不仅仅是在企业内部使用，更多的是在供应链的上下游与其他企业进行信息传递与交换。企业如果在行业标准未出台之前在RFID项目上大规模的投入，具有一定的项目风险，因为一旦将来的行业标准与企业目前所采用技术有较大偏差，那么企业需要按照新的标准来重新实施RFID项目。

2. 价格因素

由于电子标签较条码标签成本偏高，目前在物流过程很少有像条码那样用于消费品标识，多数用于物流器具，如可回收托盘、包装箱的标识。电子标签的价格与过去相比，已经有了较大幅度降低。尽管如此，对于大规模推广来说，电子标签和识读设备的价格仍显得过高。虽然业界普遍对RFID技术看好，但真正形成规模，实际投入运营的系统却不多。有研究报告表明，一个供货商要满足沃尔玛的RFID基本要求，需130万～200万美元，加上相关的软硬件设施、集成服务、系统测试及培训等，每年投入的成本将增加913万美元。在我国，要解决RFID技术的价格瓶颈，还必须解决电子标签和读取设备的本地化生产问题。

由于制造技术较为复杂，生产费用相应较高，在新的制造工艺没有普及推广之前，高成本的电子标签只能用于一些本身价值较高的产品。新的电子标签制造技术的推广应用，将会促使电子标签价格大幅度降低，电子标签必将得到更广泛的应用。

3. 开放和大规模应用较少

RFID技术目前在国内尚处于封闭应用阶段，未能发挥出其在物流与供应链领域的最大功效。虽然RFID技术的封闭使用对内部物流操作效率有一定的提高，但要使其发挥最大功效，需要建立起一个开放的应用系统，通过RFID技术将整个产业链上各个环节的企业都关联在一起，原材料供应商、生产商、分销商到流通领域各企业采用同样一套标准的RFID电子标签与读写技术，才能使整个供应链的信息传递与反馈效率达到最大化，同时能获得最大的回报。由于RFID的行业标准化、设备与标签成本等问题，很多应用RFID技术的企业目前还多处于试点应用阶段，如在企业的采购管理、库存管理、分销管理或生产执行管理等领域进行调研分析与实验尚未形成规模效益，需要等待国内RFID市场各方面的条件逐渐成熟之后，才有大规模推广应用的可能。

4. 隐私和安全方面的担忧

RFID技术在供应链物流管理中面临着信息安全方面的障碍。首先是标签内容的安全问题，其次是标签的位置安全。从事RFID项目的企业必须为项目的实施配备专门的安全人员和标准安全机制。RFID技术存在安全漏洞的原因如下：①电子标签很小，在技术上很难提供保护，且由于电子标签的移动范围是整个的供应链物流，接触到电子标签的人当中大部分是未授权的用户；②电子标签上的信息不总是敏感信息，花费太多的时间和费用成本去保证货物电子标签信息的安全性意义不大；③电子标签的用途非常广，因此在其安全性问题上很难做到标准化和量化。

随着 RFID 技术在供应链管理中的应用扩展，如果安全不能保证，犯罪分子就能够通过无线方式获得供应链管理中的商业信息。

为了解决以上问题，针对我国供应链物流管理中的实际情况，应选择合适的业务，寻找合适的切入点和应用模式，尽快开展应用试点，采用“小步快走”的方式取得成效和经验，并进一步推广。具体可考虑选择当前供应链管理中迫切需要的应用，如供应链全程监控，适合发挥 RFID 特点的应用，如食品和药品质量跟踪，并以此作为建立 RFID 软件基础架构和检验标准的依据。我国应尽快开展相关标准的研究工作，根据 EPC“一物一码”的原则，建立符合国内实际情况的电子产品编码体系结构。

本　章　小　结

本章第一节介绍了 RFID 的基础知识，使学生对 RFID 有一个初步的认识。第二节介绍 RFID 构成，使学生熟悉 RFID 的工作原理，对于其应用领域有比较深入的认识，重点介绍了 RFID 技术的重要组成部分——电子标签。第三节介绍了 RFID 的应用领域。第四节为 RFID 在物流领域中的应用，既是重点也是难点，尤其要熟悉 RFID 在仓储管理、配送、集装箱方面的应用。

实训：RFID 在生产中的应用流程

1. 实训目标

通过模拟 RFID 技术在企业应用中的基本动作流程，学生应能初步掌握 RFID 技术的主要功能及操作，对 RFID 技术有初步感性的认识。

2. 实训内容

利用 RFID 技术对汽车生产的全过程进行质量控制，如 A 汽车厂应用了 RFID 技术，通过 RFID 技术快速定位生产线上的汽车位置，并监控汽车的生产过程。

3. 实训形式

以班为单位分成若干个小组，各组成员按汽车生产线工作岗位进行分角色扮演。

4. 实训步骤

(1) 一台汽车离开生产线时，工作人员将车辆标识符上的车型、车号、生产日期、厂商等信息写在电子标签上，并将电子标签贴在后视镜上，随后汽车驶向另一个专业停车场。

(2) 工作人员将汽车带到 RFID 读写器控制范围内的清洁站，阅读器自动检测到该区域的车辆进入和离开状况，并且将相关信息更新到电子标签上。

(3) 汽车被带到 RFID 读写器控制范围内的一个大门，此时大门上阅读器可以从电子标签提取汽车的车轮轴距等信息。之后，汽车上的电子标签被激活，大门自动开启，汽车被运到车场做短时的存储。

(4) 工作人员将电子标签取下，以备下次使用。

5. 成果形式

每组提交一份实训报告，要求写明在活动过程中如何应用 RFID 技术，以及实训收获与最后的总结。

课后练习

一、单项选择题

1. RFID 是指（　　）。

A. 射频　　B. 物流技术　　C. 无线射频技术　　D. 无线通信技术

2. 低频的频率是指（　　）。

A. 100kHz 以下　　B. 125～134kHz　　C. 860～960MHz　　D. 13.56MHz

二、多项选择题

1. RFID 系统一般由（　　）组成。

A. 射频标签　　B. 阅读器　　C. 天线　　D. IC 卡

2. RFID 系统的类型有（　　）。

A. EAS 系统　　B. 便携式数据采集系统

C. 物流控制系统　　D. 定位系统

3. 电子标签一般分成（　　）这几种频率。

A. 低频　　B. 高频　　C. 超高频　　D. 微波

4. 电子标签按照标签获取能量的方式分类可以分为（　　）。

A. 有源标签　　B. 半有源标签　　C. 无源标签

三、简答题

1. 什么是 RFID？RFID 系统应用频率一般有哪几种？

2. RFID 技术在物流中应用主要有哪几个方面？

3. RFID 技术在食品中应用有哪些方面？

4. 什么是电子标签？

5. RFID 在仓储管理环节中的应用主要表现在哪些方面？

案例阅读

RFID 智能物流仓储管理系统应用案例

一、项目背景分析

1. 室内仓库情况

室内仓库主要存放灯具、光源、电器、五金、电缆等各种材料。大部分材料装箱存放，但发料时存在拆箱发料作业。出入库、盘库均由仓库保管员进行点数复核。旧材料退库后由旧料整理员进行接收并整理（图 3－21）。

2. 室外仓库情况

室外仓库主要存放旧灯杆、挑臂等材料。当需要时，由旧料管理员进行人工查找，对灯

图 3-21　室内仓库情况

杆存放区域的目标灯杆尺寸参数进行逐一丈量，若符合使用要求，则进行利用（图 3-22）。

图 3-22　室外仓库情况

3. 原室内外仓库现状分析

传统仓库管理模式如图 3-23 所示。

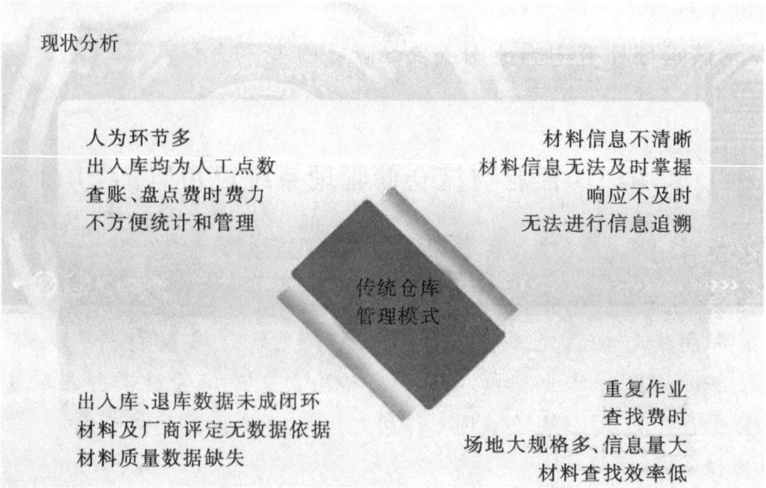

图 3-23　传统仓库管理模式

二、系统概述

为了材料信息化，减少人力成本，材料信息清楚，提高材料查找效率，方便统计与管理，江苏凯路威电子科技有限公司根据多年的实施经验，依照管理者的需求，采用先进的 RFID＋条码技术，建立材料信息化及智能仓储系统，形成全面的材料跟踪追溯体系，为材料质量对比和采购决策提供有力的数据支撑，同时系统通过与用友 ERP 的对接，实现信息平台的资源整合。

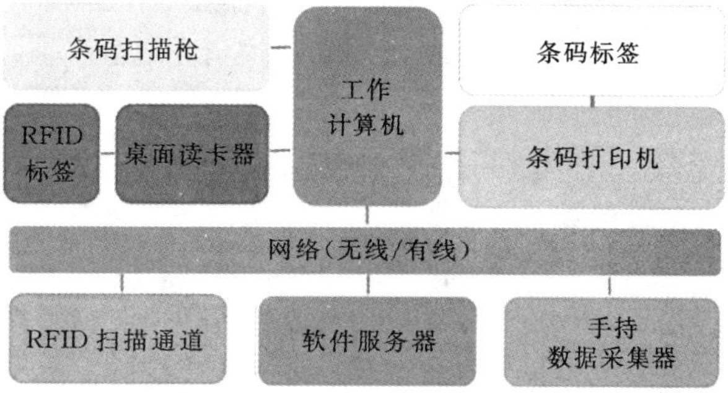

图 3－24　智能仓储系统框架

1. 智能仓储系统框架配置

智能仓储系统框架如图 3－24 所示。

2. 智能仓储系统网络架构

（1）总体网络架构。

智能仓储系统总体网络架构如图 3－25 所示。

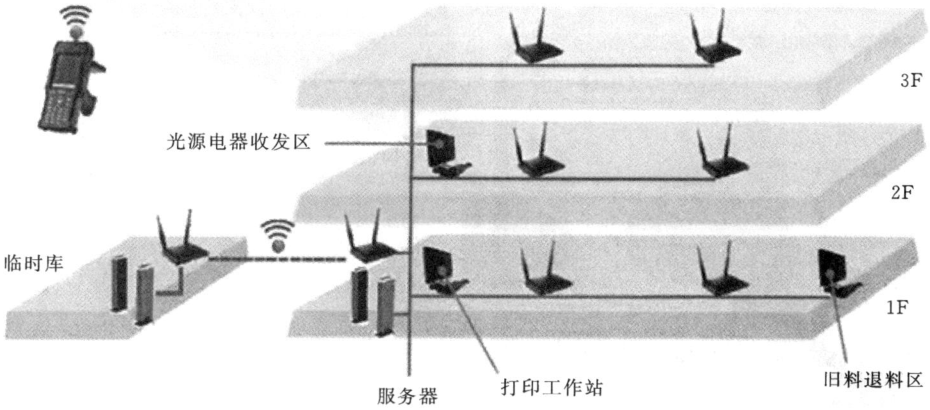

图 3－25　智能仓储系统总体网络架构

1）在各楼层均布局无线网络，确保手持机能够在仓库内外使用。

2）一楼临时灯具仓库 RFID 通道使用无线桥接方式与服务器通信。

3）在二楼发料较频繁的光源电器仓库，安置一台电脑，提高作业速度。

（2）具体网络架构。

智能仓储系统具体网络架构如图 3－26 所示，外箱标签和仓库 RFID 通道如图 3－27 和图 3－28 所示。

三、系统优势

（1）高效操作：RFID 技术能保证高效、快速完成各种业务操作，从而改进仓储管理，

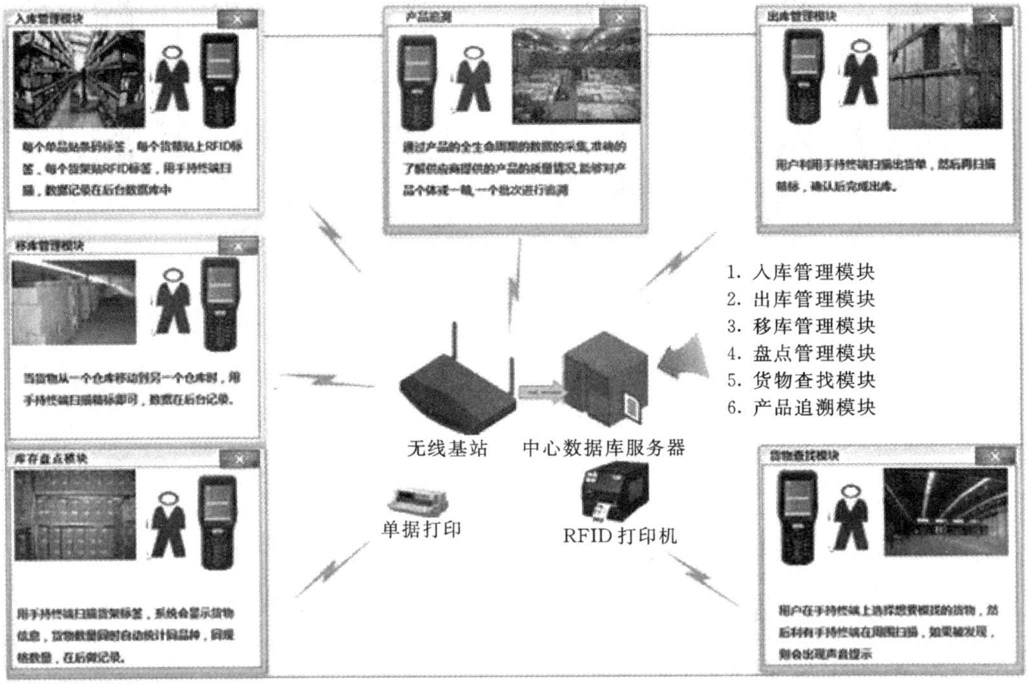

图 3-26 智能仓储系统具体网络架构

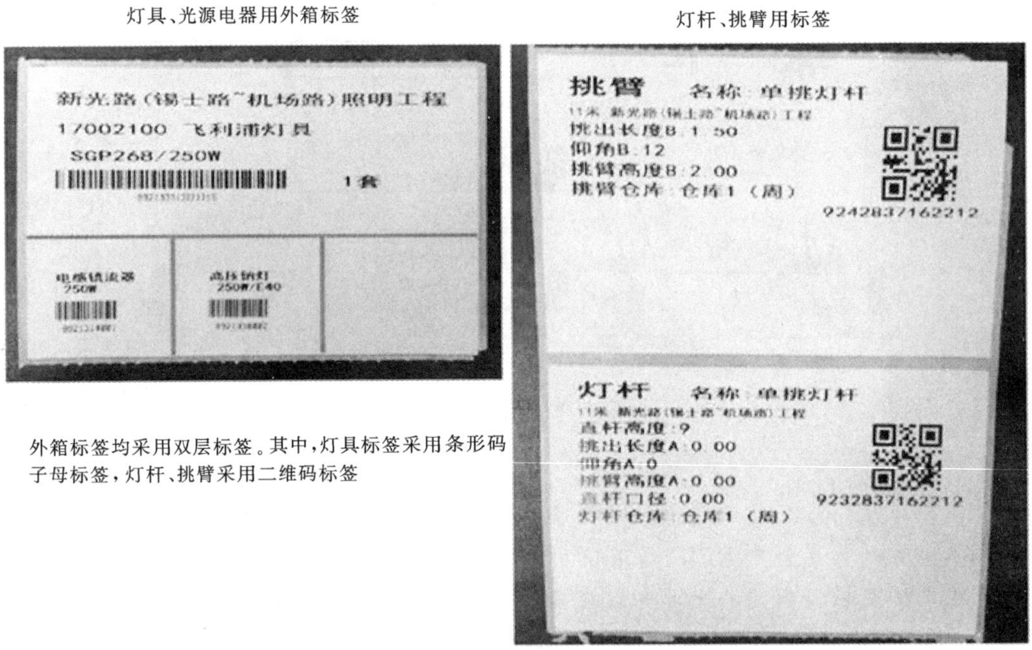

图 3-27 外箱标签

提高效率和价值。降低人力以及管理成本。

（2）精确盘点：缩减盘点周期，降低盘点难度，提高数据实时性，实时动态掌握库存情况，实现对库存物品的可视化管理。

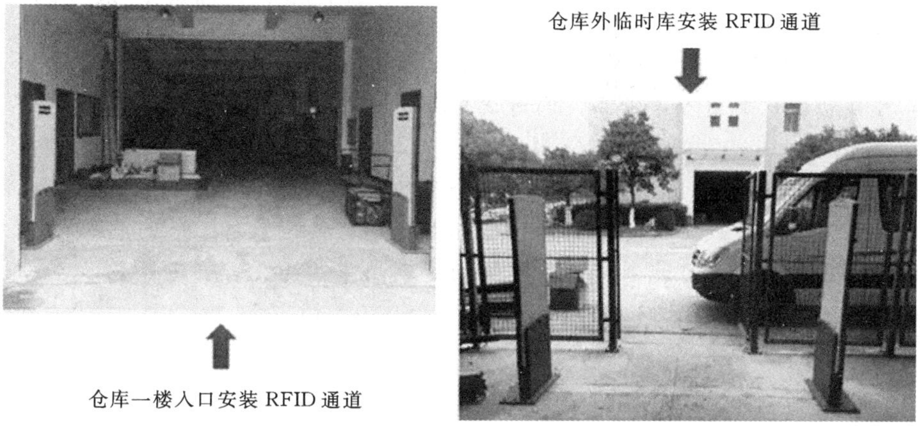

图 3-28　仓库 RFID 通道

(3) 有据可依：实现产品完整的信息记录，完整生命周期的跟踪，为追溯供应商产品质量提供的数据支持。全面提升客户对企业产品追溯保障能力信心。

RFID 智能仓储管理系统如图 3-29 所示。

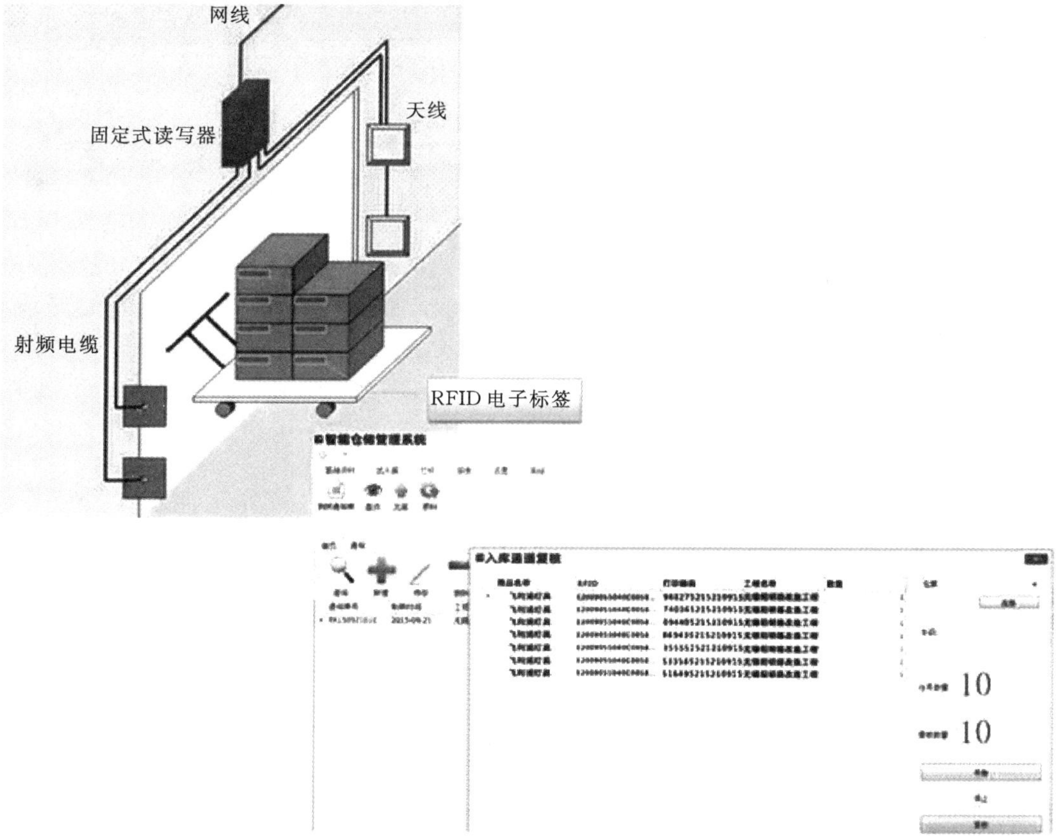

图 3-29　RFID 智能仓储管理系统

四、客户心声

（1）RFID 标签不仅能对抗恶劣环境，还能保持数据的长久有效。

（2）可自动化识别出入库物品，同时识别多个物品，提高了准确性及效率，实时精确掌握库存情况。

（3）对材料信息能及时动态了解，减少仓库的内耗。

（4）系统为退换货或更换供应商提供数据依据，有效地节省了采购成本。

（5）通过高效的旧料查找新模式，提高旧料利用率，为公司节省开支。

（资料来源：RFID 世界网 http：//success. rfidworld. com. cn/2017 _ 08/fcda3715eb3de6ea. html）

第四章

全球定位系统（GPS）

学习目标

知识目标：1. 理解 GPS 系统的组成。
2. 了解 GPS 的工作原理。
3. 理解 GPS 技术在物流中的应用。

技能目标：1. 能利用 GPS 技术进行目标查询。
2. 运用 GPS 专业知识解决物流运输的问题。

案例导入

PNT：研究显示 GPS 对美国经济贡献超 680 亿美元

一份提交给 PNT 咨询委员会的研究报告中初步指出：2013 年，GPS 对美国经济的贡献已经超过了 680 亿美元。该研究报告的作者 Irv Leveson 是一名来自 ASCR 联邦研究与技术对策公司的顾问。他认为研究并没有结合大量的 GPS 应用程序及其时间信息作进一步考量，因此 680 亿美元仍是较为保守的一个数字。

研究中发现：在 2013 年 GPS 对经济的贡献越来越大，从 371 亿美元到 745 亿美元。与中期数据 687 亿美元相比，近一年的数据是较为可靠的。其中，超过 260 亿美元集中在车辆位置服务，137 亿美元用于精准农业，119 亿美元投入车辆连接的远程信息处理，116 亿美元用于土地测量领域，50 亿美元投入了基于 GPS 的地面移动设备。

Leveson 对 70 多种相关市场研究进行调研，即便如此，他依旧强调新的研究和估值可能还是无法真实反映 GPS 信号能带来的收益。“尽可能选择可用的研究去做”，他说，“在某些角度来看，总值可能被低估了。”

在应用中刚被忽视的是一些地理信息服务，例如航海地图的制图服务、资产追踪服务、土地和海岸管理及其建设。在农业上，GPS 对粮食耕作过程是有其价值的。在交通上，GPS 能够主动控制列车运营调度，这是非其他铁路应用能比拟的。也因此排除了应急响应的问题，减少了交通事故的数量。

“我们有理由相信，GPS 在卫生与安全领域效益还可以更好。”Leveson 告诉委员会。

更值得注意的是，此项研究并没有充分反映出 GPS 在授时方面的经济效益。这是互联网的基础，同时对经济交易、电信业、甚至包括国家电网等关键公共设施是非常必要的。

“这只是此次多层面研究的第一步，”Jason Kim 说。他提供以空间为基础的定位、导航和授时服务，是该机构的高级政策分析师，同时担任国家协调办公室的高级顾问，也是他协调了商务部的工作。在执委会和联邦政府多部门协调机构的要求下，商务部与领导这项研究的咨委会对 GPS 及其相关系统进行了协调（图 4－1）。

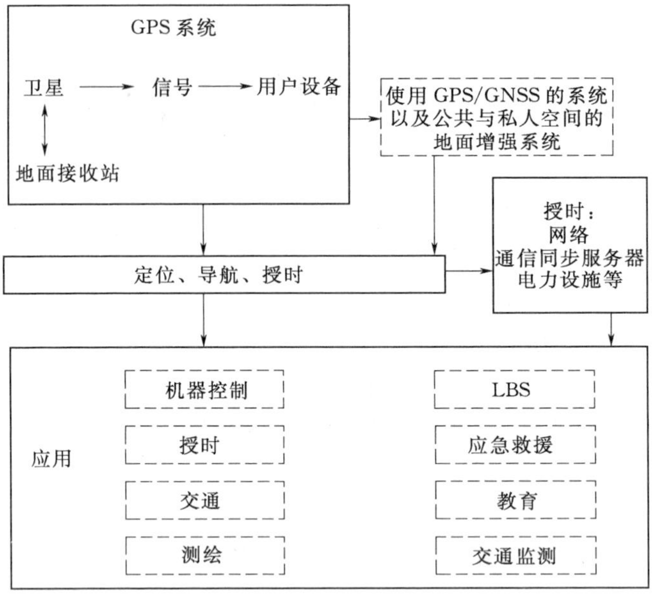

图 4－1　GPS 及其相关系统

（资料来源：http：//www.199it.com/archives/375907.html）

第一节　GPS　概　述

出于生产和生活的需要，很久以前人们就曾试图通过某种方式来描述地形、地物乃至整个地球的位置和形状。最古老、最简单的导航方法是星历导航，人类通过观察星座的位置变化来确定自己的方位；最早的导航仪是中国人发明的指南针，几个世纪以来，它经过不断的改进而变得越来越精密，并一直为人类广泛应用着；最早的航海表是英国人 John Harrison 经过 47 年的艰苦工作于 1761 年发明的，在其随后的两个世纪，人类通过综合地利用星历知识、指南针和航海表来进行导航和定位。

无数科学家和研究人员为此付出了毕生的精力，但受制于生产力水平的发展，在人类历史上的大多数时间里这种描述通常难以达到相当的精度且存在诸多限制和不足。20 世纪 50 年代以来，人造卫星技术特别是全球定位系统（GPS）的建立和发展为解决这类问题开辟了广阔的前景。本章主要介绍全球定位系统的由来、特点、基本结构等内容。

一、GPS 定义

GPS（global positioning system）是全球定位系统的简称，又称为全球卫星定位系统，它是利用空间卫星星座（通信卫星）、地面控制部分和信号接收机对地球上任何地方的用户都能进行全方位导航和定位的系统。

GPS 能对静态、动态对象进行动态空间迅速的获取，快速、精度均匀、不受天气和时间的限制反馈空间信息。主要用于船舶和飞机导航、对地面目标的精确定时和精密定位、地面及空中交通管制、空间与地面灾害监测等。

目前，世界上有四个公开的 GPS 系统，分别是美国的全球定位系统（GPS）、俄罗斯的格洛纳斯卫星导航系统（GLONASS）、中国北斗卫星导航系统（BeiDou Navigation Satellite System，BDS）和欧洲的伽利略系统（Galileo），其中 GPS、GLONASS 和 BDS 都已经商用，伽利略系统还在测试。

相关链接

全球四大卫星导航系统全方位对比，谁更厉害

2018 年 7 月 29 日，我国又成功发射了两颗卫星，这是中国的第 33 颗和第 34 颗北斗导航卫星，中国的北斗导航技术越来越成熟，令人欣慰不已。作为中国自主研发的北斗卫星导航系统（BDS），它承载着国家安全与经济发展的重任，卫星数量的增加为导航和定位精度的提升带来新的可能。

一、应用广泛的全球四大卫星定位系统

全球卫星导航系统是指能在地球表面或近地空间的任何地点为用户提供全天候的三维坐标和速度以及时间信息的空基无线电导航定位系统，其原理是卫星至用户间的距离测量是基于卫星信号的发射时间与到达接收机的时间之差，称为伪距，为了计算用户的三维位置和接收机时钟偏差，伪距测量要求至少接收来自 4 颗卫星的信号。

随着全球一体化的发展，卫星导航系统在航空、汽车导航、通信、测绘、娱乐等各个领域均有应用。

目前，全球有四大卫星定位系统，除了中国的北斗卫星导航系统（BDS），还有美国的全球定位系统（GPS）、俄罗斯的格洛纳斯卫星导航系统（GNSS）以及伽利略卫星导航系统（GSNS）。

二、四大卫星定位系统的起源及特点

1. 北斗卫星导航系统（BDS）

中国自行研制的全球卫星导航系统由空间段、地面段和用户段三部分组成，可在全球范围内全天候、全天时为各类用户提供高精度、高可靠定位、导航、授时服务，并具有短报文通信能力，已经初步具备区域导航、定位和授时能力，定位精度 10m，测速精度 0.2m/s，授时精度 10ns。BDS 定位系统拥有 35 颗卫星在 2 万 km 高空环绕地球运行，任意时刻、任一地点都可观测到 4 颗以上的卫星。目前已成功发射 34 颗。其特点是系统兼容、操作便利，卫星数量多。

2. 全球定位系统（GPS）

由美国国防部研制建立的一种具有全方位、全天候、全时段、高精度的卫星导航系统，能为全球用户提供低成本、高精度的三维位置、速度和精确定时等导航信息。GPS 可以提供车辆定位、防盗、反劫、行驶路线监控及呼叫指挥等功能，要实现以上所有功能，必须具备 GPS 终端、传输网络和监控平台三个要素。GPS 由 28 颗卫星组成，其中 4 颗备用卫星目前已全部布局完成。系统单机导航精度约为 10m，综合定位精度可达厘米级

和毫米级，但民用领域开放的精度约为 10m。其特点是系统覆盖面广，全球覆盖率高达 98%。

3. 格洛纳斯卫星导航系统（GNSS）

格洛纳斯卫星导航系统最早开发于苏联时期，后由俄罗斯继续该计划。1993 年，俄罗斯开始独自建立本国的全球卫星导航系统，于 2007 年开始运营。当时只开放俄罗斯境内卫星定位及导航服务，到 2009 年，其服务范围已经拓展到全球，该系统主要服务内容包括确定陆地、海上及空中目标的坐标及运动速度信息等。其原理与 GPS 类似，由 24 颗卫星分布在 3 个轨道平面上，3 颗备用，1 颗测试中，已完成组网。该系统全球覆盖，高精度、应用范围和领域广泛。

4. 伽利略卫星导航系统（GSNS）

伽利略卫星导航系统是由欧盟研制和建立的全球卫星导航定位系统，该计划于 1999 年 2 月由欧洲委员会公布。系统由轨道高度为 23616km 的 30 颗卫星组成，其中 27 颗工作星，3 颗备份星，有 2 个地面控制中心，目前系统布局完成。卫星轨道高度约 2.4 万 km，位于 3 个倾角为 56°的轨道平面内。可提供实时的米级定位精度信息，为公路、铁路、航空、海洋甚至是徒步者提供精度为 1m 的定位导航服务。其特点是精度高、系统先进、安全系数高。

三、GPS/BDS /GNSS/ GSNS 的全方位对比

从表 4-1 可以看出，在定位精度上，这些导航系统均有实现民用 10m 的能力。全球四大卫星定位系统各有优势，美国的 GPS 和俄罗斯的 GNSS 应用范围和领域非常广，也是目前商用普及率最高的两大定位系统，这与它们的提前布局、重视程度、巨额投入等密不可分。中国的北斗卫星导航系统仅差一颗卫星就完成全部组网，在普及的道路上，未来仍有很大的上升空间。

表 4-1　　BDS、GPS、GNSS、GSNS 的全方位对比

定位系统	定位原理	定位精度	卫星数量	应用领域	优势	面临难题
BDS	35 果卫星在 2 万 km 高空环绕地球运行，任意时刻、任一地点都可观测到 4 颗以上的卫星	定位精度达到 2.5～5m 水平，但民用定位精度为 10m，测速精度 0.2m/s，授时精度 10ns	系统由 35 颗卫星组成，5 颗静止轨道卫星和 30 颗非静止轨道卫星，目前已成功发射 34 颗	军用方面，运动目标定位导航、武器发射快速定位、水上排雷等；民用方面，个人位置服务、气象应用、铁路、海运、航空、应急救援等	系统兼容、操作便利，卫星数量多	仅仅覆盖东南亚地区，到 2020 年才全部完成组网，社会渗透率不高
GPS	根据高速运动的卫星瞬间位置作为已知的起算数据，采用空间距离后方交会的方法，确定待测点的位置	单机导航精度约为 10m，综合定位精度可达厘米级和毫米级，但民用领域开放的精度约为 10m	系统由 28 颗卫星组成，其中 4 颗备用卫星，目前全部布局完成	军用应用如坦克、飞机导航等，民用方面如交通管理、个人定位、汽车导航、应急救援、海上导航等领域	覆盖面积广，全球覆盖率高达 98%	位置延时问题，精度仍有提升空间

续表

定位系统	定位原理	定位精度	卫星数量	应用领域	优势	面临难题
GNSS	原理与GPS类似，24颗卫星分布在3个轨道平面上，这3个平面两两相隔120°，同平面内卫星之间相隔45°	广域差分系统提供5～15m位置精度，区域差分系统提供3～10m精度，局域差分系统为离站40km内提供10cm精度	系统标准配置为24颗卫星，3颗维修中、3颗备用、1颗测试中。已完成组网	提供全天候、高精度的三维位置服务，在海洋测绘、地质勘探、石油开发、地震预报、交通等领域应用	全球覆盖，高精度、应用范围和领域广泛	工作稳定性待提升、用户设备发展缓慢
GSNS	采用中高度圆轨道卫星定位方案，共发射30颗卫星，27颗工作卫星，3颗候补卫星，还有2个地面控制中心	可提供实时的米级定位精度信息，为公路、铁路、空中、海洋甚至是徒步旅行者提供精度为1m的定位导航服务	系统由30颗卫星组成，其中27颗工作星，3颗备份星，目前系统布局完成	提供导航、定位、授时等服务，特殊服务有搜索与救援，扩展应用有飞机导航、海上运输、车辆导航、精准农业	精度高、系统先进、安全系数高	系统稳定性待加强，卫星质量也有待提高

注 表格由Ofweek电子工程网制作，数据截至2018年7月30日。

综上所述，物联网时代即将到来，全球卫星定位系统技术显得更加举足轻重，除了军事应用，它将在很多的民用领域发挥作用，随着北斗导航系统的完善，未来不只是GPS一家独大的局面。

（资料来源：https：//ee. ofweek. com/2018－07/ART－8500－2807－30253039. html）

二、GPS的产生与发展

（一）美国GPS的发展历程

1957年10月4日，苏联发射了有史以来第一颗人造地球卫星——斯普特尼克1号（Sputnik－1）。这是航天航空技术发展的一个里程碑，是人类想象力和创造力的体现。在空间滞后、信息科学及其分支领域迅速发展并逐步影响到人们的日常生活，可以毫不夸张地说，人造卫星技术的发展大大改善了人类认识和适应自然的能力，使科学技术水平跨入了一个崭新的时代。人造地球卫星技术经过近半个世纪的发展已经被成功应用于通信、气象、导航、资源勘探、环境保护、城市规划、工业建设、灾害预报、天文学、地球动力学、地球物理等许多学科领域。其广泛应用推动了科学技术水平和人们生产生活水平的提高，甚至影响到国际政治、经济和军事格局。

1958年12月，美国海军武器实验室（NWL－Naval Weapon Laboratory）委托美国约翰霍普金斯大学应用物理实验室（The Johns Hopkins University Applied Physics Laboratory）研制为军用船舶提供导航服务的卫星系统，即海军导航卫星系统（Navy Navigation Satellite System，NNSS）。由于该系统中卫星轨道都经过地极，故也称子午卫星系统（Transit）。研究此系统主要是为军用的运载工具（如战斗机、军舰、导弹等）和各作战单位提供全天候的导航服务。

1964年，NNSS建成并投入使用。1967年7月，美国政府宣布解密子午卫星的部分导航电文，遂使高精度卫星导航技术得以应用于民用。由于子午星导航技术主要是利用多普勒频移（Doppler Shift）原理实现，所以又称卫星多普勒定位技术。

1973 年，美国国防部（Department of Defense）协同有关军方机构共同研究开发新一代的卫星导航系统。这就是授时与测距导航系统/全球定位系统（NAVSTAR /GPS - Navigation System Timing and Ranging/Global Positioning System），简称全球定位系统（GPS）。

1994 年，GPS 系统基本建成，成为全球共享的空间信息资源，是空间信息系统的一个重要组成部分。从 1973 年至今，美国政府还在不断地研究和更新 GPS 的软硬件设备，累计耗资超过 200 亿美元。

（二）我国卫星定位系统的发展历程

我国于 20 世纪 70 年代中期开始引进卫星多普勒接收机，20 世纪 80 年代曾进行多次大规模联测，利用此技术在西沙群岛、西北地区甚至南极乔治岛等地区施测，取得良好的定位效果。虽然海军导航卫星系统在空间信息技术史上“具有革命性突破”，但由于卫星数量少（5～6 颗）、轨道高度较低（约 1000km）、卫星间隔时间较长（平均约 1.5h）难以提供高程数据等原因，无法连续进行三维坐标定位，而且精度也较低（单点定位精度约 3～5m、相对精度 1m、长时间联测精度 0.5m）。显然，无论是军事领域还是民用领域，该技术的应用都有相当的局限性，该系统于 1996 年停止工作。

中国一直高度重视卫星导航系统的建设，一直努力探索和发展拥有自主知识产权的卫星导航系统，该系统空间段由 5 颗静止轨道卫星和 30 颗非静止轨道卫星组成，应用于测绘、电信、水利、渔业、交通运输、森林防火、减灾救灾和公共安全等诸多领域，产生显著的经济效益和社会效益。2000 年，首先建成中国北斗卫星导航试验系统（图 4 - 2），使我国成为继美国、俄罗斯之后的世界上第 3 个拥有自主卫星导航系统的国家。2008 年，该系统在北京奥运会、汶川抗震救灾中发挥了重要作用。2012 年，系统具备覆盖亚太地区的定位、导航和授时以及短报文通信服务能力；2016 年年底，该系统已成功发射 23 颗北斗导航卫星。到 2020 年左右，将建成覆盖全球的北斗卫星导航系统。

图 4 - 2　中国北斗卫星导航试验系统（BDS）

三、GPS 特点

GPS 是当今世界精度最高的一种星基无线电导航系统，是利用分布在约 20000km 高空的多颗卫星对地面目标的状况进行精确测定以进行定位、导航的系统。它可以全天候在全球范围内为海、陆、空各类用户连续提供高精度的三维位置、三维速度与时间信息，是近年来物流行业应用广泛的一项高新技术。

与其他的导航和定位技术相比，GPS

定位技术主要有以下特点：

（1）全球范围内连续覆盖GPS卫星的数目较多，其空间分布和运行周期经精心设计，可使地球上（包括水面和空中）任何地点在任何时候都能观测到至少4颗卫星（这是GPS定位系统获得解的必要条件），从而可以保证全球范围的全天候连续三维定位。

（2）实现实时定位。GPS定位系统可以实时确定运动载体的三维坐标和速度矢量，从而可以实时地监视和修正载体的运动方向，避开各种不利环境，选择最佳航线。这是许多导航定位技术难以企及的。

（3）定位精度高。利用GPS系统可以获得动态目标的高精度的坐标、速度和时间信息，美国的试验表明，对于3000km以内的站点距离，GPS相对定位数据经过精细的处理可达到±5mm+1E-8D的距离精度，±3mm左右的三维位置精度。随着技术水平的提高，定位精度还将进一步提高。

（4）静态定位观测效率高。根据精度要求不同，GPS静态观测时间从数分钟到数十天不等，从数据采集到数据处理基本上都是自动完成。而使用传统的测绘技术达到相同的精度则比较困难，且往往需要几倍乃至十几倍的观测时间并耗费大量人力、物力。

（5）应用广泛。GPS以全天候、高精度、自动化、高效益等显著特点成功地应用于测绘领域、资源勘探、环境保护、农林牧渔、运载工具导航和管制、地壳运动监测、工程变形监测、地球动力学等多门学科。

第二节 GPS构成及工作原理

一、GPS系统构成

一般说来，GPS系统主要由3个部分组成：空间星座部分、地面监控部分和用户设备部分（图4-3）。这3个部分对GPS系统的正常工作所起的作用各不相同，缺一不可。

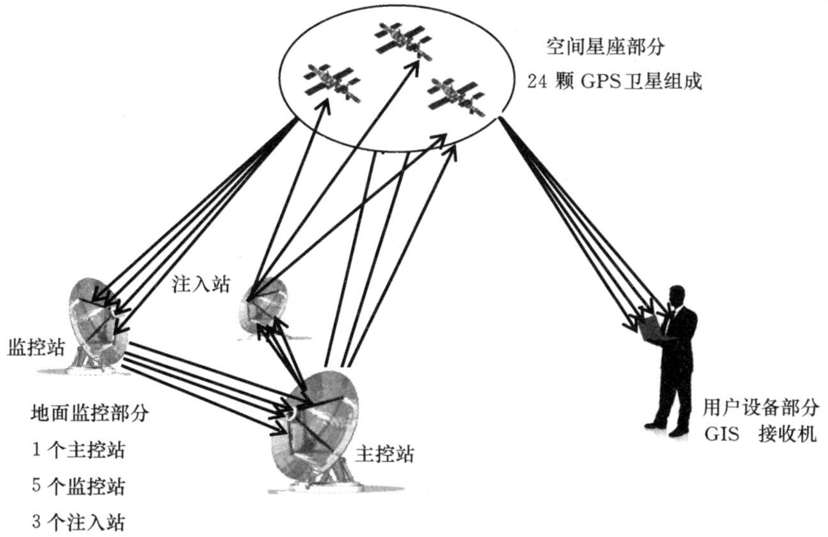

图4-3 GPS系统构成

（一）空间星座部分（Space Segment）

1. 卫星星座（GPS Constellation）及其几何分布

GPS 系统的星座部分主要由 24 颗卫星构成，其中 21 颗为工作卫星，另外 3 颗为备用卫星（图 4－4）。这 24 颗卫星均匀分布在 6 个轨道平面内，每个轨道面包含 4 颗卫星。轨道面相对赤道面倾角为 55°，轨道的升交点赤经各相差 60°。每个轨道平面内各颗卫星之间的升交角距相差 90°，一个轨道平面上的卫星比西边相邻轨道平面上的相应卫星升交角距超前 30°。卫星轨道为椭圆形，平均高度约 20200km，运行周期大约 11h58min。在两万多千米高空中的 GPS 卫星，当地球自转一周时，它们绕地球运行两周。这样，对于地面观测者来说，每天将提前约 4min 见到同一颗 GPS 卫星，且每天见到的卫星几何分布相同。位于地平线以上的卫星颗数随着时间和地点的不同而有所不同，最少可见到 4 颗，最多时可见到 11 颗，实现连续、实时地导航和定位。

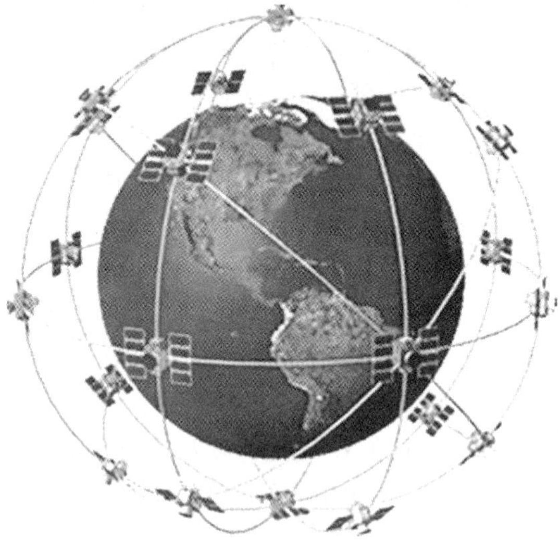

图 4－4 GPS 卫星星座空间分布

在用 GPS 信号导航定位时，为了解算点位的经度（longitude）、纬度（latitude）和高度（altitude），必须观测至少 4 颗 GPS 卫星。这 4 颗卫星在观测过程中的几何位置分布对定位精度有一定的影响。在某地某时由于地理位置和环境因素的影响或者图形结构较差时，可能难以测得精确的点位坐标，这种时间段叫作“间隙段”。但这种间隙段是很短暂的，并不影响全球绝大多数地方的全天候、高精度、连续实时定位。

空间星座中 3 颗备用卫星可在必要时根据指令替代发生故障的卫星，这对 GPS 系统高效而可靠地工作是非常重要的。

空间系统的每颗卫星每 12h（恒星时）沿近圆形轨道绕地球一周，由星载高精度原子钟（基频 $F=10.23$MHz）控制无线电发射机在“低噪声窗口”（无线电窗口中，2～8 区间的频区天线噪声最低的一段是空间遥测及射电干涉测量优先选用频段）附近发射 L1、L2 两种载波，向全球的用户接收系统连续地播发 GPS 导航信号。

2. GPS 卫星的种类

从 1978 年发射第一颗 GPS 试验卫星截至 2003 年 2 月，仍然可以正常工作的 GPS 卫星有 28 颗。早期发射升空的 11 颗 GPS Block Ⅰ型卫星已全部停止工作（最后一颗 GPS Block Ⅰ型卫星于 1994 年 2 月停止使用）。目前这 28 颗卫星中的 21 颗属于 GPS Block Ⅱ或Ⅱ A 型，另外 7 颗属于 GPS Block Ⅱ R 型。GPS Block Ⅱ R 共发射了 8 颗，1997 年曾有一颗 GPS Block Ⅱ R 卫星因发射失败未能进入预定轨道，最近的一颗是 2003 年 1 月 29 日发射升空的。最新型的 GPS Block Ⅱ F 卫星（图 4－5）目前已经进入了生产车间，预计将逐步取代 GPS Block Ⅱ和 GPS Block Ⅱ A 型卫星。

GPS Block Ⅱ F 卫星设计寿命 15 年，计划到 2008 年部署 18 颗。GPS Block Ⅱ F 卫星具有一些新的特点，性能参数见表 4-2。

GPS 卫星向广大用户发送的导航电文是一种不归零的二进制数据码 D(t)，码率 f_d=50Hz。为了节省卫星的电能，增强 GPS 信号的抗干扰性、保密性，实现遥远的卫星通信，GPS 卫星采用伪噪声码对 D 码作二级调制，即先将 D 码调制成伪噪声码（P 码和 C/A 码），再将上述两噪声码调制在 L1、L2 两种载波上，形成向用户发射的 GPS 射电信号。因此，GPS 信号包括两种载波（L1、L2）和两种伪噪声码（P 码、C/A 码）。这 4 种 GPS 信号的频率皆源于 10.23MHz（星载原子钟的基频）的基准频率。基准频率与各信号频率之间存在一定的比例。其中，P 码为精确码，美国为了自身的利益，只供美国军方、政府机关以及得到美国政府批准的民用用户使用；C/A 码为粗码，其定位和时间精度均低于 P 码，目前，全世界的民用客户均可不受限制地免费使用。

图 4-5　GPS Block Ⅱ F 卫星

表 4-2　　GPS Block Ⅱ F 卫星有关参数

尺寸/m×m×m	1.8×1.6×1.4	上行中继数据率/kbs	1～2
质量/kg	2136	下行中继数据率/kbs	32
自主运行时间/d	60	卫星钟精确度/ns	20
功率/W	1510	设计寿命/a	15

3. GPS 卫星的主要功能

从图 4-5 可以看到，GPS 卫星的主体部分近似呈圆柱体，两侧配有双叶太阳能电池板。太阳能电池板能自动对日定向，保证卫星的日常工作用电。新型的 GPS Block Ⅱ F 卫星其太阳能电池板比Ⅱ、Ⅱ A 和Ⅱ R 更大。另外在每颗卫星内部配备 4 台原子钟，包括两台铷钟（RB-Rubidium）和两台铯钟（CS-Cesium），这是卫星的关键设备之一。它可以发射标准频率信号，为 GPS 提供高精度的时间标准。

GPS 卫星的主要功能如下：

（1）接收并存储发自地面监控站的导航信息。

（2）利用星载高精度原子钟提供精密时间标准。

（3）通过卫星上的微处理机进行某些必要的数据处理。

（4）向用户播发定位数据信息。

（5）在地面监控站的指令下调整飞行姿态或启用备用卫星。

除了上述功能，部分 GPS 卫星还装配有某些附加设备，例如星载激光反射器和用于监测核爆炸的传感器。前者可用于激光测卫（satellite laser ranging，SLR），后者主要用来监视除美国以外的具有核武器的国家在地面或大气层中进行核试验的情况。

（二）地面监控部分（control segment）

GPS的地面监控部分主要包括卫星监测站、主控站、备用主控站和信息注入站，这些站点分布全球的6个地面站，分别位于科罗拉多（Colorado）、盖茨堡（Gaithersburg）、夏威夷（Hawaii），南大西洋的阿松森群岛（Ascencion）、印度洋的迭哥伽西亚（Diego Garcia）和南太平洋的卡瓦加兰（Kwajalein）。

1. 监测站（monitor station）

所有地面站都有监测站的功能，它们是主控站控制下的数据自动采集中心。其主要作用就是对GPS卫星数据和当地的环境数据进行采集、存储并传送给主控站。站内配备有GK双频接收机、高精度原子钟、计算机和若干环境参数传感器。接收机用来采集GPS卫星数据、监测卫星工作状况。原子钟提供时间标准。环境参数传感器则收集当地有关的气象数据。所有数据经计算机初步处理后存储并传送给主控站，再由主控站做进一步的数据处理（图4-6）。

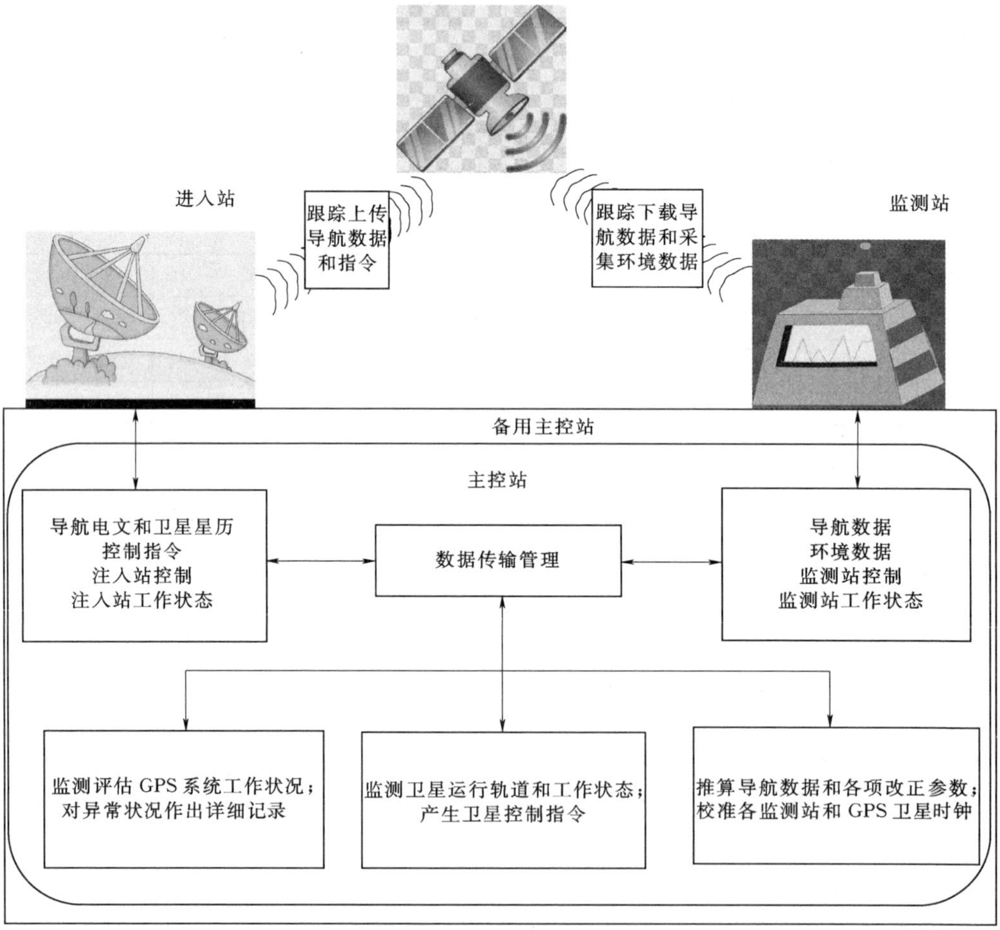

图4-6 地面监控系统的运作

2. 主控站（master control station）

主控站只有1个，设在美国科罗拉多（Colorado）施瑞夫空军基地（Schriever Air Force Base）。它是整个GPS系统的“中枢神经”。其主要作用如下：

（1）根据本站和其他监测站的所有观测数据，推算各卫星的星历、卫星钟差、大气改正等参数，并把这些数据传送到注入站。

（2）提供全球定位系统的时间基准。校准各监测站和GPS卫星的原子钟，所得误差编入导航电文再送到注入站。

（3）甄别偏离轨道的GPS卫星，发出指令使其沿预定轨道运行。

（4）判断卫星工作状态，启用备用卫星代替失效的卫星。

3. 备用主控站（backup master control station）

备用主控站也只有1个，位于美国马里兰州的盖茨堡（Gaithersburg Maryland）。不言而喻，它的作用和主控站完全一样，当某些特殊情况发生时启用。一旦需要，主控站的工作人员能在24h以内集结于备用主控站并展开工作。为了确保万无一失，备用主控站每年都要进行实际操作演练。

4. 注入站（ground antenna）

注入站目前有4个，位于科罗拉多、阿松森群岛等地。注入站的主要设备包括一个大型天线、一台C波段发射机和计算机。它的主要作用就是将主控站推算的卫星星历、导航电文、钟差和其他控制指令，以一定的格式注入相应卫星的存储系统，并监测注入信息的准确性。

GPS系统地面监控部分的大部分工作都是在原子钟和计算机的控制下自动完成的，其中监测站和注入站均可做到24h无人值守。各站点间数据通信都是利用专用网络实现，具有较高的效率和自动化程度。

相关链接

卫　星　星　历

卫星星历，又称为两行轨道数据（Two－Line Orbital Element，TLE），由美国celestrak发明创立，是用于描述太空飞行体位置和速度的表达式。

卫星、航天器或飞行体一旦进入太空，即被列入NORAD卫星星历编号目录。列入NORAD卫星星历编号目录的太空飞行体将被终生跟踪。

卫星星历以开普勒定律的6个轨道参数之间的数学关系确定飞行体的时间、坐标、方位、速度等各项参数，具有极高的精度。

卫星星历能精确计算、预测、描绘、跟踪卫星以及飞行体的时间、位置、速度等运行状态；能表达天体、卫星、航天器、导弹、太空垃圾等飞行体的精确参数；能将飞行体置于三维的空间；用时间立体描绘天体的过去、现在和将来。

卫星星历的时间按世界标准时间（UTC）计算。

卫星星历定时更新。

（三）用户设备部分（user segment）

作为被动式的定位技术，GPS用户必须通过专用信号接收设备才能达到定位目的。

用户设备部分的主要设备是GPS接收机，它是一种特制的无线电接收机。其主要作用是接收导航卫星发出的信号，对卫星信号进行处理后依据所得数据确定接收机所在的地理位置。根据不同性质的用户和所需的功能，需要配置不同种类的GPS接收机，其性能结构、形状尺寸和价格也大相径庭。例如：航海和航空用的导航型接收机，要具有与存储卡或其他媒介相互通信的功能，因为其中存有电子导航图等资料；测地用的接收机成为测地型接收机（图4－7），要求具有很高的精度，并能快速采集和存储数据；军用的接收机要附加解码模块，如果用于地面部队，则要求较高的机动性（图4－8）。

图4－7　测地型接收机

图4－8　军用GPS接收机

GPS接收机的种类虽然很多，但它的硬件结构基本一致，分为天线单元和接收单元两部分。图4－9为一个简化的接收机基本结构示意图。

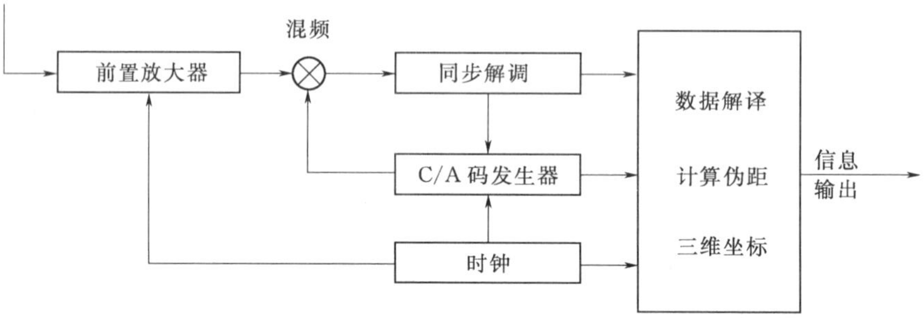

图4－9　接收机基本结构示意图

天线单元由接收天线和前置放大器组成，其主要作用是接收卫星信号。接收单元包括信号通道、存储、计算与显示控制及电源等部件。其主要功能是接收来自天线的信号，经过变频、放大、滤波等一系列处理，实现对GPS信号的跟踪、锁定、解调，分离出导航信息。根据收到的卫星星历、伪距观测数据以及载波观测量，计算出三维坐标和时间。接收单元的显示控制等部件可以完成人机对话、输入各种指令、控制屏幕显示等操作。

二、GPS工作原理

GPS导航系原理是测量出已知位置的卫星到用户接收机之间的距离，然后综合多颗卫星的数据就可知道接收机的具体位置。要达到这一目的，主要确定两个参数：卫星的位置及卫星至接收器的距离。

卫星的位置可以根据星载时钟所记录的时间在卫星星历中查出。卫星星历是指天体运行随时间变化的精确位置和轨迹表，是时间参数，是两行式轨道数据系统——用于描述太空飞行体位置和速度的表达式。

卫星到接收机的距离，由于含有接收机的卫星钟的误差及大气传播的误差，又称为伪距。该距离则通过记录卫星信号传播到用户所经历的时间，再将其乘以光速得到［由于大气层电离层的干扰，这一距离并不是用户与卫星之间的真实距离，而是伪距（PR）］。

当GPS卫星正常工作时，会不断地用1和0二进制码元组成的伪随机码（简称伪码）发射导航电文。GPS系统使用的伪码有两种，分别是民用的C/A码和军用的P（Y）码。C/A码频率为1.023MHz，重复周期为1ms，码间距为1μs，相当于300m；P码频率为10.23MHz，重复周期为266.4天，码间距为0.1μs，相当于30m。而Y码是在P码的基础上形成的，保密性能更佳。导航电文包括卫星星历、工作状况、时钟改正、电离层时延修正、大气折射修正等信息，它是从卫星信号中解调制出来，以50b/s调制在载频上发射的。导航电文每个为5个子帧，每帧长6s。前三帧各10个字码，每30s重复一次，每小时更新一次。后两帧共15000b。导航电文中的内容主要有遥测码、转换码，第1、2、3数据块，其中最重要的则是星历数据。当用户接收到导航电文时，提取出卫星时间，并将其与自己的时钟对比便可得知卫星与用户的距离，再利用导航电文中的卫星星历数据推算出卫星发射电文时所处位置，用户在WGS-84大地坐标系中的位置速度等信息便可得知。

可见GPS导航系统卫星部分的作用就是不断地发射导航电文。然而，由于用户接收机使用的时钟与星载时钟不可能总是同步，所以除了用户的三维坐标x、y、z外，还要引进一个Δt，即卫星与接收机之间的时间差作为未知数，然后用4个方程将这4个未知数解出来。所以，如果要知道接收机所处的位置，至少要能收到4颗卫星的信号。

GPS接收机可接收到用于授时的准确至纳秒级的时间信息；用于预报未来几个月内卫星所处概略位置的预报星历；用于计算定位时所需卫星坐标的广播星历，精度为几米至几十米（各个卫星不同，随时变化）；GPS形态信息，如卫星状况等。

对0A码测得的伪距称为UA码伪距，精度约为20m；对P码测得的伪距称为P码伪距，精度约为2m。

GPS接收机对接收到的卫星信号进行解码或采用其他技术，将调制在载波上的信息去掉后，就可以恢复载波。严格来说，载波相位应称为载波拍频相位，它是收到的受多普勒频移影响的卫星信号载波相位与接收机振荡产生信号相位之差。一般在接收机确定的历元时刻量测，保持对卫星信号的跟踪，就可记录下相位的变化值，但开始观测时的接收机和卫星振荡器的相位初值是未知的，起始历元的相位整数也是未知的，即整周模糊度，只能在数据处理中作为参数解算。相位观测值的精度高至毫米，但前提是解出整周模糊度，因此只有在相对定位，并有一段连续观测值时才能使用相位观测值，而要达到优于米级的定位精度也只能采用相位观测值。

按定位方式，GPS定位分为单点定位和相对定位（差分定位）。单点定位就是根据一台接收机的观测数据来确定接收机位置的方式，它只能采用伪距观测量，可用于车、船等概略导航定位。相对定位（差分定位）是根据两台以上接收机的观测数据来确定观测点之间的相对位置的方法，它既可采用伪距观测量，也可采用相位观测量。大地测量或工程测量均应采用相位观测值进行相对定位。

GPS观测量中包含卫星和接收机的钟差、大气传播延迟、多路径效应等误差，在定位计算时还要受到卫星广播星历误差的影响，在进行相对定位时，大部分公共误差被抵消或削弱，因此定位精度将大大提高。双频接收机可以根据两个频率的观测量抵消大气中电离层误差的主要部分。因此，在精度要求高或接收机之间距离较远时（大气有明显差别），应选用双频接收机。

三、GPS的定位方式

（一）GPS定位的基本原理

GPS定位的基本原理是根据高速运动的卫星瞬间位置作为已知的起算数据，采用空间距离后方交会的方法，确定待测点的位置，如图4-10所示。

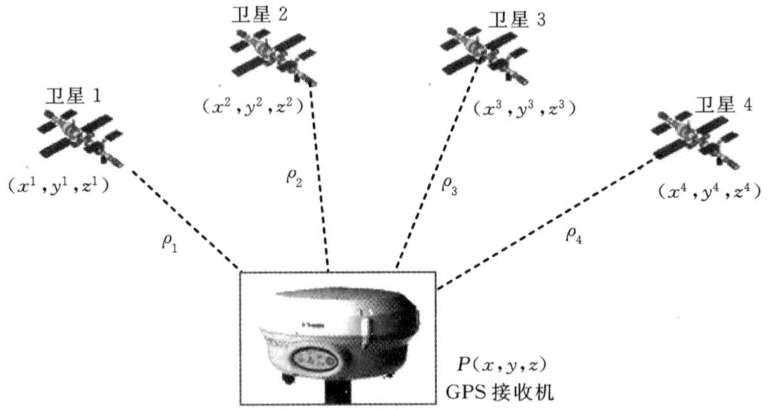

图4-10　GPS定位的基本原理

在测量学中优测距交会确定点位的方法，GPS定位与之相似，其原理就是利用空间分布的卫星以及卫星与地面点的距离交会得出地面点位置。简言之，GPS定位原理就是一种空间距离交会原理。

在待定位置上安置GPS接收机，同一时刻接收4颗以上GPS卫星发射的信号。通过一定的方法测定这4颗以上卫星在此瞬间的位置以及它们分别至该接收机的距离，据此利用距离交会法解算出测站P的位置及接收机钟差δt。

设时刻t_i在测站点P用GPS接收机同时测得P点至4颗GPS卫星S_1、S_2、S_3、S_4的距离ρ_1、ρ_2、ρ_3、ρ_4，通过GPS电文解译出4颗GPS卫星的三维坐标（x^j，y^j，z^j），$j=1$、2、3、4，用距离交会的方法求解P点的三维坐标（x，y，z）的观测方程为

$$\left.\begin{aligned}\rho_1^2&=(x-x^1)^2+(y-y^1)^2+(z-z^1)^2+c\delta t\\\rho_2^2&=(x-x^2)^2+(y-y^2)^2+(z-z^2)^2+c\delta t\\\rho_3^2&=(x-x^3)^2+(y-y^3)^2+(z-z^3)^2+c\delta t\\\rho_4^2&=(x-x^4)^2+(y-y^4)^2+(z-z^4)^2+c\delta t\end{aligned}\right\}\quad(4-1)$$

式中：c 为光速；δt 为接收机钟差，即 GPS 接收机接收 GPS 信号过程的反应时间，与接收时间存在一定的延迟。

由此可见，GPS 定位中要解决的问题有两个：一是观测瞬间 GPS 卫星的位置，可以根据 GPS 卫星发射的导航电文中含有的 GPS 卫星星历实时确定卫星的位置；二是观测瞬间测站点至 GPS 卫星之间的距离，站星之间的距离是通过测定 GPS 卫星信号在卫星和测站点之间的传播时间来确定的。

（二）GPS 的定位方式

GPS 定位的方法是多种多样的，用户可以根据不同的用途采用不同的定位方法。GPS 定位方法可依据不同的分类标准，作如下划分。

1. 按观测值来定可分为伪距定位和载波相位定位

伪距定位所采用的观测值为 GPS 伪距观测值，伪距观测值既可以是 C/A 码伪距，也可以是 P 码伪距。伪距定位的优点是数据处理简单，对定位条件的要求低，不存在整周模糊度的问题，可以非常容易地实现实时定位；其缺点是观测值精度低，C/A 码伪距观测值的精度一般为 3m，而 P 码伪距观测值的精度一般也在 30cm 左右，从而导致定位成果精度低。若采用精度较高的 P 码伪距观测值，还存在 AS（Anti－Spooting，反电子欺骗技术，是将 GPS 中的精确码 P 码与 W 码相加 ，形成新的严格保密的 Y 码）的问题。

载波相位定位所采用的观测值为 GPS 的载波相位观测值，即 L1、L2 或它们的某种线性组合。载波相位定位的优点是观测值的精度高，一般优于 2mm；其缺点是数据处理过程复杂，存在整周模糊度的问题。

2. 按定位模式来定可分为绝对定位、相对定位

绝对定位又称为单点定位，这是一种采用一台接收机进行定位的模式，它所确定的是接收机天线的绝对坐标。这种定位模式的特点是作业方式简单，可以单机作业。绝对定位一般用于导航和精度要求不高的应用中。

相对定位又称为差分定位，这种定位模式采用两台以上的接收机，同时对一组相同的卫星进行观测，以确定接收机天线间的相互位置关系。

3. 按运动状态定可分为动态定位、静态定位

动态定位则是用 GPS 接收机测定一个运动物体的运行轨迹。GPS 接收机所依附的运动物体叫载体（如行走的车辆、航行中的轮船等），载体上的 GPS 接收机天线在跟踪 GPS 的过程中相对地球而运动，接收机可测得运动物体的状态参数（瞬间三维位置和速度）。

而静态定位中，GPS 接收机在捕获和跟踪 GPS 卫星的过程中固定不变，接收机高精度地测量 GPS 信号的传播时间，利用 GPS 卫星在轨的已知位置，解算出接收天线所在位置的三维坐标。

4. 按时间来定可分为实时定位和非实时定位

实时定位是根据接收机观测到的数据，实时地解算出接收机天线所在的位置。

非实时定位又称后处理定位，它是通过对接收机接收到的数据进行后处理以进行定位的方法。

第三节　GPS 的 应 用

GPS 即最初只是运用于军事领域，目前已被广泛应用于交通、测绘等许多行业。GPS 的所有应用领域，都是基于定位或从定位延伸出去的，主要包括运动导航、轨迹记录、大地测量、周边信息查询等。

一、测量

GPS 技术给测绘界带来了一场革命。利用载波相位差分技术（RTK），在实时处理两个观测站的载波相位的基础上，可以达到厘米级的精度。与传统的手工测量手段相比，GPS 技术有着巨大的优势：①测量精度高；②操作简便，仪器体积小，便于携带；③全天候操作；④观测点之间无须通视；⑤测量结果统一在 WGS84 坐标下，信息自动接收、存储，减少繁琐的中间处理环节。当前，GPS 技术已广泛应用于大地测量、资源勘查、地壳运动、地籍测量等领域。

二、交通

出租车、租车服务、物流配送等行业利用 GPS 技术对车辆进行跟踪、调度管理，合理分布车辆，以最快的速度响应用户的乘车或接送请求，降低能源消耗，节省运行成本。GPS 在车辆导航方面发挥了重要的角色，在城市中建立数字化交通电台，实时发播城市交通信息，车载设备通过 GPS 进行精确定位，结合电子地图以及实时的交通状况，自动匹配最优路径，并实行车辆的自主导航，如图 4－11 和图 4－12 所示。民航运输通过 GPS 接收设备，使驾驶员着陆时能准确对准跑道，同时还能使飞机紧凑排列，提高机场利用率，引导飞机安全进场、离场。

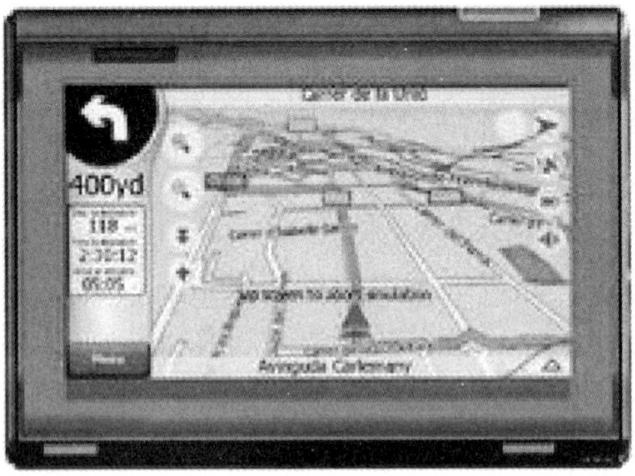

图 4－11　车载 GPS 导航系统

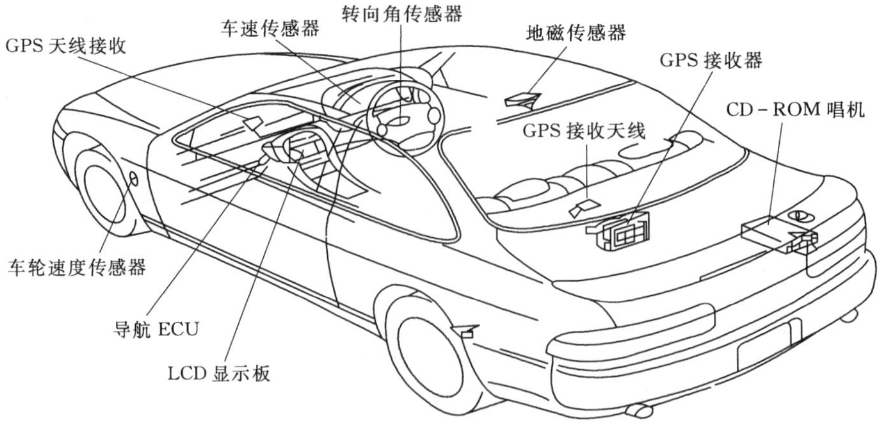

图 4－12　汽车导航系统的组成和布置

三、救援

利用GPS定位技术，可对火警、救护、警察进行应急调遣，提高紧急事件处理部门对火灾、犯罪现场、交通事故、交通堵塞等紧急事件的响应效率。特种车辆（如运钞车）可对突发事件进行报警、定位，将损失降到最低。有了GPS的帮助，救援人员就可在人迹罕见、条件恶劣的大海、山野、沙漠对失踪人员实施有效的搜索、救援。装有GPS装置的渔船，在发生险情时，可及时定位、报警，使之能更快、更及时地获得救援。

四、农业

当前，发达国家已开始把GPS技术引入农业生产，即所谓的“精准农业耕作”。该方法利用GPS进行农田信息定位获取，包括产量监测、土样采集等，计算机系统通过对数据的分析处理，决策出农田地块的管理措施，把产量和土壤状态信息装入带有GPS设备的喷施器中，从而精确地给农田地块施肥、喷药。通过实施精准耕作，可在尽量不减产的情况下，降低农业生产成本，有效避免资源浪费，降低因施肥除虫对环境造成的污染。

五、娱乐消遣

随着GPS接收机的小型化以及价格的降低，GPS逐渐走进了人们的日常生活，成为人们旅游、探险的好帮手。通过GPS，人们可以在陌生的城市里迅速地找到目的地，并且可以在最优的路径上行驶；野营者带着GPS接收机，可快捷地找到合适的野营地点，不必担心迷路；甚至一些高档的电子游戏，也使用了GPS仿真技术。

第四节　GPS在物流领域的应用

根据市场经济发展变化的需求，物流也和能源流、信息流一样，是人类社会的一大动脉，物流管理的进步直接影响交通运输业、商贸以及公用事业等各个领域的管理、生产技术和经济效益。推动物流管理、物流技术和物流科技的进步已经成为当今知识经济全球经济一体化的重要内容。我国物流行业应借鉴和引进国际先进的信息及管理技术，有计划、有步骤地发展高科技物流，加速实现物流业的现代化。GPS不仅能够提供物流配送和动态调度功能，还可以提供货物跟踪、车辆优选、路线优选、报警援救、军事物流等功能（图4-13）。

一、GPS在物流领域的应用

1. 物流配送

GPS对车辆的状态信息（包括位置、速度、车厢内温度等）以及客户的位置信息快速、准确地反映给物流系统，由特定区域的配送中心统一合理地对该区域内所有车辆做出快速地调度。这样便大幅度提高了物流车辆的利用率，减少了空载车辆的数量和空载的时间，从而减少物流公司的运营成本，提高物流公司的效率和市场竞争能力，同时增强物流配送的适应能力和应变能力。

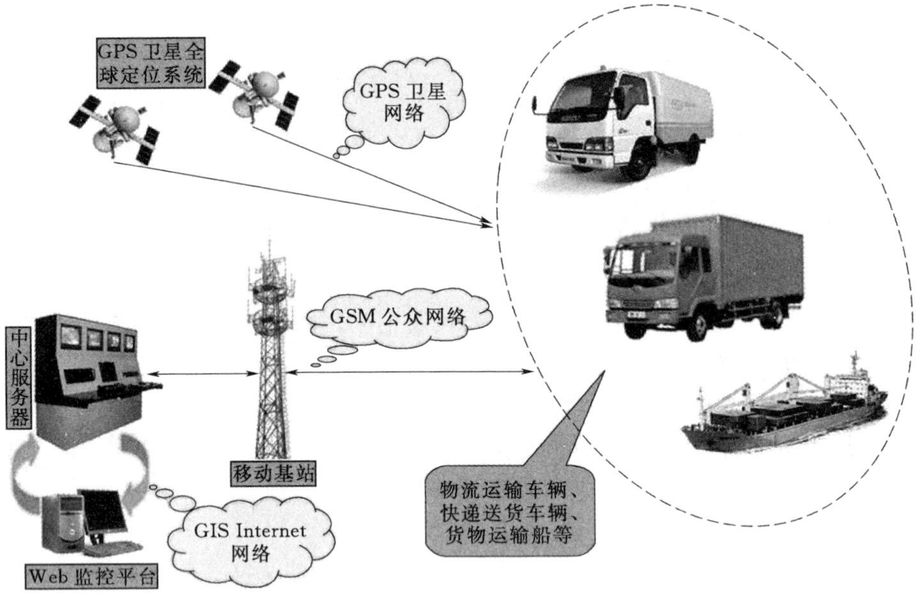

图 4－13　物流领域的 GPS 系统应用

2. 动态调度

运输企业可进行车辆待命计划管理。操作人员通过在途信息的反馈，车辆未返回车队前即做好待命计划，一旦接收系统下达的运输任务，马上可以执行，减少了等待时间，加快了车辆周转速度；通过提前预设车辆信息及精确的抵达时间，用户可根据具体情况合理安排回程配货，为车辆运输排解后顾之忧。这样的动态调度可以提高车辆重载率，减少空载的时间和距离。

3. 货物跟踪

通过 GPS 和电子地图系统，可以实时了解车辆位置和货物状况（车厢内温度、空载或重载），真正实现在线监控，避免以往在货物发出后难以知情的被动局面，提高货物的安全性。货主可以主动、随时了解到货物的运动状态信息以及货物运达目的地的整个过程，增强物流企业和货主之间的相互信任。

4. 车辆优选

查出在锁定范围内可供调用的车辆，根据系统预先设定的条件判断车辆中哪些是可调用的。在系统提供可调用车辆的同时，将根据最优化原则，在可能被调用的车辆中选择一辆最合适的车辆。

5. 路线优选

地理分析功能可以快速地为驾驶人员选择合理的物流路线以及这条路线的一些信息，所有可供调度的车辆不用区分本地或是异地都可以统一调度。配送货物目的地的位置和配送中心的地理数据结合后，产生的路线将是整体的最优路线。

6. 报警援救

在物流运输过程中有可能发生一些意外的情况。当发生故障和一些意外的情况时，GPS 系统可以及时地反映发生事故的地点，调度中心会尽可能地采取相应的措施来挽回和降低损失，增加运输的安全和应变能力。GPS 系统的投入使用，使过去制约运输公司发展的一系列问题将迎刃而解，为物流公司降低运输成本、加强车辆安全管理、推动货物运输有效运转发挥了重要作用。此外，GPS 系统的网络设备还能容纳上千车辆同时使用，跟踪区域遍及全国。物流企业导入 GPS 系统，是物流行业以信息化带动产业化发展的重要一环，它不仅为运输企业提供信息支持，而且对整合货物运输资源、加强区域之间的合作具有重要意义。

7. 军事物流

全球卫星定位系统首先是因为军事目的而建立的，在军事物流中，如后勤装备的保障等方面应用相当普遍。尤其是在美国，其在世界各地驻扎的大量军队无论是在战时还是在平时都对后勤补给提出很高的需求，在战争中，如果不依赖 GPS，美军的后勤补给就会变得一团糟。目前，我国军事部门也在逐步开始运用 GPS。

二、GPS 在车辆中的应用

GPS 导航系统与电子地图、无线电通信网络及计算机车辆管理信息系统相结合，可以实现车辆跟踪和交通管理等许多功能。

1. 车辆跟踪

利用 GPS 和电子地图可以实时显示出车辆的实际位置，并任意放大、缩小、还原、换图，可以随目标移动，使目标始终保持在屏幕上，还可实现多窗口、多车辆、多屏幕同时跟踪。利用该功能可对重要车辆和货物进行跟踪运输。

2. 路线规划和导航

提供出行路线规划和导航提供出行路线规划是汽车导航系统的一项重要辅助功能。它包括自动线路规划和人工线路设计。自动线路规划是由驾驶者确定起点和目的地，由计算机软件按要求自动设计最佳行驶路线，包括最快的路线、最简单的路线、通过高速公路路段次数最少的路线等的计算。人工线路设计是由驾驶者根据自己的目的地设计起点、终点和途经点等自动建立线路库。线路规划完毕后，显示器能够在电子地图上显示设计线路，并同时显示汽车运行路径和运行方法。

3. 信息查询

为用户提供主要物体标志，如旅游景点、宾馆、医院等数据库，用户能够在电子地图上根据需要进行查询。查询资料可以用文字、语言及图像的形式显示，并在电子地图上显示其位置。同时，监测中心可以利用监测控制台对区域内的任意目标所在位置进行查询，车辆信息将以数字形式在控制中心的电子地图上显示出来。

4. 话务指挥

指挥中心可以监测区域内车辆运行状况，对被监控车辆进行合理调度。指挥中心也可随时与被跟踪目标通话，实行管理。

5. 紧急援助

通过 GPS 定位和监控管理系统可以对遇有险情或发生事故的车辆进行紧急援助。监控台的电子地图显示求助信息和报警目标，规划最优援助方案并以报警声光提醒值班人员进行应急处理。

相关链接

国内首套专业的GPS长途客运车辆管理系统

——雅迅长途客运GPS智能管理系统

以国内首套专业的GPS长途客运车辆管理系统——雅迅长途客运GPS智能管理系统为例，它结合了卫星定位技术、GPRS/CDMA通信业务、GIS技术、图像采集技术、计算机网络和数据库等技术，在客运公司建立一个总控（C/S结构和B/S结构相结合），其他设为分控，公安部门和运管部门等各部门建立专控的中心系统，系统由控制中心系统、无线通信平台（GPRS/CDMA）、全球卫星定位系统（GPS）、车载设备4个部分组成一个全天候、全范围的驾驶员管理和车辆跟踪的综合平台；系统可对注册车辆实施动态跟踪、监控、拍照、行车记录、管理、数据分析等功能，监控车辆可以在电子地图上显示出来，并保存车辆运行轨迹数据；操作终端可任意选择服务器内部局域网或国际互联网对中心进行访问并可通过IE浏览器提供网上综合客车管理数据分析控制系统（B/S结构）；且系统拥有的内存容量可随时根据中心服务器和操作终端硬件配置进行扩展，最大为50万辆车，入网车辆不仅可以是长途客运车辆，也可以是旅游车等社会车辆。同时系统还可以采用分组管理，不同类型的车辆归入不同分组，便于管理人员的操作。

雅迅长途客运GPS智能管理系统包括以下功能模块。

1. 车辆监控管理

（1）实时监控车辆：车辆每15s自动向中心汇报车辆位置信息。

（2）实时图像监控：车辆行驶时自动将车内图像实时拍摄传输到监控中心。

2. 车辆调度管理

（1）信息调度发布：调度管理中心可用本系统信息发布功能向各车辆发布路面交通情况、天气、新闻、通知、调度等中文信息。

（2）回复调度信息：司机能通过LCD显示器进行接收/发送消息（加油、车辆故障、报警求助、乘客滞留、乘客拥挤、服务纠纷、违章扣证、道路堵塞、交通事故、发生盗窃、病人求救等，内容也可由客户自定）；接受中心调度内容和回答中心内容，中心和司机随时进行互通信息。

（3）自动调度车辆：调度中心可准时自动调度每辆应准时出发的车辆，通知驾驶员准时开车离开起点站或终点站。

（4）语音调度功能：调度中心可随时拨打车台电话对驾驶员进行调度。

（5）授权拨打号码：中心随时可授权/关闭司机拨打或接听电话功能。

（6）热线电话：当发生交通事故、车辆故障或其他意外时，驾驶员可按下“热线”键向调度管理中心寻求帮助，中心收到求助信号后利用本系统实时调度功能，可以及时通知附近服务商前往服务（如医疗急救、拖车、加油等）。

3. 行驶路线管理

（1）行驶路线设置：中心可对每辆长途客运车辆预先设定8条行驶路线，并随时可以修改车辆行驶路线。

（2）路段行速报警：调动中心可以预先规定车辆某条路线某路段上行驶最高速度。

（3）路段行驶时间：调动中心可以对任何车辆规定某些路段行驶最短时间和最长时间，驾驶员没有在规定时间内行驶该路段就是违规。

（4）偏航路线行驶报警：当车辆偏离调动中心预先设定行驶路线时，车载设备自动向中心汇报并存入数据库。

4. 运营生产管理

（1）出发/返回汇报：当车辆从“起点站”出发或从“终点站”返回时，系统自动向监控中心汇报登记。

（2）乘客流量管理：系统自动将上车乘客和下车乘客数量向中心汇报，并自动存入数据库统计，详细记录每趟车乘客数量、每辆车每天或每月乘客数量。

（3）IC卡管理功能：利用司机IC卡，司机每次值班开车时自动将驾驶员详细资料向中心汇报统计，详细记录司机上班时间、开车班次等情况。

（4）到站汇报登记：当车辆行驶到达预定车站时，自动向中心汇报到站时间。

5. 安全运营管理

（1）超速报警功能：当车辆行驶速度超出预选设定行驶速度时，系统自动向中心报警。

（2）超速报警声音提醒司机：当司机连续驾驶车辆超过公司规定限制速度时，系统将自动启动蜂鸣器声提醒驾驶司机降低速度，直到司机放慢速度。

（3）疲劳驾驶管理：当司机驾驶车辆行驶时间超过4h，系统自动启动车内设备声音提醒驾驶司机停车休息或更换驾驶员。

（4）行驶里程统计：系统能将车辆每分钟、每时、每天、每月、每年行驶里程向中心实时汇报存入数据库，并可按不同时间段进行统计打印报表。

（5）行车记录（黑匣子）：系统能自动记录每辆车的行驶数据（刹车、加速度、左右转向灯、车门开关等），并将GPRS传输到中心存入数据库统计成报表。

6. 图像传输管理

（1）摄像头设置：车台最多可连接8个摄像头，同时8路传输数据到中心。

（2）自动存储图像：车台能自动储存31张最新图像并随时传输给中心。

（3）即时拍摄图像：中心可即时拍摄车内或前后方等方位高清晰度的较大图像，并即时传回中心备案、分析情况（图像分辨率为320×240和640×480，图片像素大于30万）。

7. 防盗防抢功能

（1）GPS天线被剪断报警：当卫星信号天线被剪断或开路时，GPS车载终端立即向监控中心报警。

（2）电源线被剪断报警：当GPS车载终端电线被剪断或开路时，GPS车载终端立即启动后备电源向监控中心报警。

（3）抢劫报警功能：当发生抢车、抢劫时，司机可按下红色紧急按钮或遥控器向监控中心报警。

（4）非法启动车辆报警功能：车辆被非法启动时，系统自动向监控中心报警。

（5）密码错误报警功能：当盗贼进入后无法输入正确密码时，系统自动向中心报警。

8. 车辆控制功能

（1）中心遥控熄火：监控中心接到紧急报警后，发出遥控熄火锁车命令，强制车辆停车，防止歹徒驾车逃跑。

（2）中心恢复行驶：监控中心在确保车主安全的条件下，发出恢复车辆行驶命令后，车辆马上就能恢复正常行驶。

（3）监听/录音功能：发生抢车、抢劫后，监控中心将启动车内监听装置，监听车内一切对话并将声音录制监控中心，便于公安部门判断警情和确认劫匪。

（资料来源：http：//www. hqps. com/tech/201504/234694. html；https：//wenku. baidu. com/view/361a27acd1f34693daef3eff. html）

三、GPS 在物流行业中的各应用模块

就应用而言，我们主要使用的是 GPS 信息接收终端。而就 GPS 终端来说，它只是具备采集经纬度、GPS 时间与终端运行速度的功能设备而已，即信息采集的终端。在物流的程序中信息流占据着主导地位，是很多物流企业的制胜关键。GPS 在物流中的应用更确切地说明 GPS 在物流信息中的应用。就现在的 GPS 系统与终端所具备的功能来讲，主要有以下几点。

1. 车辆分布

单击车辆分布，从操作电子地图上察看自己用户名上所有车辆的分布情况，了解所有车辆在各区域分布的具体位置、行驶状况。通过对该功能的使用，可以查到在某个地域内哪些车辆可供使用，也可以了解公司所有在途运输车货的分布情况以及可供使用的车辆依据。

2. 历史轨迹

通过对历史轨迹的查询，可以查看车辆在行驶过程中的状态、路线，从而调整其按既定的行驶路线行走，并且监控车辆中途随意停车行为。根据该车的行驶轨迹，公司与客户都可随时了解货物在途的运输过程，并以此作为司机工作和运输效率的考评依据。

3. 当前位置

通过当前位置的查询可以看出车辆当前准确的位置所在、运行方向和运行速度。一般这个功能只有在意外或特殊情况发生时才会用到，如有报警信息发生需进行救援、急于查看车辆的具体位置进行实时调度等。

4. 连续监控

可根据实际情况设置对车辆进行监控的时间段和位置点上发生的条件。在车辆出发前先预计设置每一段路途行驶的时间、车辆中途停留的时间、再出发时间，并对车辆进行监控其位置点上发生的情况，这样可达到对车辆进行全程监控目的，以便有据可查。

5. 区域看车

可根据车辆预计行驶的范围或路线在电子地图上定一个或多个报警区域。当车辆驶出和驶入该区域时终端就会向系统发出报警信息，报警信息会以手机中文短信的方式发送到指定的手机上，告诉手机的持有者是何时、何地、何车因何原因报警。

6. 接货方

接货方只需要通过发货方所提供的相关资料和权限，就可在互联网实时查看到货物信息，掌握货物在途的情况和大概的运输时间，以此来提前安排货物的接收、停放以及销售等环节，使货物的销售链可提前完成。指定路线行驶中，设置车辆行驶路线和定点上报功

能，即可用于公司也可开放给客户。通过对GPS这些功能的应用，在物流中可及时进行调度和配载，降低车辆空驶率，可对承运货物的车辆进行全程跟踪以保证其安全性，也可实时掌握车货的所在位置，提前完成对应工作的安装，加强对司机的管理，彻底解决私拉乱运问题。

本 章 小 结

本章阐述了GPS的定义特点及工作原理，介绍了目前世界上的定位系统。同时介绍了GPS的应用，重点介绍GPS在物流领域的应用。

实训：《车来了-精准的实时掌上公交地铁》软件安装与应用

车来了掌上公交，概括而言就是手机上的实时公交电子站牌。无论何时何地，用户通过手机，就可查询到要乘坐的公交车的实时位置、实时到站、实时离站等信息，更可以实时预约公交。

1. 实训目的及要求

通过软件的安装和应用，使学生切实体验GPS系统的实时定位功能，感受信息技术带来的生活方式的改变。

2. 实训内容

（1）下载安装“车来了-精准的实时掌上公交地铁”APP。

（2）运行“车来了-精准的实时掌上公交地铁”，利用软件查询南宁市K5公交车的运行情况。

3. 实训步骤

（1）打开智能手机，搜索“车来了”APP，出现图标，即为要下载的应用软件。以苹果手机为例，搜索到的名称是“车来了-精准的实时掌上公交地铁”，单击进入下载页面，下载安装。

（2）安装后运行，出现如图4－14所示界面。

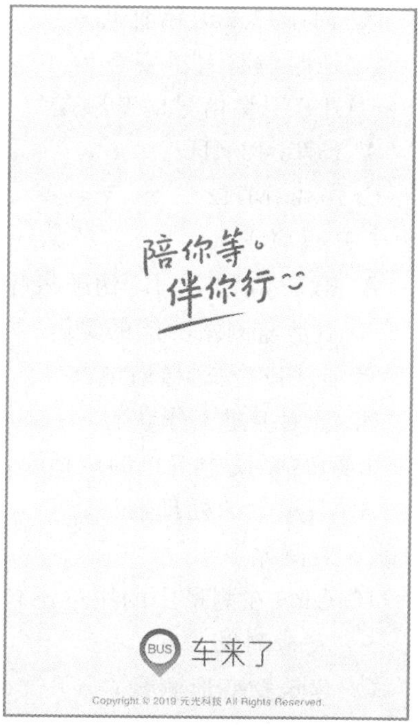

图4－14 “车来了-精准的实时掌上公交地铁”运行界面

进入系统后就可以：

1）通过“按线路查询”“按站点查询”“按地点查询”三种方式查询公交及地铁的线路，在选定所要乘坐的线路后，系统会自动列出该线路的所有途经站点。

2）查询到要乘坐的公交及地铁的实时位置、实时到站、实时离站等信息。

3）可看到从乘车站到目标站的公交车，离乘客所在公交车站还有几站的实时数据，并可查看某辆车的实时到离站信息。

4）实时定位查询，输入公交线路与等车的站点，即可从地图上直观地看到未驶过该站的最近一辆公交车的实时位置以及与本站的距离，从而计算出车辆抵达的大致时间。

“车来了”的另一个功能便是公交到达预约提醒。

4. 思考

目前，广西壮族自治区已覆盖“车来了”的城市有哪些？

课 后 练 习

1. GPS 卫星星座由（　　）颗卫星组成。

A. 23　　B. 24　　C. 25　　D. 26

2. GPS 共有地面监测台站（　　）个。

A. 288　　B. 12　　C. 9　　D. 5

3. 实现 GPS 定位至少需要（　　）颗卫星。

A. 3 颗　　B. 4 颗　　C. 5 颗　　D. 6 颗

4. 不是 GPS 用户部分功能的是（　　）。

A. 捕获 GPS 信号　　B. 解译导航电文测量信号传播时间

C. 计算测站坐标速度　　D. 提供全球定位系统时间基准

5. 不是 GPS 卫星星座功能的是（　　）。

A. 向用户发送导航电文　　B. 接收注入信息

C. 适时调整卫星姿态　　D. 计算导航电文

6. GPS 卫星信号的基频是（　　）。

A. 1575.42MHz　　B. 1227.36MHz

C. 10.23MHz　　D. 1.023MHz

7. P 码属于（　　）。

A. 载波信号　　B. 伪随机噪声码　　C. 随机噪声码　　D. 捕获码

8. 不是监测站功能的是（　　）。

A. 向用户发送导航电文　　B. 收集气象数据

C. 监测卫星工作状态　　D. 处理观测资料

9. GPS 系统中卫星的广播星历是由（　　）编制的。

A. 卫星上的处理器　　B. 主控站

C. 监测站　　D. 注入站

10. GPS 在测量中的用途不包括（　　）。

A. 大地测量　　B. 城市温度测量

C. 建筑物变形测量　　D. 水下地形测量

二、简答题

1. 什么是 GPS？

2. GPS系统由哪几部分组成？并说明其作用。

3. 地面监控系统由哪些部分组成？各部分的主要功能是什么？

4. 阐述GPS卫星定位原理。

5. GPS有哪些用途？

6. 阐述GPS系统在物流中的应用。

案例阅读

技术水平领先　北斗导航加速替代GPS

一个巴掌大小的卡片式北斗终端设备，就能实现即时定位、SOS求救；一部利用北斗精确授时功能研制的手表，就能“永久”省去对时调表的麻烦。如今，随着国产自主芯片集成度和技术水平的提高，芯片小型化、低功耗、射频基带一体化等技术的发展，“北斗”产品已在智能手机、智能穿戴设备、车载导航等大众消费领域开始批量应用，相关产业也被资本所看好，矗立在风口上。

北斗一代自2003年年底正式运行以来，主要应用在国防安全领域以及一些特定行业，如渔业等领域。随着芯片小型化、低功耗、低成本的发展，北斗正全面走向大众应用。

在刚结束不久的第六届中国卫星导航学术年会上（行业内称为“北斗年会”），中国卫星导航系统管理办公室主任冉承其称，“之前，我们的北斗卫星导航系统主要体现在行业典型应用方面，例如交通运输、海洋渔业等领域。现在，‘北斗’应用则开始高速进军大众应用市场。”

据介绍，截至2015年4月，北斗与其他卫星导航系统兼容的导航型基带、射频芯片/模块销量突破600万片。新一代芯片研发取得重大进展，将满足智能手机、平板电脑、穿戴式设备等全球市场应用需求。而随着国产自主芯片集成度和技术水平的提高，北斗产品已在智能手机、智能穿戴设备、车载导航等大众应用领域开始批量应用。

业内普遍认为，北斗产业要真正发展壮大，最终还要看民用市场的推广，而进军民用市场最好的切口就是智能手机和汽车导航。“民用将有很大市场空间。”光大证券的分析师田明华称。

中国科学院院士孙家栋此前在接受媒体时表示，下一步北斗导航还应该和人工智能技术相结合，在智能交通、智能医疗、智慧城市等领域，发挥更重要的作用。

实际上，北斗与多行业结合已经逐渐在行业达成了共识。“未来北斗的商业价值将会是爆发性增长的，北斗可以加很多行业，形成‘北斗+’，如北斗+旅游……任何一个领域一旦做成功，市场空间都是非常大的。”四川北斗星车联总经理张建民表示。

双向通信优势暂未发挥北斗商用普及不敌GPS

随着北斗商用的不断升温，北斗在民用过程中面临的困境也逐渐浮出水面，并成为业内关注的焦点。无论是技术上的优势发挥，还是成本上的竞争压力，都是北斗商用路上必须面对的难题。

长期以来，相比国外卫星导航系统，北斗系统被认为独具双向通行的特色。位置报告、短文通行等设计优势让北斗既能知道“我在哪里”，也能知道“你在哪里”。目前在民用领域，北斗双向通信成本高、便携难，而广泛应用的单向通信北斗系统则与GPS相比并无较大差异，且成本优势也不明显。

2015年5月，具备短文通信功能的BP2015芯片刚刚发布，但双向通信的北斗民用推广还需要解决接收站建设、高昂服务费、通信安全等诸多难题。而在单向北斗的规模应用上，虽然近年来芯片成本、定位精度等与GPS差距大幅缩小，但由于技术优势难以发挥，即便在国内竞争上占据“主场”优势，用户认知度和市场开拓仍然有待突破。

具有双向通信特色

目前世界上共有4套全球卫星导航系统(GNSS)——美国的GPS、俄罗斯的“格洛纳斯”(GLONASS)、中国北斗卫星(BDS)以及欧洲的“伽利略”(GALILEO)。其中，GPS起步最早，民用市场中的占有率也最高。

相比起其他GNSS，北斗起步相对较晚，但一些独特的功能让它一度备受国际社会关注。GNSS的基本功能是定位、授时，而北斗还有另外一个功能：短报文通信。

北斗系统具有5颗静止轨道卫星(即地球同步卫星GEO)，可以实现短文通信的功能，这是其他GNSS系统所不具备的。短文通信军用版容量为120个汉字，民用版为49个汉字。而GPS若想实现通信功能，必须与其他手机号码进行绑定，借助手机通信网络来实现。

短文通信功能不但能使用户获得自己的位置信息，还能告知他人自己位置信息，非常适合渔船、公交车、客货车、野外作业人员的调度和追踪。这是源于北斗一代系统的双向通信设计。所谓双向通信，是指用户与用户、用户与中心控制系统间可实现双向简短数字报文通信；而GPS只可进行单向通信，即接收器只能被动接受卫星发来的信号，不能主动发出信号。

在沙漠、山区、海洋等人烟稀少的地区实施抢险救援时，北斗卫星导航系统除导航定位外，还能通过短信功能，利用卫星导航终端设备及时报告所处位置和灾情，有效缩短救援搜寻时间，提高抢险救灾时效。

被外界广为称道的案例是“汶川地震”发生后，地面信号设施大部分被毁坏了。但救灾部队携带的“北斗一号”终端机不断从现场发回各类灾情报告，为指挥部指挥抗震救灾提供了重要的信息支援。

技术优势未见发挥

有源定位和短报文特色服务曾被北斗卫星导航系统的新闻发言人冉承其称为北斗系统的最大特色。在民用市场竞争中，双向通信是北斗巨大的竞争优势，在公共通信网络中断、没有其他卫星通信的情况下，北斗还能为用户提供通信服务。

但事实上，在市场应用上，这一技术优势和特色功能似乎没有显示出太大的价值。在北斗民用市场，规模较大的车载导航、手机导航、北斗+旅游等领域，双向通信的应用十分少见。

值得注意的是，北斗导航系统目前有北斗一代和北斗二代同时在提供服务，北斗一代支持短文通行功能并在特殊行业领域广泛应用。虽然北斗官方介绍称，北斗二代的授权服务中包括通信服务，但有北斗业内人士称，目前国内市场民用领域北斗二代并没有提供双向通信服务。

一位北斗应用市场技术人士表示，北斗一代的双向通信成本高昂，一个手持终端的市场价在1万元左右，而且每年的服务费也达到1000元左右。而且北斗一代终端体积相对较大、功耗也相对较大，天线与北斗二代的天线也是不同，主要是运用在应急、救援、远洋，真正的民用使用率不高。

有观点认为，为了更易推广，北斗卫星导航系统不再显得那么独特，采用主流的无源定位技术的北斗二代，与其他卫星导航系统之间的兼容与互动操作，将成为发展方向。但上述技术人士也表示，不排除北斗未来将位置服务、通信整合到一起的可能。

与GPS成本差距缩小

随着近年来导航天线、芯片（模块）等核心元器件的技术进步，小尺寸、低功耗的核心元器件逐步推向市场，北斗的成本也开始大幅降低。北斗终端的应用方向，也从交通运输、气象、渔业、林业等行业应用，扩展到车载、手持设备、手机、便携设备等民用大众用户。

在GNSS多系统并存竞争和导航产业快速发展的背景下，我国卫星导航产业仍面临诸多难题。而在国内市场，竞争“主场”的优势一时之间并未完全发挥出来。

从北斗和GPS的民用技术差距来说，几乎已经不存在大的问题。而在成本方面，一位北斗终端制造商介绍，两年之前GPS与北斗芯片差价上百元，而目前这个差距已经拉低到几十元，有些领域甚至仅差10元左右。

但从几家北斗应用企业来看，其北斗产品的销售仍然难敌GPS产品。一家企业销售人员坦言，目前成本和技术上差距已经不是大问题，但GPS起步早市场占有率高，北斗要想抢占市场还需要一个过程，而且目前民众对北斗的认知度并不高。

此外，室内导航也被称为北斗系统技术优势所在。曾有业内专业称，室内精准定位是我国北斗卫星导航系统在技术上超越GPS的关键之一，空巢老人、学龄儿童、手机用户均对室内位置服务需求迫切。

在国内竞争“主场”，无论是北斗地基增强系统还是与通信网络的技术融合，实现室内导航的条件都要比GPS更具优势。有业内人士认为，如果主场优势发挥出来，抓住室内位置服务的痛点，其广阔的市场需求将为大范围普及北斗提供绝佳时机。

（资料来源：http://www.hnqnkj.com/a/xinwenzhongxin/xingyexinwen/2015/0612/150.html）

第五章

地理信息系统（GIS）

学习目标

知识目标：1. 知道地理信息、地理信息系统的基本概念。
2. 掌握 GIS 的系统组成、工作原理。
3. 能结合现实的物流知识，理解 GIS 在物流活动中的地位和作用。

技能目标：1. 区分地理信息与地理信息系统，能利用 GIS 解决物流的实际问题。
2. 认识日常物流操作中的 GIS 空间数据表示。
3. 能利用 GIS 提高对物流信息处理的能力。

案例导入

物流人，当你的 GIS 位置信息被获取后……

随着 4G 时代的来临和智能手机的普及，移动互联技术应用已趋于成熟，调查表明一个智能手机平均至少安装 62 款 APP，当安装一个 APP 或者使用内置服务时，软件通常会让人们选择是否允许使用定位服务，多数人都会选择允许，因为这会给我们带来生活上的便利：如叫外卖、打车，告诉我们最近的餐厅、电影院等。因此在各种平台上就会产生大量的 GIS 位置信息。据不完全统计，仅在物流行业的司机群体中，每天通过各类软件获取司机位置的信息量已达亿次级别。企业如何利用这些位置信息产生更高的经济效益和社会效益已经成为新的课题。

当前利用电子围栏、大数据、云计算、物联网等技术与移动 GIS 信息相结合可探讨的创新应用主要集中在以下几个方面，如图 5－1 所示。

具体应用创新模式如下。

一、运输全程可视化和轨迹回放

移动 GIS 位置信息结合大数据将采集的位置信息连接，可实现运输过程全程可视化和轨迹回放，同时可实时查看车辆流向、车辆分布，实现智能化管理，通过 APP 移动 GIS 位置获取技术可以避免企业应用传统的 GPS 硬件，可为企业节省大量的硬件采购成本，如为客户提供全程轨迹、订单状态、节点信息等可视化信息，保证其货物安全高效的送到终端客户。

二、智能调度，路径优化

结合云计算将采集的移动 GIS 位置通过算法技术可实现智能调度和路径优化，提高企业运营效率、资源利用率、资源整合力。

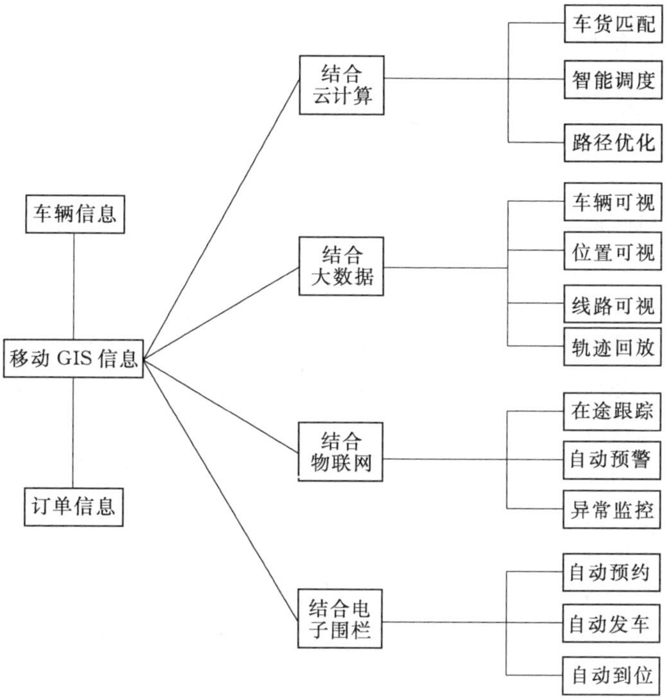

图 5-1 应用创新模式

三、自动预警和预约装卸

将物联网技术与移动 GIS 位置结合，可以将人、订单、车进行智慧连接，实现在途异常的自动预警，可以降低企业经营风险，GIS 系统通过订单与车辆位置、仓库系统相结合，通过对车辆密度和未来预计所需车辆的自动分析，实现自动预约装卸货与装卸车辆调拨，大大提高了物流园区运营效率，仅此一项就将司机的装货时效提高了 25%，卸货时效提高了 15%。

四、电子围栏和自动签收

利用电子围栏和 GIS 位置结合可以实现系统自动到达、自动跟踪、避免串货、避免虚假签收，提高企业信息化水平，提供更精准的 KPI 指标监控，可为客户提供更好的服务。GIS 系统通过对订单终点进行位置标准设置电子围栏，超出围栏范围的无法到货完成和回单签收，保证服务的真实准确，同时可协助客户监控下游经销商的串货行为。

综上所述，通过加入大数据、云计算和算法等新的 IT 技术，移动 GIS 位置信息无论在日常生活还是专业领域中，均可发挥其重要作用。在不久前结束的双年展中，安得智联也向客户展示了具有竞争力的无车承运人集成解决方案，无论在货主端和司机端，在物流信息化技术的支撑下均实现了便捷服务。未来，安得智联将进一步加大该技术领域的研发和创新，同时将相关技术向上下游延伸共享，为企业经营效率提升、为客户个性可视化物流服务、为行业创新变革做出应有贡献。

（资料来源：http://www.prnews.cn/press_release/349090.htm）

思考：(1) GIS 系统用了哪些信息技术？

(2) GIS 系统能实现哪些功能？

第一节 GIS 概 述

一、地理信息与地理信息系统

（一）地理信息

地理信息是指与研究对象的空间地理分布有关的信息，它表示地球表层物体及环境固有的数量、质量、分布特征、相互联系和变化规律。从地理实体到地理数据，再到地理信息的发展，反映了人类认识的巨大飞跃。地理信息属于空间信息。地理数据的种类、特征是与其地理位置联系在一起的，因此具有地域性。地理信息具有多重结构的特征，即在同一经纬度位置上可以有多种专题和属性的信息结构。例如，在同一地域有其相应的高程值、地表状况等多种信息。此外，地理信息还有明显的时效特征，即动态变化特征。这就要求及时采集和更新地理信息，并根据多时相的数据或信息来寻求随时间的分布和变化的规律，进而对未来作出预测或预报。各个专题之间的联系是通过属性码进行的，这就为地理系统各圈层之间的综合研究提供了可能，也为地理系统多层次的分析和信息的传输与筛选提供了方便。

（二）地理信息系统

GB/T 18354—2006《物流术语》中对地理信息系统（geographical information system，GIS）的定义为：由计算机软硬件环境、地理空间数据、系统维护和使用人员三部分组成的空间信息系统。该系统可对整个或部分地球表层（包括大气层）空间中有关地理分布数据进行采集、储存、管理、运算、分析、显示和描述。

地理信息系统是近 10 年来发展起来的一门综合应用系统，它能把各种地理位置的信息和有关的视图结合起来，并把地理学、几何学、计算机科学及各种应用对象、CAD 技术、遥感技术、GPS 技术、互联网、多媒体技术及虚拟现实技术等融为一体，利用计算机图形与数据库技术来采集、存储、编辑、显示、转换、分析和输出地理图形及其属性数据。这样，可根据用户需要，将这些信息图文并茂地输送给用户，便于分析及决策。地理信息系统是集地球科学、信息科学与计算机技术为一体的高新技术，应用遍及金融、电信、交通、国土资源、电力、水利、农林、环境保护、地矿等国民经济各领域，成为社会可持续发展的有效的辅助决策支持工具。权威的统计资料和研究报告都表明，国民经济信息数字化的 80%以上都构筑在地理信息系统之上，GIS 产业已达到几十亿美元的规模。

（三）地理信息系统的起源与发展

1. 起始发展阶段（20 世纪 60 年代）

1963 年，加拿大测量学家 R. F. Tomlinson 提出并建立的世界上第一个地理信息系统——加拿大地理信息系统（CGIS），主要作用是加拿大土地调查局为了处理大量的土地调查资料而建立的。

1963 年，美国哈佛大学城市建筑和规划师 Howard T. Fisher 设计和建立了 SYMAP 系统软件，竭力发展空间分析模型和制图软件。但由于当时计算机技术水平不高，存储量小，磁带存取速度较慢，使得GIS带有更多的辅助制图色彩，信息分析功能极为简单。

1966年，美国成立了城市和区域信息系统协会（URISA）。1968年，国际地理联合会（IGU）设立了地理数据收集委员会（CGDSP）。1969年又建立起州信息系统国协会（NASIS）。

2. 发展巩固阶段（20世纪70年代）

20世纪70年代，由于计算机软、硬件的迅速发展，特别是大容量存储功能磁盘的使用，为地理空间数据的录入、存储、检索、输出提供了强有力的手段，使GIS朝实用方向迅速发展。各国投入了大量人力、物力、财力，对GIS进行研究，其中美国、加拿大、英国、德国、瑞典、日本等发达国家先后建立了许多不同专题、不同规模、不同类型的各具特色的地理信息系统。从1970—1976年美国地质调查局发展了50多个地理信息系统。GIS受到政府、商业和学校的普遍重视。

3. 推广应用阶段（20世纪80年代）

20世纪80年代是GIS普及和推广应用的大发展阶段。由于新一代高性能的计算机的普及和迅速发展，GIS也逐步走向成熟。GIS的软、硬件投资大大降低而计算分析能力明显提高。GIS技术进入到多学科领域，由功能单一、比较简单的分散系统，发展成为多功能的用户共享的综合性信息系统，并向智能化发展。随着GIS与卫星遥感技术的结合，GIS开始用于全球性的问题，如全球变化的研究与监测、全球沙漠化、厄尔尼诺现象等研究。开展GIS研究和应用的国家更为广泛，国际合作日益加强。GIS软件开发实现突破性的进展，仅1989年市场上有报价的软件达70多个，其中最具代表性的有美国的ARC/INFO，澳大利亚的MAPINFO、MGE、ERDAS，加拿大的SPANS，瑞士和美国的System9。

4. 蓬勃发展阶段（20世纪90年代以后）

20世纪90年代，随着地理信息系统的建立和数字化信息产品在全世界的普及，GIS已发展成为确定性的产业。投入使用的GIS系统每2～3年就翻一番，GIS市场的年增长率为35%以上，从事GIS的厂家已超过300家。GIS已渗透到各行各业，涉及千家万户，成为人们生产、生活、学习和工作中不可缺少的工具和助手。

20世纪90年代，GIS软件在以下几个方面取得了很大的进展：

（1）开放GIS的研究。主要是制订GIS互操作与数据共享标准。

（2）关系数据库和GIS的结合。主要是利用RDBMS存储GIS数据。

（3）GIS构件的开发。GIS正迅速走向构件化。

（4）互联网。万维网已经成为GIS的新的操作平台。

（四）地理信息系统的组成

一个实用的GIS系统，要支持对空间数据的采集、管理、处理、分析、建模和显示等功能。一般来说，一个完整的地理信息系统通常由五部分组成，分别是计算机系统硬件、系统软件、地理信息数据、应用模型和应用人员，如图5-2所示。

1. 系统硬件

计算机系统硬件是计算机系统中的实际物理装置的总称，可以是电子的、电的、磁

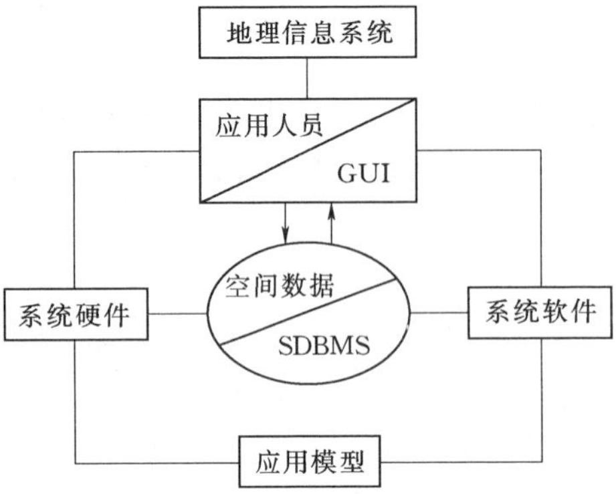

图 5－2　GIS 系统的构成

的、机械的、光的元件或装置，是 GIS 的物理外壳。系统的规模、精度、速度、功能、形式、使用方法甚至软件都与硬件有极大的关系，受硬件指标的支持或制约。GIS 由于其任务的复杂性和特殊性，必须由计算机设备支持。GIS 硬件配置一般包括 4 个部分：

（1）计算机主机。

（2）数据输入设备：数字化仪、图像扫描仪、手写笔、光笔、键盘、通信端口等。

（3）数据存储设备：光盘刻录机、磁带机、光盘塔、活动硬盘、磁盘阵列等。

（4）数据输出设备：笔式绘图仪、喷墨绘图仪（打印机）、激光打印机等。

2. 系统软件

（1）GIS 专业软件。GIS 专业软件一般指具有丰富功能的通用 GIS 软件，它包含了处理地理信息的各种高级功能，可作为其他应用系统建设的平台。其代表产品有 ARC/INFO、MGE、MAPINFO、MAPGIS、GEOSTAR 等。它们一般都包含有以下的主要核心模块：数据输入和编辑、空间数据管理、数据输出、用户界面、系统二次开发能力。

将数据存储到计算机中，其目的是分析和输出。查询、分类是 GIS 最简单也是最常用的分析功能。例如，空间数据有和手工地图相类似的表达方式显示在计算机的屏幕上，指定任意的空间位置就可以知道有关事物的属性。除了查询外，还可以进行分类。查询、分类的结果一般以图或报表的形式绘制、打印在纸上。

综上所述，对空间信息及其相关的属性信息的处理是 GIS 的基本功能。空间信息的查询和分析是 GIS 和其他数据处理系统的主要区别。迅速、及时地更新数据库，大规模、综合性地管理与地理分布有关的信息是计算机方式和手工方式的根本区别。

（2）数据库系统。数据库软件除了在 GIS 专业软件中用于支持复杂空间数据的管理软件以外，还包括服务于以非空间属性数据为主的数据库系统，这类软件有 ORACLE、SYBASE、INFORMIX、DB2、SQL Server、Ingress 等。它们也是 GIS 软件的重要组成部分，而且由于这类数据库软件具有快速检索、满足多用户并发和数据安全保障等功能，目前已实现在现成的关系型商业数据库中存储 GIS 的空间数据，例如 SDE（spatial database engine）就是最好的解决方案。

（3）系统管理软件。系统管理软件主要指计算机操作系统。当今使用的操作系统有 Windows 系列、UNIX、LINUX 等。它们关系到 GIS 软件和开发语言使用的有效性，因此也是 GIS 软硬件环境的重要组成部分。

3. 空间数据

空间数据是地理信息的载体，是地理信息系统的操作对象，它具体描述地理实体的空间特征、属性特征和时间特征。空间特征是指地理实体的空间位置及其相互关系；属性特征表示地理实体的名称、类型和数量等；时间特征指实体随时间而发生的相关变化。根据地理实体的空间图形表示形式，可将空间数据抽象为点、线、面三类元素，它们的数据表达可以采用矢量和栅格两种组织形式，分别称为矢量数据结构和栅格数据结构。GIS系统的空间数据表达形式如图5-3所示。

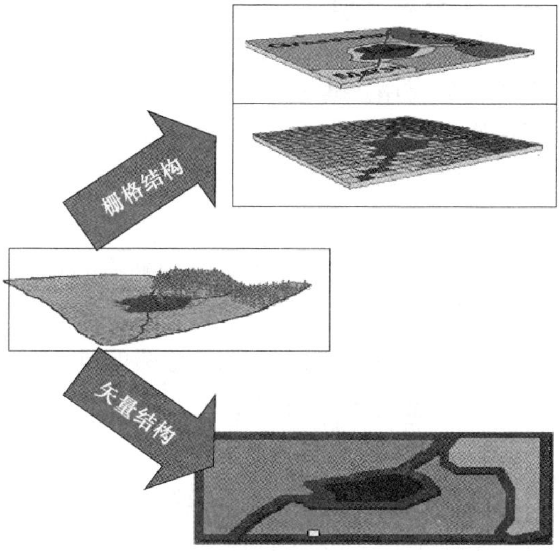

图5-3 GIS系统的空间数据表达形式

4. GIS应用模型

GIS应用模型的构建和选择也是系统应用成败至关重要的因素。虽然GIS为解决各种现实问题提供了有效的基本工具，但对于某一专门应用目的的解决，必须通过构建专门的应用模型，主要包括：①土地利用适宜性模型；②选址模型；③洪水预测模型；④人口扩散模型；⑤森林增长模型；⑥水土流失模型；⑦最优路径模型。

5. 应用人员

应用人员是GIS中的重要构成因素。地理信息系统从其设计、建立、运行到维护的整个生命周期，处处都离不开人的作用。仅有系统软、硬件和数据还构不成完整的地理信息系统，需要人进行系统组织、管理、维护和数据更新、系统扩充完善、应用程序开发，并灵活采用地理分析模型提取多种信息，为研究和决策服务。

二、GIS的功能

GIS的基本功能是将表格类数据（包括来自数据库、电子表格文件或直接在程序中输入）转换为地理图形显示出来，然后对显示的结果进行浏览、操作和分析。其显示范围可以从洲际地图到非常详细的街区地图，显示对象包括人口、销售情况、运输路线以及其他内容。

（一）数据输入

1. 图形数据输入

数字化仪输入和扫描仪输入。

2. 栅格数据输入

栅格数据包括各种遥感数据、航测数据、各种摄影图像数据、航空雷达数据等。

3. 属性数据

属性数据是用来描述对象特征的，通常用关系数据库管理系统进行管理。

（二）数据校验

数据校验是指通过观测、统计分析和逻辑分析等对输入数据的质量检查和纠正、空间拓扑结构的建立以及图形整饰等，为下一步的数据管理、空间分析与查询、数据表达等服务。数据校验包括图形数据校验和属性数据校验。图形数据的校验包括多边形拓扑关系的建立与校正、图形编辑、图形整饰、图形拼接、投影变换等功能。属性数据的校验往往与数据管理结合在一起。

（三）数据管理

数据管理涉及地理元素的位置、连接关系及属性数据如何构造和组织，使其便于计算机处理和系统用户理解等。用于组织数据库的计算机程序即为数据库管理系统，它包括数据格式的选择和转换、数据的连接、查询、提取等。

空间数据库管理是 GIS 的核心，也是最具特色的一部分，各种图形和图像信息都以严密的逻辑结构存储于空间数据库中。根据 GIS 的应用类型与数据类型的不同，空间数据库的数据结构分为基于矢量的数据结构、基于栅格的数据结构和矢量栅格混合的数据结构。

地图图库的管理对于一个大区域往往不能用一幅图表示，需要分成很多图幅，为有效地管理众多图幅的数据及实现跨图幅的查询与分析，就要有地图图库的管理，其功能有图幅入库、图幅删除、图幅拼接、跨图幅条件检索、图库的维护等。

（四）空间查询与分析

空间查询与分析是 GIS 最重要的功能，也是 GIS 区别于其他信息系统的本质特征。它使地图图形信息以及各种专业信息的利用深度和广度大大增强，用户可以从中获取很多派生信息和新知识，可用来完成经济建设、环境和资源调查中的综合评价、规划、决策、预测等任务。它包括比例尺和投影的数字变换、数据处理和分析，还包括地理或空间模型的建立。

GIS 具有丰富的查询功能，既有属性查询功能，也有图形查询功能，还可以实现图形与属性之间的交叉查询。

空间数据分析实际上就是对空间数据一系列的运算和查询。不同的应用具有不同的运算和查询的内容、方式和过程。也就是说，有不同的应用模型。应用模型是在对具体对象与过程进行大量专业研究的基础上总结出来的客观规律的抽象。将它们归结成一系列典型的运算与查询命令，从而可解决某一类专业的空间分析任务。由于各种专业研究的对象、方法以及复杂程度有很大的差异，因而工具型的 GIS 只提供几种最通用、最基本的分析模型，常见的有地形分析、失量分析、缓冲分析、网络分析、领域分析和重类分析等。而各专业的应用模型有待于专业人员进行二次开发。

1. 空间查询

空间查询是 GIS 最基本的功能，包括已知属性查图形、已知图形查属性及多种条件的综合查询，如图 5 - 4 所示。

2. 拓扑叠加查询

通过将同一地区两个不同图层的特征相叠加，建立新的空间特征，易于进行多条件的查询检索、地图裁剪、地图更新和应用模型分析等，如图 5 - 5 所示。

3. 缓冲区建立

缓冲区建立是研究根据数据库的点、线、面实体，自动建立各种类型要素的缓冲多边形，用以确定不同地理要素的空间接近度或邻近性，如图 5 - 6 所示。

4. 网络分析

该网络分析以运筹学中的网络模型为基础。如在城市各街道、街区建立图书馆、医院等公共设施时，最好的规划是各居民住家到这些设施的路途最短；而在建立消防站、救护站时，需要考虑路途最短、花费时间最少等，如图 5 - 7 所示。

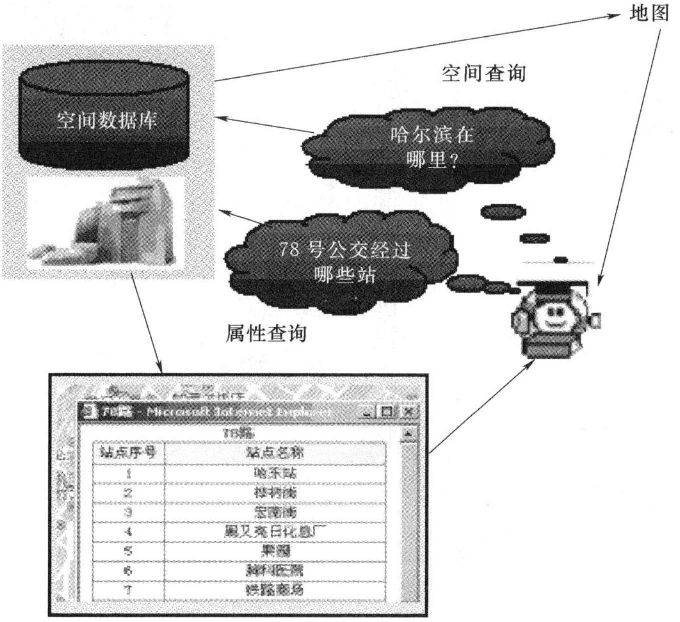

图 5-4　GIS 的空间查询功能

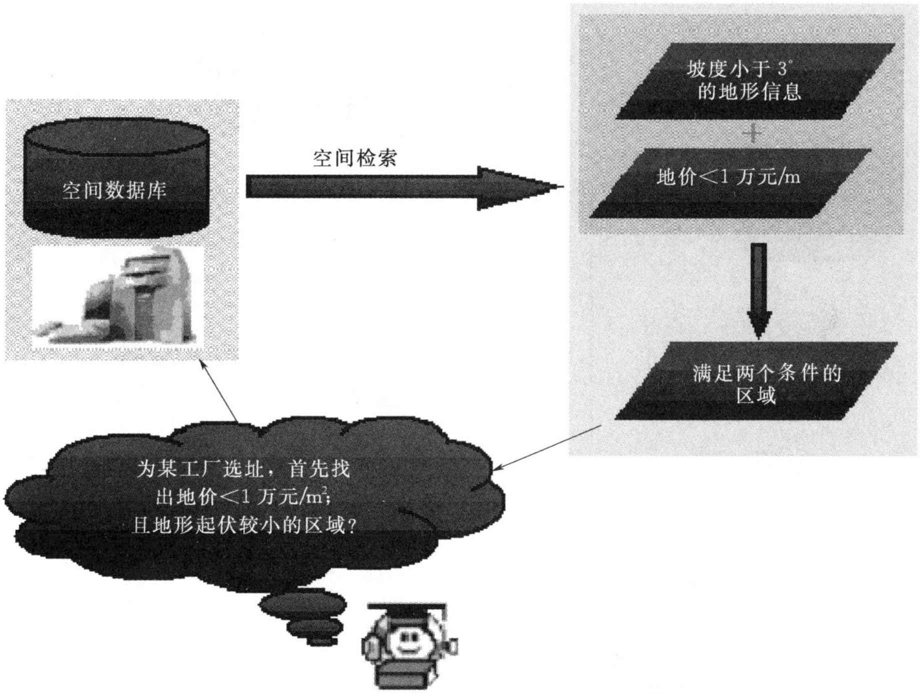

图 5-5　GIS 系统的拓扑叠加查询分析功能

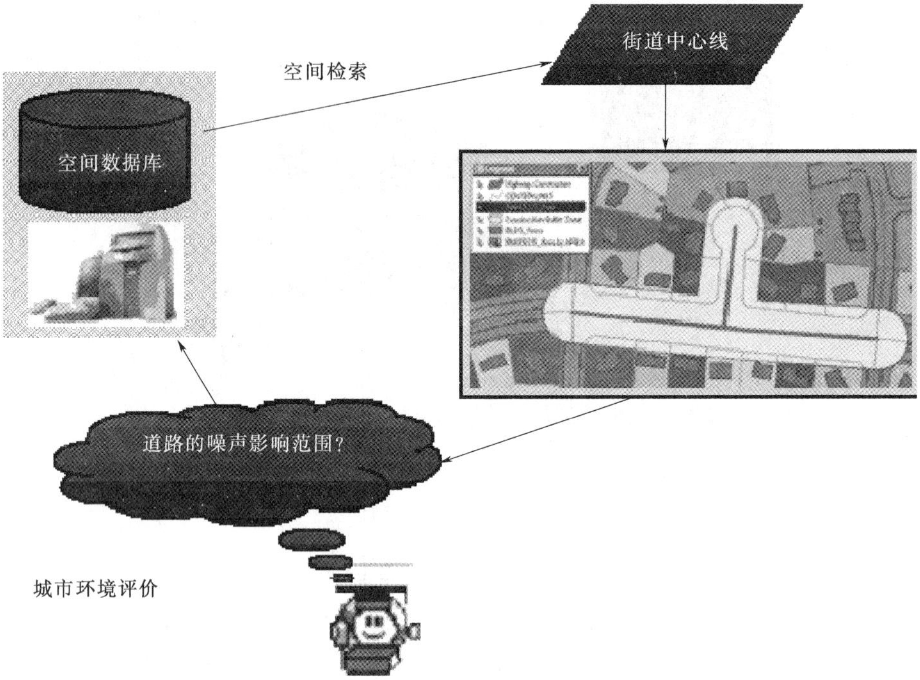

图 5-6　GIS 系统的缓冲区建立功能

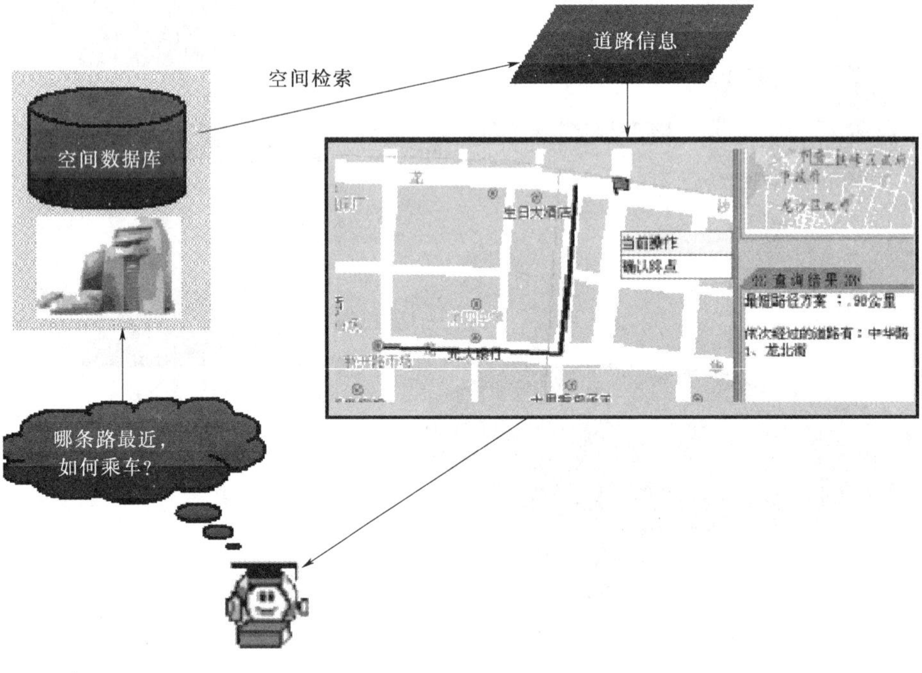

图 5-7　GIS 的网络分析

5. 数字地形分析

GIS 提供了构造数字高程模型及有关地形分析的功能模块，包括坡度、坡向、地表粗糙度、山谷线、山脊线、日照强度、库容量、表面积、立体图、剖面图和通视分析等，如图 5－8 所示。

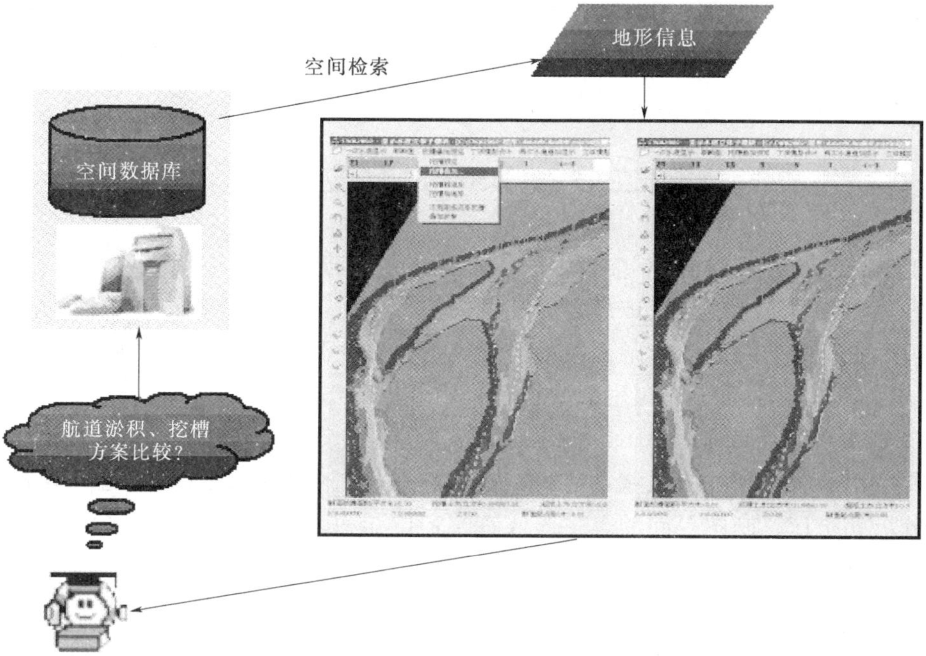

图 5－8　GIS 系统的地形分析功能

GIS 能解决以下五类问题：

（1）位置，即在某个地方有什么。位置可以是地名、邮政编码或地理坐标等。

（2）条件，即符合某些条件的实体在哪里。如在某个地区寻找面积不小于 $1000m^2$ 的未被植被覆盖的且地质条件适合建大型建筑物的区域。

（3）趋势，即在某个地方发生的某个事件及其随时间的变化过程。

（4）模式，即在某个地方的空间实体的分布模式。模式分析揭示了地理实体之间的空间关系。

（5）模拟，即某个地方如果具备某种条件会发生什么。

三、GIS 的工作原理

地理信息包含明确的地理参照系统，如经度坐标和纬度坐标，或者是国家网格坐标。也可以包含间接的地理参照系统，如地址、邮政编码、人口普查区名、森林位置识别、路名等。一种称为地理编码的自动处理系统，用来把间接的参照系统（如地址描述等）转变成明确的地理参照系统，如多重定位。这些地理参照系统可以定位一些特征，如商业活动、森林位置，也可以定位一些事件，如地震，用于地表分析。

地理信息系统基于两种不同的基本地理模式工作：矢量模式和栅格模式。

在矢量模式中，关于点、线和多边形的信息被编码并以坐标形式储存。一个点特征的定位（如一个钻孔）可以被一个单一的坐标所描述；线特征（如公路和河流）可以被存储于一系列的点坐标；多边形特征（如销售地域或河流聚集区域）可以被存储于一个闭合循环的坐标系。矢量模式非常有利于描述一些离散特征，但对连续变化的特征，就不太有用。

栅格模式为连续特征的模式。栅格图像包含网格单元，有点像扫描的地图或照片。不管是矢量模式还是栅格模式，用来存储地理数据都有优点和缺陷，两种模式在现代 GIS 中都会应用。

第二节　GIS 的 应 用

地理信息系统在最近的 30 多年内取得了惊人的发展，广泛应用于资源调查、环境评估、灾害预测、国土管理、城市规划、邮电通信、交通运输、军事公安、水利电力、公共设施管理、农林牧业、商业金融等大部分领域（还包括测绘、应急、石油石化等国民经济各个领域）。地理信息系统的应用领域在各自领域内的作用如下。

1. 资源管理（resource management）

主要应用于农业和林业领域，解决农业和林业领域各种资源（如土地、森林、草场）分布、分级、统计、制图等问题。主要回答“定位”和“模式”两类问题。

2. 资源配置（resource configuration）

在城市中各种公用设施、救灾减灾中物资的分配、全国范围内能源保障、粮食供应等机构在各地的配置等都是资源配置问题。GIS 在这类应用中的目标是保证资源的最合理配置和发挥最大效益。

3. 城市规划和管理（urban planning and management）

空间规划是 GIS 的一个重要应用领域，城市规划和管理是其中的主要内容。例如，在大规模城市基础设施建设中如何保证绿地的比例和合理分布，如何保证学校、公共设施、运动场所、服务设施等能够有最大的服务面（城市资源配置问题）等。

4. 土地信息系统和地籍管理（land information system and cadastral application）

土地和地籍管理涉及土地使用性质变化、地块轮廓变化、地籍权属关系变化等许多内容，借助 GIS 技术可以高效、高质量地完成这些工作。

5. 生态、环境管理与模拟（environmental management and modeling）

区域生态规划、环境现状评价、环境影响评价、污染物削减分配的决策支持、环境与区域可持续发展的决策支持、环保设施的管理、环境规划等。

6. 应急响应（emergency response）

解决在发生洪水、战争、核事故等重大自然或人为灾害时，如何安排人员撤离的最佳路线，并配备相应的运输和其他应急的保障措施。

7. 地学研究与应用（application in geoscience）

地形分析、流域分析、土地利用研究、经济地理研究、空间决策支持、空间统计分析、制图等都可以借助地理信息系统工具完成。

8. 商业与市场（business and marketing）

商业设施的建立充分考虑其市场潜力。例如大型商场的建立如果不考虑其他商场的分布、待建区周围居民区的分布和人数，建成之后就可能无法达到预期的市场和服务面。有时甚至商场销售的品种和市场定位都必须与待建区的人口结构（年龄构成、性别构成、文化水平）、消费水平等结合起来考虑。地理信息系统的空间分析和数据库功能可以解决这些问题。房地产开发和销售过程中也可以利用GIS功能进行决策和分析。

9. 基础设施管理（facilities management）

城市的地上、地下基础设施（电信、自来水、道路交通、天然气管线、排污设施、电力设施等）广泛分布于城市的各个角落，且这些设施明显具有地理参照特征。它们的管理、统计、汇总都可以借助GIS完成，避免不必要的破坏，减少损失，而且可以大大提高工作效率。

10. 选址分析（site selecting analysis）

根据区域地理环境的特点，综合考虑资源配置、市场潜力、交通条件、地形特征、环境影响等因素，在区域范围内选择最佳位置，是GIS的一个典型应用领域，充分体现了GIS的空间分析功能。

11. 网络分析（network system analysis）

GIS的网络分析功能可以建立交通网络、地下管线网络等的计算机模型，研究交通流量、进行交通规则、处理地下管线突发事件（爆管、断路）等应急处理。警务和医疗救护的路径优选、车辆导航等也是GIS网络分析应用的实例。

12. 可视化应用（visualization application）

GIS具有可视化功能，以数字地形模型为基础，建立城市、区域、或大型建筑工程、著名风景名胜区的三维可视化模型，实现多角度浏览，可广泛应用于宣传、城市和区域规划、大型工程管理和仿真、旅游等领域。

13. 分布式地理信息应用（distributed geographic information application）

随着网络和Internet技术的发展，运行于Intranet或Internet环境下的地理信息系统应用类型，其目标是实现地理信息的分布式存储和信息共享，以及远程空间导航等。

第三节　GIS在物流领域的应用

GPS在物流领域的应用可以实时监控车辆等移动目标的位置，根据道路交通状况向移动目标发出实时调度指令。而GIS、GPS和无线通信技术的有效结合，再辅以车辆路线模型、最短路径模型、网络物流模型、分配集合模型和设施定位模型等，能够建立功能强大的物流信息系统，使物流变得实时并且成本最优。

一、GIS在物流应用中的作用

1. 运输配送管理

运输线路的确定、运费、仓库容量、物资的实时查询、合理的装卸策略、运输车辆的调度等。

2. 动态监管

动态管理功能是在 GIS 上即时掌握通过 GPS 所获取的移动位置信息，是车辆移动状态的可视化，可以设定一个在一定时间内能够达到的区域，统计该地区的销售额和顾客数量，还可以依据道路成本（距离、移动时间）对物流据点的整合或新建进行仿真分析。

3. 信息管理

在 GIS 的可视化环境中对企业的物流进行可视化，实时动态管理，在数据库中包括两种数据类型：基本型和导出型。前者包括了企业的生成布局，各个工作岗位需求物料，客户分布资料等；而后者是指需要经过计算的如生产计划、岗位工作情况等。如在物流配送中，超过 80%的物流数据具有空间特征或者与空间位置有关；厂家、仓库和客户的地理位置，道路交通状况等。

二、GIS /GPS 在物流运作中的应用

GIS 在物流运作中的应用主要体现在以下几个方面。

1. 车辆定位、实时监控、车辆跟踪功能

GPS 技术的应用能够实现实时快速的定位，这对于现代物流的高效率管理来说是非常核心和关键的，将能够方便地实现总部对于车辆运输情况的实时监控，随时了解最新的情况；结合 GIS 技术，可以利用网络分析和路径分析等功能，科学快速地预先设定运输的最佳路径，当利用 GPS 信号反馈回来的汽车运行路径偏离原定路线时，就可以发出系统警告，以便决策层针对实际情况快速反应。

2. GPS 导航功能

GPS 在车辆导航方面的技术已经逐渐成熟，主要是结合 GIS 技术，利用车载 GPS 接收机获取车辆位置信息、使用车载电子地图进行图上定位等。在现代物流信息系统中的城市配送子系统中，这种技术有非常高的实用价值，能够很好地解决物流配送效率不高这一瓶颈。

3. 轨迹回放功能

轨迹回放功能是 GIS 和 GPS 相结合的产物，也可以作为车辆跟踪功能的一个重要补充。GIS 作为一个基础地理信息平台，已经在军事、国土、规划、旅游等许多部门得到了比较广泛的应用，这都源于其技术上的优势：

（1）以空间地理信息为基础，以先进的计算机技术、信息技术以及信息管理技术为主要技术手段的 GIS，使得它能够很好地实现空间定位，包括点状地物定位、路径定位等，在交通运输方面有着重要的实用价值。

（2）通信技术、网络技术等多种信息技术手段的综合运用和先进的信息管理技术，都具备了良好的实时性、安全性。GPS 在卫星定位、车辆导航方面的应用已经有了比较成熟的技术条件，结合 GIS 的 GPS 技术在交通运输等方面的应用已经日益广泛。从 GPS 本身的技术体系来说，在车辆定位方面有着它得天独厚的优势。

（3）打造数字物流企业，规范企业日常运作，提升企业形象。GIS/GPS 的应用，必将提升物流企业的信息化程度，使企业日常运作数字化，包括企业拥有的物流设备或者客户的任何一笔货物都能用精确的数字来描述，不仅提高了企业运作效率，同时提升了企业形象，能够争取更多的客户。

4. GIS 对物流过程的决策支持应用

GIS/GPS 和无线通信的结合，使得流动在不同地方的运输设备变得透明而且可以控制，通过对运输设备的导航跟踪，提高车辆运作效率，降低物流费用，抵抗风险。结合物流企业的决策模型库的支持，根据物流企业的实际仓储情况，并且由 GPS 获取的实时道路信息，可以计算出最佳物流路径，给运输设备导航，减少运行时间，降低运行费用。

GIS 的决策模型库提供了网络分析模型，这些模型通常用于解决寻求最有效分配货物的路径问题，以及物流网点的布局问题。如将货物从 N 个仓库运到 M 个商店，每个商店都有固定的需求量，需要确定由哪个仓库提供货物给哪个商店，使得总的运输代价最小。常用的 GIS 模型有以下几种：

（1）车辆路线模型。车辆路线模型用于解决在一个起点（或多个起点）、多个终点的货物运输问题中，如何降低操作费用并保证服务质量，包括决定使用多少车辆、每个车辆经过什么路线的问题。物流分析中，在一对多收发货点之间存在着多种可供选择的运输路线的情况下，应该以物资运输的安全性、及时性和低费用为目标，综合考虑，权衡利弊，选择合理的运输方式并确定费用最低的运输路线。例如，一个公司只有一个仓库，而零售店却有 30 个，并分布在各个不同的位置上，每天用卡车把货物从仓库运到零售商店，每辆卡车的载重量或者货物尺寸是固定的，同时每个商店所需的货物重量或体积也是固定的，因此，需要多少车辆以及所有车辆所经过的路线就是一个最简单的车辆路线模型。

实际问题中，车辆路线问题还应考虑很多影响因素，问题也变得十分复杂。例如：部分或所有商店对货物送达时间有一定的限制，如某商店上午 8 点开始营业，因此要求货物在上午 5～7 点运到；仓库的发货时间有一定的限制，如当地交通规则要求卡车上午 7 点之前不能上路，而司机要求每天下午 6 点之前完成一天的工作；在每个车站，需要一定的服务时间。最常见的情况是不管卡车所运货物多少，在车站上都需要固定的时间让卡车进站接受检查，当然也有检查时间随着所运货物多少而变化的情况等。好的 GIS 车辆路线模型可以综合考虑这些因素，给出最佳解决方案。

（2）设施选址模型。设施定位模型用来确定仓库、商店、配送中心等设施的最佳位置，其目的同样是为了提高服务质量，降低操作费用以及使利润最大化等。在物流系统中，仓库和运输线共同组成了物流网络，仓库处在网络的“节点”上，运输线就是连接各个“节点”的“线路”，从这个意义上看，“节点”决定着“线路”。具体地说，在一个具有若干资源点及若干需求点的经济区域内，物资资源要通过某一个仓库的汇集中转和分发才能供应各个需求点，因此，根据供求的实际需要并结合经济效益等原则，在既定区域内设立多少仓库、每个仓库的地理位置在什么地方、每个仓库应有多大规模（包括吞吐能力和存储能力）、这些仓库间的物流关系如何等问题就显得十分重要。而这些问题运用设施定位模型均能很容易地得到解决。GIS 设施定位模型也可以加入经济或者其他限定条件，运用模型的目的也可以是使各服务设施之间的距离最大或使其服务的人数总和最大，同时，也可以是在考虑其他已经存在设施的影响的情况下，确定设施的最佳位置等。

（3）网络物流模型。网络物流模型可以用于解决诸如寻求最有效的分配货物路径或提供服务路径问题，即物流分析中的具有战略意义的网点布局问题。网络物流问题的一般应用形式有：需要把货物从 15 个仓库运到 100 个零售商店，每个商店有固定的需求量，因此需要确定哪个仓库供应哪个零售商店，从而使运输代价最小；在考虑线路上的车流密度前提下，怎样把空的货车从所在位置调到货物所在位置。

（4）分配集合模型。分配集合模型可以根据各个要素的相似点把同一层上的所有或部分要素分成几组，可以用于解决确定服务范围、销售市场范围等问题。很多物流问题中都涉及分配集合模型，例如：某公司要设立 12 个分销点，那么应该如何划分各个分销点的服务范围使得这些分销点覆盖整个地区，且每个分销点的顾客数目大致相等。某既定经济区域（可大至一个国家，小至某一地区、城市）内，考虑各个仓储网点的规模及地理位置等因素，合理划分配送中心的服务范围，确定其供应半径，实现宏观供需平衡。

5. GIS 监督功能

利用 GPS 和 GIS 技术可以实时显示出车辆的实际位置，并任意放大、缩小、还原、换图；可以随目标移动，使目标始终保持在屏幕上，利用该功能可对重要车辆和货物进行跟踪运输。人的因素处处存在，而 GIS/GPS 能够有效地监控司机的行为。

在物流企业中，为了逃避过桥费而绕远路延误时间、私自拉货、途中私自停留等现象司空见惯，物流企业不仅能有效地监控司机的行为，而且也起到了规范司机行为的作用。

6. GIS 的集成协调作用

通过对物流运作的协调，促进协同商务发展，让物流企业向第四方物流角色转换。由于物流企业能够实时地获取每部车辆的具体位置、载货信息，故物流企业能用系统的观念运作企业的业务，降低空载率。这一职能的转变，物流企业如果为某条供应链服务，则能够发挥第四方物流的作用。物流企业通过无线通信、GIS/GPS 能够精确地获取运输车辆的信息，再通过 Internet 让企业内部和客户访问，从而把整个企业的操作、业务变得透明，为协同商务打下基础。但是，将地理信息系统（GIS）、卫星定位系统（GPS）、无线通信（WAP）与互联网技术（Web）集成一体，应用于物流和供应链管理信息技术领域，国内还没有完全成熟。不过，相信随着人们的重视和技术的进步，GIS、GPS、WAP 和 Web 技术将结合在一起，共同描绘透明物流企业，减少物流黑洞，增强国内物流企业竞争力，在不久将开放的物流市场上站稳脚跟。

国内外有许多的 GIS 应用成功案例，如配送和快递领域的 UPS、FedEX、TNT 等，零售连锁超市领域的美国沃尔玛、日本神户生协等。

相关链接

传统的和基于 GIS 的配送业务操作比较

配送是一项重要的物流活动，在没有 GIS 前，传统的配送流程如图 5－9 所示。

其工作步骤为：第一步，从客户订单中获取客户的位置信息，比如复兴东路 11 号；第二步，在挂图上查到客户位置，做好标记；第三步，查找离客户最近的仓库位置，并设计出仓库到客户之间的最后配送方案。

而基于 GIS 的配送流程，系统从受理客户订单，到为业务人员提供智能配送方案，并且给业务人员输出图文并茂的任务派送单，这一处理流程全部自动化实现，无须人为干预，可以将我们的业务流程处理缩短到几秒的时间。

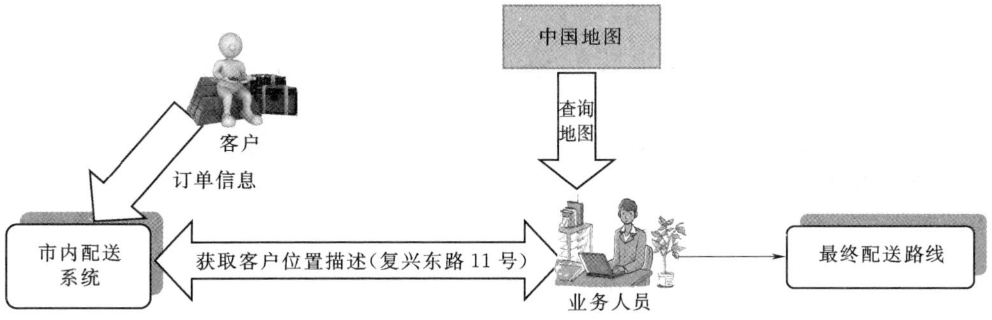

图5-9　传统的配送流程

其实上述过程经历了和传统配送信息处理类似的几个步骤，但是这些都是系统自动完成的，并且使用了多种常用的空间技术。如获取客户地址或者门牌号码确定客户的经纬度位置，需要使用地理编码技术和空间查询技术；查找离客户最近的仓库，需要用到查找最近的空间分析技术；设计配送方案时，考虑车辆使用率，可以根据GPS返回的车辆位置，确定当前可以调配的车辆中离仓库最近的一辆，这需要用到空间定位技术；设计配送方案时，根据目前的交通路网信息，分析出一条从仓库到配送地点耗时最少或者距离最近的一条路径，这需要用到最优路径规划技术；最后返回业务派工单，不但包括客户的货物信息，同时还包括客户的位置和最优配送线路的地图指示，如果需要还可以附上配送线路的详细描述，显示地图信息是空间技术中最基本的技术之一。基于GIS的配送流程如图5-10所示。

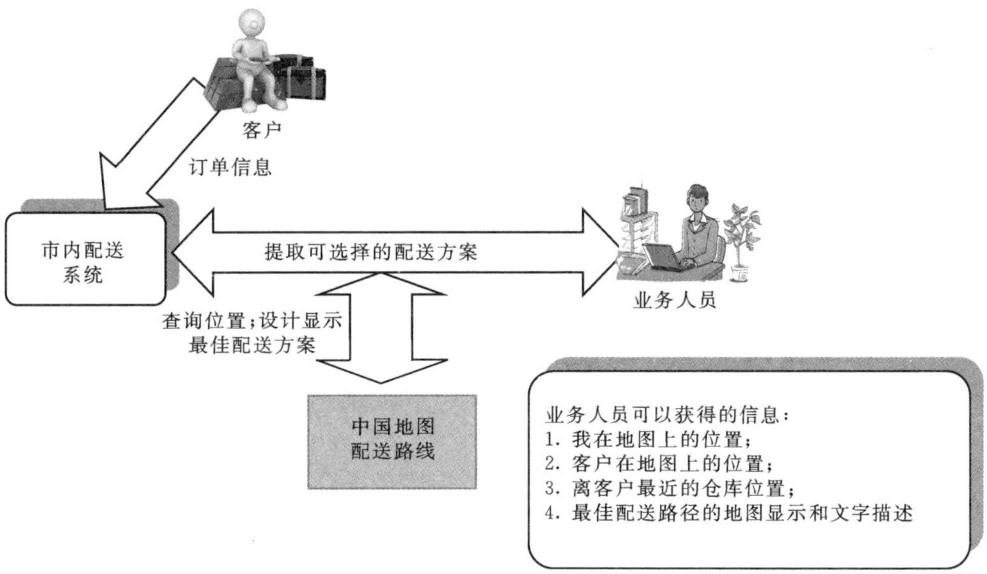

图5-10　基于GIS的配送流程

（资料来源：http：//www.51dzw.com/embed/embed_118072.html；http：//www.51dzw.com/embed/embed_118073.html）

本 章 小 结

本章第一节介绍了 GIS 的基础知识，使学生对 GIS 有一个初步的认识。第二节则介绍了 GIS 的应用领域。第三节为 GIS 在物流管理中的应用，既是重点也是难点。

实训一：调查 GIS 行业

1. 实训目标

(1) 了解 GIS 行业里的著名公司及其产品。

(2) 了解 GIS 行业的发展和应用前景，听取专业人士对 GIS 行业的一些观点和发展趋势。

2. 实训内容

调查 GIS 行业里有哪些著名公司及其代表产品；通过网络视频听取专业人士对 GIS 行业发展趋势的观点，了解行业的发展和应用前景。

3. 实训形式

网络和实地调查，并撰写调查报告。

实训二：比较百度地图和高德地图的优、缺点

1. 实训目标

通过运用百度地图和高德地图查找目标，熟练应用百度地图和高德地图，并能比较两种地图的优、缺点。

2. 实训内容

(1) 下载百度地图和高德地图，让学生自行使用其功能模块，比较两种地图的功能有何区别。

(2) 通过指定地理位置，让学生利用百度地图和高德地图查找指定目标，并从线路规划、里程数、各种通行方式的运行时间等方面比较其查询结果。并说明哪个地图更准确或使用更便捷。

课 后 练 习

一、单项选择题

1. 能够最有效地描述空间物体地理分布数据及与之相关的属性的技术是（　　）。

A. 地理信息系统技术　B. 计算机地图制图技术　C. 数据库技术　D. CAD 技术

2. 世界上第一个地理信息系统是（　　）。

A. SPAN　B. ARC/INFO　C. CGIS　D. MAPGIS

3. 以下地理信息系统软件中属于国产软件的是（　　）。

A. SPAN　　B. MAPGIS　　C. ARC/INFO　　D. GENAMAP

4. 研制 ARC/INFO 的国家是（　　）。

A. 中国　　B. 澳大利亚　　C. 加拿大　　D. 美国

5. GIS 的输出产品是指经系统处理分析，可以直接提供给用户的（　　）。

A. 各种地图

B. 各种地图、图表、数据报告、文字报告以及各类图形、图像、统计的数字数据

C. 各种地图、图表、数据报告和文字报告

D. 各类图形、图像、统计的数字数据

6. 图形是 GIS 的主要输出形式之一，它包括（　　）。

A. 矢量地图和栅格地图

B. 各种全要素地图和专题地图

C. 各种地图和等高线图

D. 各种矢量地图和栅格地图；各种全要素地图、专题地图、等高线图、坡度坡向图、剖面图以及立体图等

二、简答题

1. 简述地理信息系统的概念。

2. 简述地理信息的概念。

3. 分别简述系统硬件、系统软件、空间数据、应用人员、应用模型的基本功能。

4. 简述地理信息系统的基本功能。

5. 简述地理信息系统主要软、硬件的组成。

6. 根据你的了解论述地理信息系统的应用和发展前景。

案例阅读

当前 GIS 软件四大关键技术方向

每一轮技术变革，都可能会导致 GIS 基础软件重新洗牌，进而对 GIS 应用开发商及最终用户产生深远的影响。

有人说，这世界唯一不变的就是“永远在变”，在技术领域尤其如此。无论是从事 GIS 基础软件研发还是从事 GIS 应用解决方案开发，我们既感到痛苦，也感到幸运。痛苦的是，我们必须不断进步，不断在纷繁复杂的方向中选出正确的那一个，否则就要被超越乃至被淘汰；幸运的是，暂时的落后不要紧，只要抓准新的变革趋势，就能弯道超车，迎头赶上。

GIS 基础软件技术发展非常快，其推动力有两个方面：一是需求驱动；二是 IT 新技术驱动。

在需求驱动方面，现在中国 GIS 从业者迎来了最好的时机。放眼望去，中国的移动支付、电子商务和快递业务水平已经全球领先。在 GIS 领域也是如此。甚至可以说，中

国政府的GIS应用水平，也已经处于世界领先水平，特别是在大量新技术的应用方面，有的已经领先于欧美发达国家。比如在三维GIS应用方面，中国政府信息化中三维应用已经非常广泛，已经站在该技术应用的前沿。领先的应用蕴含领先的需求，领先的需求催生领先的产品和技术。近水楼台先得月，中国的GIS企业，无论从事基础软件还是应用软件业务，都是幸运的。

在IT新技术驱动方面，GIS软件技术融合IT新技术，不断推陈出新。前些年最热的信息技术是“云物移大智”，即云计算、物联网、移动计算、大数据和智慧城市，现在又有了新提法“ABC”，也就是AI人工智能、Big Data大数据、Cloud computing云计算。这些技术都在推动GIS软件技术的进步。

在需求和技术的双重牵引下，最近几年GIS软件重要的技术方向可以总结为CCTB。这四个字母分别代表什么？

B：Big Data GIS（大数据GIS技术）

现代社会，互联网、移动互联网、物联网和车联网、金融、通信等疯狂地生产数据。这些数据种类多、数据量大、价值密度低、变化速度快，以至于传统的数据库技术难以对其加以管理和分析，这就是所谓的大数据。近年来发展起来以Hadoop和Spark为代表的一些新技术系统，可以用来存储、管理和分析挖掘这些数据。

这些数据大多具有位置特性，比如手机信息数据、网络搜索数据、电商交易数据，都有相关人员的位置信息，分析这些大数据的空间分布和空间移动特点，能让大数据发挥更大的价值。

对于这些数据，传统GIS无法直接管理和分析，要基于IT大数据技术做复杂的编程才能实现，无疑增加了分析和挖掘的难度。一些GIS平台软件厂商结合相关大数据技术，在GIS平台软件里增加对带位置的大数据进行存储、索引、管理和分析的能力，降低了大数据空间分析难度，让更多机构和个人不用编程或者仅用较少编程，就可以管理和分析空间大数据，这就是大数据GIS技术（图5-11）。

大数据GIS技术是对空间大数据进行包括存储、索引、管理、分析和可视化在内的一系列技术的总称，而不是单纯解决某个环节的问题。从2016年开始，一些GIS平台厂商陆续发布了大数据相关的GIS技术，该技术还在不断发展和进化中，应用还处于初级阶段。

大数据是价值密度低的贫矿，开采难度大，开采技术也还在成熟和发展过程中，因为量大才有价值；传统数据是价值密度高的富矿，开采技术成熟。两者都很重要，没必要把富矿数据贴上贫矿大数据的标签。

T：Three Dimension GIS（新一代三维GIS技术）

三维GIS发展了将近20年，取得了极大进步，目前逐渐确立了新一代三维GIS技术体系（图5-12）。

二三维一体化是新一代三维GIS技术的基础框架。有人把通过二次开发在应用层面集成二维和三维称为二三维一体化，其实只是二三维联动。真正的二三维一体化，是数据模型、软件内核和软件形态的二三维一体化，这样才能让三维从中看不中用的“偶像派”走向真正实用的“实力派”。

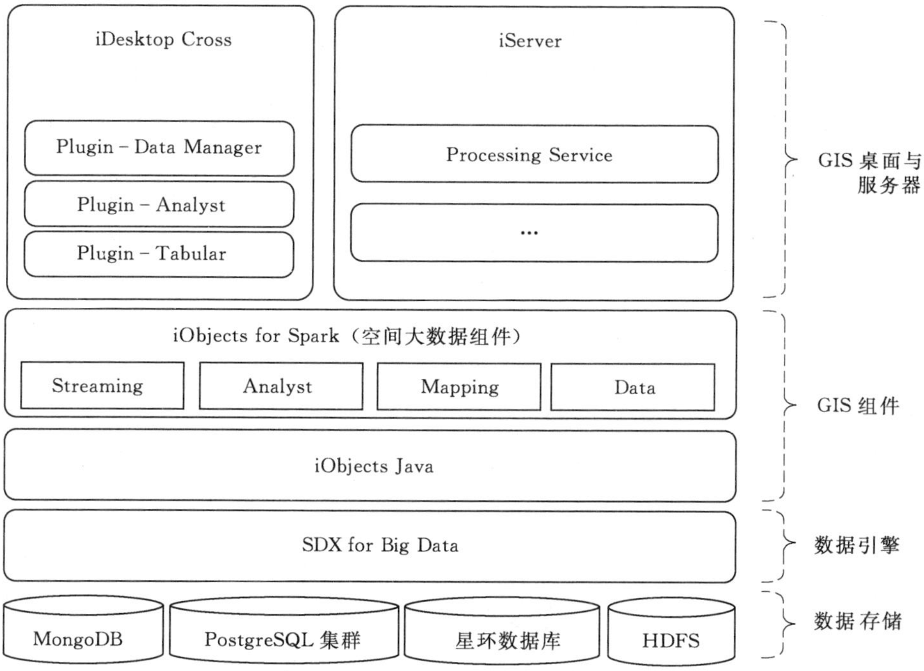

图 5-11　空间大数据技术架构（2016 年）

除传统手工三维建模以外，新一代三维 GIS 技术还融合了倾斜摄影三维技术、激光点云三维技术、BIM 与 GIS 结合的三维技术等。倾斜摄影和激光点云技术提升了三维的真实感、精度和生产效率；而 BIM 和激光点云的应用则让三维 GIS 从室外走进室内，从宏观走向微观。

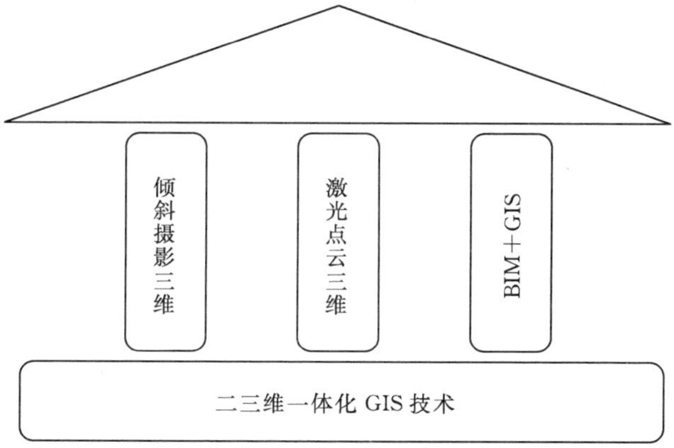

图 5-12　新一代三维 GIS 技术架构（2016 年）

新一代三维 GIS 技术实现了二维与三维一体化，地上与地下一体化，空中与地表一体化，陆地与海洋一体化，室内与室外一体化，宏观与微观一体化。新一代三维将在很大程度上影响未来 GIS 的应用发展。

C：Cloud Computing GIS（云 GIS 技术）

云计算是为了集中计算资源，以便达到更节约和经济地利用计算资源的一种技术。云计算同时也让更大规模的计算方便得以实现。云 GIS 技术的第一个要求是让 GIS 软件能运行在云环境上，更进一层的要求是能够充分发挥云计算环境的优势，以便提高 GIS 服务和计算的性能，或者节约计算资源的目标。

云计算时代的 GIS 软件，要打通云（服务器）GIS 和各种端 GIS（桌面 GIS 和移动端 GIS）之间的联通。在大量应用中，GIS 平台还要能够提供尽可能少的客户端（如 WebGIS）以尽可能发挥云的计算优势，减少端的安装维护代价。

云计算时代，服务器上的 GIS 软件不再局限于一套 WebGIS 或 Service GIS 服务器软件，还需要提供云 GIS 门户软件、云 GIS 管理服务器软件，以及提高云 GIS 在有限带宽上高性能运行的 CDN 服务器或前置服务器软件（图 5－13）。

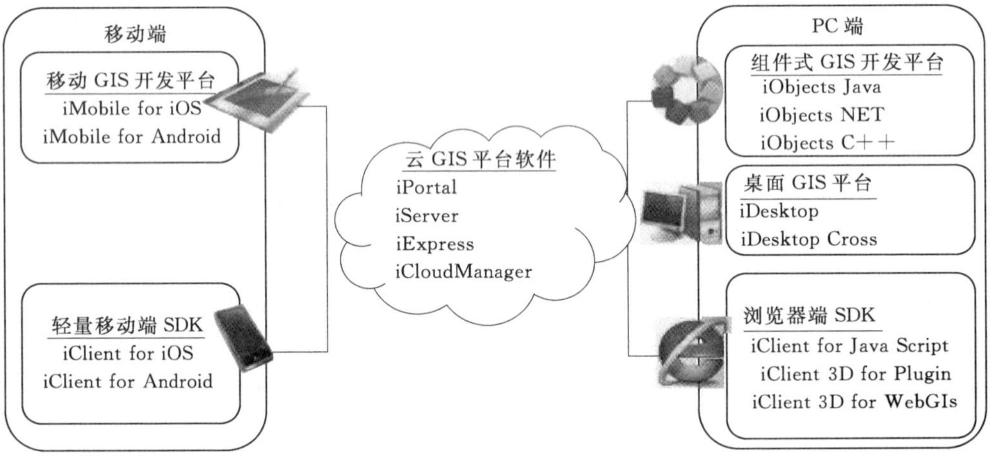

图 5－13　云端一体化 GIS 架构（2015 年）

C：Cross Platform GIS（跨平台 GIS 技术）

跨平台指的是跨硬件设备和操作系统。硬件设备包括各种服务器、桌面电脑和移动设备等；操作系统包括服务器和桌面端用的各种 Windows、Linux、Unix，以及移动端的 Andriod 和 iOS 操作系统等。跨平台要解决的实际问题包括三个方面。

一是支持各种常用和主流的服务器。在云计算和大数据领域，服务器大多采用性能更高和更稳定运行的 Linux 服务器，GIS 平台能否高性能支持它们，直接影响到对这些新技术价值的发挥程度。

二是支持各种端。在线模式下比较简单，采用 B/S 结构可以让各种端访问服务器上强大的 GIS 能力；离线模式下 GIS 软件是否能运行各种端（特别是移动端）的能力，则比较考验 GIS 平台厂商，在没有信号的海洋、沙漠、原始森林中，或者因保密不能上网时会有这样的应用场景。

三是支持自主可控的硬件与软件。为保障信息安全，越来越多的政府和军事应用要求采用自主可控的计算设备，GIS 软件是否能支持龙芯、飞腾等自主 CPU，是否支持麒麟等自主操作系统等，是国内政府采购越来越重要的评判因素。

在CCTB这四个方向中，跨平台是典型的需求驱动型，云计算、新一代三维和大数据是信息技术和需求共同驱动。未来一段时间，这四大技术方向还将继续深度影响GIS软件应用的发展。当然，GIS软件还会不断产生新的技术方向。

最后，延伸抛出一个小话题，与诸君探讨：每一轮技术变革，都会出现一些过渡性技术。这些过渡性技术有时候会让应用开发者在选型中迷惑，甚至走弯路。比如，WebGIS是B/S架构GIS的过渡形式，发展到基于SOA的Service GIS才算成熟；仅仅能在云上运行而不能充分发挥云计算资源进行高性能计算的云使能（Cloud Enabled）GIS软件是云GIS软件的过渡形式；基于虚拟现实开源引擎发展而来的三维可视化软件以及“二三维联动”，是二三维一体化GIS的过渡形式。到了大数据GIS时代，又会出现哪些过渡形式的产品和技术呢，让我们且行且观察。

［资料来源：微信公众号“宋关福GIS笔记（ID：GuanfuGIS)”，作者：宋关福］

第六章

电子数据交换（EDI）

学习目标

知识目标：1. 知道 EDI 的基本概念。
2. 掌握 EDI 的工作过程。
3. 了解 EDI 的应用领域。
4. 理解 EDI 技术在物流中的应用。

技能目标：1. 能解释 EDI 的工作过程。
2. 能应用 EDI 解决物流供应链中现实问题的能力。

案例导入

美的作业流程

创业于 1968 年的美的集团，是一家以家电业为主，涉足房产、物流等领域的大型综合性现代化企业集团，旗下拥有四家上市公司、四大产业集团，是中国最具规模的白色家电生产基地和出口基地之一。

目前，美的集团有员工约 20 万人，拥有 10 余个品牌，拥有中国最大、最完整的小家电产品群和厨房家电产品群。同时，其产业拓展至房产、物流及金融领域。美的在全球设有 60 多个海外分支机构，产品销往 200 多个国家和地区，年均增长速度超过 30%。2010 年，美的集团整体实现销售收入达 1150 亿元，其中出口额 50.8 亿美元，名列中国企业 100 强。

随着自身业务在全球范围内的不断扩大，美的已经形成了一个覆盖全球，从生产制造、供应商、物流、渠道到客户的庞大企业供应链群。2010 年，美的制定“十二五”发展规划，定下了五年内进入世界 500 强，成为全球白色家电前三位的具备全球竞争力的国际化企业集团的发展目标。美的意识到，当前的市场竞争已经由企业与企业之间的竞争变为供应链与供应链之间的竞争，要实现既定目标，成为一个屹立全球市场的企业，就必须要进一步联合上下游的业务伙伴，紧密合作关系，加强供应链一体化管理，共同增强整条供应链的竞争力，实现“敏捷供应链”。敏捷供应链的第一步，便是提升供应链成员在业务合作中大量信息交换的速度和准确性，这将直接影响到整个供应链的运作效率。美的的供应链伙伴群体十分庞大，上下游企业和合作伙伴众多，每年需要交换大量的单据，美的公司与业务伙伴之间典型的信息交互，如图 6-1 所示。

之前，美的是采用人工的方式实现对大量业务单据的接收、处理和发送，需要花费较长时间来完成单据的处理；同时，人工处理方式难免发生错误。为了满足美的与供应链合作伙伴之间的实时、安全、高效和准确的业务单据交互，提高供应链的运作效率，降低运营成本，美的迫切需要利用提供企业级（B2B）数据自动化交互和传输技术，即 EDI（电

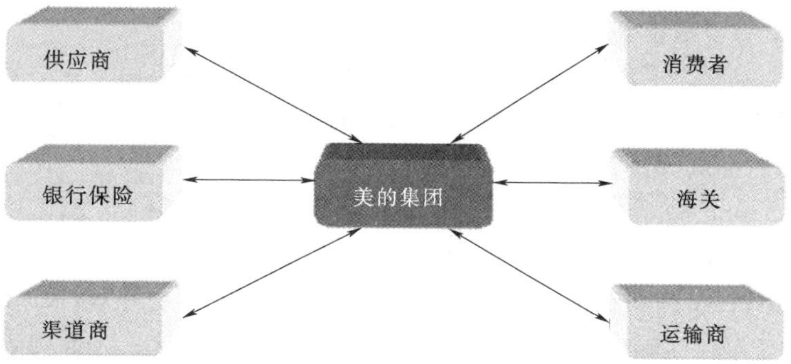

图 6-1　美的集团与业务伙伴之间典型的信息交互图

子数据交换）方案来解决这个问题。

那么，什么是 EDI？它是怎样解决美的业务伙伴之间复杂的信息交互过程的？

（资料来源：http：//www.chinawuliu.com.cn/zhuanti/201202/09/178587.shtml）

第一节　EDI 概　述

一、EDI 概念

（一）定义

EDI（Electronic Data Interchange）即电子数据交换，是由国际标准化组织（ISO）推出使用的国际标准，是指一种为商业或行政事务处理，按照一个公认的标准，形成结构化的事务处理或消息报文格式，从计算机到计算机的电子传输方法，也是计算机可识别的商业语言。例如，国际贸易中的采购订单、装箱单、提货单等数据的交换。

EDI（电子数据交换）通俗地讲就是标准化的商业文件在计算机之间从应用到应用的传送。当贸易伙伴发送一个文件时，EDI 翻译软件将其专用格式转换成一个共同标准格式。当你接收这个文件时，你的 EDI 翻译软件自动将其标准格式转换成你的文件处理软件能识别的专有格式。

EDI 的定义至今没有一个统一的规范。但有三个方面的内容是相同的，如下所述：

（1）资料用统一标准。关于共同的标准格式，目前国际上通用的有联合国 EDIFACT、英国 TRADACOMS、美国 ANSI X.12 等，我国采用 EDIFACT 标准。

（2）利用电信号传递信息。EDI 是利用电信号传递信息的，易于计算机进行识别和处理，抗干扰能力强。

（3）计算机系统之间的连接。

（二）EDI 的内涵

EDI 的主要内容如下：

（1）EDI 是计算机系统之间所进行的电子信息传输。

（2）EDI 是标准格式和结构化的电子数据的交换。

（3）EDI 是由发送和接收者所达成一致的标准和结构所进行的电子数据交换。

（4）EDI是由计算机自动读取而无需人工干预的电子数据交换。

（5）EDI是为了满足商业用途的电子数据交换。

EDI就是供应商、零售商、制造商和客户等在其各自的应用系统之间利用EDI技术，通过公共EDI网络，自动交换和处理商业单证的过程。

（三）EDI的特点

EDI（Electronic Data Interchange）俗称无纸贸易。国际标准化组织将EDI定义为一种电子传输方法，使用这种方法可将商贸中的格式化数据（单证）按照公认的标准形成报文，通过通信网络从计算机传送到计算机进行自动处理。由此可知，EDI包括了三方面的内容：格式化的数据与报文标准、通信网络和计算机应用。这三方面内容相互依存构成了EDI的基本框架。经过二十多年的发展与完善，EDI作为一种全球性的具有巨大商业价值的电子化贸易手段或工具，具有以下几个显著的特点：

（1）单证格式化。EDI传输的是企业间格式化的数据，如定购单、报价单、发票、货运单、装箱单、报关单等，这些信息都具有固定的格式与行业通用性。而信件、公函等非格式化的文件不属EDI处理的范畴。

（2）报文标准化。EDI传输的报文符合国际标准或行业标准，这是计算机能自动处理的前提条件。目前最为广泛使用的EDI标准是：UN/EDI FACT（United Nations Rulers for Electronic Data Interchange for Administration，Commerce and Transport），联合国标准EDI规则适用于行政管理、商贸、交通运输和ANSI X. 12，由美国国家标准局特命标准化委员会第12工作组制定。

（3）处理自动化。EDI信息传递的路径是计算机到数据通信网络，再到商业伙伴的计算机，信息的最终用户是计算机应用系统，它自动处理传递来的信息。因此这种数据交换是机到机，应用到应用，不需人工干预。

（4）软件结构化。EDI功能软件由五个模块组成：用户界面模块、内部EDP（Electronic Data Processing）接口模块、报文生成与处理模块、标准报文格式转换模块、通信模块。这五个模块功能分明、结构清晰，形成了EDI较为成熟的商业化软件。

（5）运作规范化。EDI以报文的方式交换信息有其深刻的商贸背景。EDI报文是目前商业化应用中最成熟、最有效、最规范的电子凭证之一。EDI单证报文具有法律效力已被普遍接受。任何一个成熟、成功的EDI系统，均有相应的规范化环境作基础，如EDI存证系统、商贸伙伴（partner）的协议、管理法规与相应的配套措施，有联合国贸法会制定的《电子贸易示范法草案》，国际海事委员会制定的《电子提单规则》，上海市制定的《上海市国际经贸电子数据交换管理规定》等。

（6）信息保密化。EDI系统有相应的保密措施，EDI传输信息的保密通常是采用密码系统，各用户掌握自己的密码，可打开自己的邮箱取出信息，外人却不能打开这个邮箱，有关部门和企业发给自己的电子信息均自动进入自己的邮箱。一些重要信息在传递时还要加密，即把信息转换成他人无法识别的代码，接收方计算机按特定程序译码后还原成可识别信息。为防止有些信息在传递过程中被篡改，或防止有人传递假信息，还可以使用实证手段，即将普通信息与转变成代码的信息同时传递给接收方，接收方把代码翻译成普通信息进行比较，如二者完全一致，可知信息未被篡改，也不是伪造的信息。

（7）非实时通信性。EDI 非实时通信，它建立在分组数据通信网上，在计算机通信网开放式系统互联模型（OSI）的第七层 MHS（消息处理系统）通信平台之上。

（四）传统企业订货贸易过程与 EDI 的比较

1. 传统企业简单订货贸易过程

买方向卖方发出订单，卖方进行订单处理，制成发货单，然后再将发货单发给买方。买方根据发货单进行财务结算，然后向卖方发送财务支票。卖方拿到支票后，将支票送到银行进行兑换，银行办完手续，返回给卖方相应的票据。整个过程至少产生 5 张票据，手续繁琐、速度慢。传统企业的订货贸易过程如图 6－2 所示。

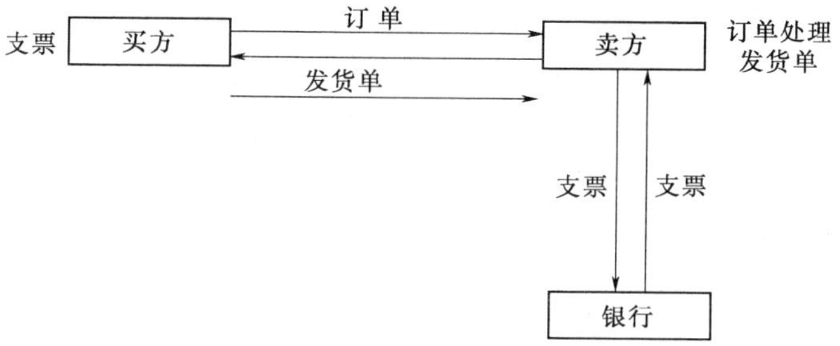

图 6－2　传统企业的订货贸易过程

传统纸单证业务存在的弊端：

（1）处理工作繁重。

（2）容易出差错。

（3）成本高、速度慢、重复处理。

（4）无法适应“无纸化”办公时代的需求。

2. 生产企业的 EDI 系统

买方通过 EDI 系统发出 EDI 电子订单，系统自动检查订单是否符合要求，同时通知企业内部管理系统安排生产。当生产需要零部件时，可通过 EDI 系统向零配件供销商订购零配件。生产完成了，可通过系统通知银行并给订货方开出 EDI 发票。EDI 系统交易过程如图 6－3 所示。

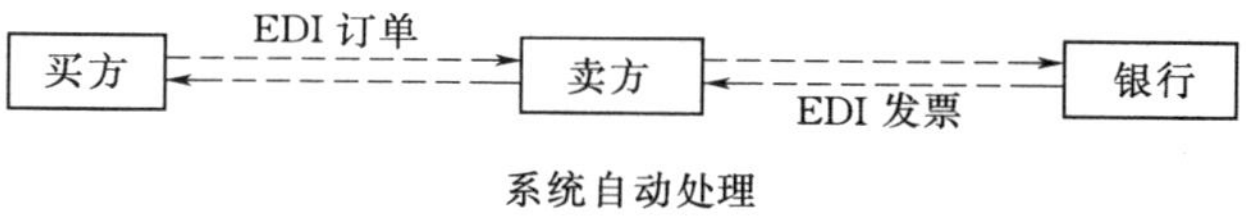

图 6－3　EDI 系统交易过程

二、物流 EDI 技术

EDI 最初是由美国企业应用于企业间订货业务活动中的电子数据交换系统，其后 EDI 的应用范围从订货业务向其他业务扩展，如 POS 销售信息传送业务、库存管理业务、发货送货信息和支付信息的传送业务等。近年 EDI 在物流中广泛应用，被称为物流 EDI。

所谓物流 EDI 是指货主、承运业主以及其他相关的单位之间，通过 EDI 系统进行物流数据交换，并以此为基础实施物流作业活动的方法。物流 EDI 参与单位有发送货物业主（如生产厂家、贸易商、批发商、零售商等）、承运业主（如独立的物流承运企业等）、实际运送货物的交通运输企业（如铁路企业、水运企业、航空企业、公路运输企业等）、协助单位（如政府有关部门、金融企业等）和其他的物流相关单位（如仓库业者、专业报送业者等）（图 6－4）。

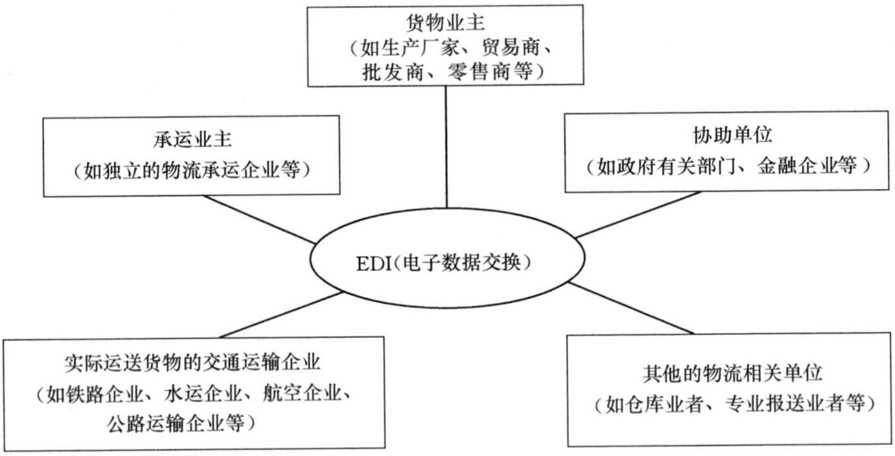

图 6－4　物流 EDI 框架结构

这个物流模型的主要步骤如下：

（1）发送货物业主（如生产厂家）在接到订货后制订货物运送计划，并把运送货物的清单及运送时间安排等信息通过 EDI 发送给物流运输业主和接收货物业主（如零售商），以便物流运输业主预先制订车辆调配计划和接收货物业主制订货物接收计划。

（2）发送货物业主依据顾客订货的要求和货物运送计划下达发货指令、分拣配货、打印出物流条形码的货物标签（shipping carton marking，SCM 标签）并贴在货物包装箱上，同时把运送货物品种、数量、包装等信息通过 EDI 发送给物流运输业主和接收货物业主，并依据请示下达车辆调配指令。

（3）物流运输业主在向发货货物业主取运货物时，利用车载扫描读数仪读取货物标签的物流条形码，并与先前收到的货物运输数据进行核对，确认运送货物。

（4）物流运输业主在物流中心对货物进行整理、集装、做成送货清单并通过 EDI 向收货业主发送发货信息。在货物运送的同时进行货物跟踪管理，并在货物交纳给收货业主之后，通过 EDI 向发货物业主发送“完成运送业务”的信息和“运费请示信息”。

（5）收货业主在货物到达时，利用扫描读数仪读取货物标签的物品条形码，并与先前收到的货物运输数据进行核对确认，开出收货发票，货物入库。同时通过 EDI 向物流运输业主和发送货物业主发送收货确认信息。

第二节　EDI 的工作流程

一、EDI 的构成

构成 EDI 系统的三个要素是 EDI 软件及硬件、通信网络以及数据标准化。一个部门或企业若要实现EDI，首先，必须有一套计算机数据处理系统；其次，为使本企业内部数据比较容易地转换为EDI标准格式，须采用EDI标准；最后，通信环境的优劣也是关系到EDI成败的重要因素之一。

（一）数据标准

EDI标准是由各企业、各地区代表共同讨论、制定的电子数据交换共同标准，可以使各组织之间的不同文件格式，通过共同的标准，达到彼此之间文件交换的目的。

（二）EDI软件及硬件

实现EDI需要配备相应的EDI软件和硬件。EDI软件具有将用户数据库系统中的信息译成EDI的标准格式，以供传输交换的能力。虽然EDI标准具有足够的灵活性，可以适应不同行业的不同需求，但由于每个公司都有其自己规定的信息格式，因此，当需要发送EDI电文时，必须用某些方法从公司的专有数据库中提取信息，并把它翻译成EDI的标准格式进行传输，这就需要有EDI相关软件的帮助。EDI软件结构如图6-5所示。

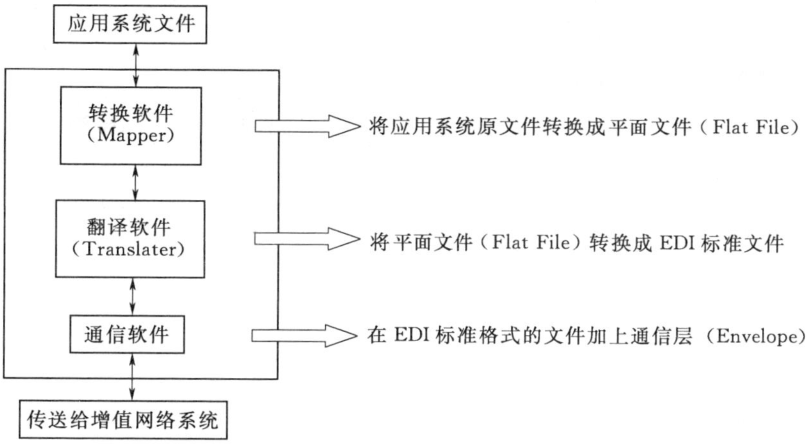

图6-5 EDI软件结构图

转换软件（mapper）。转换软件可以帮助用户将原有计算机系统的文件转换成翻译软件能够理解的或将从翻译软件接收到的平面文件转换成原计算机系统中的文件。

翻译软件（translater）。翻译软件将平面文件翻译成EDI标准格式，或将接收到的EDI标准格式翻译成平面文件。

通信软件。通信软件将EDI标准格式的文件外层加上通信信封（envelope），再送到EDI系统交换中心的邮箱（mailbox），或从系统交换中心将接收到的文件取回。

EDI所需的硬件设备大致有计算机、调制解调器（modem）及电话线。目前所使用的计算机，无论是PC、工作站、小型机、主机等均可利用。由于使用EDI进行电子数据交换需通过通信网络，目前采用电话网络进行通信是很普遍的方法，因此调制解调器是必备的硬件设备。其功能与传输速度应根据实际需求决定。一般最常用的是电话线路，如果在传输时效及资料传输量上有较高要求，可以考虑租用专线（leased line）。

（三）通信网络

通信网络是实现EDI的手段。EDI通信方式有多种，点对点与增值网络是两种主要的通信方式。点对点方式只有在贸易伙伴数量较少的情况下使用。但随着贸易伙伴数量的增多，当多家企业直接用计算机通信时，就会出现由于计算机厂家不同、通信协议相异及工作时间不易配合等问题，造成相当大的困难。为了克服这些困难，许多应用 EDI 的公司逐渐采用它类似于为发送者与接收者维护邮箱，并提供存储转送、记忆保管、通信转换、格式转安全管制等功能。因此，通过增值网络传送 EDI 文件，可以大幅度降低相互传送资料的复杂度和困难度，大大提高 EDI 的效率。通信网络方式如图 6－6 所示。

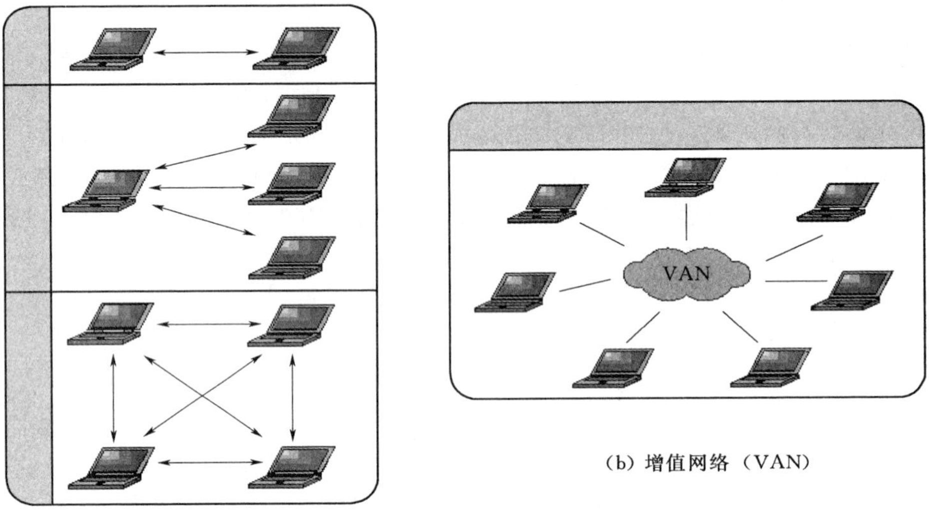

(b) 增值网络（VAN）

(a) 直接途径

图 6－6　通信网络方式

1. 点对点（PTP）方式

点对点方式即 EDI 按照约定的格式，通过通信网络进行信息的传递和终端处理，完成相互的业务交往。早期的 EDI 通信一般都采用点对点方式。但它有许多缺点，例如当 EDI 用户的贸易伙伴不再是几个而是几十个甚至几百个时，这种方式很费时间，需要多次重复，同时这种通信方式是同步的，不适于跨国家、跨行业之间的应用。

近年来，随着技术的进步，这种点对点的方式在某些领域中仍在用，但会有所改进。新方法采用的是远程非集中化控制的对等结构，利用基于终端开放型网络系统的远程信息业务终端，用特定的应用程序将数据转换成 EDI 报文，实现国际间的 EDI 报文互通。

2. 增值网络（VAN）方式

增值网络（VAN）方式是那些增值数据业务（VADS）公司利用已有的计算机与通信网络设备，除完成一半的通信任务外，增加 EDI 的服务功能。VADS 公司提供 EDI 用户的服务主要是租用信箱及协议转换，后者对用户是透明的。信箱的引入实现了 EDI 通信的同步性，提高了效率，降低了通信费用。另外 EDI 报文在 VADS 公司自己的系统（VAN）中的传递也是异步的，即是存储转发的。

VAN 方式尽管有但因为各增值网的 EDI 服务功能不尽相同，VAN 系统并不能互通，从而限制了跨地区、跨行业的全球性应用。同时，此方法还有一个致命的缺点，即 VAN

只实现了计算机网络的下层，相当于OSI参考模型的下面三层。而EDI通信往往发生在各种计算机的应用进程之间，这就决定了EDI应用进程与VAN的联系相当松散，效率很低。

3. MHS方式

信息处理系统MHS是ISO和ITU－T联合提出的有关国际间电子邮件服务系统的功能模型。它建立在OSI开放系统的网络平台上，适应多样化的信息类型，并通过网络连接，具有快速、准确、安全、可靠等特点。MHS是以存储转发为基础的非实时的电子通信系统，非常适合作为EDI的传输系统。MHS为EDI创造一个完善的应用软件平台，减少了EDI设计开发上的技术难度和工作量。ITU－T X.435/F.435规定了EDI信息处理系统和通信服务，把EDI和MHS作为OSI应用层的正式业务。EDI和MHS互联，可将EDI报文直接放入MHS的电子信箱中，利用MHS的地址功能和文件传输服务功能，实现EDI报文的完善传送。

二、EDI工作流程

EDI工作流程一般经过生成EDI平面文件→翻译生成EDI标准格式文件→通信→EDI文件的接收和处理4个步骤。EDI工作流程如图6－7所示。

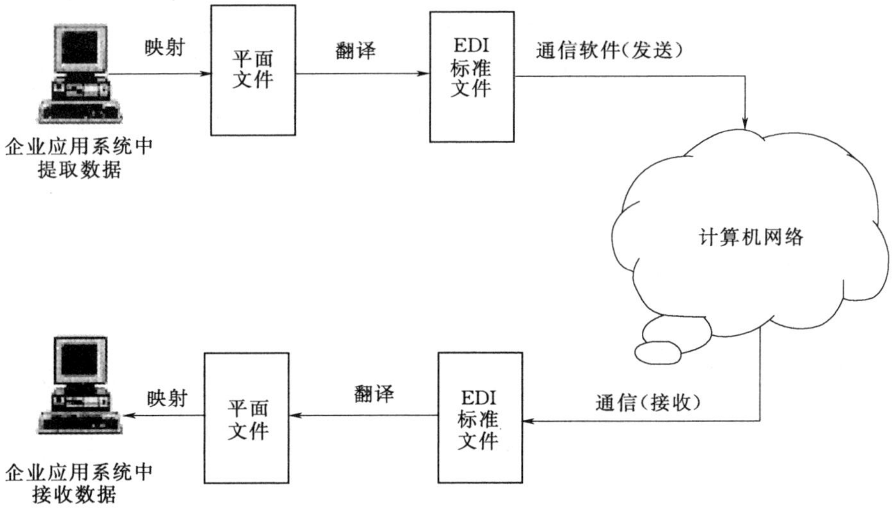

图6－7 EDI工作流程

EDI文件转换如图6－8所示。

步骤一：根据一套平面文件标准把通常格式的商检申请单转换成平面文件。

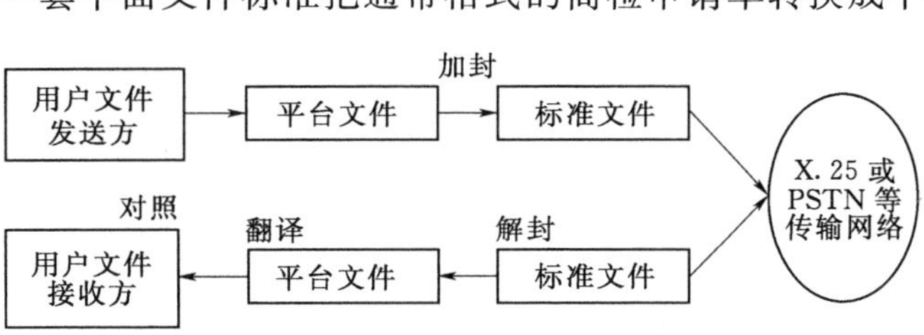

图6－8 EDI文件转换

一份公司格式的商业单据必须转换成一份 EDI 标准报文才能进行信息交换，其转换具体步骤为：

（1）将公司格式的商业单据转换成平面文件。

（2）将平面文件翻译成 EDI 标准报文。

例：出口商品检验申请单的转换过程。

图 6－9 为上海市食品进出口公司的出口商品检验申请单，首先根据一套平面文件标准，把通常格式的商品检验申请单转换成如图 6－10 所示的平面文件。

出口商品检验申请单

报验日期：97－11－4　　报检单位：上海市食品进出口公司　　报验地点：/000000001

联系人：吴继浩

单位地址：四川北路 525 号　　托收协议号：1716　　电话：63747380

<table>
<tr><td rowspan="2">发货人</td><td colspan="3">（中文）上海市食品进出口公司</td><td>装运日期</td><td colspan="2">97－11－15</td></tr>
<tr><td colspan="3">（译文）</td><td>装运口岸</td><td colspan="2">上海</td></tr>
<tr><td>收货人</td><td colspan="3"></td><td>包装种类</td><td colspan="2">纸箱</td></tr>
<tr><td rowspan="2">商品名称规格</td><td colspan="3">（中文）冻烤鳗</td><td>报验数量</td><td colspan="2">2803.00 箱</td></tr>
<tr><td colspan="3">（译文）Frozen Roasted Eel</td><td rowspan="2">报验重量</td><td colspan="2">毛 33600.00 千克</td></tr>
<tr><td>HS 编码</td><td>16041900</td><td>商品出口总值 USD</td><td>568164.80</td><td colspan="2">净 28030.00 千克</td></tr>
<tr><td>预约工作日期</td><td>97－11－10</td><td>商品收购总值 RMB</td><td>4500000.00</td><td colspan="2">输往国别或地区</td><td>巴基斯坦</td></tr>
<tr><td>货物存放地点</td><td>慈溪</td><td>卫生注册/许可证</td><td>3300/02202</td><td colspan="2">检验依据</td><td>GB</td></tr>
<tr><td colspan="4">特殊要求：
请在商检证书上注明 3300/02202 编号，已采取了防止残留的同时请注明生产厂名称地址及收货人、数量及箱数</td><td colspan="3">标记及号码：
N/M</td></tr>
</table>

<table>
<tr><td>需商检证单</td><td>随附单据</td><td colspan="6">报验商品</td></tr>
<tr><td>名称：</td><td>HS 编码</td><td>商品名称</td><td>报验件数</td><td>单位</td><td>报验重量（毛）</td><td>报验重量（净）</td><td>单位</td></tr>
<tr><td>品质</td><td>16041900</td><td>冻烤鳗</td><td>2803.00</td><td>110</td><td>33600.00</td><td>28030.00</td><td>035</td></tr>
<tr><td colspan="8"></td></tr>
<tr><td colspan="8">备注：</td></tr>
</table>

以下内容由商检局填写

<table>
<tr><td colspan="4">检验方式（打☒或补填）</td><td colspan="3">商检检验（ ）</td><td colspan="3" rowspan="2">共同检验（ ）
数量/重量（ ）</td><td colspan="3">认可单位检验（ ）</td><td colspan="2"></td></tr>
<tr><td colspan="4">商检施检项目（打☒）</td><td colspan="3">品质/规格（ ）</td><td colspan="3">安全/卫生（ ）</td><td colspan="2">包装（ ）</td></tr>
<tr><td>项目</td><td>经办人</td><td>年</td><td>月</td><td>日</td><td>项目</td><td>经办人</td><td>年</td><td>月</td><td>日</td><td>项目</td><td>经办人</td><td>年</td><td>月</td><td>日</td></tr>
<tr><td>接受检验</td><td></td><td></td><td></td><td></td><td>复核</td><td></td><td></td><td></td><td></td><td>校对</td><td></td><td></td><td></td><td></td></tr>
<tr><td>检验处收单</td><td></td><td></td><td></td><td></td><td>检验处发单</td><td></td><td></td><td></td><td></td><td>复核</td><td></td><td></td><td></td><td></td></tr>
<tr><td>取样</td><td></td><td></td><td></td><td></td><td>检务处收单</td><td></td><td></td><td></td><td></td><td>发证</td><td></td><td></td><td></td><td></td></tr>
<tr><td>检验</td><td></td><td></td><td></td><td></td><td>制证</td><td></td><td></td><td></td><td></td><td>计费</td><td></td><td></td><td></td><td></td></tr>
</table>

图 6－9 出口单据

1.平面文件

```
EVPHDIBISENDER                    IBIRECEIVER
CIHDR374          000000001                    9   19971104
SNDER3101915045     上海市食品进出口公司
SNADR 四川北路 525 号
CTACM 吴继浩                            63747380         1716
RECVR
CZZNA15376221755766 上海市食品进出口公司
CNZNA default        Tomen Corporation
PAYER3101915045       上海市食品进出口公司
DMSIFB    2222
DOCCZALF                             GB
SPISP 请在商检证书上注 3300/02202 编号，已采取了防止残留的同时请注明生产厂名称
地址及收货人、数量及箱数
LOCDM127 慈溪              15616219971115
SHMRKN/M
GIDMO2803      120568164.8        4500000    1997111011033600    28030    035
MERCH1        冻烤鳗
YWMERF rozen Roasted Eel
HSCOD160419003300/02202     2803      110      0
PRODU33600          2803        035 慈溪
```

图 6－10 将出口单据转换成平面文件

步骤二：根据 EDI 报文标准，把平面文件翻译成 EDI 标准报文（图 6－11）。

EDI 标准报文

UNB+UNOA:0+IBISENDER+IBIRECEIVER+971104:0816+374++APINCEMUNH+374+APINCE:0:97A:IBMBGM+855:::APINCE+000000001+9'DTM+150:19971104:102'NAD+MS+3101915045++上海市食品进出口公司+四川北路 525 号'CTA+MS+：吴继浩'COM+63747380:TE'RFF+AEK:1716'NAD+MR'NAD+CZ+15376221755766+上海市食品进出口公司'NAD+ CN+ default Tomen Corporation'NAD+PL+3101915045+上海市食品进出口公司'DMS+2222+B'RFF+ZZZ:ALF'FTX+ACB+++GB'FTX+SSR+++请在商检证书上注明 3300/02202 编号，已采取了防止残留的同时请注明生产厂名称地址及收货人、数量及箱数'LOC+36+127'LOC+14+慈溪:ZZZ'LOC+9+156162'DTM+11:19971115:102'PCI++N/M' GID++2803:120MMOA+44:568164.8:USDMMOA+44:4500000:CNYMDTM+179:19971110:102'PAC+++110:ZZZ'QTY+101:33600:035'QTY+100:28030:035'UNS+D'LIN+1'IMD+++CHN:161::冻烤鳗'IMD+++ENG:161::Frozen Roasted Eel'RFF+HS:16041900'RFF+ZZZ:3300/0 2202'GID++2803:110'LOC+48'PRI+INF:::INV'QTY+101:33600:035'QTY+100:28030:035'LOC+14 慈溪'DTM+94::102'RFF+BT'UNS+S'UNT+43+374'UNZ+1+374'

图 6－11 EDI 标准报文

三、EDI 企业应用过程

一个简单的 EDI 应用过程如图 6－12 所示。

应用过程如下：

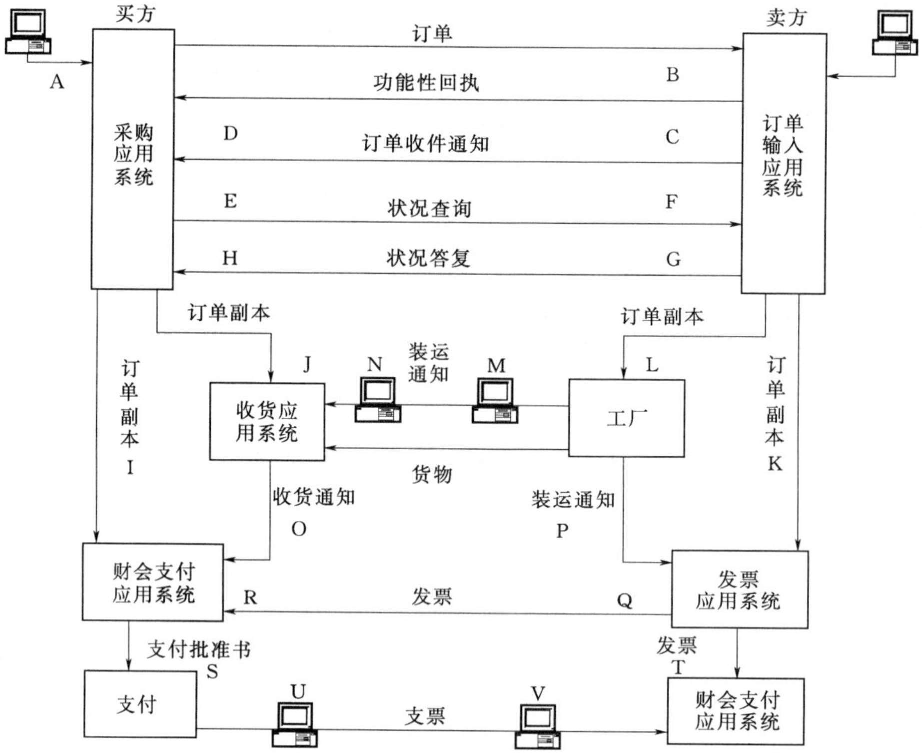

图 6-12　一个简单的 EDI 应用过程

（1）买方标明要购买的货物的名称、规格、数量、价格和时间等，这些数据被输入采购应用系统，该系统的翻译软件制作出相应的 EDI 电子订单，这份订单被电子传送到卖方。

（2）卖方的计算机接到订单后，EDI 软件把订单翻译成卖方的格式，同时自动产生一份表明订单已经收到的功能性回执，这份回执被电子传递到买方。

（3）卖方也许还会产生并传递一份接受订单通知给买方，表示供货的可能性。

（4）买方计算机收到卖方的功能性回执及接受订单通知后，翻译软件将它们译成买方的格式，这时订单被更新了一次。

（5）买方根据订单的数据，产生一份电子的“了解情况”文件，并电子化传递到卖方。

（6）卖方的计算机收到了买方的“了解情况”文件，把它翻译成卖方的格式，并核查进展情况。

（7）卖方的应用系统产生一份“情况汇报”，并被电子传递给买方。

（8）卖方的“情况汇报”被买方的计算机收到，并被翻译成买方格式，用此“情况汇报”的数据，更新买方的采购文件。

（9）在买方的原始 EDI 订单建立的时候，EDI 软件就把数据传递到财会支付应用系统，在那里数据自动输入系统。

（10）同样，在原始 EDI 订单建立的时候，EDI 软件把数据传递到收货应用系统，更新系统中的文件。

（11）同样，在卖方收到原始 EDI 订单的时候，EDI 软件把数据传递到发票应用系统，将那里的数据自动输入系统，更新发票文件。

（12）在卖方收到原始 EDI 订单的时候，EDI 软件把数据传递到储存该种货物的仓库或生产厂家。

（13）仓库或工厂根据订单备货，并建立一个发运通知，将发运通知传递到买方，同时将货物运到买方。

（14）买方收到发运通知后，数据自动输入收货应用系统。在收到货物之后，买方再输入卖方的收据。

（15）收据通过 EDI 软件，电子传递到财会支付应用系统。

（16）卖方的发运通知，通过 EDI 软件，被电子传递到发票应用系统。

（17）一份由卖方计算机产生的电子发票被传递到买方。

（18）买方的计算机收到发票后，翻译成买方格式，计算机对发票、收据和订单进行自动审核。

（19）买方的计算机在审核了发票、收据和订单之后，自动产生一份支付批准书，并传真到支付部门（买方银行）。

（20）卖方计算机在产生发票的同时，财会收款应用系统也自动地更新，以表明可以收款。

（21）买方通过他们的银行电子传递货款到卖方的银行。一份电子汇款单被传递到卖方。

（22）卖方在收到汇款单和支付说明之后，数据被翻译成财会收款应用系统能接受的形式，卖方的存款记录被自动更新，同时买方被授予信誉。

案例

美的集团 EDI 解决方案

一、美的着重 EDI 解决方案的特性

第一，美的供应链内众多的合作伙伴，包括供应商、物流商、渠道商、银行和保险机构等都有自己的业务数据标准和传输协议，同时，美的内部各子应用系统也有各自的数据标准，因此 EDI 平台方案必须具备强大的数据处理能力，能够将各类异构数据迅速转换为标准 EDI 报文，同时还要具备支持多种传输协议的能力。

第二，EDI 平台作为连接美的与众多合作伙伴的中间平台，是双方进行业务数据集成和交互的核心，处理速度直接影响到业务流程的效率，因此需要具备数据快速处理和传输能力，同时，整个处理和传输过程应该完全自动化而无需人工干涉。

第三，随着业务不断发展，美的供应链内的合作伙伴、业务流程、数据标准会发生相应的变动，因此 EDI 平台方案必须具备良好的柔韧性，以迅速适应业务需求的变更和拓展。

经过反复的筛选和比较，美的最终选择业界领先的供应链管理解决方案提供商SinoServices（锐特信息）为其提供EDI解决方案和技术支持。

二、美的集团EDI方案实施过程

2009年11月4日，美的和SinoServices（锐特信息）成立了由双方专家组成的项目实施小组，宣布EDI项目正式启动。

在项目实施过程中，首先进行EDI平台以及对各种网络系统、数据备份、防火墙、入侵检测等运行环境进行部署、调试。同时SinoServices深入到美的业务系统应用的各部门中去，对实际工作业务流程等进行深层次的调研，并结合美的合作伙伴的业务和操作流程进行全面的分析。然后在调研的基础上，立即着手进行EDI平台上的设计和开发，围绕所确定的业务范畴中的流程与数据的调研分析，按照产品线和业务类型的划分，分析企业数据流需求和详细的各类业务数据需求，在此基础上提交了整体项目分析和设计文档。同时，SinoServices对美的业务人员进行EDI操作流程培训，对美的EDI平台管理人员分阶段进行了平台管理和监控方面的培训。

2010年2月3日，是美的EDI项目的重要日子，在这一天，伊莱克斯（Electrolux）作为美的第一家EDI对接合作伙伴，成功上线运行，实现了双方出货通知、发票等的自动化EDI流程。2010年11月4日，北滘码头成功上线运行，实现了美的与北滘码头的订舱确认、调柜指令等的自动化EDI流程。2011年5月4日，美的与中国出口信用保险公司（中信保）EDI对接成功，双方实现了费率同步、OA限额申请、LC限额申请、出运申报、出运反馈、收汇反馈等业务数据的交互。这一系列项目的上线，大大提高了美的和伙伴双方业务贸易的效率，减少了人工干预的工作量。

三、美的集团EDI应用效益

美的的EDI已成功运转了一年多，先后接入伊莱克斯、北滘码头、中信保等业务合作伙伴，美的已经明显感到集成、开放、灵活的EDI应用所带来的效益：

首先，美的与业务伙伴之间的数据交互由过去的人工方式转变为完全的自动化，极大地提升了供应链的工作效率。

实施EDI之前和之后美的的业务流程变化如图6-13和图6-14所示。

以前的人工处理方式需要从美的的各个业务子系统如ERP、CRM等提取出相关数据，再人工转换成合作伙伴所需要的单据格式，通过邮件、传真、电话等方式向相应的接收方发送（人工转换的过程可在美的或合作伙伴方进行）。同样的，当从合作伙伴处接收到各类异构形态的单据之后，要通过人工方式识别、读取，并录入到相应的子系统中。

现在，这个工作流程变为EDI平台自动接收各子系统发出的数据，再自动转换成标准EDI报文（或者合作伙伴系统能够直接识别的数据格式），再自动传输给接收方，整个过程无需人工干预，极大地提升了工作效率。

（资料来源：http：//www.chinawuliu.com.cn/zhuanti/201202/09/178587.shtml）

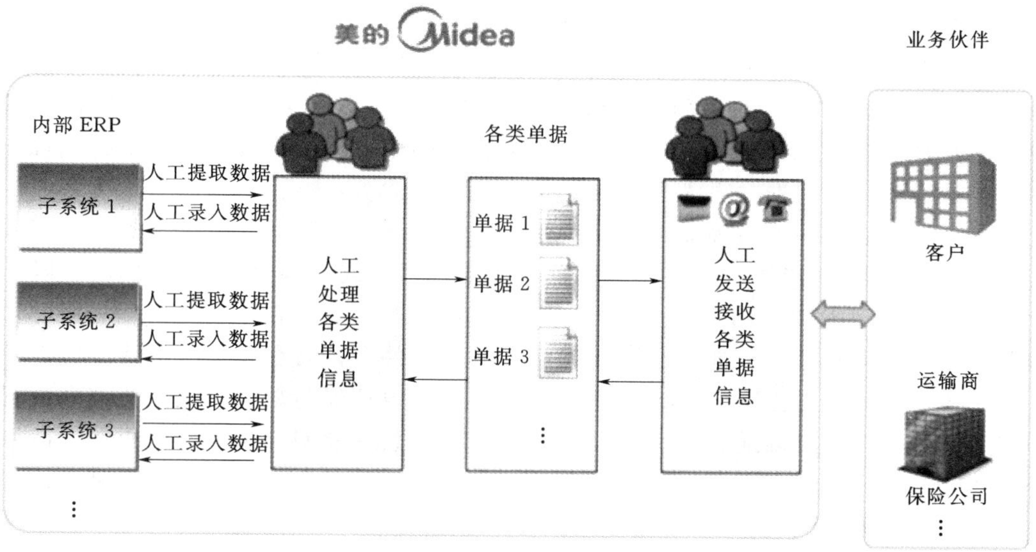

图 6-13　美的集团 EDI 实施 EDI 之前的业务流程

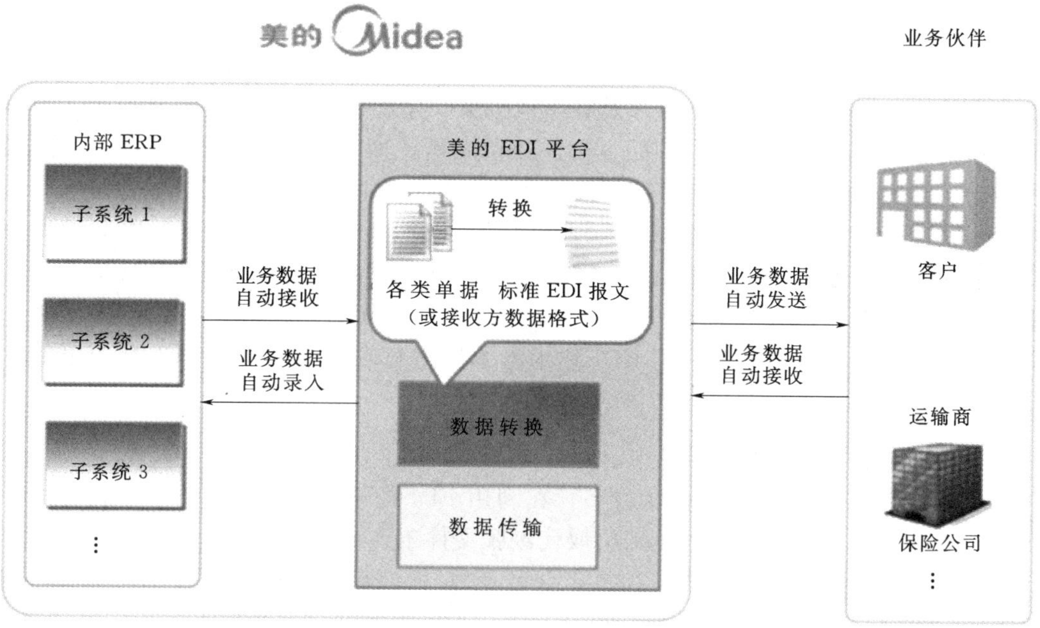

图 6-14　美的集团 EDI 实施 EDI 之后的业务流程

第三节　EDI　的　应　用

EDI 应用领域：生产、运输、仓库、制药、建筑、石油工业、金属冶炼、银行、保险、纺织、政府和医疗保健等行业。

一、EDI 在生产中的应用

一个传统企业简单的购货贸易过程：首先，买方向卖方提出订单；其次，卖方得到订单后，就进行它内部的纸张文字票据处理，准备发货，纸张票据中包括发货票等；再次，买方在收到货和发货票之后，开出支票，寄给卖方；然后，卖方持支票至银行兑现；最后，银行再开出一个票据，确认这笔款项的汇兑。

而一个生产企业的 EDI 系统，就是要把上述买卖双方在贸易处理过程中的所有纸质单证由 EDI 通信网来传送，并由计算机自动完成全部（或大部分）处理过程。具体为：企业收到一份 EDI 订单，则系统自动处理该订单，检查订单是否符合要求；然后通知企业内部管理系统安排生产；向零配件供销商订购零配件等；向有关部门申请进出口许可证；通知银行并给订货方开出 EDI 发票；向保险公司申请保险单等。从而使整个商贸活动过程在最短时间内准确地完成。一个真正的 EDI 系统是将订单、发货、报关、商检和银行结算合成一体，从而大大加速了贸易的全过程。因此，EDI 对企业文化、业务流程和组织机构的影响是巨大的。

二、EDI 在国际贸易中的应用

EDI 在国际贸易中的应用始于 20 世纪 80 年代。最初被美国及欧洲一些发达国家在海关报关方所采用，后来才逐步在国际贸易中扩展至更广的领域，并涉及越来越多的国家。国际贸易本身的性质和特点决定了 EDI 在国际贸易中比较成熟的应用。国际贸易通常涉及货物的买卖、运输、保险、支付以及进出口报关等诸多程序和手续，繁琐复杂。国际贸易的快速发展必然导致各种贸易单证、文件数量激增，而纸面文件形成成本高、传输慢、重复劳动、易出差错，从而大大限制了国际贸易的进一步发展。与此同时，在国际市场竞争中，价格因素所起作用大大缩小，服务性因素的意义越来越显得重要。这样，提高商业文件传递速度和处理速度就成了国际贸易的迫切需要。而在外贸领域里，EDI 信息技术的自动化操作方式在节省人工成本、提高劳动生产率等方面显示出其不可比拟的作用。此外，一些发达国家规定如果不采用 EDI 技术与本国进行贸易，会有很多不利的限制。这些都促进了 EDI 在国际贸易中的普及。

三、EDI 在零售业中的应用

零售业是最早采用 EDI 的行业之一，在利用 EDI 提升效率及精简企业架构方面，他们可谓走在最前线。零售业以电子文档取代纸张文件工作流程已有三十多年历史。GSI 对英国杂货业展开的调查显示，87％相关企业使用基于 EDI 的订购单，84％有关企业使用基于 EDI 的发票，每年因此节省的成本超过六亿五千万英镑。

但研究也显示，81％有关企业仍在订单、发票及发货通知方面使用部分的纸张文件流程。这显示，EDI 在零售业仍有很大的发展空间。很多零售业管理人员仍视 EDI 为加强企业竞争优势的关键。早在 1980 年，由沃尔玛及保洁率先采用的供应商管理库存（VMI）已成为零售业节省成本、加强客户服务的推动力。它是杂货业的供应链产品流程中“快速响应”模式的核心概念。

在 VMI 中，供应商为消费机构作出主要的存货补充决定。这样，供应商便能更好地控制存货，从而减少浪费及过度供应，而补充周期则通常从每月变为每周甚至每天，这有助于加强客户服务。若因推广活动而令需求增加，并因此而增加了供应商补充存货的压力，其重要性便更加突出。

EDI对于零售业的其他主要用途包括将“店铺直送”（DSD）流程系统化，以及推动全球数据同步。Datamonitor因此指出，VAN在零售业的使用量在2003年及2005年间倍增，其推动力来自浏览器至门户网站（或互联网EDI）及点对点技术。例如上海联华超市股份有限公司联合产学研单位开发的EDI系统（图6-15），这个EDI应用系统包括配送中心和供货厂家之间、总部与配送中心之间、配送中心与门店之间的标准格式的信息传递，信息通过上海商业增值网EDI服务中心完成。采用EDI之后，配送中心直接根据各门店的销售情况和要货情况产生订货信息发送给供货厂家，这样做的结果，使得信息流在供应商、配送中心、门店之间流动，所有数据只有一个入口，保证了数据传递的及时、准确，降低了订货成本和库存成本，信息流的运转如图6-16所示。

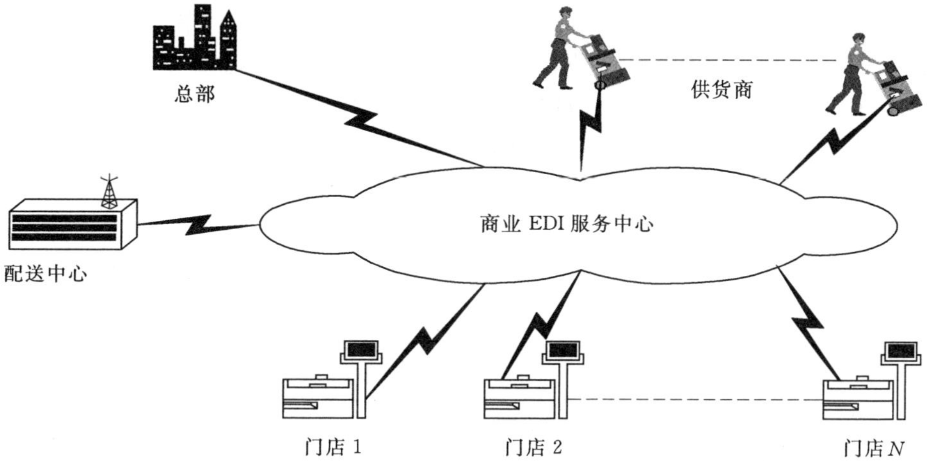

图6-15　上海联华超市股份有限公司配送中心与门店之间的货源信息系统结构

图6-16　上海联华超市股份有限公司配送中心与门店之间的货源应用信息流

四、EDI在商业中的应用

在20世纪70—80年代的通信网络条件下，进行商业单证的电子化处理过程被称为EDI（Electronic Data Interchange，即电子数据交换）。而如今互联网已渗透到各行各业，为人类活动创造了一个信息传递既方便又低价的空间，人们又把利用互联网进行的商务活动称为电子商务（E-Commerce）。不管是EDI还是EC，它的内涵均指电子化的商务活动。根据买方和卖方进行商品交易的目的不同，商品市场可分为消费者市场与产业市场两种基本形态。消费者市场由为满足个人生活需要而购买商品的个人与家庭组成。在流通领域，企业不仅把商品和服务出售给个人消费者，而且把大宗的货物、资料及服务出售给企业、社会团体，这些用户构成了庞大的产业市场。人们日常看到的主要是消费者市场，但真正大量、复杂的交易活动是在产业市场完成的。电子商务的两种模式：企业-消费者（B2C）和企业-企业（B2B）也正是根据消费者市场与产业市场的不同来区分的。EDI 是目前电子商务中 B2B 模式中最成功、最成熟的应用之一，了解 EDI 的特点，有助于认识企业间商务流程电子化的内涵。

五、EDI 在金融中的应用

金融 EDI 采用 EDI 技术，能够实现银行和银行、银行和客户之间的各种金融交易、单证的安全有效的交换，如付款通知、信用证等。

金融 EDI 是实施企业电子商务的关键。同时，也是银行提供金融电子商务服务的基础。金融 EDI 的实施能够提高银行在资金流动管理、电子支付、电子对账、结算等方面的业务效率。

1997 年，广州市电信局与广东发展银行合作，开始应用 EDI 技术处理话费托收业务。应用 EDI 技术进行话费托收之后，能够实现计算机自动进行托收单证的处理、传输，避开了人工干预，减少了人为差错，节省了人力和纸张费用，实现托收单证处理自动化，大大提高了效率，整个业务处理时间由原来的一个星期减少到几个小时，加快了企业资金的周转速度，增加了经济效益。金融业 EDI 应用实例如图 6－17 所示。

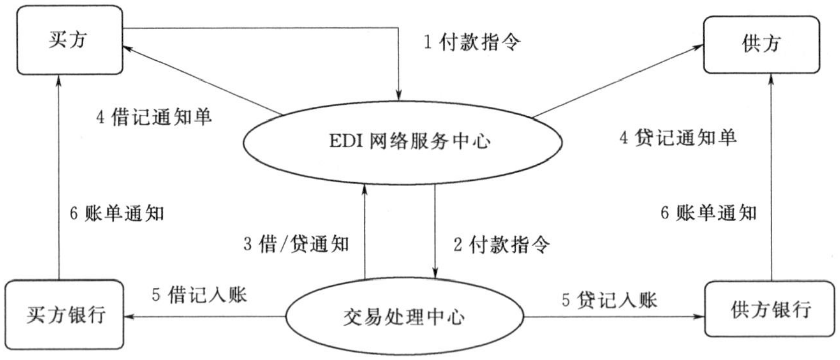

图 6－17　金融业 EDI 应用实例

第四节　EDI 在物流领域的应用

物流 EDI 的优点在于供应链组成各方基于标准化的信息格式和处理方法，通过 EDI 共同分享信息、提高流通效率、降低物流成本。

应用传统的 EDI 成本较高，一是因为通过 VAN 进行通信的成本高；二是制定和满足 EDI 标准较为困难。但近年来，互联网的迅速普及，为物流信息活动提供了快速、简便、廉价的通信方式。所以，互联网将为企业实施物流 EDI 提供坚实的基础。

EDI 在物流领域的应用可分为配送中心的 EDI 应用、制造商的 EDI 应用、批发商的 EDI 应用、运输商的 EDI 应用、电子商务采购中的 EDI 应用。

一、配送中心的 EDI 应用

配送中心扮演了连接供应商与客户的角色，它对调节产品供需、缩短流通渠道、解决不经济的流通规模及降低流通成本起到了极大的作用。配送中心业务流程如图 6－18 所示。

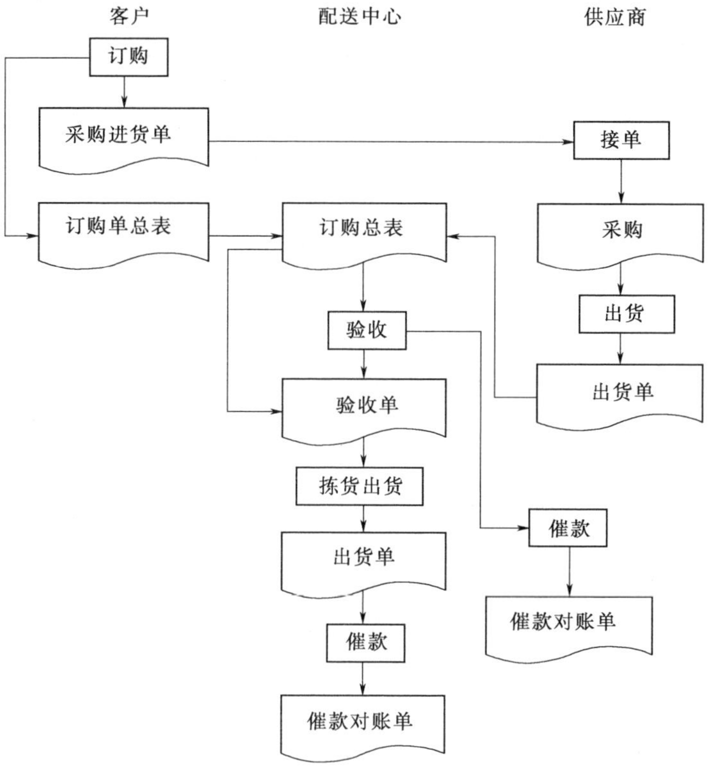

图 6－18　配送中心业务流程

（1）配送中心引入 EDI 可以更方便地进行传输数据，低成本引入出货单的接收。

（2）引入 EDI 改善作业流程，可依次引入各单证，并与企业内部信息系统集成，逐步改善接单、配送、催款的作业流程。

1）引入出货单。对物流公司来说，出货单是客户发出的出货指示。物流公司引入 EDI 出货单后可与自己的拣货系统集成，生成拣货单，这样就可以加快内部作业速度，缩短配货时间；在出货完成后，可将出货结果用 EDI 通知客户，使客户及时了解出货情况，也可尽快处理缺货情况。

2）引入催款对账单。对于每月的出货配送业务，物流公司可引入 EDI 催款对账单，同时开发对账系统，并与 EDI 出货配送系统集成来生成对账单，从而减轻财务部门每月的对账工作量，降低对账的错误率，节省业务部门的催款人力。

3）除数据传输及改善作业流程外，企业可以以 EDI 为工具进行企业再造。

二、制造商的 EDI 应用

制造商与其交易伙伴间的商业行为大致可分为接单、出货、催款及收款作业，其间往来的单据包括采购进货单、出货单、催款对账单及付款凭证等。

（1）企业引入 EDI 可方便数据传输，快速有效地引入采购进货单，接收客户传来的 EDI 订购单报文，将其转换成企业内部的订单形式，其优点如下：

1）不需要为配合不同供应商而使用不同的电子订货系统。

2）不需要重新输入订单数据，节省人力和时间，同时减少人为错误。

（2）应用EDI可改善作业流程，可以与客户合作，依次引入采购进货单、出货单及催款对账单，并与企业内部的信息系统集成，逐渐改善接单、出货、对账及收款作业。

1）引入采购进货单。采购进货单是整个交易流程的开始，接到EDI订单就不需要重新输入，从而节省订单输入的人力，同时保证了数据的正确；开发核查程序，核查收到订单是否与客户的交易条件相符，从而节省核查订单的人力，同时降低核查的错误率；与库存系统、拣货系统集成，自动生成拣货单，加快拣货与出货速度，提高服务质量。

2）引入出货单。在出货前事先用EDI发送出货单，通知客户出货的货品及数量，以便客户事先打印验货单并安排仓位，从而加快验收速度，节省双方交货、收货的时间；EDI出货单也可供客户与内部订购数据进行比较，缩短客户验收后人工确认计算机数据的时间，减少日后对账的困难；客户可用出货单验货，使出货单成为日后双方催款对账的凭证。

3）引入催款对账单。引入催款结账单，开发对账系统，并与出货系统集成，从而减轻财务部门每月对账的工作量，降低对账错误率，节省业务部门催款的人力和时间。

4）引入转账系统。实现了与客户的对账系统后，可考虑引入与银行的EDI转账系统，由银行直接接收EDI汇款，再转入制造商的账户内，这样可加快收款作业，提高资金运用的效率。转账系统与对账系统、会计系统集成后，除实现自动转账外，还可将后续的会计作业自动化，从而节省人力。

企业为改善作业流程而引入EDI时，必须有相关业务主管积极参与，才可能获得成果。例如，对制造商来说，退货处理非常麻烦，退货原因可能是因商品瑕疵或商品下架。对有瑕疵的商品，退货只会增加处理成本；对下架商品，如果处理及时，还有机会再次销售。因此，引入EDI退货单并与客户重新拟定退货策略，对双方都有好处。

三、批发商的EDI应用

批发商因其交易特性，其相关业务包括向客户提供产品以及向厂商采购商品。批发商如果是为了数据传输而引入EDI，可选择低成本方式。可根据交易对象的性质，决定引入EDI采购进货单。

（1）若是厂商，可引入EDI采购进货单的传送，将采购进货单转换成EDI报文传给供应商，其优点如下：

1）不需要为配合不同厂商而使用不同的电子订货系统。

2）使厂商提早收到订单，及时处理，加快送货速度。

（2）若是客户，可引入EDI采购进货单的接收，接收传送来的EDI采购进货单报文，将其转换成企业内部用的订单，其优点如下：

1）不需要为配合不同客户而使用不同的电子订货系统。

2）不需重新输入订单数据，节省人力和时间，同时减少人为错误。

（3）改善作业流程而引入EDI，可逐步引入各项单证，并与企业内部信息系统集成，逐步改善接单、出货、催款的作业流程，或订购、验收、对账、付款的作业流程。

1）对旨在改善订购、验收、对账、付款流程的企业来说，可依次引入采购进货单、验收单、催款对账单及付款明细表，并与企业内部的订购、验收、对账及转账系统集成。其做法与零售商的做法类似。

2）对旨在改善接单、出货、催款流程的企业来说，可依次引入采购进货单、出货单及催款对账单，并与企业内部的接单、出货及催款系统集成。其做法与制造商的做法类似。

四、运输商的EDI应用

运输商以其强大的运输工具和遍布各地的营业点而在流通业中扮演了重要的角色。运输商的交易流程如图6-19所示。

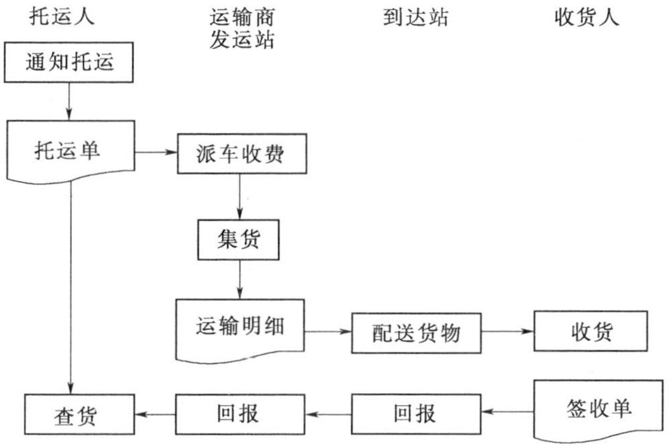

图6-19　运输商的交易流程图

（1）企业若为数据传输而引入EDI，可选择低成本方式。可先引入托运单，将接收托运人传来的EDI托运单报文，转换成企业内部的托运单格式，其优点为事先得知托运货物的详情，包括箱数、重量等，以便调配车辆；不需重新输入托运单数据，节省人力和时间，减少人为错误。

（2）若引入EDI是为改善作业流程，可逐步引入各项单证，且与企业内部信息系统集成，逐步改善托运、收货、送货、回报、对账、收款等作业流程。

1）托运收货作业。事先得知托运货物的详情，可调配车辆前往收货。托运人传来的EDI托运数据可与发送系统集成，自动生成发送明细单。

2）送货回报作业。托运数据可与送货的回报作业集成，将送货结果及早回报给托运人，提高客户的服务质量。此外，对已完成送货的交易，也可回报运费，供客户提早核对。

3）对账作业。可用回报作业通知每笔托运交易的运费，同时运用EDI催款对账单向客户催款，才能了解问题所在并及时做出决策；要组成流程改造小组来推动工作；事先的宣传也是必需的。

对于没有信息部门的中小企业来说，引入EDI的关键因素如下：

1）慎重选择信息公司。选择的原则是，是否有EDI实施经验，公司规模及经营管理能力是否能满足项目要求，是否了解企业的状态，在本地是否有服务机构或能提供及时服务等。如果企业除数据传输外，还希望能改善作业流程或进行企业再造，则需考察信息厂商的沟通、协调能力及企业管理知识。

2）高层主管的支持和参与。即使选择了很好的信息公司，如果高层主管不支持，信息公司也很难发挥作用。因为许多跨部门的业务及经营策略方面的决策无人可取代，必须有高层主管亲自参与才能推动 EDI 的实施。

3）不断进行管理观念的教育。进行管理观念的教育，使企业上下达成共识，辅之以激励系统，引导员工支持 EDI 的实施。

4）以目前的需求为重点，再逐步深入。引入 EDI 系统的程度越深，需要改变的作业流程越多。因此，引入 EDI 不能急于求成，要有中长期投资的眼光，且引入策略和实施要前后一致。

五、在采购中的应用

电子采购方式在处理订货、送货及付款等交易流程上不但周密，而且简便。在采购者、供给者、仓库、运输者、付款银行及收款银行之间的文件数据，全部透过计算机通信系统及媒介网络来通信。

EDI 电子采购的流程为：EDI 用户键入拟传输的文件数据后，计算机软件就会将其转译成标准的文件格式，并直接或透过网络传输至交易对象。该计算机软件也能接受数据，并将其转译且存入使用者的数据文件中。通过以上作业，EDI 适时提供信息，减少交易时间，能加快买卖双方的沟通，改善了贸易伙伴的关系，提升了竞争能力；减少文书作业的错误与延迟，达成一个稳定的采购作业信息流程，加强内部控制，包括缩短购运时间，减少呆料、迟交或不正确的货品，降低文书作业成本，节省纸张、邮资及人力的管理费用等。此外，EDI 对准时制（Just In Time，JIT）“零库存”的实施，帮助甚大。

由于 EDI 软硬件的建构成本较高，因此网络采购随后兴起。网络采购使整个采购流程电子化及自动化，企业采购员或个人客户只要利用桌面计算机即可进行采购。其中主要是让买主根据电子商务所构建的产品目录，清楚地认识商品，确保需求的满足。总之，当企业跨出本身的范畴而致力于企业与企业间（EDI），乃至企业与消费者之间的交易活动，即形成供应链。企业为依赖上下游的结盟伙伴来进行分工，以专注于核心业务，其作业面涵盖了后勤运输、代工制造、产品流通及货款支付等。其目标在于增进供货商间各成员的运作弹性及反应速度，以提升综合效率。在供应链管理中所运用到的自动化技术，包括因特网（Internet）、企业内部网（Intranet）、供应链软件自动下单系统、电子数据交换、整批订单（bulk order）、生产排程分享（schedule sharing）、供应商管理库存（vendor managed inventories）、电子资金转账（electronic funds transfer）等。

案例

美的“订舱确认和货柜状态更新”业务流程的 EDI 应用

一、美的“订舱确认和货柜状态更新”业务流程的 EDI

以美的集团和其合作伙伴“北滘码头”的一个业务流程“订舱确认和货柜状态更新”为例。这个业务流程分为如下步骤：

（1）美的船务订舱得到S/O号（订舱号）。

（2）将S/O号发给码头。

（3）码头根据S/O号在系统里生成相应的S/O序列号，并更新货柜状态为“已派单”。

（4）码头将信息发给美的。

（5）美的收到信息后，仓库进行调柜指令，更新货柜状态为“已调柜”，并将货柜指令和货柜状态发给码头。

（6）码头收到调柜指令后，安排货柜去码头，安排后得到具体的柜号，并更新货柜状态为“已出场”发送给美的。

（7）货柜从码头上船后，码头将离港日期、大船封条号等信息发给美的。如果实际柜号因为某些原因再次修改，码头需要将修改后的信息发给美的。

以前，美的和码头对于如上业务流程的合作是通过即时通信工具、邮件、电话等方式人工获取对方的数据信息，再录入到自己相应的业务系统中。双方之间信息交互的次数越频繁，便越难确保信息交互的准确性和时效性。而实施EDI方案之后，码头通过接入美的EDI平台，发送的信息可在第一时间同步到美的的业务系统供相应人员查看，极大地提升了业务流程的效率。

从以上例子中可以看出，实施EDI平台方案后，美的大大加快了业务处理速度并且降低了人工处理方式下的相关成本：

（1）平均几秒钟便能够完成一份单据的处理。

（2）单日数据传送数量提升了6倍。

（3）数据传输已完全自动化，节省了劳动力，提高了劳动力的利用效率。

（4）为美的节省了过去人工处理方式下所产生的额外费用。

（5）节省各类纸张费用。

（6）节省电话、传真、邮递的费用。

（7）节省打印、复印费用。

（8）节省对数据收发、录用人员的管理费用。

由于实行了无纸化和全自动化操作，大大降低了人工处理过程中由于人为操作、纸张丢失等造成的出错率。出错率降低了，基本实现了无错化处理。

除了以上这些即时的效益之外，EDI应用对美的竞争力的全面提升有着深远的作用。

随着越来越多合作伙伴被纳入到EDI应用，整条供应链的运作效率将大大提升，包括：企业运作效率的提升让美的更加轻松地扩展业务，并快速适应业务增长带来的数据交互工作的增加。由于供应链对请求响应速度的提高，产品可以在最短的时间内被送达消费者手里，从而减少了人工方式下产生的错误，提升了客户满意度；以更有竞争力的价格向下游供货，提高了客户的忠诚度；提升了企业形象，以高效、精准的工作方式赢得更多合作伙伴以及增强了合作关系，为企业走向世界和海外客户及合作伙伴建立良好关系奠定坚实的基础。

二、美的EDI实施经验

在美的的EDI项目以及与其合作伙伴进行对接的实现上，通过美的、美的合作伙伴和 SinoServices 三方的共同努力，对整个项目进行统筹安排、分步实施，确保项目的顺利。项目的成功上线以及后期应用的深化在于做好如下三点：

（1）企业相应业务流程的改造。之前，企业内部和业务伙伴之间已形成了相应的业务操作流程，而采用 EDI 之后，业务操作流程将有所调整，更新后的流程通过 EDI 平台固化下来，形成了统一的、规范的数据交互模式。

（2）项目进行过程中往往会涉及企业内部和企业间多个业务部门的合作，因此沟通至关重要。SinoServices 对美的的业务和 IT 人员做了完善的 EDI 知识、EDI 平台操作和业务流程变更等方面的培训，并配合美的做好 EDI 项目的宣传推广，让相关人员充分了解 EDI 平台带来的效益。在项目实施前期，SinoServices 作为美的的代表，直接与美的合作伙伴进行沟通。同时，SinoServices 把与美的合作伙伴之间的沟通汇总给美的，并为其做相应的说明和解答，这样的沟通方式大大加快了项目实施的进程。

（3）根据美的业务伙伴的实际情况，推荐最简便的解决方案。例如，合作伙伴与美的之间使用的是 Excel 单证往来，SinoServices 可为其设计具有类似 EDI 功能的 Excel 单证格式，完全不改变其日常的业务单证制作流程。这样可以最迅速地推广 EDI 的应用。

EDI 在欧美发达国家已经得到了广泛的应用。我国的企业加入全球供应链、为全球市场提供产品和服务的同时，往往会遇到来自国外客户的压力，尤其是大量的中小企业，正面临着减少订单甚至被排除在供应链一体化之外的风险。SinoServices 的 SinoEDI 企业级数据整合解决方案为企业实施的应用结果表明，EDI 技术可以提高数据处理速度、准确性和安全性，降低成本，改善经营状况，提高顾客服务水平，从而大大增强企业的竞争优势。目前几乎所有的供应链管理的运作方法如快速反应（QR）、高效客户反应（ECR）等都离不开它的支持。所以，EDI 的广泛应用是中国企业，尤其是中小企业参与供应链一体化，提升自身运营效益，从而在激烈的全球竞争市场中赢得一席之地的重要条件。至于推广 EDI 面临的最大障碍——供应链成员间观念和技术差异导致的 EDI 推进缓慢的问题，正随着企业信息化建设意识的不断提高，以及应用方案的迅速发展而将逐步得到解决。

（资料来源：http：//www.chinawuliu.com.cn/zhuanti/201202/09/178587.shtml）

第五节　EDI 与 EOS

电子数据交换系统（EDI）不单是电子订货系统，它是根据订单内容，将所有订购的货品组件自动传输给每一个供应商。供应商确保准时交货，交货后由于是电子化的关系，付款银行也会按照指示在指定日期汇款至供应商账户。简单而言，只要订单确认后，所有处理运作便交由 EDI 系统按指示处理，不经人手，物流公司也会知道所收的货品内容，并安排运输配合。而 EOS 只是针对前期工作处理订单交收。

一、EOS 的流程

电子订货系统是指将批发商、零售商所发生的订货数据输入计算机，即刻通过计算机通信网络连接的方式将资料传送至总公司、批发商、商品供货商或制造商处。因此，EOS 能处理从新商品资料的说明直到会计结算等所有商品交易过程中的作业，可以说 EOS 涵盖了整个商流。

EOS 系统并非由单个的零售店与单个的批发商组成的系统，而是由许多零售店和许多批发商组成的大系统的整体运作方式。

EOS 系统基本上是在零售店的终端利用条码阅读器获取准备采购的商品条码，并在终端机上输入订货材料；利用电话线通过调制解调器传输到批发商的计算机中；批发商开出提货传票，并根据传票，同时开出拣货单，实施拣货，然后依据送货传票进行商品发货；送货传票上的资料便成为零售商的应付账款资料及批发商的应收账款资料，并连接到应收账款的系统中；零售商对送到的货物进行检验后，便可以陈列与销售了。

二、EDI 技术下的 EOS 的构成要素

EOS 的系统结构如图 6－20 所示。

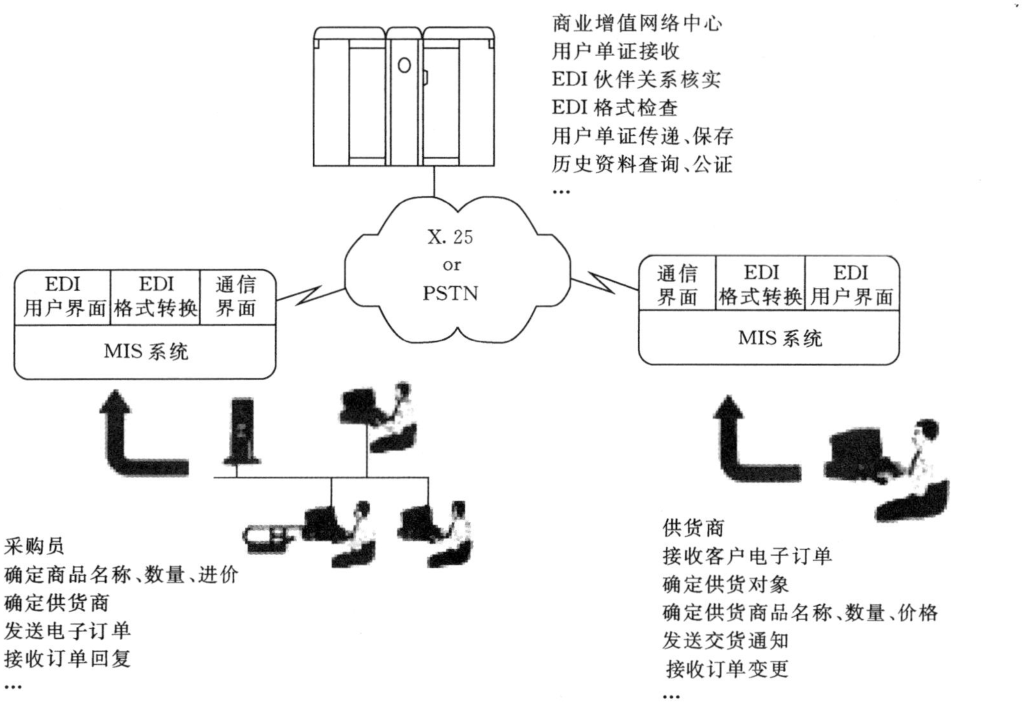

图 6－20　EOS 的系统结构

从图 6－20 中可以看出，电子订货系统中的批发商、零售商、供货商、商业增值网络中心在商流中的角色和作用如下：

（1）批发商、零售商。采购人员根据 MIS 系统提供的功能，收集并汇总各机构要货的商品名称、数量，根据供货商的可供商品货源、供货价格、交货期限、供货商的信誉等资料向指定的供货商下达采购指令。采购指令按照商业增值网络中心的标准格式填写，经商业增值网络中心提供的 EDI 格式转换系统，转换为标准的 EDI 单证，经由通信界面将订货资料发送至商业增值网络中心，然后等待供货商发回的有关信息。

（2）供货商。根据商业增值网络中心转来的 EDI 单证，经商业增值网络中心提供的通信界面和 EDI 格式转换系统而成为一张标准的商品订单，根据订单内容和供货商的 MIS 系统提供的相关信息，供货商可及时安排出货，并将出货信息通过 EDI 传递给相应

的批发商、零售商，从而完成一次基本的订货作业。

当然，交易双方交换的信息不仅仅是订单和交货通知，还包括订单更改、订单回复、变价通知、提单、对账通知、发票、退换货等信息。

（3）商业增值网络中心。商业增值网络中心不参与交易双方的交易活动，只提供用户连接界面。当接收到用户发来的EDI单证时，自动进行EOS交易伙伴关系的核查，只有互有伙伴关系的双方才能进行交易，否则视为无效交易；确定有效交易关系后，还必须进行EDI单证格式检查，只有交易双方均认可的单证格式才能进行单证传递；并对每一笔交易进行长期保存，供用户今后查询，或在交易双方发生贸易纠纷时，可以根据商业增值网络中心所存储的单证内容作为司法证据。

商业增值网络中心是共同的情报中心，它是通过通信网络使不同机种的计算机或各种连线终端相通，使情报的收发更加便利的一种共同情报中心。实际上在这个流通网络中，VAN也发挥了巨大的功能。VAN不仅仅是负责资料或情报的转换工作，也可与国内外其他地域的VAN相连并交换情报，从而扩大了客户资料交换的范围。

三、EOS的业务过程

EOS的业务过程可分为销售订货业务过程和采购订货业务过程。

1. 销售订货业务

销售订货业务流程如图6-21所示。可以将基本的批发、订货作业过程中的业务往来划分成以下几个步骤：

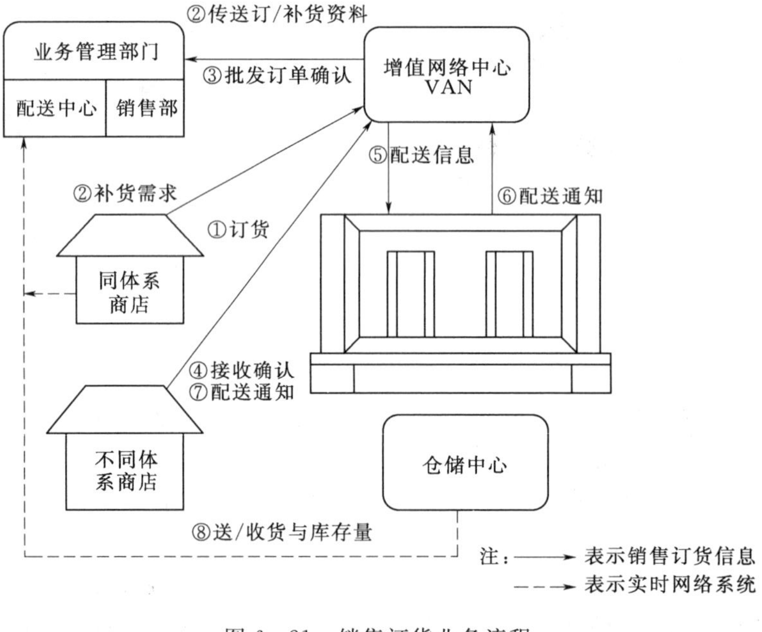

图6-21 销售订货业务流程

（1）各批发市场、零售市场或社会网点根据自己的销售情况，确定所需货物的品种、数量，按照同体系市场，根据实际网络情况，补货需求，通过增值网络中心或实时网络系统发送给总公司业务部门；不同体系商场或社会网点通过商业网络中心发出EOS订货需求。

（2）商业增值网络中心将收到的补货、订货需求资料发送至总公司业务管理部门。

（3）业务管理部门对收到的数据汇总处理后，通过商业增值网络中心向不同体系的商场或社会网点发送批发订单确认。

（4）不同体系的商场或社会网点从商业增值网络中心接收到批发订单确认信息。

（5）业务管理部门根据库存情况，通过商业增值网络或实时网络系统向仓储中心发出配送通知。

（6）仓储中心根据接收到的配送通知安排商品配送，并将配送通知通过商业增值网络传送到客户。

（7）不同体系的商场或社会网点从商业增值网络中心接收到仓储中心对批发订单配送通知。

（8）各批发市场、零售商场、仓储中心根据实际网络情况，将每天进出货物的情况通过增值网络中心或实时网络系统报送总公司业务管理部门，让业务部门及时掌握商品的库存数量，以合理安排库存数量，并根据商品流转情况，合理安排商品结构。

2. 采购订货业务

采购订货业务流程如图6－22所示。可以将向供货商采购作业过程中的业务往来划分成以下几个步骤：

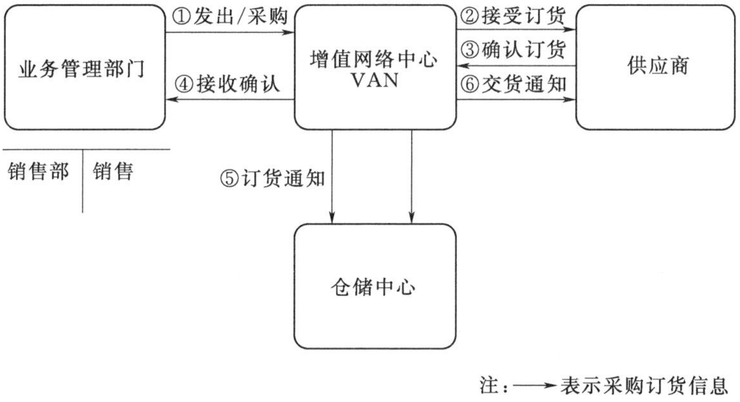

图6－22 采购订货业务流程

（1）业务管理部门根据仓储中心商品库存情况，向指定的供货商发出商品采购订单。

（2）商业增值网络中心将总公司业务管理部门发出的采购单发送至指定的供货商处。

（3）指定的供货商在收到采购订货单后，根据订单的要求通过商业增值网络中心对采购订单加以确认。

（4）商业增值网络中心确认供货商发来的采购订单，并发送至业务管理部门。

（5）业务管理部门根据供货商发来的采购订单确认，向仓储中心发送订货信息，以便仓储中心安排检验和仓储空间。

（6）供货商根据采购订单的要求安排发运货物，并在向总公司交运货物之前，通过商业增值网络中心向仓储中心发送交货通知。

（7）仓储中心根据供货商发来的交货通知安排商品检验并安排仓库、库位或根据配送要求备货。

四、EOS与物流管理

1. EOS系统

EOS系统能及时准确地交换订货信息，它在现代物流管理中的作用如下：

（1）对于传统的订货方式，如上门、邮寄、电话、传真订货等，EOS系统可以缩短从接到订单到发出订货的时间，缩短了订货商品的交货期，减少了商品订单的出错率，节省了人工费。

（2）有利于减少企业的库存水平，提高企业的库存管理效率，同时也能防止商品特别是畅销商品缺货现象的出现。

（3）对于生产厂家和批发商来说，通过分析零售商的商品订货信息，能准确判断畅销商品和滞销商品，有利于企业调整商品生产和销售计划。

（4）有利于提高企业物流信息系统的效率，使各个业务信息子系统之间的数据交换更加便利和迅速，丰富企业的经营信息。

2. EOS系统应用时注意事项

在现代物流管理中应用EOS系统时需注意以下几点：

（1）订货作业的标准化是有效利用EOS系统的前提条件。

（2）商品代码的设计。在零售行业的单品管理方式中，每一个商品品种对应一个独立的商品代码，商品代码一般采用国家统一规定的标准。对于统一标准中没有规定的商品，则采用本企业自己规定的商品代码。商品代码的设计是应用EOS系统的基础条件。

（3）订货商品目录账册（Order Book）的制作和更新。订货商品目录账册的设计和运用是EOS系统成功的重要保证。

（4）计算机、订货信息输入和输出，终端设备的添置和EOS系统设计是应用EOS系统的基础条件。需要制定EOS系统应用手册，并协调部门间、企业间的经营活动。

本　章　小　结

本章主要介绍了电子数据交换（EDI）的基本概念、特点、通信网络的连接方式、EDI的应用领域、EDI在物流领域的应用、EOS的流程、构成要素和业务流程等内容。

课　后　练　习

1. 简述EDI的特点及优点。
2. 简述EDI的工作流程。
3. 简述EDI技术在物流领域中的应用。

案例阅读

日本化妆品行业的EDI应用

日本的化妆业界一直给人充满华丽和时尚的印象，但其内在实情却与这个光鲜的外表相距甚远。日本化妆品行业中多数企业长期存在着过时的商业习惯和低效率的交易形态。日本化妆品产销商虽然在市场保持增长的东风中获得了良好的发展和理想的利润，但是近年来日本化妆品市场陷入增长放缓，行业中竞争也日趋激烈。

为此，日本的化妆品产销商也在不断寻求让企业获得更大发展空间、取得更高利润的方法，其中，EDI的应用成为了各企业重点关注的对象。这些企业希望借助EDI尽可能减少企业不必要的开支，实现物流和交易的效率化和资源配置合理化。外资化妆品MAX-FACTOR和日本老牌百货店三越之间的EDI的应有模式，则成为了日本化妆品产销商引入EDI的楷模，希望借助EDI“无纸化”“电子传输化”“信息共享化”等优势去提高物流和交易环节的效率，降低物流成本和减少所耗费的资源。

从1999年5月开始，这两个企业就开展了一系列引入EDI制度的措施，以求实现灵活运用EDI技术、简化点验货的手续和流程、废除收发货传票等纸质交易文书、提高订货处理的效率这四大目标，从而降低成本、增加利润。

在引入EDI后，两家企业把订货、接受订货、销售额管理、交货、点验货信息、赊账等情报通过网络共享。这就大量节省了不必要的手续和工作时间，例如生产商在发货后的点验货工序。生产商会把在发货时点验货的记录通过网络和各流通部门共享，而各个部门原则上则不需要再度进行点验货。而三越百货店则会对该生产商的商品进行定期的抽检。而且电子化的信息共享还在最大程度上减少了纸质交易文书的使用，节省了处理这些文书的时间和劳动力。在引入了EDI后，两家公司也对化妆品的订货手续进行了简化。生产商派驻的导购员无需得到百货店相关负责人的认可，就可直接凭借自己对顾客需求的把握和其他专业的判断去确认订单的内容，并通过网络向公司发订单。百货店每个月会定出下个月订货的限额，只要在这个订货额范围内，导购员都可以自主地决定订单的内容。这样导购员就无需因为每张订单都向百货店确认而浪费本应用在导购服务上的时间，并保证了使商品获得最佳的销售时机。三越百货在1999年的10月率先在东京的银座分店引入了EDI体系，于同年的12月，在东京的全部三越百货店都引入了EDI，并且在2000年所有三越百货店都实现了物流管理的EDI化。

引入了EDI物流管理系统后，三越百货店的化妆部门取得了良好的收效。根据统计数据显示，化妆品部门的订货业务量减少了77.4%，与商品相关的工作量减少了72.9%。并且化妆品的物流流通时间也大为缩减，由原来的3～4日缩减到1～2日，最大程度确保了商品的及时供应以及把握最佳的销售时机。同时，通过这一系列的改革措施还让化妆品部的导购人员有更多的时间和精力用于导购工作上，增加了导购服务的质量。

由于EDI在MAXFCTOR和三越百货之间成功运用并取得了良好的收效，日本全国化妆品生产商和百货店组成的“化妆品流通BPR委员会”决定以MAXFCTOR和三越百货共同开发的商业模式和系统作为化妆品生产商和百货店之间在线交易的基准。另外，不少日本的化妆品产销商也相应加快了引入EDI的步伐，从2000年春季开始，资生堂、佳娜宝、花王、高斯这四家位于日本化妆品生产业前列的化妆品生产商也相继在不同程度上引入 EDI。目前，在日本引入 EDI 的化妆品产销商也在不断增加。

综上所述，EDI 日本化妆品产销商中的成功应用可以证明 EDI 能够在化妆品行业中广泛运用，并可让化妆品产销商获得更大发展空间、取得更高利润。目前我国的化妆品产销商在物流和交易过程中还存在着一些不合理的制度和低效率的行为，希望日本化妆品物流交易中 EDI 的应用实例能够为中国的化妆产销商带来新的思考空间。

（资料来源：http：//info. jctrans. com/xueyuan/czal/20173202331970. shtml）

第七章

物流信息管理系统

学习目标

知识目标：1. 知道物流信息管理系统的基本概念。

2. 掌握物流信息管理系统的结构。

3. 掌握几种典型的物流信息管理系统。

技能目标：1. 能解释物流信息管理的结构和内容。

2. 能操作常用物流信息管理系统。

案例导入

ERP系统在某烟草工业企业物流管理中的应用

2004年，随着烟草行业组织结构调整的不断深入，某烟草工业企业（简称S公司）形成了母子分公司体制，实现了采购、销售、资产、品牌的四统一，由公司集中管理，工厂负责产品加工。整合前S公司所属四个卷烟厂的信息化建设水平参差不齐，但都有各自的信息化系统支持，各卷烟厂间的数据各自形成闭环，有价值的信息无法及时、有效地共享。为此，公司决定在全公司范围内建立统一的企业资源计划系统（Enterprise Resources Planning，ERP），实现各卷烟厂的信息共享。

S公司的计算机集成制造系统（Computer Integrated Making System，CIMS）系统强调企业的主要生产经营活动的协调统一。系统覆盖企业全局，包括企业上层的各种管理决策、产品设计，也包括企业中层的各种生产指挥活动，还包括企业下层的过程控制及仓储自动化等，既包含大量的软件系统，也包含各种硬件系统；在CIMS系统设计、实现过程中，既考虑企业内部的集成运行，又考虑与企业外部建立的业务联系；既满足企业的近期要求，又考虑企业长远发展需要。在CIMS系统的整体规划和实施过程中，S公司选中了SAP公司的大型高端ERP软件，注重物流管理的系统化和整体化，将各种先进的信息技术和信息管理模式用于物流管理当中，ERP中的各类信息管理在物流管理中已逐步体现出中枢神经的作用。

以S公司的ERP一期项目为例，该项目于2008年1月1日上线，其功能模块包括销售与分销、物料管理、生产计划与执行、财务会计、管理会计、全面预算计划与控制、及时供应等功能模块；实施范围为公司本部及其下属4家卷烟厂。

为了更好地实现“三流合一”，S公司在ERP实施中尤其注重ERP与企业内外相关系统的集成设计。S公司具有较好的信息化基础，其中2家规模较大的卷烟厂已基本完成了企业CIMS系统的建设。以其中一家卷烟（Q卷烟厂）为例，Q卷烟厂的CIMS系统于2007年4月通过行业组织的鉴定会，被鉴定委员会评价为“整体上在烟草行业处于国际领先水平”。ERP 系统实现了与 Q 卷烟厂 MES（生产执行系统）的集成：各卷烟厂 MES 从 ERP 获得生产计划、原辅料的供应与库存情况、人员的基本技能、设备的基本生产能力、卷烟配方等一系列信息。各卷烟厂 MES 向 ERP 提供生产计划执行情况、材料消耗、能源消耗、设备效率等一系列数据。ERP 系统实现了与 Q 卷烟厂各立库系统的集成：包括 4 大立库，即原料立库、材料立库、备件立库、成品立库，将 ERP 中的货物移动信息传到相应的立库系统。

通过实施 ERP 系统，S 公司在备品备件管理、优化烟叶库存、主要材料库存、烟叶数字化数据库、成品仓储管理、运输专项管理等方面取得显著成效。

（资料来源：全莺歌，ERP 系统在烟草工业企业物流管理中的作用）

第一节　物流管理信息系统概述

一、物流管理信息系统

（一）定义

信息系统是基于计算机技术、网络互联技术，现代通信技术和各种软件技术，提供信息处理的人机系统。一个组织有大量的信息需要处理，为了满足组织的需要，信息系统一般来说必须要具有收集、存储、加工、传递和提供信息的功能。

管理信息系统是用系统思想建立起来的，以电子计算机为基本信息处理手段，以现代通信设备为基本传输工具，进行信息的收集、传输、加工、储存、更新和维护，并能为管理决策提供信息服务的人机系统。

物流管理信息系统（Logistic Management Information System，LMIS）是指管理信息系统中用于处理物流信息的子系统。它把物流活动和物流信息有机结合，通过对物流信息的收集、传递、存储、处理和分析，获得物流管理中的有用信息，并以文字、表格和图形等文件形式输出，是为管理决策提供信息服务的人机系统。

（二）物流管理信息系统的特点

物流管理信息系统通过对物流信息的收集和统一管理，使物流、资金流、信息流三者同步，满足了各部门对物流信息的处理和共享的需求，使各种资源得到了综合利用，实现了从物流决策、业务流程、客户服务的全程信息化，有效地提高了物流效率，降低了物流成本，提高了物流企业的综合竞争力。其具有以下主要特点。

1. 集成化

将企业各相关业务物流活动中的信息集成化处理。如订单系统生成的信息是运输和配送系统中最重要的信息输入，所以开发系统时应集成，避免出现“信息孤岛”现象。

2. 模块化

根据物流信息处理的特点，把一个复杂的物流信息系统划分为几个相对简单并具有独立功能的子系统功能模块，达到对系统可扩展性、易维护性的要求。

3. 实时化

借助条码技术、编码技术、自动识别技术、GPS 技术、计算机网络技术及通信技术等现代物流技术，对物流活动实时进行准确的信息采集、数据处理和传送，将供应商、分销商和客户连接起来，实时共享信息。

4. 网络化

通过网络［企业内部网（Intranet）、互联网（Internet）］将不同地方的物流节点（物流企业、供应商、客户等）连接起来，各节点在同一物流信息管理系统的平台上完成物流运作。

5. 智能化

智能化是未来物流系统的发展方向，如专家系统、决策支持系统。

（三）物流管理信息系统的基本功能

物流管理信息系统的基本功能包括以下几个方面：

（1）信息处理功能。能对各种形式的信息进行收集、加工整理、存储和传输。

（2）事务处理功能。能从事日常事务管理工作，如账务处理、统计报表处理等。既节省人力，又提高效率。

（3）预测功能。能利用历史数据、运用适当的数学方法和科学的预测模型来预测物流的发展。

（4）计划功能。针对管理层提出的不同要求进行合理计划与安排。如库存补充、运输计划、配送计划等。

（5）控制功能。能对物流各个环节运行进行监测、检查，及时地发现问题并用适当方法加以纠正。

（6）辅助决策和决策优化功能（图 7-1）。可利用各种决策模型及相关技术进行决策优化，以合理利用企业的各项资源，提高企业的经济效益。

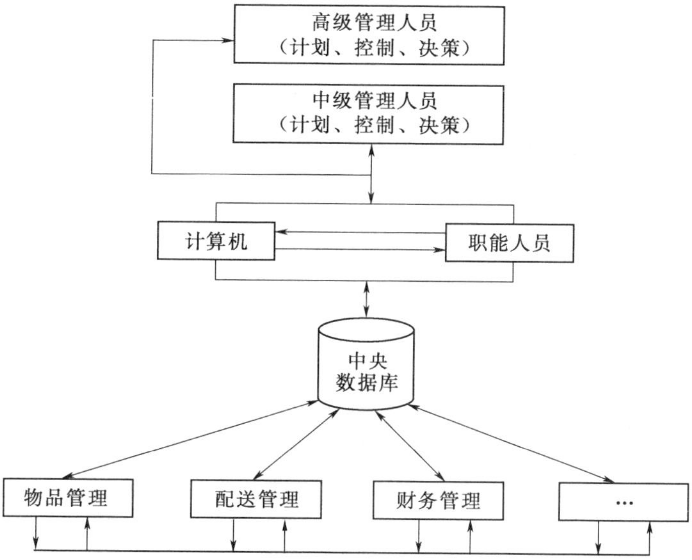

图 7-1 物流信息系统的辅助决策和决策优化功能

（四）物流管理信息系统（LMIS）类型

1. 按系统结构分

（1）单功能系统。只完成单一工作如合同管理系统。

（2）多功能系统。能完成一个或多个部门甚至一个企业的全部工作，如运输管理系统。

2．按系统功能性质分类

（1）操作型系统。按某个固定模式对数据进行固定的处理和加工的系统，输入、输出和处理均是不可变的。

（2）决策型系统。根据输入数据的不同，运用知识库的方法，进行不同的加工处理，给用户提供决策依据。

3．按系统配置分类

（1）单机系统。信息系统仅能在一台计算机上运行，虽可有多个终端，但主机只有一个。

（2）网络系统。信息系统使用多台计算机，相互间以通信网连接起来，使各计算机实现资源共享。

4．按作用对象分

（1）面向生产型企业的系统：主要为原材料采购、生产过程控制和销售。物流信息系统先后融入了 MRP、MRPII、ERP 等系统中。

MRP：物料需求计划（生产和采购物料）。

MRPII：制造资源计划（经营计划、销售、成本核算、技术管理）。

ERP：企业资源计划（企业内外系统延伸）。

（2）面向流通型企业的系统：物流信息系统包含了 POS、EOS 等系统，如华软公司的 DRP 连锁经营管理系统。

POS 系统：销售时点信息系统。

EOS 系统：电子自动订货系统。

（3）面向第三方物流企业的系统：以仓储、配送、运输为主业。

二、物流管理信息系统的结构

（一）物流企业的“三流”关系

物流企业的“三流”关系如图 7－2 所示。

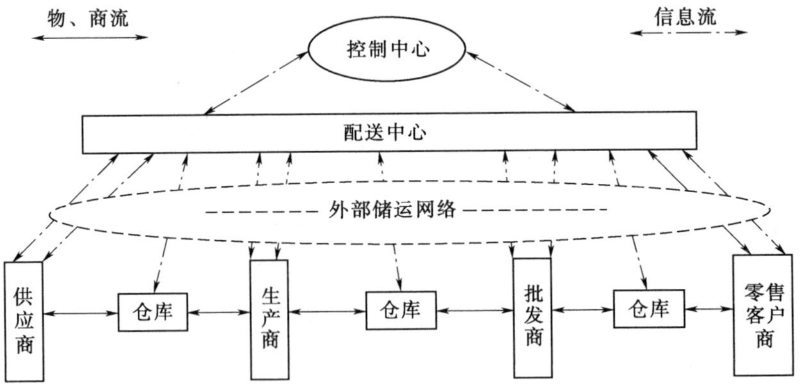

图 7－2　物流企业的“三流”关系

（二）管理信息系统的结构

1. 体系结构

物流信息系统的体系结构如图 7－3 所示。

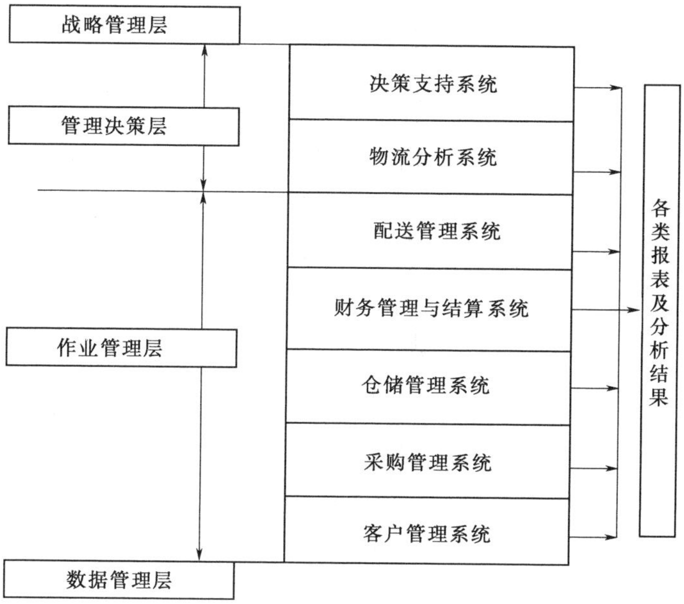

图 7－3　物流信息系统的体系结构

物流信息管理系统的体系结构包括 4 个层次，具体为数据管理层、作业管理层、管理决策层和战略管理层。其中，数据管理层主要为管理整个系统的所有数据。作业管理层包括物流环节的各个部分操作系统，分别是客户管理系统、采购管理系统、仓储管理系统、财务管理与结算系统、配送管理系统等作业层次系统。管理决策层主要帮助管理者进行数据分析，帮助管理者做出合理的决策，包括物流分析系统和决策支持系统。各类系统操作和分析最后会形成各类报表及分析结果。战略管理层通过前面几个层次的系统数据和分析结果，帮助企业制定对企业发展有利的战略。

2. 物流管理信息系统的概念结构

从概念上来看，物流管理信息系统由四大要素组成，即信息源、信息处理器、信息用户和信息管理者。

从层次结构角度，物流管理信息系统可分为 7 层：用户层、业务层、功能层、数据层、工具层、操作系统层和物理层。

3. 物流管理信息系统的功能结构

物流管理的主要目标是减少物流完成周期的不确定性，满足顾客对物流服务的可得性、送达及时性和交付一致性的要求。而经济性、可靠性、可维护性、灵活性、可扩展性、安全性则是物流系统的内部指标。这些也应成为物流管理信息系统力求达到的目标。

为了达到系统的目标，物流管理信息系统应包括的功能子系统有物品管理子系统、存储管理子系统、配送管理子系统、运输与调度管理子系统、客户管理子系统、财务管理子系统、人力资源管理子系统、质量管理子系统等（图 7－4）。

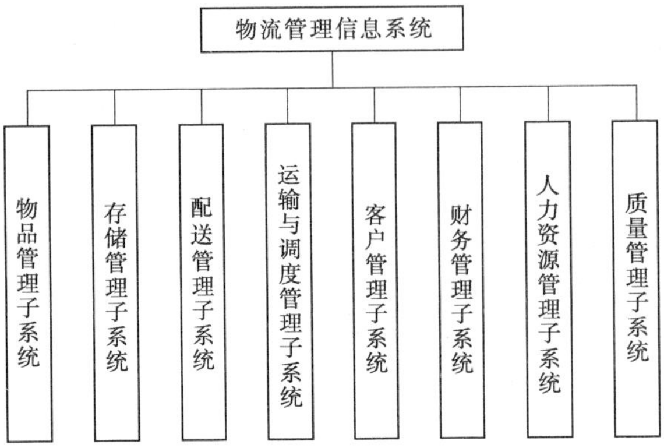

图 7－4　物流管理信息系统各功能子系统

物流价值链上下游的主要活动有运输、仓储、装卸、搬运、包装、流通加工和配送等。下面将主要介绍物品管理子系统、存储管理子系统、配送管理子系统、运输与调度管理子系统和客户管理子系统。

（1）物品管理子系统。物流管理子系统覆盖的范围相当广泛，从物品的采购计划、审批、物品采购合同、合同执行情况的跟踪反馈，到物品到货入库、物品发货结算与统计，全部都要通过这个物品管理子系统进行调度管理。

物品管理子系统由下列 4 个部分组成：采购计划管理、采购合同管理、物品出入库管理和物品进销存查询。

1）采购计划管理。采购计划管理的主要任务是产生物品采购计划，供物品采购者使用。主要功能有计划编制和选择、计划审核、查询修改及报表打印，根据需要对物品的采购进行合理安排，其中计划编制是辅助半结构化决策。

2）采购合同管理。采购合同管理的主要任务是管理物品及设备的采购合同。该模块有下列几个主要功能：合同生成、合同录入、查询修改、合同审核、合同处理及报表打印，可以完成全部合同的产生、输入、修改、查询、审核及打印等任务。对于合同的处理执行情况，应付款、已付款和未完成合同的各项统计可以做到一目了然。

3）物品出入库管理。物品出入库管理含有单据录入、查询、修改、调整、统计报表输出、打印、自检以及月结算等功能。在物品入库后可以根据不同的物品属性，以及出入库条件进行查询和修改，同时可以对不同的库存情况进行及时调整，并且可以根据需要产生一些管理以及结算报表，供打印输出或预览，一定时间后可以对指定日期前的数据进行结算，准确反映物品的价值和数量等。

4）物品进销存查询。物品进销存查询的功能是提供物品管理子系统所覆盖业务的信息查询以及计划与完成情况的对比分析。

（2）存储管理子系统。一般来说，存储管理子系统从功能结构上可分为四大功能，如图 7－5 所示。

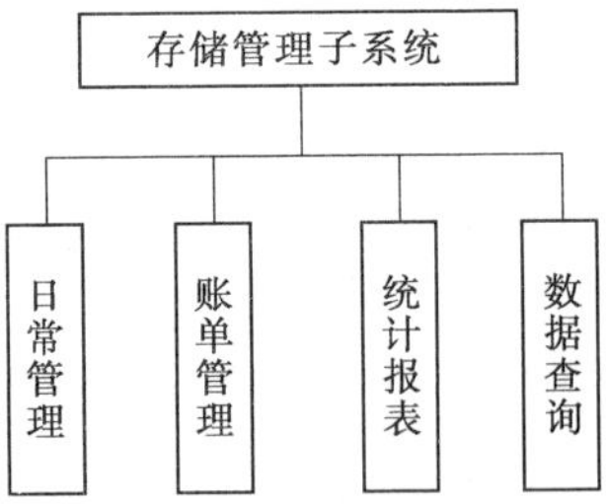

图 7－5　存储管理子系统的功能

1）日常管理。日常管理包括物品凭单录入管理、冲账管理、查询管理、物品估价调整管理、材料修理凭单管理。其中，物品凭单一般由物品入库凭单、物品出库凭单、销售出库凭单、报废出库凭单、委托加工出库凭单、物品库存调整凭单等组成。

2）账单管理。对仓库的使用资金账单进行管理，有利于领导和仓库管理人员了解并掌握仓库资金的调度。

3）统计报表。管理人员可以统计各种物品的出入库及使用情况，并具有进一步了解库存、仓库总账、损耗误差、物品活动及材料进货情况，以及统计各种材料的计划采购数量、库存数量和总的库存数量等操作功能，并可完成相应的图形绘制和报表打印。

4）数据查询。数据查询是对物品的消耗、库存数量和物品修理费支出的查询。可分别进行单一物品的消耗查询、各部门消耗物品的查询、各类物品消耗金额的查询、各类物品储备的查询、物品的明细库存查询、各部门支付物品修理费的查询。据此，企业决策人员可以实时监控仓库的储备金额和各部门使用材料的情况，并及时、准确地对整个企业物品调度做出科学决策。

（3）配送管理子系统。配送管理子系统的功能如图 7－6 所示。

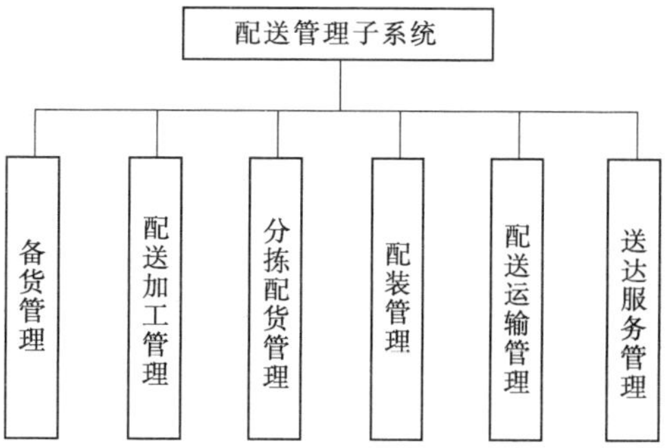

图 7－6　配送管理子系统的功能

1）备货管理。根据配送订单的要求准备需要进行配送的货品，以便查验和核对。

2）配送加工管理。根据配送订单的要求，对需要进行加工的配件或货品进行简单的加工处理，如包装、贴签、组合等工作。

3）分拣配货管理。主要是指对配货品的分拣。

4）配装管理。主要是指对货品的配载和积载。

5）配送运输管理。根据配送订单的要求，依据实际配送的货品体积与重量综合权衡，选择车辆及司机等。

6）送达服务管理。根据客户要求，把货品送达客户，包括签收，有时也会包括收费等

（4）运输与调度管理子系统。运输与调度管理子系统的功能如图 7－7 所示。

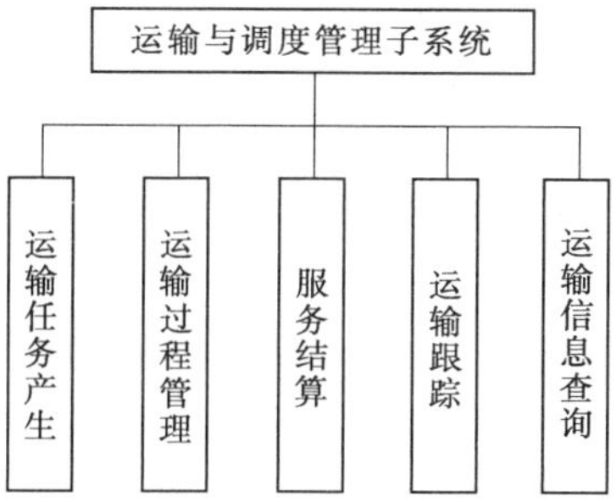

图 7－7　运输与调度管理子系统的功能

1）运输任务产生。根据起运地和到达地生成运输任务，对每一个承运公司生成运输任务交接单，同时打印装箱单、运单和运输标记，系统支持条码输出。

2）运输过程管理。对于未完成的运输任务进行状态更新，生成各种统计报表，同时记录每一单运费。

3）服务结算。对每一个承运公司进行运费结算，生成结算报表。承运公司通过互联网查询本公司的运输费用结算信息。

4）运输跟踪。客户可以通过与物流公司联网的 GPS 网络实时跟踪车辆的行驶情况等状态。

5）运输信息查询。对所有运输任务进行查询，包括该运输任务的货物细目、到达状态、签收和运费等情况。

（5）客户服务子系统。客户服务是物流公司和客户之间的接口和桥梁，也是物流公司进行采购、发货和运输的依据。它是现代物流的基本元素，也是物流企业提高服务水平和

企业竞争能力的有效手段。

客户服务子系统的功能如图 7－8 所示。

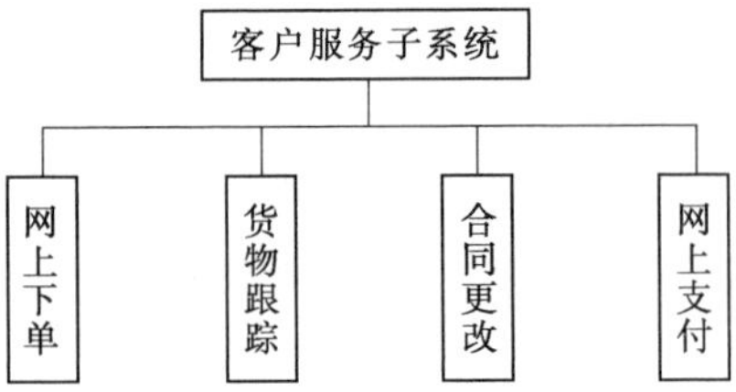

图 7－8 客户服务子系统的功能

1）网上下单。客户可以通过网络下单，将自己需求的物品品种、数量和时间发送给物流公司，同时物流公司也可以通过网络向供应商发出订货请求。

2）货物跟踪。客户可以通过物流公司的网络实时跟踪自己的货物状态。

3）合同更改。客户可以通过网络及时更改合同的内容，物流公司根据客户更改后的合同及时调整采购和运输计划，承运公司通过互联网对承运的运输任务进行状态更新。

4）网上支付。物流公司可以通过网络与客户和供应商进行支付结算，客户也可以在网上查询其费用。当然，网上支付还需要银行的配合和相应的法律、法规的支持，虽然目前我国网上支付的条件还不成熟，但网上支付肯定是未来的发展方向。

三、物流管理信息系统的组成要素

一般地，构成物流管理信息系统的主要要素有硬件、软件、数据库和数据仓库、相关人员以及物流企业管理思想和理念、管理制度与规范。

（一）硬件

物流信息系统的硬件包括计算机、网络通信设备和安全设备等。它们是物流信息系统的物理设备，是实现物流信息系统的基础，构成了系统运行的硬件平台。

（二）软件

在物流管理信息系统中，软件一般包括系统软件、实用软件和应用软件。

系统软件主要有操作系统（OS）、网络操作系统（NOS）等，它控制、协调硬件资源，是物流管理信息系统必不可少的软件。

实用软件的种类很多，对于物流管理信息系统，主要有数据库管理系统（DBMS）、计算机语言、各种开发工具、国际互联网上的浏览器、群件等，主要用于开发应用软件、管理数据资源、实现通信等。

应用软件是面向问题的软件，与物流企业业务运作相关，实现辅助企业管理的功能。不同的企业可以根据应用的要求开发或购买软件。

通常，系统软件和实用软件由计算机厂商或专门的软件公司开发，它们构成物流管理信息系统开发和运行的软件平台，企业可在市场上配置和选购。系统软件种类较少，目前操作系统主要有磁盘操作系统（如 DOS）、GUI 操作系统（如 Windows2000、Window XP、UNIX、Linux 等）。实用软件的特点是品种多、更新频率高、版本更新快，因此用户的选择余地较大。在市场上也有应用软件可供选购，如财务软件、进销存软件等。

物流信息系统的软件包含操作系统、数据库系统、业务处理应用系统等，并运行于网络硬件设备与各种物流工具之上。其中，物流信息系统的业务处理层又可分为运输子系统、仓储保管子系统、流通加工子系统、现场子系统、用户子系统等子系统，这些子系统运输于数据库之上，这些数据库有专有数据库，也有公共的数据库，构成了物流系统的信息平台。

（三）信息资源

数据、信息、知识、模型是物流企业动作与管理的无形资源，属于物流企业的信息资源。数据、信息存放在数据库与数据仓库中，是实现辅助企业管理和支持决策的数据基础。这些信息资源主要来源于物流系统、采集系统和人工管理的同时输入的大量基础业务数据。随着互联网的深入应用和计算机安全技术、网络技术、通信技术等发展，物流企业与用户对物流系统的信息资源的利用将不断提高，并成为物流企业决策支持系统不可缺少的部分。

（四）相关人员

物流信息系统的开发涉及多方面的人员，有专业人员，有领导，还有终端用户。其中涉及系统使用和管理的人员包括企业高层的领导、信息主管、中层管理人员、业务主管、业务人员，而涉及系统开发和设计的有系统分析员、系统设计员、程序设计员、系统维护人员等。不同的人员在物流信息系统开发过程中起着不同的作用。对一个物流企业来说，应该配什么样的专业队伍，取决于企业对 LIS 开发的管理模式。

（五）物流管理思想

物流管理思想是构建物流信息系统的灵魂和精髓，也是物流信息系统价值之所在，包括管理理论与方法，如供应链一体化理论与方法、信息驱动理论与方法等；管理制度及规范，包括系统运行与维护制度、业务操作规范、安全保密规范等（表 7－1）。

表 7－1　　物流管理信息系统的组成要素

主要构成要素	具　体　内　容
硬件	各种数据库服务器、应用服务器、客户端/浏览器计算机、网络设施等
软件	应用软件：面向用户的操作界面和后台处理程序
	实用软件：DBMS、IE 等
	系统软件：操作系统、网络协议等
信息资源	各种数据、信息等
人员	物流企业的各级领导、业务人员、DBA 等
物流管理思想	管理理论与方法：供应链一体化理论与方法、信息驱动理论与方法等
	管理制度及规范：系统运行与维护制度、业务操作规范、安全保密规范等

第二节　几种典型的物流信息管理系统

一、仓储管理系统（WMS）

WMS（Warehouse Management System）是仓储管理系统的简称，它是进行库存商品管理和处理的业务操作系统。WMS 可以帮助企业实现本地单个仓库的精细化管理；也可帮助制造企业、物流企业、连锁业在全国范围内、异地多点实现仓库管理。从具体适用范围上看，它可以对商品存储和出货等进行动态安排，可以对仓储作业流程的全过程进行电子化操作；可以与客服中心建立数据接口使客户通过互联网实现远程商品管理，还可以与企业的 ERP 系统实现无缝连接。作为供应链执行（Supply Chain Execution）的一个重要组成部分，与客户关系管理系统（CRM）和运输管理系统（TMS）共同支撑了整个供应链的运作，作为一套应用型的操作软件，其所包含的方法和技术为流通中心的仓库完成流通功能提供强大的支持和保证。

WMS 系统能精确地反映当前状况和定期活动，以便衡量存货水平，同时能及时提供快速的管理反馈。WMS 系统必须以异常情况为基础，突出问题和机会。仓储管理系统最重要的操作流程应该是入库和出库操作流程，其与供应链互动能进行跨企业的库存管理、商品管理和运输管理等活动。WMS 系统分模块功能如图 7－9 所示。

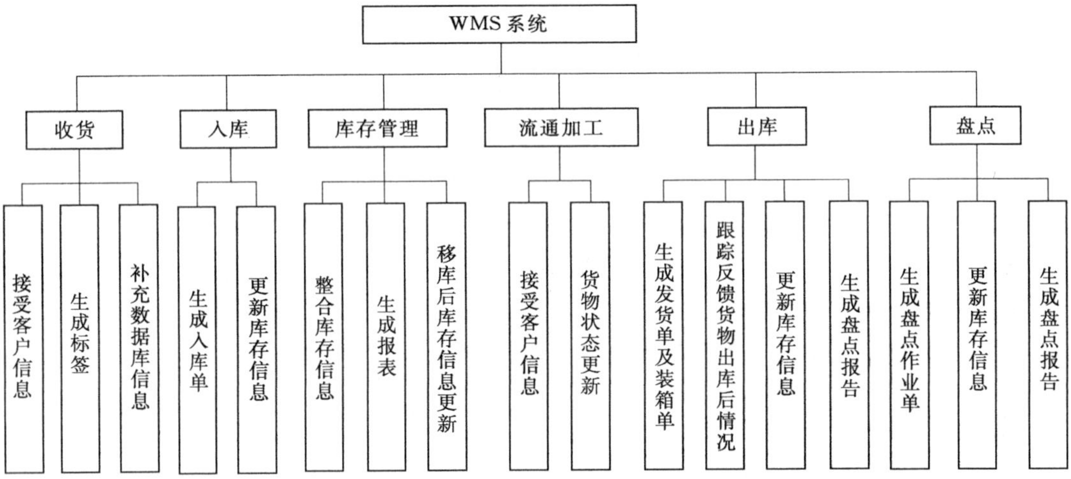

图 7－9　WMS 系统分模块功能

（一）收货操作系统

1. 收货操作系统的功能

（1）客户信息系统。对现有客户信息进行完整记录，包括公司名称、地址、所经营货物、原材料以及在仓库内的库存历史记录。

（2）客户货物信息。接受客户库存需求，并且根据前期客户维护，对即将入库的货物进行前期了解。

（3）货物动态信息。在接受客户已发货的信息后，及时做好入库准备。

（4）入库检查。对入库货物进行前期检查。

（5）客户需求分析统计。对客户现有库存进行统计，并告知客户，对生产商及供应商进行 VMI 操作有很大帮助。

2. 收货操作系统操作流程

（1）客户信息维护。对客户信息进行细致维护，随时跟踪客户情况。

（2）接受客户需求信息。通过 ERP 系统，及时了解客户需求，对即将入库的货物有大致了解，并进行客户需求分析统计。

（3）货物动态信息。在客户确定发货后，及时确认货物具体信息，包括货物总数量、具体货物数量、包装、名称、规格、批次、价格、交货时间、货物性能、物品保质期等。

（4）生产条码。根据客户提供的最终确切货物信息（货物的包装、件数等），产生不同的 Pallet ID（托盘条形码）或 Carton ID（纸箱条形码），为 9 位数编码。每一个 ID 贴纸都会产生两个，以便以后入库。

（5）入库检查。卸货后，不能及时入库，将货物运到待检处进行质检，检查是否由于运输不慎导致的货物损坏，在清点并检验货物无误后，再进行入库操作。

（6）签收收货单。作为货物实际入库凭证。

收货操作系统操作流程如图 7－10 所示。

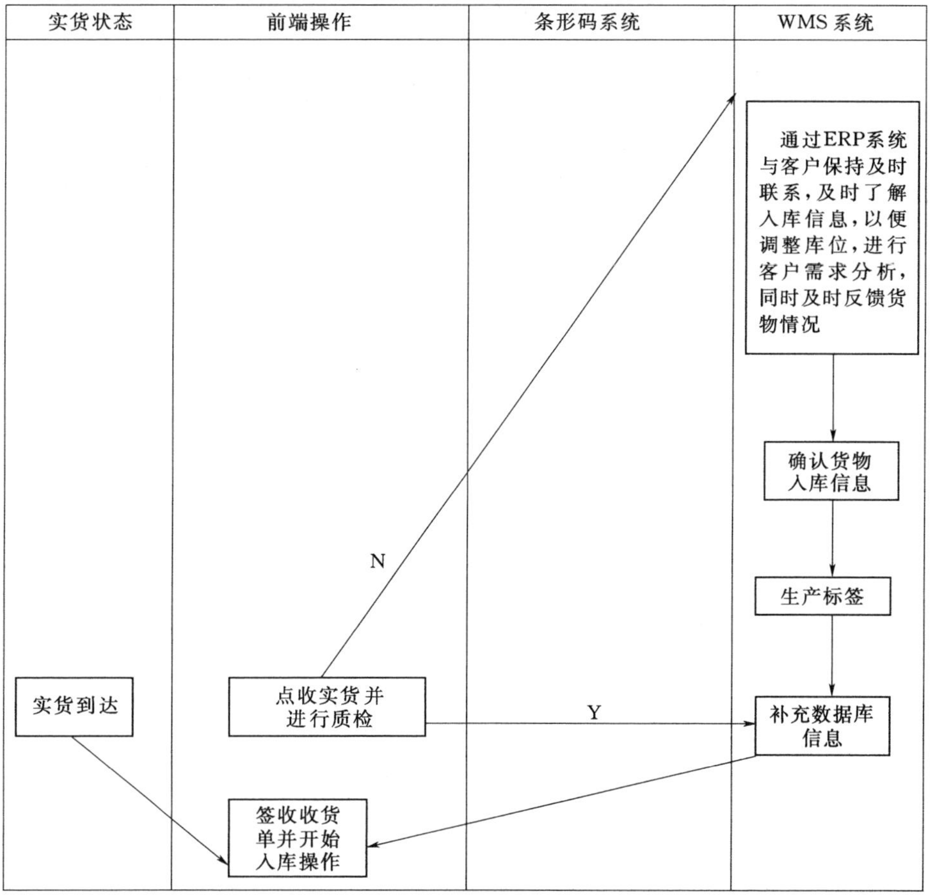

图 7－10 收货操作系统操作流程

（二）入库操作系统

1．入库操作系统的功能

（1）生成入库单。根据收货信息以及仓库内货架信息生成入库单及分配单。

（2）货物进仓。对已经经过检查的货物贴上条码。

（3）货物入库。货物上架，并在系统内载入入库信息，数据库更新完毕。

2. 入库操作系统操作流程

(1) 货物进仓。货物进行检验后，每一批货物都会产生一张入库单，每一张入库单都有其单号，货物进行质检后，将两张ID贴纸，一张贴在货物包装上，另一张贴在入库单上，每一张入库单上都会贴有此种货的所有箱子的ID，同时将入库单上货物信息（货物总数量、具体货物数量、包装、名称、规格、批次、价格、交货时间、物品保质期等）添入数据库，入库时间及库位、库存历史一栏在实际入库及变动后再添加。

(2) 货物上架。货物产生ID的同时，系统会自动为货物产生分配货位号，并产生一张分配单。仓库人员根据分配单信息在对应货位号将货物放入货架，每个货架都有编码，车载系统读取货架及货物信息后，前端操作人员入库操作完成。

(3) 数据更新。作业结束后，车载系统将其中储存的信息下载入WMS系统，入库动作完成。

备注：如果仓库安装有识别器即AD（无线网络接收器），入库后会自动显示入库，同时货物入库时，接收器会第一时间将货位号及货物ID全部扫入，并传至WMS系统，这些信息会自动添加入库单，将入库单补全，此时步骤（3）则可简化。货物上架信息完全后，才算入库动作的完成。

入库系统操作流程如图7-11所示。

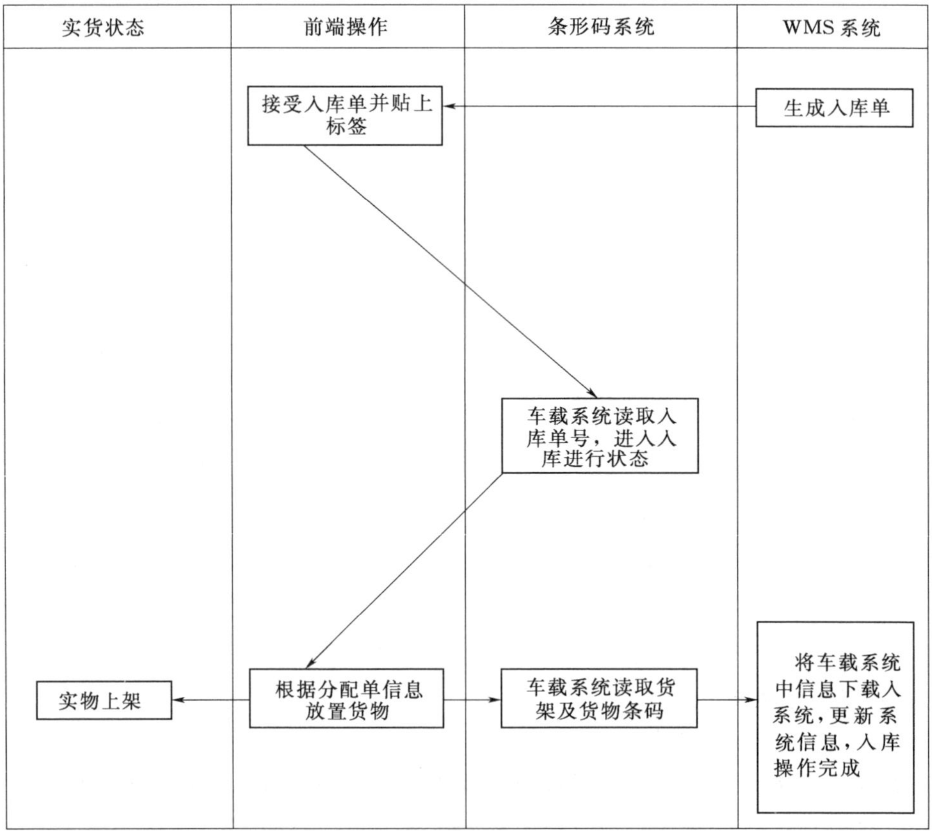

图7-11 入库系统操作流程

（三）库存管理系统

1. 库存管理系统的功能

（1）库存维护。将现有库存根据客户不同分类统计，随时关注库存动态，并通知客户及客服。

（2）移库操作。在库存货物需移库的情况下进行移库操作，并更新系统中信息。

2. 库存管理系统操作流程

（1）库存管理。系统根据入库单，将同一种货物按照不同的客户进行整合，明确货物所在的具体库位、入库时间、到期时间、已储存时间、货物状态（已入库、存储中、已出库）、货物名称、价值等信息。并且统计每种货物每个月的出货量及出货频率。

（2）库位管理。明确每个库位所存放的货物的 ID、包装、数量，并且在货物出货或改库后及时变更相关信息，在此系统中能够明确了解仓库的存货率，以及未有货或未存满货的库位信息，为入库系统分配货位起到了重要作用。同时对每个货位的历史（一周内变动）情况有所记录，为周盘点做准备。

（3）货物报告。每周末对现有货物进行总结，审查仓库内变动，统计将过期货物报告发往上级主管以及客服人员。

（4）库存维护。在现有货物报告基础上，分客户并分别统计：客户库存货物基本信息、库存量、库存时间、保质期等信息。有变动即出现异常情况：比如库存不足、保质期将到等情况时，及时通知客户及客服。

库存管理系统操作流程如图 7－12 所示。

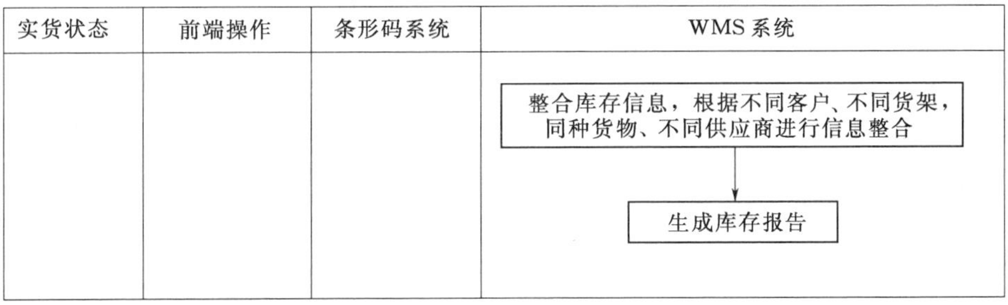

图 7－12　库存管理系统操作流程

（5）移库操作流程。生成移库单，移库单上注明货物 ID、原有库位和即将移往的库位，仓库操作人员根据移库单将在对应货位号将货物放入，车载系统读取货架及货物信息后，前端操作人员移库操作完成。作业结束后，车载系统将其中储存的信息下载入 WMS 系统，移库动作完成。

移库操作流程如图 7－13 所示。

（四）流通加工系统

1. 流通加工系统的功能

（1）客户流通加工信息。接收并初步整理客户出库前加工信息。

（2）配货系统。按客户需求选取所需货物。

（3）流通加工。质检后，整理需求货物，进行流通加工并且在系统中改变货物状态。

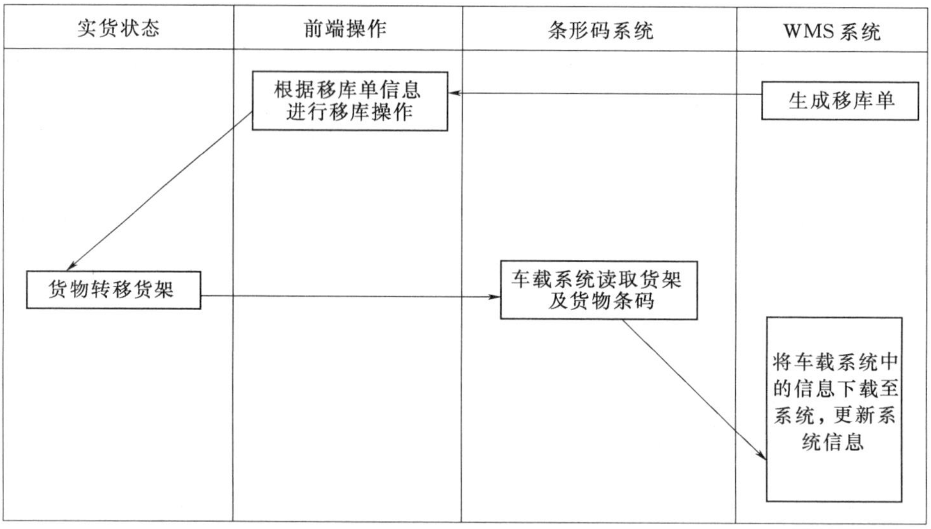

图7－13　移库操作流程

2. 流通加工系统操作流程

（1）接收流通加工信息。在接受了客户要求在出库前对货物进行流通加工的信息后，明确客户对货物的加工要求，特别是对包装、外观等特殊的要求，将客户需求列入配货单，并根据现有库存记录客户信息。

（2）配货。根据客户所需清单，由系统产生配货单（已含有流通加工特殊要求），根据配货单配货，下架时同上架一样，用车载系统器识读ID及库位，仓库人员根据配货单中客户要求核对货物并进行质检，是否有过期、毁损等现象，若有异常现象则上报管理员进行处理，同时核对货物ID，配货结束后将车载系统中的信息下载至系统，更新系统信息系统中的改变货物状态（由存储中改变至流通加工中）。

（3）流通加工。对货物进行流通加工、深加工、包装、装箱等。

流通加工系统操作流程如图7－14所示。

（五）出库操作系统

1. 出库操作系统的功能

（1）客户出货信息。接收并筛选整理客户出库信息，如需流通加工，则转入流通加工功能模块；如不需流通加工，则进入出库模块。

（2）配货系统。根据出库信息生成配货单，配货单有先进先出原则、取货路径最短原则、到期时间接近原则等。

（3）出库系统。整理出库货物，进行包装并且扫描改变货物状态，及时更新系统内货物状态。

（4）交货系统。系统根据出库信息生成发货单和装箱单。

（5）出库前质检。对配好的货物进行质检，是否有在仓储过程中出现的毁损或者过期现象，若有则上报管理员处理。

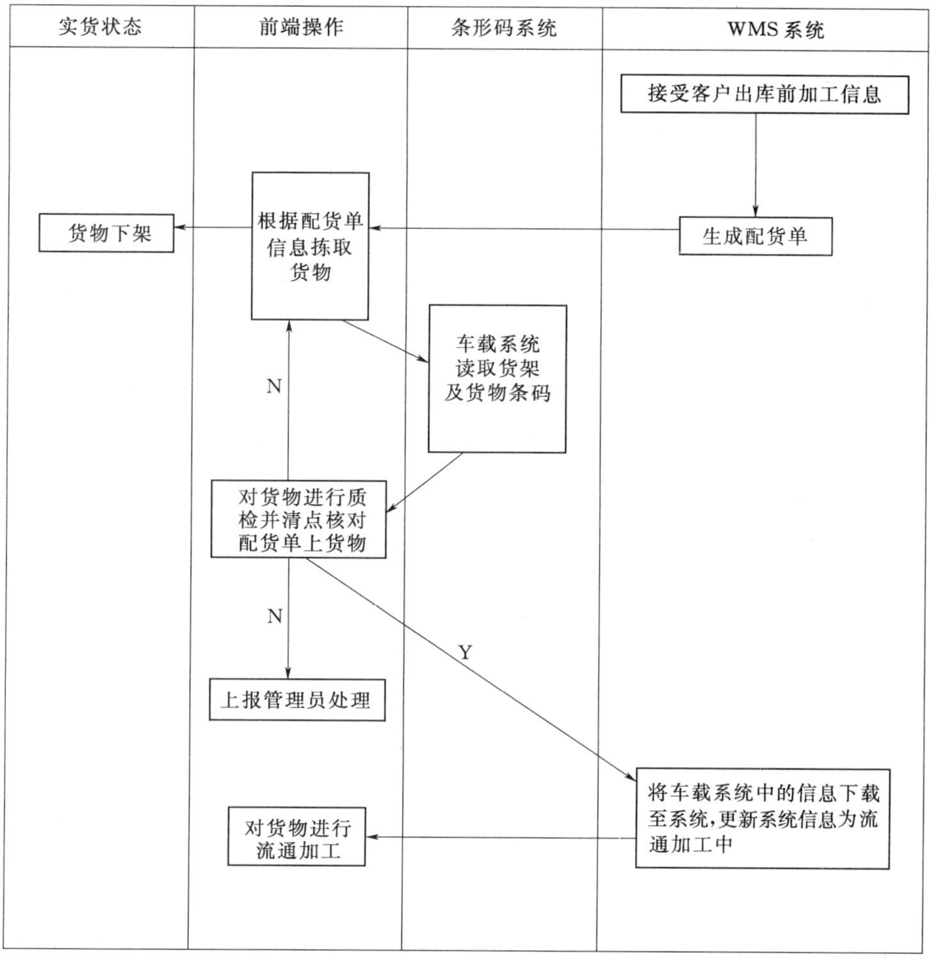

图 7-14 流通加工系统操作流程

(6) 出库货物动态跟踪。对出库货物进行动态跟踪，在货物实际装车后将货物信息由出库中改成已出库，在到达企业之前随时监控货物情况，但是仅限于运用 RFID 技术的货物方能实现此功能。

(7) 客户维护功能。在货物出库后，及时与客户保持联系，保证货物的及时到达及接收。

2. 出库操作系统操作流程

(1) 接收出库信息。在接受客户出库要求后，初步记录某客户信息（客户名称、地址、联系方式），货物信息（所需货物总数量、具体货物数量、包装、名称、规格、批次、出货时间、物品保质期等），是否需要流通加工，若需流通加工，则转入流通加工操作。

(2) 配货。若没有流通加工步骤则根据客户所需清单，由系统产生配货单，根据配货单配货，下架时同上架一样，用车载系统器识读 ID 及库位，配货结束后，再次清点核对出库单上的出库货物，若没有问题，则将车载系统中的信息下载入系统，更新系统信息，若有问题则重新配货，同时更新车载系统中的信息。

（3）拣取货物后，由管理员根据入库单信息进行核对条码、数量、品名、客户等信息，同时由质检工程师对出库货物进行检查，是否有过期、破坏等由于存储不当造成的毁损。

（4）货物出库。质检及核对通过后由仓库人员根据配货单信息装箱，同时扫描核对货物 ID，在系统中改变货物状态（由存储中改变至已出库）。

（5）交货。根据配货单及客户出库信息生成发货单和装箱单用于客户核对。

（6）货物后期跟踪。利用 GPS 对货物的去向进行跟踪，同时在系统中显示货物动态，做到实时跟踪。

出库操作系统和货物后期跟踪操作流程如图 7－15 和图 7－16 所示。

（六）盘点系统

1. 盘点系统的功能

（1）周盘。核对本周内所动过的货位，进行周盘点报告。

（2）月盘。由仓库内人员对价值以及出货量前 50 位的货物进行盘点，生成月盘点报告。

（3）半年盘。根据系统内信息，由仓库内人员对所有货物进行盘点，生成半年盘点报告。

（4）年盘。由客服人员以及仓库内人员一起，在未知库存信息的情况下对所有库存货物进行盘点，并且将结果与系统内库存信息进行核对，形成年盘点报告，同时总结一年内仓库库存状况以及运营情况等报表。

2. 盘点系统操作流程

（1）周盘操作流程。

（2）月盘操作流程。

（3）半年盘操作流程。

（4）年盘操作流程。

盘点系统操作流程如图 7－17 所示。

二、运输管理系统

1. 物流运输管理信息系统

运输 MIS 是物流 MIS 的重要组成部分，如何有效的实现运输系统的利润最大化、服务最优化是长期困扰物流企业和企业物流部门的问题。

其目标是对运输过程中人、车、货、客户及费用核算进行有效的协调和管理，实现对各种资源的实时监控、协调及智能化管理，满足客户服务的信息需求。物流运输管理信息系统一般由 10 个模块组成，如图 7－18 所示。

2. 运输管理信息系统模块

将物流运输作业的全过程一般可分为 4 个主要阶段，如图 7－19 所示，即业务受理阶段、运输任务调度阶段、在途管理阶段、回单管理和财务管理。这 4 个阶段又分为以下几

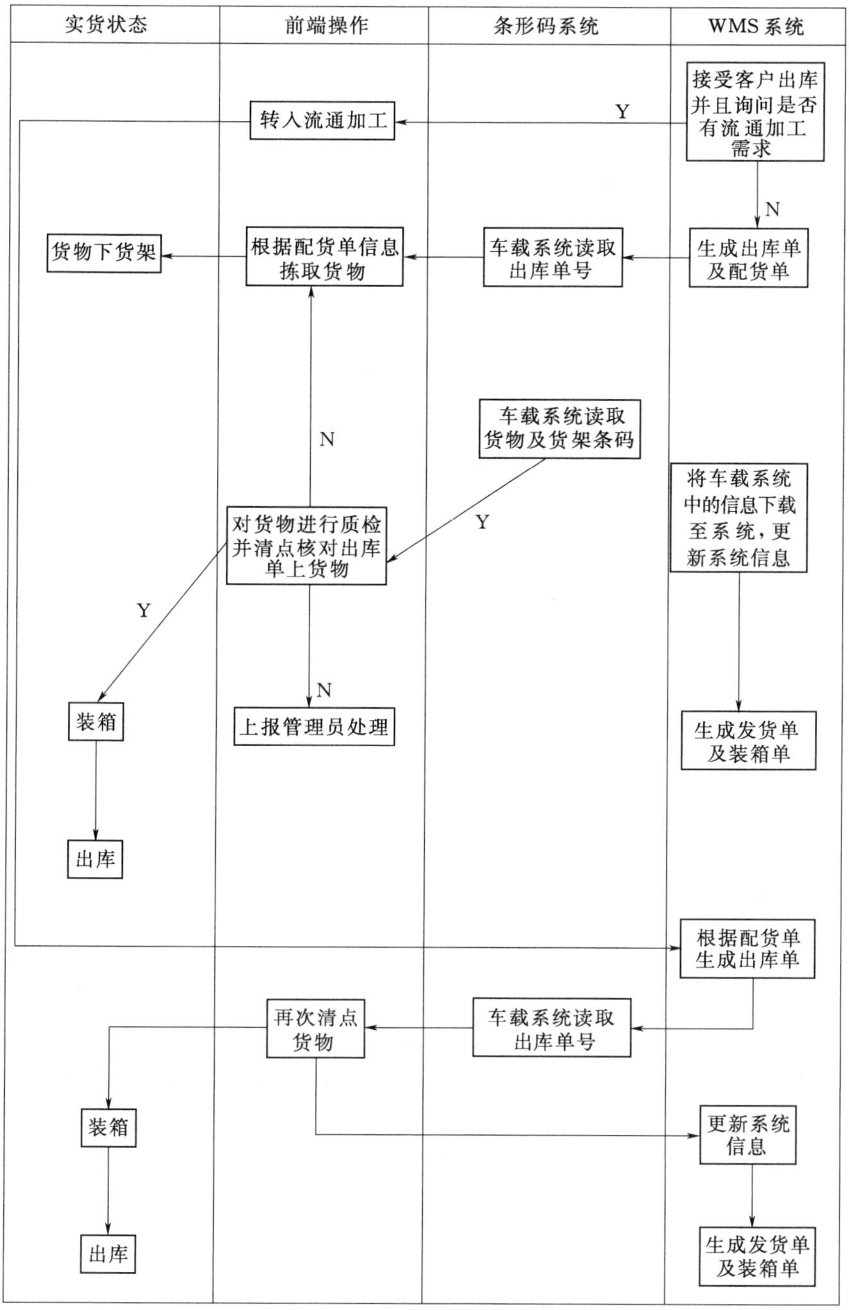
实货状态
前端操作
条形码系统
WMS系统
接受客户出库并且询问是否有流通加工需求
Y
转入流通加工
N
生成出库单及配货单
车载系统读取出库单号
根据配货单信息拣取货物
货物下货架
车载系统读取货物及货架条码
N
Y
对货物进行质检并清点核对出库单上货物
将车载系统中的信息下载至系统，更新系统信息
Y
装箱
N
上报管理员处理
生成发货单及装箱单
出库
根据配货单生成出库单
车载系统读取出库单号
再次清点货物
装箱
更新系统信息
出库
生成发货单及装箱单

图 7-15　出库操作流程

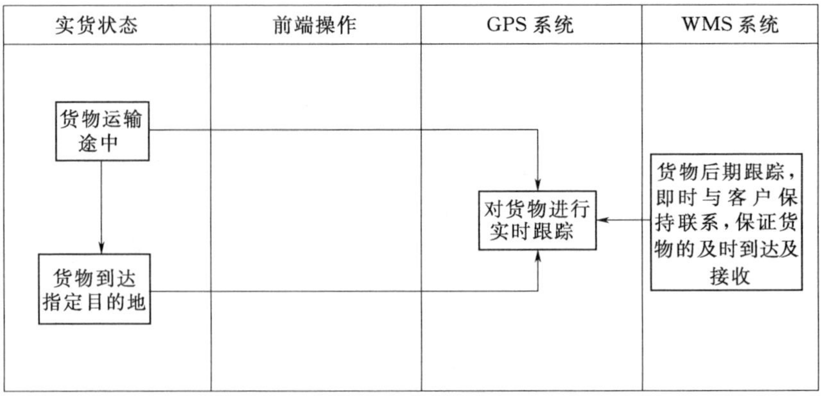

图 7－16　货物后期跟踪操作流程

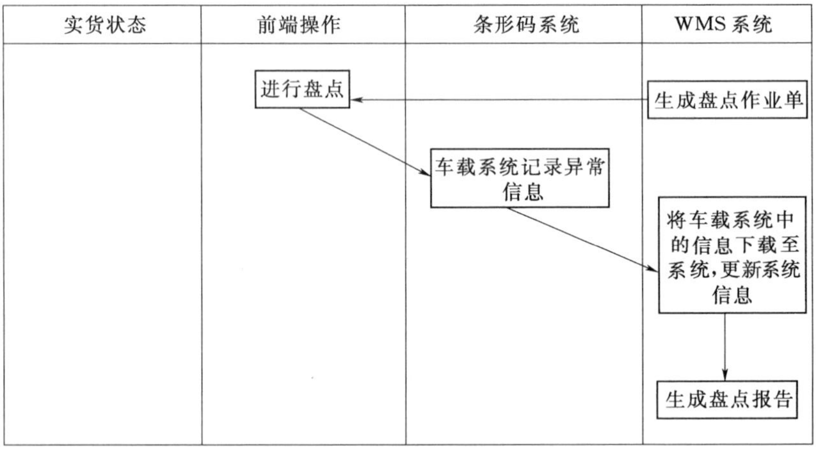

图 7－17　盘点系统操作流程

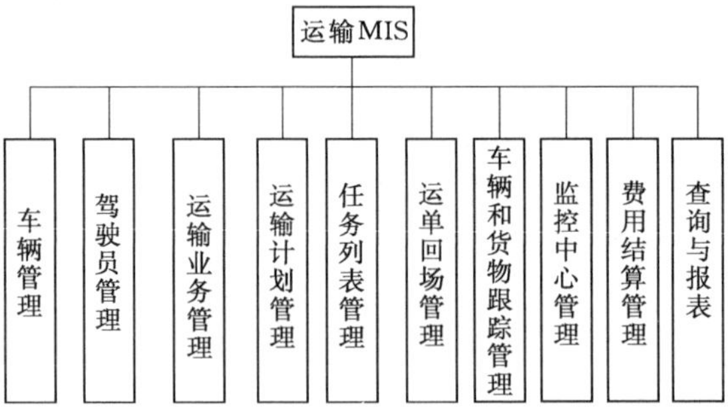

图 7－18　物流运输管理信息系统模块

个环节：运输业务受理、制订运输计划、生产任务计划、运输调度、派车单、运输过程管理、回单管理、财务分析及财务结算等。下面给出运输管理的关键业务流程。

（1）业务受理。客户可通过 3 种方式来委托进行运输业务：直接受理、电话/传真及网络方式。其中网络方式为业务受理的主要方式，在后续设计中还要实现与企业 ERP 系统的采购系统实现无缝连接，通过 EDI 电子数据交换来进行委托，通过网络进行业务委托的又分为以下两种：一种是通过邮件方式联系；另一种是客户通过第三方物流企业的门户网站录入托单信息。

（2）运输任务调度。在接到运输任务后，首先根据任务进行运输作业计划，对已有资

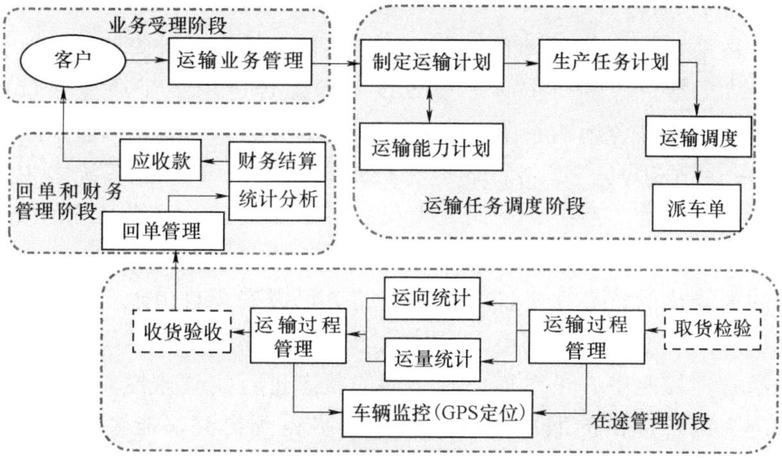

图 7－19　物流运输管理信息系统业务流程

源进行查询（即运力查询），通过调用资源数据库查询，包括自有车辆、挂靠车辆及租用车辆等重要的资源信息，还包括公司在途经过的车辆空闲资源。根据这些资源，以及详细的货物信息、货物运输要求等进行配载方案的选择，此部分工作可由软件对预先输入的车型及货物数据进行自动匹配，部分可用手工进行调整，配载按经济性原则考虑，如顾客有特殊要求，系统按客户的个性化需求来设置；根据货物所在地地址信息、运输成本信息及效率等因素来考虑进行线路的优化选择；对承运车辆生成运输计划，并生成带有货物信息、货主信息、货物所在地地址信息、承运车辆信息、承运司机等相关信息自动生产发出计划。最后将此计划动态反馈到资源数据库，并组织车辆进行提货受理及上门送货受理。

（3）在途管理。当货物进行检查和出库扫描后进行装车，调度中心可对装有 GPS/GIS 的车辆进行实时跟踪管理，对未装有定位软件的车辆，要求司机定时向调度中心报告所处地理位置。在车辆发运后，系统自动向收货方或本公司仓库发出入库信息，以便做好相应的入库准备工作。

（4）客户管理。系统提供客户远程信息查询的服务，客户管理对相关客户进行授权。经授权的客户就可以通过互联网访问系统的网站入口，查询客户关心的数据信息。客户管理模块中最重要的是客户关系管理。通过对客户每月与企业之间的交易情况，对每个客户的统计信息进行汇总。客户对于以往的业务交易也有所掌握。对于运输过程中出现的质量问题，客户可通过互联网进行投诉，由专门的部门来处理，避免隐瞒及漏报的情况；同时，管理层也会采取相应的措施来加以改进，反馈的结果会及时反应给客户。

3. 运输 MIS 的基本功能

运输 MIS 的基本功能为：车辆管理、运输业务管理、任务列表管理、运单回场管理、查询报表、车辆和货物跟踪、监控中心管理、费用结算管理。

运输管理信息系统功能实现是以 Internet、GIS、GPS、barcode、WAP 等先进技术为基础，全面跟踪车辆与货物的运输情况，客户可以随时了解车辆与货物的位置与状态，实现对车辆、货物的自动跟踪，进行状态监测和调度监控；也可以在任何时间用多种手段查询各地的路面信息、商业信息和管理资源信息。

4. 智能运输系统

（1）智能运输系统的含义。智能运输系统是将信息技术、计算机技术、通信与网络技术、传感技术、人工智能、GPS 技术、GIS 技术等综合运用于交通运输管理，从而建立起实时、准确、高效的综合运输系统，实现交通运输服务和管理的智能化。ITS 通过将道路管理者、用户、交通工具、道路、环境有机地结合起来并纳于系统之中，形成“人—车—路—环境”四位一体的系统，从而大大提高道路交通运输网络系统的安全性、运输效率、行车的舒适性以及有利于环境保护的道路交通系统。

运输系统的智能化的意义在于，车辆在道路上可以安全自由地行驶，在陌生的地方不致迷失方向。道路的交通流可以调整至最佳状态，从而缩短行车时间，减少阻塞，提高其通行能力。交通管理控制中心可对道路和车辆的状态进行实时监控，及时处理事故，保障道路畅通。系统为用户提供的服务质量和服务水平得到提高，能源得以节省，环保得以改善。

（2）智能运输系统结构分析。智能运输系统的建设基于全球定位系统（GPS）、地理信息系统（GIS）、遥感技术、有线和无线通信及网络技术等，以及道路建设及规划、法规等。典型的智能运输系统的主要功能结构如图 7-20 所示。

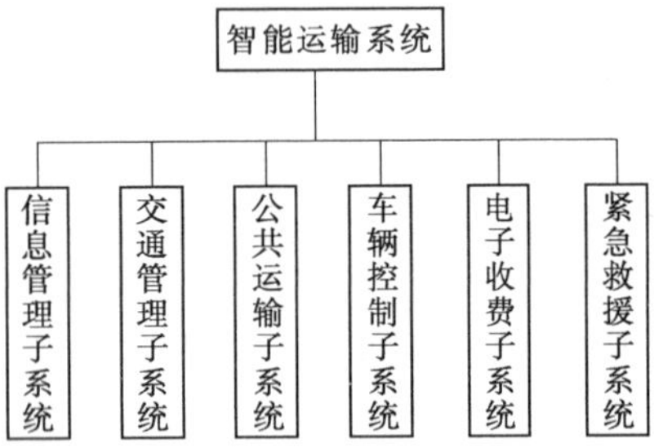

图 7-20 典型的智能运输系统的主要功能结构

（3）智能运输系统对物流的作用。ITS 技术主要应用于物流中的车货集中动态管理和配送管理，不仅可以提高运输的效率和车辆及货物的安全性，而且可以大大提高物流服务水平，降低物流成本，提高物流效率。对物流活动作用主要有优化物流运输方案、提高物流的安全性、提高物流服务水平、提高物流效率 4 个方面。

ITS 通过技术平台可向物流企业管理提供的服务主要集中在物流配送管理和车货动态控制两方面，如提供当前道路交通信息、线路诱导信息，为物流企业制定运输方案提供决策依据；通过对车辆位置状态的实时跟踪，可向物流企业甚至客户提供车辆预计到达时间；为物流中心的配送计划、仓库存货战略的确定提供依据。在现代物流发展过程中，主要可在以下 5 个方面利用智能运输技术：移动信息技术、车辆定位技术、车辆识别技术、车辆控制技术、通信与网络技术。

（1）移动信息技术。为了将移动的车辆信息纳入物流运转的信息链中，需要使用移动信息系统。该系统和物流企业的信息中心构成统一的整体。合同数据、运输线路数据、车辆数据和行驶数据都需要进行搜索、存储、交换和处理。将货运车辆纳入信息链所采用的主要手段是在车辆上配置便携式计算机或专门开发的信息处理和无线发射与接收装置。物流业中使用移动定位后，短信息量非常大，其中用户主要是跨国物流企业和大型的物流企业，随着技术的更新及信息费用的下降，许多中小物流企业对移动信息技术也越来越感兴趣。

（2）车辆定位技术。车辆的实时定位有助于物流控制中心在任意时刻查询车辆的地理位置，并在电子地图上直观地显现出来，动态掌握车辆所在位置可帮助物流企业优化车辆配载和调度。另外，车辆定位技术也是搜寻被盗车辆的一个辅助手段，这对运输贵重货物来说具有特别重要的意义。GPS 技术是车辆定位最常用的解决方案。对于网络 GPS 的用户，还可使用 GPS 的语音功能与司机进行通话或使用安装在运输工具上的汉字液晶显示屏，进行汉字消息收发。

(3) 车辆识别技术。借助电子识别系统，使运输中的货物可通过一个号码和特别的信息加以区别，便于运输途中对时间及地点的追踪与监控。它还可以与其他系统连接，用于控制物流中的运输、转运、代销和存储过程。

(4) 车辆控制技术。车辆控制技术是现代物流系统中货运车辆运营管理的重要组成部分。车辆控制技术提供支撑物系统在运输环节对供应链进行全过程管理的功能，包含运营货运车队管理、货物运输管理、货运车辆电子通关、运营货运车辆行政管理、动态承重、车载安全监控、车辆车载安全保障、货车车辆维护等多方面。

(5) 通信与网络技术。在现代运输网络中，数据越来越多地需要远程输送与交换。采用标准化电子数据交换 EDI 信息网，可使数据具有较好的兼容性与适用性，有利于加速信息流程，降低手工输入错误率，减少纸张需求以及使数据易于检验等。远程数据通信可利用专门的数据交换网，也可借用互联网。由于互联网具有低通信成本、高联通率的特点，越来越多的货运企业把互联网作为数据交换台，进行数据通信。基于网络及时、准确的信息传递保证了物流系统高度集约化管理的信息需求，保证了物流网络各节点和总部之间以及各节点之间的信息充分共享。

(6) 智能运输系统的构成。智能运输系统主要由 5 个子系统构成，即先进的交通信息系统、先进的交通管理系统、先进的车辆系统、先进的公共运输系统和商用车辆运营系统：

1) 先进的交通信息系统。其核心是信息中心，该中心为出行者提供强大的信息支持。例如，为出行者提供所需的有关公交线路图及发车时刻表、某一时刻某一路段的车速状况、道路施工情况、绕行路线和气候条件等实时信息；提供与目的地相关的信息，如沿途加油站、汽车修理厂、餐馆、医院等设施的地理位置分布、地址、电话、营业时间等；提供沿途交通及道路状况信息，如道路线形、路宽、交叉口、坡度、交通堵塞情况等信息；提供最佳行驶路线及实时导航信息等。

2) 先进的交通管理系统（图 7－21）。该系统由一系列的监视公路状况、支持交通管理与出行建议系统所组成。交通管理控制中心通过交通探测车、车辆探测器、雷达探测器、气象探测器、能见度探测器、视频探测系统、不停车电子收费系统和紧急电话等手段采集有关信息并进行加工，然后通过电子地图、大屏幕显示器、可变标志、可变情报板、电话、电视、路侧通信广播、交通广播、微机信息灯系统、视频监测系统和不停车电子收费系统等手段将有关信息传递给司机和相关人员，并不断优化交通信号灯的绿信比，随时采取相关措施保障良好的交通秩序。此外，还对一些突发事件（如交通事故、道路维修、特殊的政治活动等）迅速确定解决方案，并做出准确的反应。

3) 先进的车辆系统。该系统是指借助车载设备及路侧、路表的电子设备来检测周围行使环境的变化情况，进行部分或完全的自动驾驶控制以达到行车安全和增加道路通行能力的目的。其本质就是在车辆与道路系统中将现代通信技术、控制技术和交通

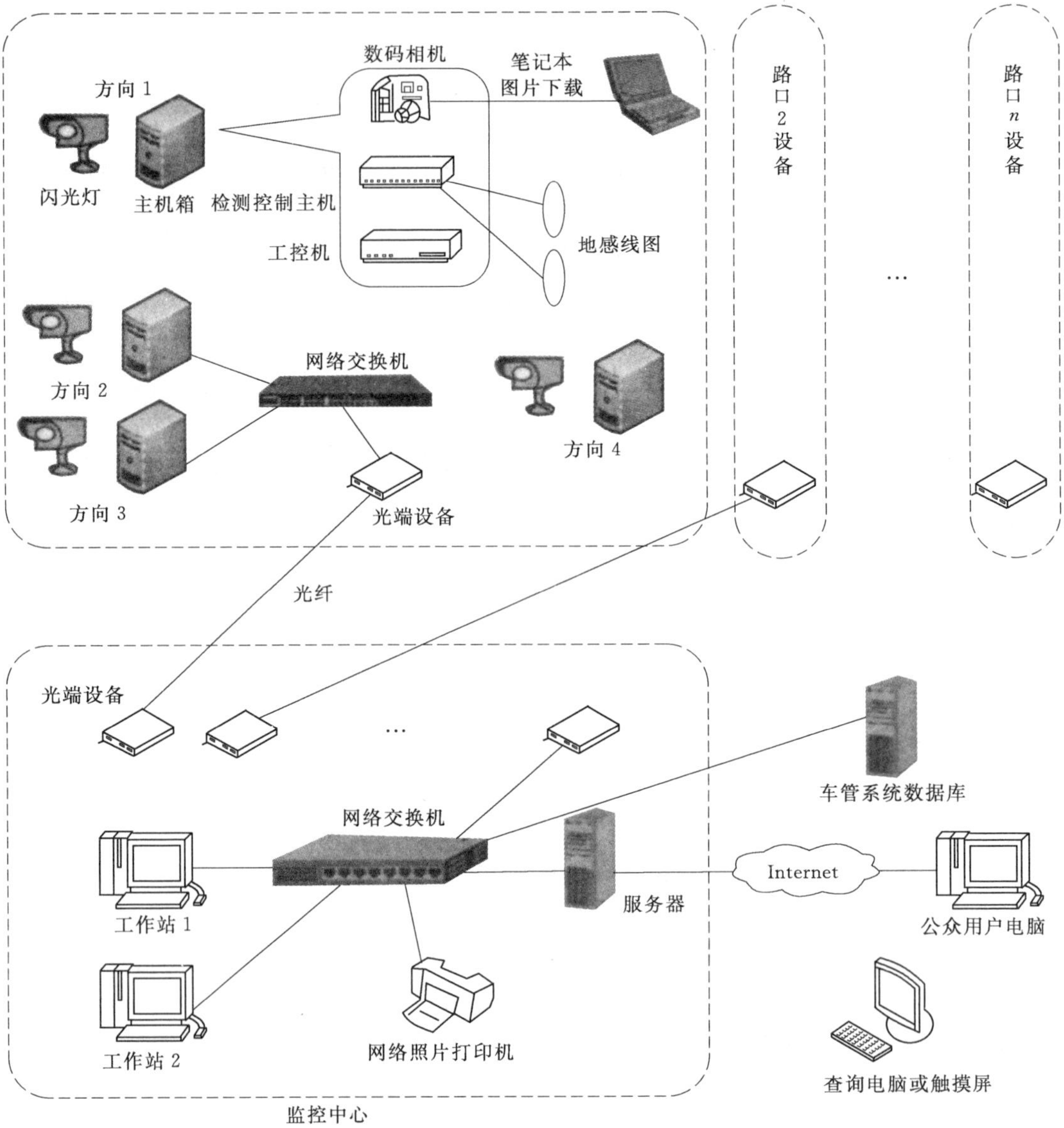

图 7-21　先进的交通管理系统

流理论加以集成，提供一个良好的辅助驾驶环境，在特定条件下，车辆将在自动控制下安全行驶。

4）先进的公共运输系统。作为智能运输系统的子系统，其部分原因是保证对各种可选交通方式有足够的考虑。该系统采用先进的公共汽车、车辆全球定位系统和先进的电子技术等来达到不需要新建另外的公路却能运送更多的出行者的目的。该系统利用计算机技术对公交车辆及公共设施的技术状况和服务水平进行实时分析，实现公交系统计划、运营和管理功能的自动化；为乘客提供实时的换乘信息；具有完备的安全监测、预警和防范设施等。

5）商用车辆运营系统。商业车辆运营系统（Commercial Vehicle Operation，CVO）。商用车辆包括货运汽车、公交汽车、出租车和紧急车辆。该系统可为商用车辆运营业户提供电子通关；对高速行驶中的车辆、货物状态和司机的安全情况进行检测，危险时预警，并在必要时进行自动控制；运送危险品的车辆发生事故时，能立刻确定事故的严重程度、事故地点、危险品种类，并推荐最佳应急方案；还可帮助司机确定车辆位置，避开交通阻塞路段，提高运输效率。

相关链接

电子不停车收费系统

电子不停车收费系统（ETC）是为了减少道路收费口处的交通拥挤，加快车辆通过收费口的速度而建设的。系统采用车载装置记录代付款协议等信息，插入IC卡后，当通过电子收费口时，利用收费口通信天线与车载设备之间的通信，在计算机收费系统和IC卡双方均完成对通行费的记录，从而实现电子结算收费。

ETC具有全路段封闭型、职能卡车载、电子托收、联网分账等特点。通行效率比人工缴费显著提高。系统特点为：24小时无人监管不间断工作；车道过车和银行托收都是由系统自动实现；在收费站不设服务器，通过网络浏览器打印报表，降低成本，提高系统的安全性；提供互联网服务，电子标签用户可以在网上查询过车费用。

ETC系统示意如图7－22所示。

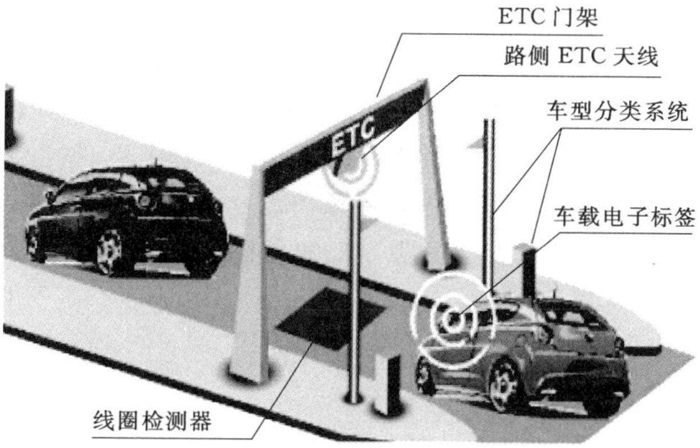

图7－22　ETC系统示意图

（资料来源：ETC系统实施方案 http：//www.docin.com/p－816934359.html）

三、国际货代管理系统（FMS）

国际货代管理系统不仅满足局域网内部的应用，对于具有分公司或办事处的企业，系统可以通过过程中间层与互联网实现远程连接，过程中间服务层和数据表现层数据之间通过压缩加密方式传输，执行速度快、数据访问安全。另外，客户可以通过网络协作平台进行下单、查询等操作。

国际货代管理系统标准版由7个功能模块及1个系统控制台组成：①客户资料；②海

运进出口操作；③空运进出口操作；④财务结算；⑤决策分析；⑥系统维护；⑦用户管理；⑧系统控制台。系统具有极强的拓展性，在该系统的基础上，可以增加运输管理、仓储管理、运价报价、客户关系管理、人力资源、网络协作等功能模块。

1. 客户资料

(1) 按照客户的角色和类型的不同，对客户进行分类。

(2) 客户基本资料的维护。

(3) 客户重要联系人的资料记录，如联系人名字、电话、传真等。

(4) 同一客户可以维护多条客户详细资料，以便制作提单、委托书等各类单证的时候准确无误的调用。

(5) 客户装送货地点、仓库、账号等相关资料的维护。

(6) 客户报价方案的维护。

(7) 航空公司信息及固定费用的维护。

(8) 友好的界面风格及快速的信息查询。

2. 海运进出口操作

(1) 操作界面自定义，满足用户个性化的多种需求。

(2) 高级查询，提供多种条件组合查找。

(3) 支持海运业务委托、订舱、陆运、报关、商检、货物进出仓、提单制作等功能。

(4) 海运出口整箱、拼箱操作；海运进口整箱、分拨操作。

(5) 业务流程自定义，各种状态（操作状态、陆运状态、报关状态、商检状态、订舱状态等）自定义及预警。

(6) 单证制作功能强大，方便快捷。支持各种单证的自定义制作及导出功能，如提单、托书、报关单、商检单、派车单、进出仓通知单、舱单。

(7) 根据费用方案自动产生各项费用明细。

(8) 制作我方、对方的 D/B、C/R 等多种账单。

(9) 相关文件（如核销单、手册、发票等）的过程跟踪。

3. 空运进出口操作

(1) 操作界面自定义，满足用户个性化的多种需求。

(2) 高级查询，提供多种条件组合查找。

(3) 支持空运业务委托（下单）、订舱、主分单制作、陆运、货物进出仓、商检、报关等功能。

(4) 支持一主（单）多分（单）的业务模式。

(5) 业务流程自定义，各种状态（操作状态、陆运状态、报关状态、商检状态、订舱状态等）自定义及预警。

(6) 单证制作功能强大，方便快捷。支持各种单证的自定义制作及导出功能，如提单、托书、报关单、商检单、派车单、进出仓通知单、舱单。

(7) 根据费用方案自动产生各项费用明细。

(8) 制作我方、对方的 D/B、C/R 等多种账单。

(9) 相关文件（如核销单、手册、发票等）的过程跟踪。

4. 财务结算

（1）提供费用审核、发票管理、费用核销、收付记录、单证管理等子功能。

（2）费用审核。对费用进行维护和制作，同时对所有已制作的费用进行审核及锁定。

（3）发票管理。对所有已审核的费用进行发票的制作，可对多笔费用、多票业务制作同一张发票。

（4）费用核销。对所有已审核的费用进行核销操作，可多次多币种进行核销。

（5）收付记录。对所有核销的过程进行记录跟踪，同时也可以撤销核销。

（6）单证管理。跟踪每票业务收取和送出的相关文件的信息。

（7）客户（结算单位）应收应付款的统计与管理，费用更改记录。

（8）业务利润的统计。

（9）已开的发票、账单统计。

（10）账龄分析。

（11）强大的报表设计，可自定义设计出不同要求的财务报表及导出图片、PDF、Excel、Word 等格式的文件。

5. 决策分析

（1）自定义统计方案，并可根据统计方案产生各种业务和财务报表。

（2）对某段时期的业务类型、箱型、箱量、业务员销售状况、利润收支等统计分析。

（3）支持表格和图形的统计结果显示方式。

（4）支持统计结果导出的功能，可导出网页、Excel 等文件。

6. 系统维护

（1）系统所需的基础代码的维护。如港口、国家、区域、航线、费用名称、汇率等的维护。

（2）业务编号、各种单证编号规则自定义。可根据用户的实际需要，对系统中的各种编号进行自定义，并可根据规则自动产生有序的各种编号。

（3）各种业务状态自定义。用户可根据实际业务情况对操作状态、陆运状态、订舱状态、报关状态、费用状态等进行自定义。

（4）用户公司基本信息的维护。

7. 用户管理

（1）系统用户、部门（组）的建立和维护。

（2）用户权限的分配及维护。权限分为三个级别，即个人权限、部门权限、所有权限。

（3）细粒度权限分配，包括新建、编辑、删除、检索以及各关键节点的多层细粒度控制。

（4）用户登录系统记录。详细记录用户登录系统及进行各种操作的信息。

8. 系统控制台

（1）系统所有模块登录的控制。

（2）服务器数据库地址的设置。

（3）用户密码的修改。

（4）软件皮肤的选择。

（5）自动升级的设置。

（6）软件信息、物流资讯。

四、供应链物流信息系统

供应链物流信息系统是指通过现代信息技术，对供应链系统中的物流信息进行系统化，并配送决策支持技术，对供应链中的各相关部分发出协调指令，从而实现供应链系统的低成本、高质量、高效率的运行。信息技术及信息系统的应用是实现供应链管理的前提条件。供应链物流信息系统所设计的主要关键技术为统一的动态联盟企业建模和管理分布式计算技术、标准化技术和信息安全等。目前，市场上有的供应链管理软件是原软件的扩展，还有一些则是具有单项供应链管理功能的软件。供应链管理软件一般有 5 个主要模块：需求计划模块、生产计划和排序模块、分销计划模块、运输计划模块和企业或供应链分析等，如下所述：

（1）需求技术模块。用统计工具、因果要素和层次分析等手段进行更为精确的预测，用包括互联网和协同引擎等通信技术帮助生成组织间的最新和实时的协作预测。

（2）生产计划和排序模块。分析组织内部和供应商生产设施的物料和能力的约束，编制满足物料和能力约束的生产进度计划，还可以按照给定条件进行优化，根据不同的生产用不同的算法和技术。

（3）分销计划模块。帮助组织分析原始信息，确定如何优化分销成本或者根据生产能本提高客户服务水平，保证产品可订货、可赢利。

（4）运输计划模块。帮助确定将产品送达客户的最好途径，包括运输方式、运输路线规划。

（5）企业或供应链分析。一般是关于整个企业或供应链的图示模型，帮助企业从战略对工厂和销售中心等进行调整。

通过供应链物流信息系统的运用，可以使物流信息在整个供应链系统中共享和集成，从而支持供应链系统的快速反应，促进各伙伴的有效预测和协调。

1）支持供应链的快速反应。由于所有供应链伙伴分享业务计划、预测信息、POS 数库存信息、进货情况，以及其他有关协调物流的信息，因此，支持所有供应链合作伙伴的快速发展。

目标一体化的供应链具有高速的反应力。如供应商知道何时增加生产，运输公司能掌握各地货源情况，分销商可以及时调整分销计划。

2）促进有效预测。物流信息的共享，可以使供应链中的合作伙伴在进行需求分析时获得关于未来的更多信息，从而能使预测更加有效。如果供应链中的所有合作伙伴能参加合作预测，则可以最大限度地减少牛鞭效应。

3）有助于系统协调。供应链物流信息系统可以随时提供生产状况和成本、库存成本、各种业务能力和顾客需求等信息，这些信息对于供应链成员从局部最优化转向系统最优化的协调工作具有极其重要的价值。

五、电子商务下的物流信息系统

电子商务集信息流、资金流和物流于一体。其中，信息流包括商品信息、订单信息、库存信息、运输信息、客户信息、供应商信息、认证信息、资金转账信息以及各种统计、决策信息等的流转；资金流主要是指资金的转移；物流，即通过各项具体的运输、储存、装卸、保管、包装、配送等物流活动，实现物质资料的空间位移。可见，物流是电子商务的重要组成部分。

在电子工具和网络通信技术的支持下，信息流、资金流可在瞬间完成，而物流一般是不可能直接通过网络传输的方式来完成的。因此，如果没有先进的现代物流系统做后盾，必然会给电子商务的发展带来巨大的阻碍。在电子商务时代，物流的信息化是电子商务的必然要求，一个高效、拥有电子商务功能的现代物流系统的运作必须以物流信息系统的全面应用为基础。

电子商务环境下的物流基本业务流程如图 7－23 所示。

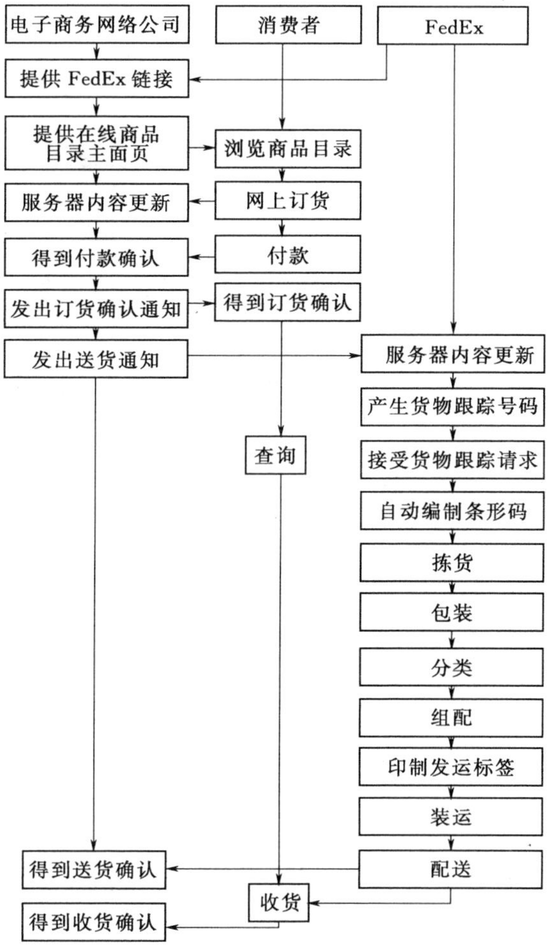

图 7－23　电子商务环境下的物流基本业务流程

1. B to C 模式中的物流系统电子商务业务流程

B to C 模式的具体运作模式一般有两种：B to C 网络直销模式和 B to C 亚马逊模式。前者是由商品制造商自己开设的，直接面对消费者提供购物服务的电子商务网站，戴尔公司的网上直销模式是该模式的典型实例。后者是一个购物平台，而非实物平台，它是生产者和消费者之间供求信息的沟通者，以及其他购物增值服务的提供者。无论哪种 B to C

模式，消费者都是通过电子商务网站进行购物活动的。

网上购物的参与方主要为：具有浏览器的消费者群；能处理信用卡业务并提供主页的商家；银行架构，包括发卡行和收单行；安全认证机构；物流配送中心。

2. B to B 模式中物流系统电子商务业务流程

EDI 是 B to B 电子商务模式的核心技术。供应商与供应商（或销售商）之间通过 EDI 进行售前、售中与售后的电子商务；物流中心使用 EDI 服务与客户进行数据交换，并完成相应的物流基本活动；认证机构、银行通过 EDI 技术进行安全认证、电子支付及结算等。最终消费者的购物流程与 B to C 模式中消费者与商家的网上购物流程基本相同。基于 EDI 的物流系统电子商务简单业务流程如图 7-24 所示。

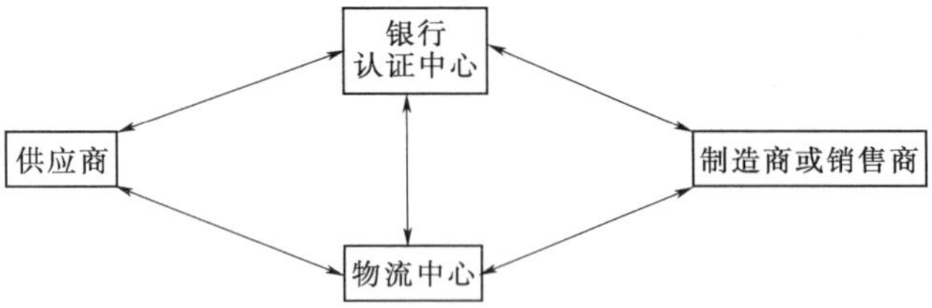

图 7-24 基于 EDI 的物流系统电子商务简单业务流程

第三节 物流信息系统的开发步骤与方法

管理信息系统的开发是一项复杂的系统工程，它涉及的知识领域广泛，涉及的单位部门众多，需要在计算机技术、管理业务、组织及行为等方面全面把握。可以采用的系统开发方法较多，如传统的结构化方法、原形法、面向对象法等，每种方法都有自己的适用范围，不能简单地说哪种方法最好或明显比其他方法优越，往往各种方法会在系统开发的不同侧面和不同阶段为信息系统的开发提供有益的帮助或明显提高开发质量及效率。

一、物流信息管理系统的开发步骤

（一）需求分析

1. 需求

（1）项目的提出。项目书的内容是：①当前系统存在的问题与现状概述；②新系统应要实现的目标；③可提供的开发资源；④开发进度的要求。

（2）用户类型。物流信息系统的用户包括两类：企业内物流信息系统和企业外物流信息系统。

（3）明确用户需求。需求分类分为一般需求和额外需求。一般需求是实现基本的客户需要，是必须满足的；额外需求附加了个人想法，客户原先想不到的需要。系统分析人员明确用户需求确定以下内容：①系统的用户是谁；②现有系统的问题是什么，严重程度如何；③系统的现状如何；④各类用户的需要是什么，明确要达到的目标；⑤识别用户需求的正确性和合理性。

2. 调查

（1）系统调查的类型。调查的类型分为初步调查、详细调查和补充调查。

（2）初步调查的目的。调查的目的依企业不同而各异。例如，某企业物流信息系统的系统目标为：①建立一个具有市场、销售、经营、资金、成本、物资运输功能的面向全企业的物流信息系统；②该系统为不同层次的管理人员提供各种报表和计划；③该系统使用同一套数据库，具有数据的一致性；④具有优化管理功能，包括计划、市场预测和财务预测等；⑤留有与其他系统的接口，以便扩大系统的功能。

（3）初步调查的内容。初步调查的内容主要包括：①整个企业的概况：企业经营目标、企业的规模、职工人数、产品结构、企业结构以及目前的经营管理水平等；②现行信息系统的概况：已有的计算机应用项目，功能如何等；③企业与外部的关系：企业的环境因素和哪些外部单位之间物质、资金或信息的来往关系；④本企业的领导者、管理部门对物流信息系统的态度，支持的程度（包括人力、资料与数据），对新、老信息系统的看法以及对信息的需求；⑤开发物流信息系统的资源：人力、资金以及开发周期等资源情况。

（4）调研方法。调研方法主要有：①查阅资料法；②开调查座谈会；③调查表法；④实地调查；⑤取样调查法；⑥重点调查。

3. 项目可行性分析

（1）可行性分析的内容。可行性分析的内容主要包括：①技术上的可行性；②经济上的可行性；③社会环境方面的可行性。

（2）可行性报告。可行性文档包括主要内容是：①目标名称；②系统现状分析；③初步方案；④方案的可行性论证；⑤方案当前存在的问题及其解决的建议、结论；⑥项目开发初步计划大致进度；⑦建议；⑧汇报文件；⑨附加材料。

（二）系统设计

系统设计是指按逻辑模型要求，科学合理地进行总体设计和详细设计，提供必要的技术资料。系统设计如图 7－25 所示。

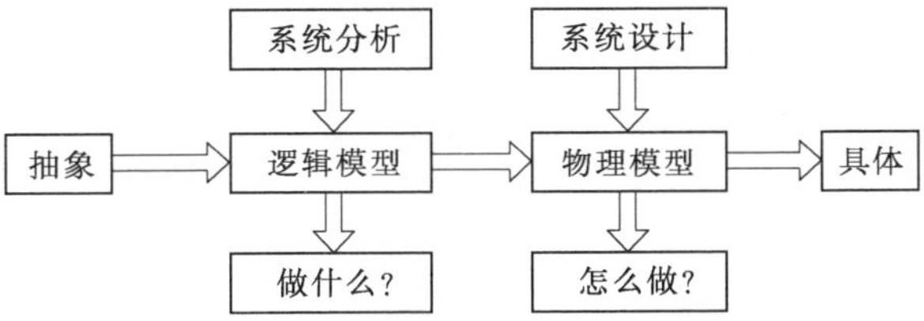

图 7－25　系统设计

系统设计包括总体结构设计和详细设计。

1. 总体结构设计

总体设计包括子系统的划分、物理配置方案设计、软件结构设计。子系统的划分是划分系统的功能模块。如某大型供销公司决定建设供销管理信息系统整个系统由三个子系统组成：物资供应子系统、产品销售子系统、综合查询子系统。系统物流配置方案设计主要解决计算机软硬件系统的配置、通信网络的配置、机房设置的配置问题等。如供销管理系统涉及的主要办公部门分布在一个主办公大院内，物资管理部门在 A 楼，产品销售部门在 B 楼，C 楼是公司领导的办公地点。办公大院内的计算机应用系统采用 C/S 模式；在办公大院内建立了连接 A、B、C 三楼的主干光纤网；从主干光纤网在 A、B、C 三楼分布接出三个星形网络用于建立物资子系统、产品销售子系统及综合信息查询子系统等配置。软件结构设计是对确定的硬件结构中的每台计算机指定相应的计算机系统软件，包括操作系统、数据库管理系统、应用服务系统、开发工具软件等。

2. 详细设计

详细设计包括系统代码设计、系统数据结构设计和数据库设计、表和文件的形式、数据的类别、保密级别、输入/输出设计、模块功能与处理过程设计等。

（三）系统实施

系统实施是指把系统的物理模型转换成实际运行系统的全过程。系统实施阶段既是成功地实现新系统，又是取得用户对系统信任的关键阶段。

系统实施的主要内容包括购置和安装计算机网络系统、建立数据库系统、程序设计与调试、整理基础数据、培训操作人员、投入切换和试运行。

（四）系统的维护与评价

管理信息系统需要在使用中不断完善，经过调试的系统难免有不尽如人意的地方，或有的地方效率可以提高，或有使用不方便的地方，同时管理环境的新变化，对信息系统提出了新的要求。系统维护包括程序的维护、数据文件的维护、代码的维护和机器设备的维护。

信息系统投入使用一段时间以后，需要对系统进行全面的评价。根据使用者的反映和运行情况记录，评价系统是否达到了设计要求，指出系统改进和扩充的方向。评价的主要内容包括系统运行的一般情况、系统的使用效果、系统的性能、系统的经济效益。

系统运行的一般情况包括系统功能是否达到设计要求，用户付出的资源是否控制在预定界限内，用户对系统工作的满意度（响应时间、操作方便性、灵活性等）。

系统的使用效果从系统提供的信息服务的有效性方面考察，包括用户对系统提供的信息的满意度、提供信息的及时性、提供信息的准确性和完整性。

系统的性能包括计算机资源的利用情况、系统的可靠性、系统的可扩充性。

系统的经济效益可从系统的费用（包括系统的开发费用和各种运行维护费用）、系统的收益（包括有形效益和无形效益，如库存资金的减少、成本下降、管理费用减低等）、投资效益分析。

二、物流管理信息系统的开发方法

目前常用的系统开发方法有：结构化系统开发方法、原型方法、面向对象的开发方法、计算机辅助软件工程方法等。下面对这 4 种常用方法进行详细阐述。

（一）结构化系统开发方法

结构化系统开发方法是迄今为止开发方法中应用最普遍、最成熟的一种方法。

1. 结构化系统开发方法的基本思想

结构化系统开发方法是用系统的思想和系统工程的方法，按照用户至上的原则，结构化、模块化，自顶向下对系统进行分析与设计。

2. 结构化系统开发方法的特点

结构化系统开发方法主要强调以下特点：

（1）自顶向下整体性的分析与设计和自底向上逐步实施的系统开发过程。在系统分析与设计阶段，要从全局考虑，采用自上向下的方法，即从全局到局部、从整个系统到子系统、从子系统到模块，一层层自顶向下进行分析与设计。而在系统实现时，则要根据要求先编制一个个具体的功能模块，调试实现后，再向上综合成一个个子系统，再综合，自底向上逐步实现整个系统。

（2）用户至上。用户对系统开发的成败是至关重要的，故在系统开发过程中要面向用户，充分了解用户的需求和愿望。

（3）深入调查研究。强调在设计系统之前，深入用户单位，详细地调查研究，努力弄清实际情况，处理过程的每一个细节，然后分析研究，制定出科学合理的新系统设计方案。其中，要对现实的系统进行模拟、改建，以便于计算机处理，按照面向用户需求的观点，建立能反映实际事务的功能模块。

（4）严格区分工作阶段。把整个系统开发过程划分为若干个工作阶段，每个阶段都有其明确的任务和目标，在实际开发过程中要求严格按照划分的工作阶段，一步步地开展工作，如遇到较小、较简单的问题，可跳过某些步骤，但不可打乱或颠倒次序。

（5）充分预料可能发生的变化。系统开发是一项耗费人力、财力、物力且周期很长的工作，一旦周围环境（组织的内外部环境、信息处理模式、用户需求等）发生变化，就会直接影响系统的开发工作，所以结构化开发方法强调在系统调查和分析时对将来可能发生的变化给予充分的重视，强调所设计系统对环境的变化具有一定的适应能力。

（6）工作文件标准化和文献化。新系统开发过程中的工作内容（研究记录、分析报告等）都必须形成固定格式的文本（填写在一定格式的图表上），各种图表工具都要求标准化。标准化文献供用户参考使用，供开发工作者查阅，保证开发的连续性和可扩充性。

3. 结构化系统开发的生命周期

用结构化系统开发方法开发一个系统，将整个开发过程划分为五个首尾相连的阶段，一般称为结构化系统开发的生命周期（图 7 - 26）。

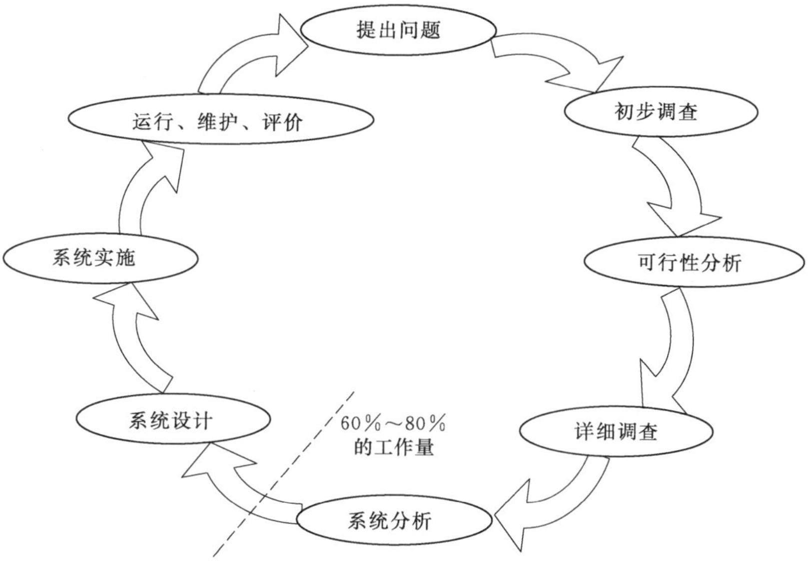

图 7 - 26　结构化系统开发的生命周期

结构化系统开发生命周期各阶段的主要工作有：

（1）系统规划阶段。系统规划阶段是根据用户的系统开发请求，进行初步调查，明确问题，确定系统目标和总体结构及分阶段实施进度，然后进行可行性研究。

（2）系统分析阶段。系统分析阶段是分析业务流程、数据与数据流程图，然后提出分析处理方式，建立新系统逻辑方案。

（3）系统设计阶段。系统设计阶段是进行总体结构设计、代码设计、数据库/文件设计、输入/输出设计、模块结构与功能设计。同时，根据总体设计的要求，购置与安装设备，进行试验，最终给出设计方案。

（4）系统实施阶段。系统实施阶段的任务是：编制程序、人员培训、数据准备、试运行等。

（5）系统运行阶段。系统运行阶段的主要任务是进行系统的日常运行管理，评价系统的运行效率对运行费用和效果进行监理审计，如出现问题则对系统进行修改、调整。然后分析结果，如果结果良好，系统将维持现状运行；如果有问题，则对系统进行修改、维护或局部调整；如果出现了矛盾不可调和的大问题（这种情况一般是系统运行若干年之后，系统运行的环境已经发生了根本的变化时才可能出现），则用户将会进一步提出开发新系统要求。开发新系统要求的提出标志着老系统生命的结束，新系统即将诞生。

这个全过程就是结构化系统开发生命周期。在每一阶段均有小循环，不满足要求时则修改，并从提出问题开始。

4. 结构化系统开发方法的优、缺点

结构化系统开发方法的突出优点就是它强调系统开发过程的整体性和全局性，强调在整体化的前提下来考虑具体的分析设计问题，即自上向下的观点。它强调的另一个观点是严格地区分开发阶段，一步一步地进行系统分析和设计，每一步工作都及时总结，发现问题能及时地反馈和纠正，避免开发过程的混乱状态。

但是，随着时间的推移，这种开发方法也逐渐地暴露出了很多缺点和不足。最突出的表现是系统开发周期过长，因为此方法力争在充分了解需求后一次开发完成所有的任务。同时，该方法缺乏灵活性，即由于开发、设计的目标必须比较明确，不能适应开发过程中的环境、需求的变化。该方法也造成了开发人员和用户的交流困难。众所周知，用户和开发人员之间在业务知识和计算机技术的了解方面存在矛盾，该方法对解决这些矛盾也存在障碍。

（二）原型方法

原型法（Prototyping）是20世纪80年代随着计算机软件技术的发展，特别是在关系数据库系统（Relational Data Base System，RDBS）、第四代程序生成语言（4th Generation Language，4GL）和各种系统开发生成环境产生的基础上，提出的一种从设计思想、工具、手段都全新的系统开发方法。它摒弃了那种一步步周密细致地调查分析，然后逐步整理出文字档案，最后才能让用户看到结果的繁琐作法。

1. 原型方法的基本思想

原型方法的基本思想是试图改进结构化系统开发方法的缺点，在短时间内先定义用户的基本需求，通过强有力的软件环境支持，开发出一个功能并不十分完善的、实验性的、简易的管理信息系统原型。运用这个原型，与用户一起反复进行补充、修改、完善、发展，直至得到用户满意的系统。所以，原型方法依据的基本模型是循环或迭代模型。

2. 原型方法的特点

原型方法从原理来看，并无任何高深的理论和技术，但为什么会备受推崇，在实践中获得了巨大的成功？因为与结构化系统开发方法相比，原型方法具有如下几方面的特点：

（1）原型方法更多地遵循了人们认识事物的规律，那就是人们认识事物的过程都是循序渐进的，不断受环境的启发，不断完善。

（2）原型方法将模拟的手段引入系统分析的初级阶段，沟通了人们的思想，缩短了用户和系统分析人员之间的距离，解决了结构化系统开发方法中最难于解决的一环。

（3）原型方法的模拟原型能启发人们对问题进行较确切的描述和较准确的认识。

（4）充分利用了最新的软件工具，摆脱了老一套工作方法，使系统开发的时间、费用大大减少，效率、技术等方面都大大提高。

（5）原型方法将系统调查、系统分析、试用设计等阶段融为一体，使用户能看到系统实现后是什么样子，提高用户对参加系统研制工作的积极性。

3. 原型方法的开发过程

（1）确定用户的基本需求。这是系统开发一开始要做的工作，也是建立初始系统原型的必要条件。这一步骤主要是确定用户准备从系统得到些什么、对系统有哪些要求。如果要求较多，还要确定各种要求的优先顺序。在分析用户的这些基本需求的基础上，构造一个简单的并不完整和完善的计算机化的模型。这一阶段不需要大量收集和充分积累数据和信息。

（2）建立系统初始原型。根据构造的模型，采用快速技术，开发出一个尽量满足用户基本要求和习惯的系统初始原型。

（3）运行和评价原型。将开发出来的初始系统原型交用户使用。用户在使用过程中检验、评价这个原型，如不满意或者不满足，再提出意见和要求，请求修改完善。

（4）修改旧原型、建立新原型。根据用户提出的意见和要求，对旧原型进行修改、完善或扩充，构造新的系统原型，再重复第三步，即将修改、完善后的新原型交给用户运行和评价。第三步和第四步是一个反复迭代的过程，直至用户满意为止。

（5）建立最终系统。用户满意的系统可能是一个新系统，也可能是完善系统的开发基础：这一步是改进数据管理的例行程序，增强辅助用户使用系统的功能，以及完成系统说明的各种资料和说明等。

原型方法的工作过程如图 7－27 所示。

4. 原型方法的优、缺点

原型方法的优点是开发周期短、见效快，开发成本低，可逐步投资，需求或设计不正确可及时修改，用户始终参与开发，能及时纠正错误。

其缺点是系统开发的管理较困难，系统的许多方面没有明确目标，而处于不断修改的状态下，开发人员控制较难，容易造成混乱。同时，原型方法是一种模拟方法，对许多内部处理程序和拥有大量逻辑计算的功能模块等均无法模拟。

总之，原型方法是在管理信息系统研制过程中的一种简单的模拟方法，与最早人们不

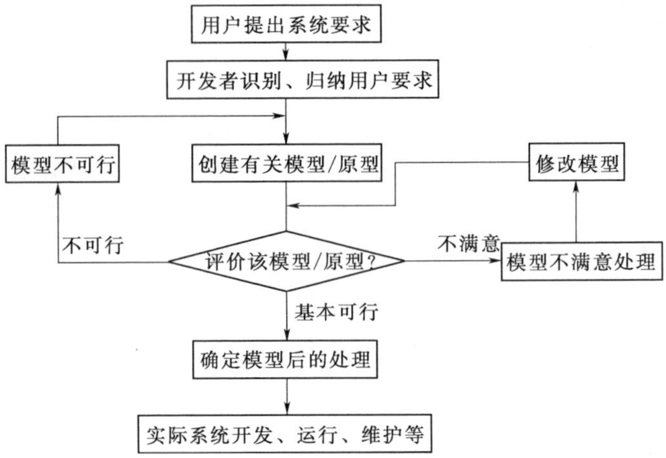

图 7-27　原型方法的工作过程

经分析直接编程时代以及结构化系统开发时代相比，它是人类认识管理信息系统开发规律道路上的“否定之否定”。它站在前者的基础之上，借助于新一代的软件工具，螺旋式地上升到了一个新的更高的起点。这摒弃了结构化系统开发方法的某些烦琐细节，继承了其合理的内涵，是对结构化系统开发方法的发展和补充。这种相互补充、相互促进的系统开发方式将会是今后若干年管理信息系统或软件工程中使用的主要方法。

（三）面向对象的开发方法

面向对象（Object Oriented，OO）的开发方法，简称 OO 方法，是从 20 世纪 80 年代各种面向对象的程序设计方法逐步发展而来的。

1. OO 方法的基本思想

OO 方法认为，客观世界是由各种各样的对象组成的，每种对象都有各自的内部状态和运动规律，不同的对象之间的相互作用和联系就构成了各种不同的系统。当设计和实现一个客观系统时，如能在满足需求的条件下，把系统设计成由一些不可变的（相对固定）部分组成的最小集合，这个设计就是最好的。而这些不可变的部分就是所谓对象。这种方法的主要思路是所有开发工作都围绕对象展开，在分析中抽象地确定出对象以及其他相关属性，在设计中将对象严格地规范，在实现时严格按照对象的需要来研制软件工具，并由这个工具按设计的内容，直接地产生出应用软件系统。面向对象的开发方法是一种基于问题对象的自底向上的开发方法论。

2. OO 方法的特点

（1）以独立对象为基础，整个系统是各个独立对象的有机结合。

（2）对象是一个被严格模块化了的实体，称为封装。这种封装了的对象满足软件工程的一切要求，而且可以直接被面向对象的程序设计语言所接受。

（3）解决了从电子数据处理系统到软件模块之间的多次映像的复杂过程。

（4）对象可按其属性进行归类。类有一定的结构，类之上可以有超类，类下可以有子类。这种对象或类之间的层次结构是靠继承关系维系的。

（5）各种对象之间有统一、方便、动态的消息传递机制。而传递的方式是通过消息模式和方法所定义操作过程来完成的。

3. OO方法的开发过程

按照上述思想，可将用OO方法开发的工作过程分为4个阶段：

(1) 识别客观世界中对象及其行为，分别独立设计出各个对象的实体。

(2) 分析对象之间的联系和相互传递的信息，由此构成管理信息系统的模型。

(3) 由管理信息系统模型转换成软件系统模型，需要对各个对象进行归类和整理，并确定各个对象之间的层次与从属关系。

(4) 由软件系统模型转换成现实系统。

4. OO方法的优、缺点

OO方法以对象为基础，利用特定的软件工具直接完成从对象实体的描述到软件结构之间的转换。这是OO方法最主要的特点和成就。OO方法的应用解决了传统结构化系统开发方法中客观世界描述工具与软件结构的不一致性问题，缩短了开发周期，解决了从分析、设计到软件模块结构之间多次转换映像的繁杂过程问题，是一种很有发展前途的系统开发方法。但是同原型方法一样，OO方法需要一定的软件基础支持才可以应用。另外，在大型的MIS开发中如果不经自顶向下的整体划分，而是一开始就自底向上地采用OO方法开发系统，同样会造成系统结构不合理、各部分关系失调等问题。所以，OO方法和结构化系统开发方法目前仍是两种在系统开发领域中相互依存的、不可替代的方法。

(四) 计算机辅助软件工程方法

自计算机在工商管理领域应用以来，系统开发过程特别是系统分析、设计和开发过程，就一直是制约管理信息系统发展的一个瓶颈。这个问题一直延续到20世纪80年代，直至计算机图形处理技术和程序生成技术的出现才得以缓和。解决这一问题的工具就是集图形处理技术、程序生成技术、关系数据库技术和各类开发工具于一体的计算机辅助软件工程(Computer Aided Software Engineering，CASE)方法。

1. CASE方法的基本思路

CASE方法解决问题的基本思路是：在前面介绍的任何一种系统开发方法中，如果自对象系统调查后，系统开发过程中的每一步都可以在一定程度上形成对应关系的话，那么就完全可以借助于专门研制的软件工具来实现一个个的系统开发过程。

另外，由于在实际开发过程中这些过程很可能只是在一定程度上对应(不是绝对的一一对应)，故这种专门研制的软件工具暂时还不能一次“映像”出最终结果，还必须实现其中间过程，即对于不完全一致的地方由系统开发人员再作具体修改。上述CASE的基本思路决定了CASE环境的特点，如下所述：

(1) 在实际开发一个系统中，CASE环境的应用必须依赖于一种具体的开发方法，如结构化系统开发方法、原型方法、OO方法等。而一套大型完备的CASE产品，能为用户提供支持上述各种方法的开发环境。

(2) CASE只是一种辅助的开发方法。这种辅助主要体现在它能帮助开发者方便、快捷地产生出系统开发过程中各类图表、程序和说明性文档。

(3) 由于CASE环境的出现从根本上改变了开发系统的物质基础，从而使得利用

CASE 开发一个系统时，在考虑问题的角度、开发过程的做法以及实现系统的措施等方面都与传统方法有所不同，故常有人将它称为 CASE 方法。

2. CASE 的特点

CASE 方法与其他方法相比，一般来说有如下几方面的特点：

（1）解决了从客观世界对象到软件系统的直接映像问题，强有力地支持软件/信息系统开发的全过程。

（2）既支持自顶向下的结构化系统开发方法，又支持自底向上的面向对象的开发方法和原型方法。

（3）简化了软件的管理和维护，加速了系统的开发过程，使开发者从繁杂的分析设计图表和程序编写工作中解放出来。

（4）自动生成文档和程序代码，使系统产生了统一的标准化文档。

（5）着重于系统分析与设计，具有设计可重用性等。

3. CASE 方法的优、缺点

优点：CASE 工具在系统开发的一些方面提供了方便，它能够加快分析和设计的速度，利于重新设计。

缺点：它并不能做到系统设计的自动化，并且无法使业务上的需求自然而然地得到满足。系统分析和设计工作仍然要依靠分析与设计者的分析技能。

三、各种开发方法的比较

目前工具技术的发展主要支持的都是在管理信息系统开发的后几个环节，如系统实施中各种流程图的绘制等，这就导致了管理信息系统开发工作中工作量重心的偏移。就国外最新的统计数据来看，在管理信息系统开发过程中各环节工作量所占比重见表 7－2。

表 7－2　　开发过程中各环节工作量所占比重

阶段	系统调查	需求分析	系统设计	系统实现
工作量	＞30％	＞40％	＜20％	＜10％

从表 7－2 中不难看出，系统调查和需求分析两个环节占到总开发工作量的 70％以上，而系统设计和系统实现两个环节只占总开发工作量的不到 30％，其中原来在开发工作中占工作量最大的编程与调试工作，而今只占不到 10％的工作量。这一切都要归功于 4GL、RDBS 以及各种开发工具的出现。

前面讨论过的几种常用方法对系统开发过程中的几个主要环节支持情况如何呢？这里分析如下：

（1）原型方法。它是一种基于 4GL 的快速模拟方法。它通过模拟以及对模拟后原型的不断讨论和修改最终建立系统。要想将这样一种方法应用于一个大型管理信息系统开发过程中的所有环节是根本不可能的，故它多被用于小型局部系统或处理过程比较简单的系统的设计到实现环节。

（2）面向对象的开发方法。它是一种围绕对象进行系统分析和系统设计，然后用面向对象的工具建立系统的方法。这种方法可以普遍适用于各类系统开发，但是它不能涉足系统分析以前的开发环节。

（3）CASE方法。它是一种除系统调查外全面支持系统开发过程的方法，同时是一种自动化（准确地说应该是半自动化）的系统开发方法。因此从方法学的特点来看，它具有前面所述方法的各种特点，同时具有其自身的独特之处——高度自动化的特点。但值得注意的是，在这个方法的应用以及CASE工具自身的设计中，自顶向下、模块化、结构化却是贯穿始终的。这一点从CASE自身的文档和其生成系统的文档中都可看出。

综上所述，只有结构化系统开发方法是真正能较全面支持整个系统开发过程的方法。其他几种方法尽管有很多优点，但都只能作为结构化系统开发方法在局部开发环节上的补充，暂时都还不能替代结构化系统开发方法在系统开发过程中的主导地位，尤其是在目前系统开发工作量最大的系统调查和系统分析这两个重要环节。需再一次强调的是，上面列举的几种方法不是相互独立的，它们经常是可以混合应用的。

第四节　物流管理信息系统发展趋势

进入21世纪，由于全球经济一体化进程日益加快，企业面临着更加激烈的竞争环境，资源在全球范围内的流动和配置大大加强，世界各国更加重视物流发展对于本国经济发展、国民生活素质和军事实力增强的影响，都十分重视物流业的现代化，从而使现代物流呈现出一系列新的发展趋势。根据国内外物流发展的新情况，21世纪物流的发展趋势可以归纳为信息化、网络化、自动化、电子化、共享化、协同化、集成化、智能化、柔性化、标准化、社会化和全球化十二大趋势。

一、信息化

现代社会已经步入了信息时代，物流的信息化是整个社会信息化的必然要求和重要组成部分。物流信息化表现在：物流信息的商品化、物流信息搜集的代码化和数据库化、物流信息处理的电子化和计算机化、物流信息传递的标准化和实时化、物流信息存储的数字化和物流业务数据的共享化等。信息化是现代物流发展的基础，没有物流的信息化，任何先进的技术装备都无法用于物流领域，信息技术在物流中的应用将会彻底改变世界物流的面貌，一些新的物流信息技术在未来的物流中将会得到普遍采用。

信息化的来临为人们带来了一种新的生活方式和工作方式，这些新方式又导致了物流功能的改变。信息化使得那些在工业社会里的产品生产中心、商业贸易中心发挥的主导功能随着传统生产功能的转移而消失，物流不再仅仅传输产品，同时也在传输信息，各种信息被聚集在物流中心，经过加工、处理，再传播出去。传统的工业社会物流以物为对象，聚集扩散的是物；信息社会是以信息为对象，物流中心的聚散功能除实物之外，还要完成对各种信息的聚集和扩散。总之，信息社会使物流的功能更强大，并形成一个社会经济的综合服务中心。

二、网络化

网络化是指物流配送系统的组织网络和信息网络体系。从组织上来讲，它是供应链成员间的物理联系和业务体系，如台湾的电脑业在 20 世纪 90 年代创的"全球运筹式产销模式"，它是按客户订单、采取分散形式组织生产，将全球的制造资源都利用起来，将电脑的所有零部件、元器件、芯片外包给世界各地的制造商采取外包的形式去生产，然后通过全球的物流网络将这些零部件、元器件、芯片发往同一个物流配送中心进行组装，由该物流配送中心将组装的电脑迅速发送给订户。这种过程需要有高效的物流网络支持。而信息网络是供应链上企业之间的业务运作通过互联网实现信息的传递和共享，并运用电子方式完成操作。例如配送中心向供应商发放订单就可以利用网上的电子订货系统通过互联网和 EDI 来实现，对下游分销商的送货通知也可通过网上的分销系统来实现。

三、自动化

物流自动化的基础是信息化，核心是机电一体化，其外在表现是无人化，效果是省力化。此外，物流自动化的效果还有：扩大物流作业能力、提高劳动生产率、减少物流作业的差错等。物流自动化的技术很多，如条码技术、射频自动识别技术、自动化立体仓库技术、自动存取技术、自动分拣技术、自动导向和自动定位技术、货物自动跟踪技术等。这些技术在经济发达国家已经普遍使用于物流作业中，在我国，虽然某些自动化技术已被采用，但达到普遍应用还需要相当长的时间。

四、电子化

所谓电子化是指商业过程实现电子化，即电子商务。它同样也是以信息化和网络化为基础的。电子化具体表现为：实现业务流程及其每一步骤的电子化、无纸化；所有商务涉及的货币实现数字化和电子化；交易商品实现符号化、数字化；业务处理过程实现全程自动化和透明化；交易场所和市场空间实现虚拟化；消费行为实现个性化；企业之间或供应链之间实现无边界化；市场结构实现网络化和全球化等。作为电子商务发展关键性因素之一的物流，是商流、信息流和资金流的基础与载体。全球电子商务的推广和普及将使得跨国和跨区域物流更加频繁，对物流的需求会更加强烈。物流中心不仅要成为信息聚散中心，而且还会成为管理决策中心、观念与技术创新中心、市场和消费中心。

五、共享化

供应链管理强调链上成员的协作和社会整体资源的高效利用，以最合理的、最少的资源来最大化地满足整体市场的需求。而供应链上的企业只有在建立互惠互利的共赢伙伴关系的基础上，才能实现业务过程间的高度协作和资源的高效利用，只有通过资源共享、信息共享、技术共享、知识共享、业务流程等的共享，才能实现社会资源优化配置和供应链上物流业务的优势互补以及更快地对终端市场和整个供应链上的需求作出响应。近年来，一些新型的供应链管理策略，如供应商管理库存 VMI、第四方物流 4PL、JITII、协同计划、预测和供给 CPFR、零售商-供应商伙伴关系 RSP 以及分销商一体化 DI 等都能很好地使供应链上的企业有效地实现信息、技术、知识、客户和市场等资源的共享化。

六、协同化

市场需求的瞬息万变、竞争环境的日益激烈都要求企业和整个供应链具有更快的响应速度和协同运作的能力，以及对供应链上的前向洞察力。通过与供应商和客户的实时沟通与协同，企业一方面能使供应商对自己的需求具有可预见能力，使其能提供更好的价格和服务，同时对其供应能力也有较好地预见性，为自己长期的、充足的供给业务提供了保障；另一方面，自己也能及时了解客户的需求信息，在多变的市场环境中保持更快的响应能力，跟踪和监控需求满足的过程，准确、及时、优质地将产品和服务递交到客户手中。为了实现物流作业的协同预测、规划和供应，快速响应和供应链上总库存的最佳配置等目标，需要做到与客户和合作伙伴间业务流程的紧密集成，达到零阻力、无时差的协作，共同分享业务数据、联合进行预测和计划、管理执行以及完成绩效评估等。而只有企业间真正达到了彼此协同，才能使物流作业的响应速度更快，更具有前向的预见性，更好地共同抵御各种风险，降低成本和提高产出，满足客户的需求。

七、集成化

供应链物流业务是由多个成员、多个环节组成的，全球化和协同化的物流运作方式要求物流业务中的所有成员和环节在整个流程上的业务运作衔接更加紧密，因此，必须对这些成员和环节的业务以及业务处理过程中的信息进行高度集成，实现供应链的整体化和集成化运作，缩短供应链的相对长度，使供应链上的物流作业务更流畅、产出率更高、响应速度更快，使各环节的业务更加接近客户和客户的需求。这种集成化的基础是业务过程的优化和管理信息系统的集成，而两者都需要有完善的信息系统解决方案通过决策、优化、计划、执行等方法和功能来予以支持，并使所有成员各自的信息系统进行无缝连接，实现系统集成、信息集成、业务集成、流程集成、资源集成。同时，集成化也是共享化和协同化的基础，如果不首先实现集成，就无法实现共享化和协同化。

八、智能化

智能化是自动化、信息化的一种高层次应用。物流作业过程涉及大量的运筹和决策，如物流网络的设计与优化、运输（搬运）路径的选择、每次运输的装载量选择，多种货物的拼装优化、运输工具的排程和调度、库存水平的确定、补货策略的选择、有限资源的调配、配送策略的选择等问题都需要进行优化处理，这些都需要管理者借助优化的、智能工具和大量的现代物流知识来解决。同时，近年来，专家系统、人工智能、仿真学、运筹学、智能商务、数据挖掘和机器人等相关技术在国际上已经有比较成熟的研究成果，并在实际物流作业中得到了较好的应用。因此，物流的智能化已经成为物流发展的一个新趋势。

九、标准化

标准化技术也是现代物流技术的一个显著特征和发展趋势，同时也是现代物流技术实现的根本保证。货物的运输配送、存储保管、装卸搬运、分类包装、流通加工等各个环节中信息技术的应用，都要求必须有一套科学的作业标准。例如，物流设施、设备及商品包装的标准化等，只有实现了物流系统各个环节的标准化，才能真正实现物流技术的信息化、自动化、网络化、智能化等。特别是在经济全球化和贸易全球化的新世纪中，如果在国际间没有形成物流作业的标准化，就无法实现高效的全球化物流运作，这将阻碍经济全球化的发展进程。

十、柔性化

柔性化本来是生产领域提出来的，20 世纪 90 年代，生产领域为了更好地满足消费者的个性化需求，实现多品种、小批量以及灵活易变的生产方式，国际制造业推出柔性制造系统（Flexible Manufacturing System，FMS），实行柔性化生产。随后，柔性化作业又扩展到了流通领域，根据供应链末端市场的需求组织生产、安排物流活动。物流作业的柔性化是生产领域柔性化的进一步延长，它可以帮助物流企业更好地适应消费需求的“多品种、小批量、多批次、短周期”趋势，灵活地组织和实完成流作业，为客户提供定制化的物流服务来满足他们的个性化需求。

十一、社会化

物流的社会化也是今后物流发展的方向，其最明显的趋势就是物流业中出现“第三方物流”和“第四方物流”等方式。物流合理化的一个重要方面就是物流活动的社会化，物流的社会化一方面是为了满足企业物流活动社会化要求而形成的；另一方面又为企业的物流活动提供了社会保障。而第三方、第四方乃至未来发展形成的第 N 方物流是随着物流业发展到一定阶段必然出现的产物，在某种意义上，可以说它是物流过程产业化和专业化的一种形式。因此，学术界预测下阶段的物流将向虚拟物流和第 N 方物流发展，除了物流活动外，物流管理也将逐渐被外包出去。这将使企业告别“小而全、大而全”的纵向一体化运作模式，转向新型的横向一体化的运作模式，集中精力去做自己最擅长的业务，增强自己的核心竞争力。

十二、全球化

为了实现资源和商品在国际间的高效流动与交换，促进区域经济的发展和全球资源优化配置的要求，物流运作必须要向全球化的方向发展。在全球化趋势下，物流目标是为国际贸易和跨国经营提供服务，选择最佳的方式与路径，以最低的费用和最小的风险，保质、保量、准时地将货物从某国的供方运到另一国的需方，使各国物流系统相互“接轨”，它代表物流发展的更高阶段。

进入 21 世纪的中国，正肩负着实现工业化、加快现代化的艰巨性的历史性重任。面对着信息全球化的浪潮，信息化已成为加快实现工业化和现代化的必然选择。中国提出要走新型工业化道路，其实质就是以信息化带动工业化、以工业化促进信息化，达到互动并进，实现跨越式发展。中国加入 WTO 后，资源在全球范围内的流动和配置大大加强，企业面临的国内、国际市场的竞争更加激烈，越来越多的跨国公司正加快对中国的投资速度，纷纷到中国设立或扩大加工基地与研发基地，一大批中国企业也将真正融入全球产业链，有些还将直接成为国际跨国公司的配套企业，这些都将大大加快中国经济与国际经济接轨的步伐，加剧中国企业在本土和国际范围内与外商的竞争，这都将对我国的物流业提出更高的要求。在这种新环境下，我国的物流企业必须把握好现代物流的发展趋势，运用先进的管理技术和信息技术，提升自己的竞争力和整体优势，提高物流作业的管理能力和创新能力，在走我国新型工业化的道路上努力。

本　章　小　结

物流管理信息系统是支持物流管理与决策的综合性人机系统，没有物流管理信息系统支持，现代物流将无从谈起。在本章里，首先介绍了物流管理信息系统的基本概念、结构，其中说明了构成物流管理信息系统的硬件、软件、人员、数据库、企业管理思想和理念、管理制度规范等要素；其次，阐述了几种常见的物流信息管理系统，较具体地介绍了开发物流管理信息系统的不同方法，包括结构化系统开发方法、原型方法、面向对象的开发方法和计算机辅助软件工程方法，并对这些方法各自的优、缺点作了比较分析，结构化系统开发方法仍是迄今为止技术最成熟、应用最普遍的一种方法；最后，简单介绍物流管理信息系统的发展趋势。

课后练习

一、单选题

1. 物流管理信息系统的构成不包括（　　）。

A. 硬件　　B. 软件　　C. 车辆　　D. 人员和制度

2. 下面关于物流管理信息系统的叙述不正确的是（　　）。

A. 物流信息系统工作内容非常复杂

B. 物流管理信息系统常分为供应流子系统、产品物流子系统、库存和运输物流子系统、销售物流子系统等

C. 物流管理信息系统仅由软件构成

D. 物流管理信息系统可以改善企业内部和企业间交流信息的方式，提高办公自动化水平

3. 物流管理信息系统相关人员不包括（　　）。

A. 物流系统开发人员　　B. 物流管理人员

C. 企业高层领导　　D. 人事管理人员

4. 下面关于物流信息的叙述不正确的是（　　）。

A. 物流信息与运输、仓储等环节都有密切的关系，它在物流活动中起着神经系统的作用

B. 物流信息不能自动采集

C. 物流信息按信息加工程度可分为原始信息和加工信息

D. 在不同物流管理子系统中物流信息是不同的

5. 运输管理信息系统是通过建立计算机网络和系统，实现对（　　）的追踪管理。

A. 车辆及所运货物　　B. 人员　　C. 仓库　　D. 客户信息

6. 下面哪一项不是系统设计阶段的主要活动。（　　）

A. 系统总体设计　　B. 系统硬件设计　　C. 编写系统实施计划　　D. 系统详细设计

7. 结构化分析方法是一种面向（　　）的需求分析方法。

A. 对象　　B. 数据结构　　C. 数据流　　D. 控制流

8. 系统维护的内容包括（　　）。

A. 系统应用程序维护　　B. 数据维护，代码维护

C. 硬件设备维护　　D. 以上各条

二、问答题

1. 什么是物流信息系统？

2. 物流信息系统的组成资源和活动各有哪些？
3. 请举例说明什么是信息，物流信息有何特点？
4. 物流信息系统的发展趋势是什么？
5. 物流信息系统按管理层次分为哪几类？写出每一类系统的定义。
6. 主要有哪几种系统开发方法学？其各自特点是什么？
7. 什么是系统开发生命周期？它由哪几个阶段构成？

案例阅读

顺丰物流管理信息系统的开发

一、概况

（一）企业概况

SF速运（集团）有限公司成立于1993年3月，是一家主要经营国际、国内速递及报关、报检等业务的民营速递企业，总部设在深圳。在国内包括香港、台湾地区建立了庞大的信息采集、市场开发、物流配送、快件收派等业务机构，为广大客户提供快速、准确、安全、经济、优质的专业物流服务。截至2009年，经过短短十几年时间，SF集团已经发展成为一家年业务量3.1亿票，年平均增长速度50%以上，基层营业网点2500多个，服务网络覆盖全国31个省（自治区、直辖市）和香港地区、澳门地区、台湾地区，员工7万2千多人，自有营运车辆4千余台的大型综合性速递企业。在国内速递企业中，SF集团的经营规模、网络覆盖和市场份额仅次于中国邮政集团公司（EMS），排名第二位。

（二）企业信息系统概况

在SF，支撑着快递业务正常运作的信息系统多达40余个，相关IT规章制度达数百项，IT应用流程超过100个，全职IT人员近300人的资讯科技本部承担着为SF掌管IT系统的重任。SF快递信息系统种类大体分为4个方面：

（1）营运类业务管理系统。面向对象为营运本部用户，通过此类系统可对SF全网的营运业务做出有效的调度配置和管理。

（2）客服类业务管理系统。面向对象为客户服务部门及其全国呼叫中心，通过与顾客的信息交流互动，实现SF的快速及时服务。

（3）管理报表类管理系统。面向对象为综合本部、公共事务本部、财务本部、人力资源本部等相关部门，将其业务规划、管理计划、月度数据、日常工作信息汇总表等资料形成电子单据，统一制度标准，及时实现管理政令的上传下达，并以清晰规范的形式完善报表考核制度。

（4）综合类管理系统。此类管理系统涉及营运、客服、管理报表的三项业务类系统整合，是对前三类管理系统的业务统一合并，同时也是对前三类管理系统的有效补充。多个业务管理系统整合统一化、集中平台化管理是SF关注的发展重点，而综合类管理系统的研发就是作为此需求的起步。同时，前三类管理系统中必然存在个性化、局部细化、需要多部门协力解决的业务管理需求，此时单一种类的业务管理系统就凸显出不足性，而统一归并于综合类管理系统中进行解决，就能够体现多种类系统整合的优势，提高协同工作处理的效率。

（三）系统开发必要性及可行性分析

1. 系统开发必要性

快递业务有两个基本的特点：一个是快件运转的速度快；另外一个特点是对快件进行全程跟踪为用户提供服务。业务之所以能快速运转，能在最短的时间内为用户提供点对点的服务，一个很重要的因素就是有强大的信息系统做支撑，而且信息流必须领先于实物流。实物流在运转的过程中，信息系统如果不能对下一个环节提供前置信息，下一个环节就很难及时有效地调配资源，如调配航空资源、车辆等运力资源以及人力资源为实物流流向下一个环节做好准备。客户之所选择某一家快递公司，除了速度与价格上的因素之外，另外一个重要的因素是所提供服务，强大的客户管理系统是快递公司提升服务质量的唯一选择。

另外一方面信息系统是快递公司运行效率的保证，快递物品在运输过程中希望以最高效、最经济的方式流向下一个环节，如果不能提供及时有效的实物流信息，就有可能造成公司资源的浪费或者是造成快递物品的投递时效性的降低。

2. 技术可行性分析

顺丰快递有着强硬的硬件支持增值服务的开展，同时也有强硬的软件设备支持，公司花费巨额资金开发客户服务网络系统、公司营运系统、工单系统网络系统、HHT手持终端网络系统以及阿修罗系统。客户服务网络顾名思义主要是为客户提供服务可以自行网上下单、客服在线业务咨询等。营运网络系统主要是公司开展业务内部公文的传达，营运中出现的问题解决。工单系统是客户发件后收方客户没有正常收件，客服人员上报问题件用的系统。HHT手持终端是顺丰快递公司在同行业中最为高端的设备，此设备从韩国进口，公司为40000多一线收派件员工人手一部价值8000多元的终端，通过与中国移动合作收件员对单号扫描过后，客户在发件的底单上网至顺丰官网即可查询快件的位置。

信息技术在物流系统中的运用是实现顺丰集团高起点物流服务的关键，顺丰集团信息平台建设的核心技术包括以下几点：

（1）GPS与GIS技术的结合。电子系统（EMAP）使车辆等交通工具具有实时定位能力，使货物跟踪和智能化的车辆调度成为可能，目前顺丰集团已将GPS与GIS的融合成电子系统（EMAP），它可以实现车辆跟踪管理、货物流向分析、实时货物位置查询、路径选择等功能。

（2）基于Internet的网上物流管理平台。通过建立网上物流管理平台，随着电子商务的发展，客户可能通过互联网获得物流服务，并在网上实时查询物流服务的完成情况。而顺丰集团的物流管理者可以通过网络对物流资源进行调度管理，充分发挥GPS、GIS的作用。

（3）自动识别技术的应用。条形码、智能标签等自动识别技术在物流中的应用可以实现对物流信息高速准确地采集，及时捕捉作为信息源的物品在出库、入库、运输、分拣、包装等过程中的各种信息，提高物流作业程序的效率，减少不必要的人工成本以及降低出错率，提高客户服务水平。

(4) 网络环境的数据库体系结构和数据仓库的设计。数据库技术作为物流信息系统的主要支撑技术，决定了整个信息系统的功能和效率。由于物流信息具有空间特性，物流事务处理在空间和时间上具有非同一性，顺丰集团的物流信息系统需要一个结构合理的网络数据结构和数据仓库设计，用于支持物流管理者的决策分析等事务处理和各类面向对象的、集成的、随时间变化的数据处理。

3. 操作可行性分析

本系统由 Visual Basic 6.0 编写，Visual Basic 是 Microsoft 公司为开发 Windows 应用程序而推出的一种可视化的快速编程工具，它语法简洁、功能强大的特点决定了此系统操作方便，容易上手。

二、系统规划

快递追踪查询系统是一个比较复杂的系统，数据覆盖面广、结构复杂。它利用条形码、EDI、GPS、GIS 等技术，为客户和管理工作人员提供一个现代化的、规范的、友好的查询界面，让客户能够随时了解到自己托运货物的状态，以增加顺丰快递业务的竞争力；使相关管理工作人员能够了解快递的整个运转过程，为快递安全管理提供依据。

顺丰速运集团现阶段使用的很多应用系统都可以为货物的追踪查询提供数据支持，基于数据共享的思想，快递追踪查询系统建设目标分以下两个阶段。

1. 近期目标

系统尽可能利用各相关系统数据，实时采集数据，转化为本系统数据，建库保存，并提供数据管理的人工介入功能，保证查询的连续性。

2. 远期目标

构建快递追踪查询系统共享平台，作为快递信息共享平台的一部分，为快递追踪查询提供数据支持，系统只保留查询功能，不再有数据管理的功能，所需数据完全从平台采集。

三、系统分析

(一) 需求分析

为了适应日益加剧的市场竞争，顺丰采取了诸多有力措施，包括转变观念，加大内部改革力度，以效益为中心，加强科学管理；加大投资信息系统建设；关于信息建设过程存在以下问题：

(1) 总部与分支机构地域差异，造成数据传递不及时。作为快递公司，服务网络覆盖范围大，分支机构庞大，相关信息往往不能及时传达给相关责任人。信息传递链路的过长，使数据出现人为错误的几率大增。

(2) 信息系统可扩展性较差。可扩展性较差表现在：通常对系统一个普通的需求或一个业务功能的变更会引起数个信息系统或某些信息系统较大范围的修改。这种可扩展性较差的原因，一方面是 SF 速运在信息系统构建时缺乏前瞻性的、缺乏从全局考虑的架构设计；另一方面 SF 速运业务的高速发展给信息系统建设周期提出了近似苛求的要求。这样就要求许多项目急忙启动，并且效果要立竿见影，这个过程本身为信息系统建设缺乏统筹考虑留下了隐患。

(3) 系统缺乏良好协同性。SF有几十个功能不同的系统在同时运行，某一系统产生的数据可能是另一系统所需要的，而当该数据需要流向另一系统时，往往需要开发复杂的接口。现在系统间的数据接口超过100个，并且全知晓这些接口的技术人员几乎没有，每位系统架构师仅知道与自己职责相关的这些系统及接口信息。这样对系统建设容易造成信息孤岛，对开发维护这些系统的同时造成了视觉上的孤岛，系统间的协同性自然就比较差。并且随着业务不断拓展和数据量的递增，需要有更宽阔的广度和融合度来满足企业运营的协同发展，将这些信息系统逐步整合于统一的信息平台，减少接口壁垒，集中交换数据，共享信息，统一管理，变得日益重要。

(4) 总部统一管控与分部个性化需求的矛盾。总部信息系统的统一管控是保持SF运营一致性和派件时效的重要手段。但对各地分部而言，也确实有根据当地实际情况所应对而生的个性化管理需求存在。那么如何应对处理跨地区、跨部门的多样化需求，打造通用数据交换接口，构建统一的柔性信息系统，在保持共性的同时也能包容更多的个性化规则与配置，在大平台上实现完美的协同管控与时效运营，是信息系统综合管控与服务中心下一步的艰巨任务。

(5) 被动反应向主动支持的转变。对许多企业的IT部门而言，其与兄弟部门的配合研发工作都存在着滞后性，也就是俗称的“被业务部门推着走”。SF的信息系统综合管控与服务中心也或多或少存在着这样的情况。这是IT产业发展的一个阶段，也是一个停顿期。那么如何可以做到超前预测业务发展趋势，即时随着业务部门的需求变化和数据量的增长而改变系统结构，即系统可以主动每日提供个性化信息的主动式管理，通过成熟的运营模型对实时数据进行分析，对不同的结果对应配置不同的优化规则，可以即时设置实时期望，并对不利信息做到即时预警。不再“被业务部门推着走”，这是信息系统综合管控与服务中心未来的工作重点。

(二) 组织结构和功能分析

组织结构图用于反映组织内机构设置情况，反映组织机构内各机构之间的关系。组织结构采用层次模块的形式绘制，图的结构为分层树形。SF速运（集团）总部组织架构如下：

顺丰物流快递公司采用集团、经营本部、区部三级架构，实施垂直一体化集中管控模式，以利于速递产品内在流程的一致性和对时效性、安全性的要求，保证产品及服务质量的稳定。

其中，总公司负责制定企业的发展战略、规划和考核下级子公司的绩效，负责企业的网络建设和业务指导；区域子公司负责处理本区域内跨城市的异地快递业务和下属分公司的管理，下设包含区域调度中心和区域分拣中心，区域调度中心进行车辆的调度和调控，区域分拣中心负责下属分公司跨区域业务货物的中转发运、存储和分拣管理。各地区的分公司负责管理市内业务，下设城市调度中心、城市分拣中心以及营业所，城市调度份额则市内异地业务的货物仓储、配送，城市分拣中心负责处理市内异地业务的分拣管理，营业所负责处理所辖区域中客户的快递业务和接线业务等。

快递公司在每个区域分部（一般为一个城市）根据需要设置若干营业点和代理点负责快递业务（图7-28）。

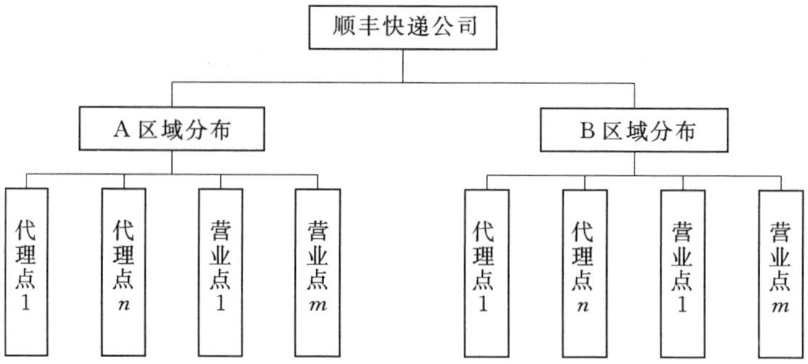

图7－28　顺丰代理模式图

（三）业务流程分析

业务流程描述：

第一，寄件人填写快递单，收件员检查。

第二，收件员录入快递单信息。

第三，快递集中托运至分拨中心中转。

第四，分拨中心录入收件信息。

第五，分拨中心把快递交至派件员送件。

第六，派件员录入派件信息，完成派件任务。

第七，业务管理部门调用统计信息分析。

业务流程分析如图7－29所示。

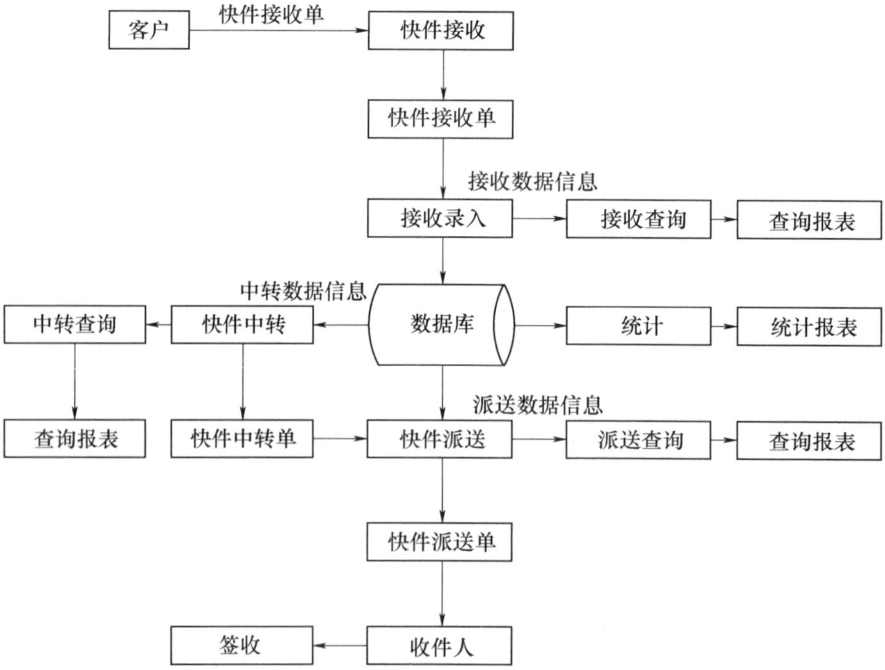

图7－29　业务流程分析图

（四）数据流程分析

第一层和第二层数据流程如图 7－30 和图 7－31 所示。

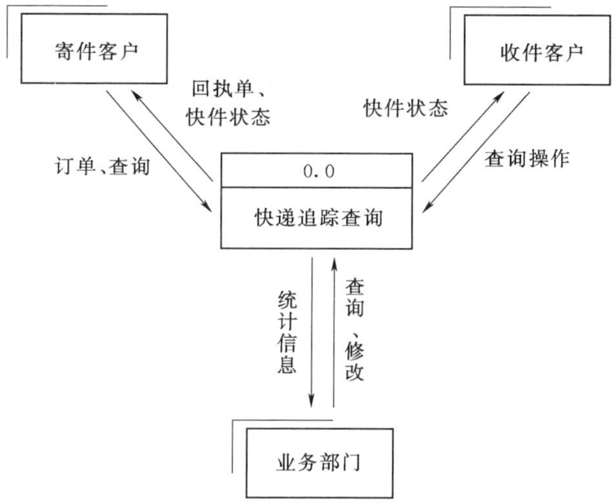

图 7－30　第一层数据流程图

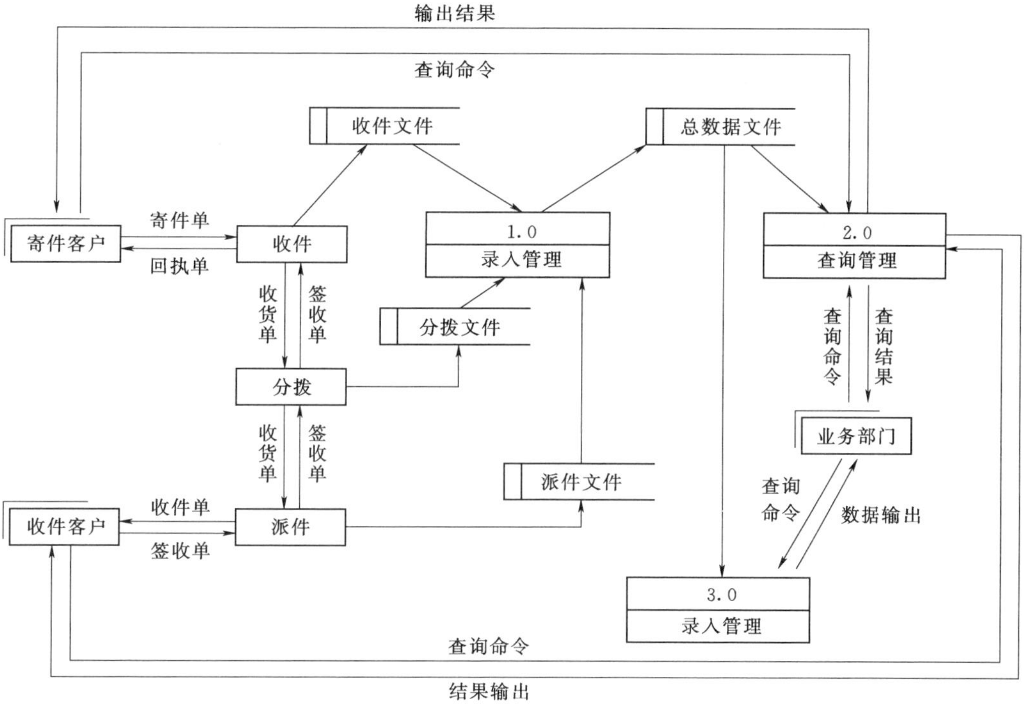

图 7－31　第二层数据流程图

四、系统设计

（一）系统总体结构设计

该信息系统分为订单系统、仓储管理信息系统、追踪查询系统、资源调度系统。结构

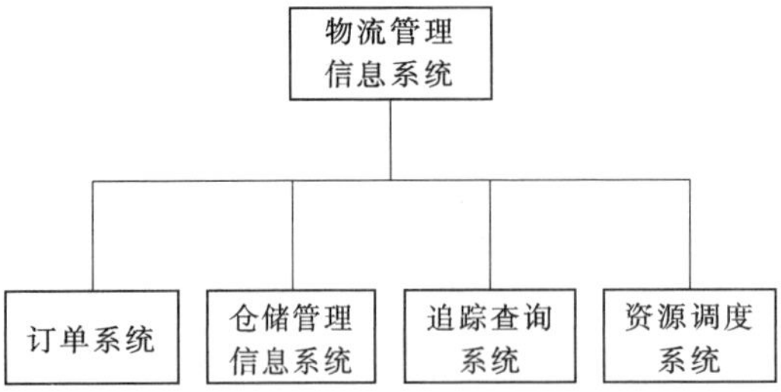

图 7-32　顺丰物流管理信息系统结构图

如图 7-32 所示。

快递信息追踪查询系统在提供信息追踪的同时，可以实现信息共享。如跨区域快件信息在始发地输入后，可通过信息追踪系统发送到接收地所在区域和追踪中心，同时满足追踪查询和快件交付的需要；快件在快递公司内部的储运过程信息也会被发送并存储到追踪中心，满足追踪查询的需要。顺丰快递追踪查询系统由单据录入子系统、单据查询子系统、统计报表三大部分组成（图 7-33）。

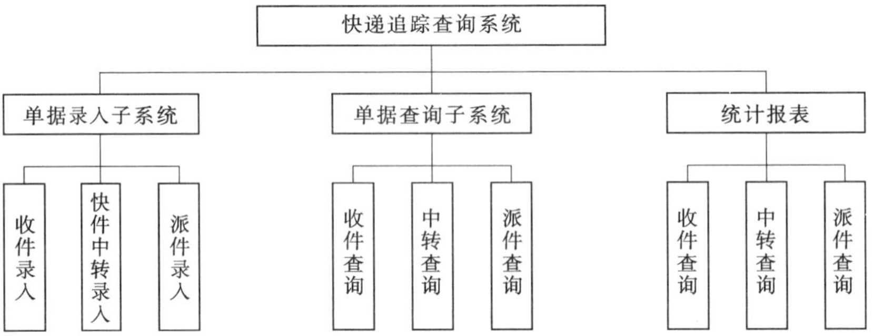

图 7-33　系统总体结构设计

（二）代码设计

快递单、快递员编号、快递类型代码见表 7-3～表 7-5。

表 7-3　　快递单号代码表

120613 01 12 02 001 00001	前 8 位代表日期，9～10 位为国家代号，11～12 位为省份，13～14 位为市，15～17 位代表营业网店编号，后 5 位代表当天的订单序号

表 7-4　　快递员编号代码表

1991 01 001 01 001	前 4 位代表出生年份，5～6 位代表所属分支，7～9 位代表营业网点编号，8～9 位代表职位，后 3 位为人员序号

表 7-5　　快递类型代码表

001 001	前 3 位代表寄送范围，后 3 位代表寄送速度要求

（三）数据库结构设计

1. 概念模型设计

数据库的概念结构设计的任务是产生和反映企业组织信息需求的数据库概念结构，即概念模型，概念模型不依赖于计算机系统和具体的 DBMS。采用 E-R 法将现实世界的信息结构统一用属性、实体以及实体之间的联系来描述（图 7-34）。

在本系统的实体类型中有收件单、中转单、派件单和快递员等，这些实体间的相互联

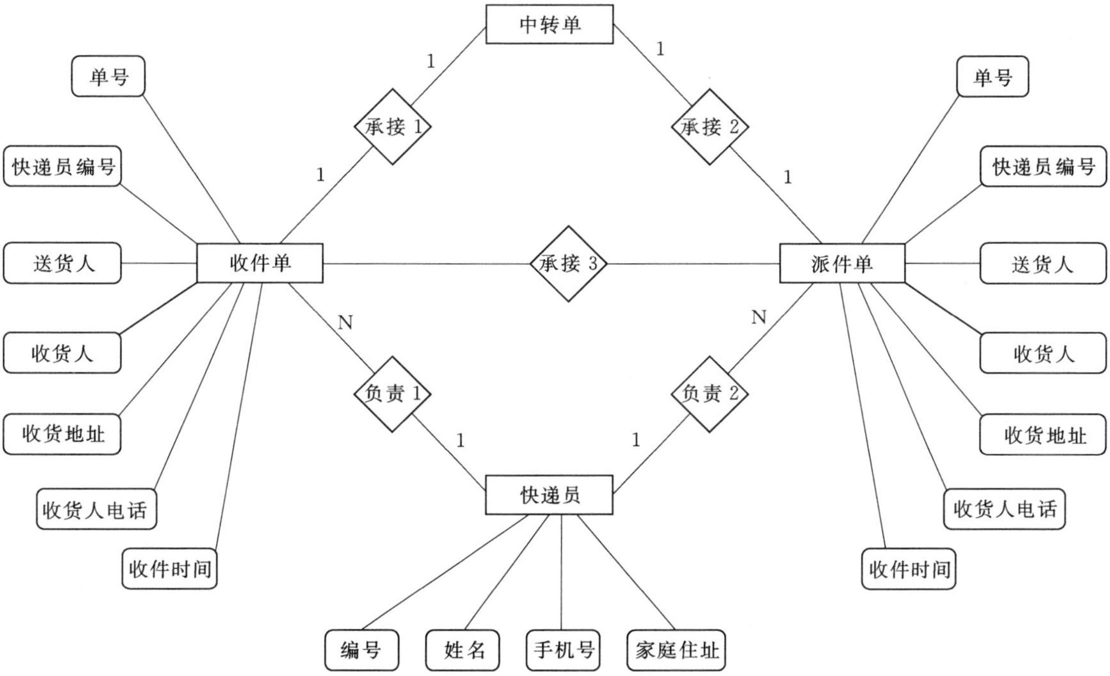

图 7-34　快递信息追踪查询管理 E-R 模型图

系是：

（1）收件单和中转单之间存在联系“承接”，为“1 对 1”的关系。

（2）中转单和派件单之间存在联系“承接”，为“1 对 1”的关系。

（3）快递员和收件单之间存在联系“承接”，为“1 对多”的关系。

（4）快递员和派件单之间存在联系“承接”，为“1 对多”的关系。

（5）各实体和联系的属性。

1）收件单：单号、快递员编号、寄件人、收货人、收货地址、收货人电话、收件时间。

2）中转单：单号、快递员编号、寄件人、收货人、收货地址、收货人电话、收件时间、分拨中心。

3）派件单：单号、快递员编号、寄件人、收货人、收货地址、收货人电话、收件时间。

4）快递员：编号、姓名、手机号、家庭住址。

5）承接 1：单号、数量、时间。

6）承接 2：单号、数量、时间。

7）负责 1：快递员编号、单号、数量、时间。

8）负责 2：快递员编号、单号、数量、时间。

2. 逻辑设计

快递信息追踪查询管理关系模型如下：

（1）收件单：单号、快递员编号、寄件人、收货人、收货地址、收货人电话、收件时间。

（2）中转单：单号、快递员编号、寄件人、收货人、收货地址、收货人电 话、收件时间、分拨中心。

（3）派件单：单号、快递员编号、寄件人、收货人、收货地址、收货人电话、收件时间。

（4）快递员：编号、姓名、手机号、家庭住址。

（5）承接1：单号、数量、时间。

（6）承接2：单号、数量、时间。

（7）负责1：快递员编号、单号、数量、时间。

（8）负责2：快递员编号、单号、数量、时间。

3. 物理设计

本系统包括一个数据库（expressrecieve. mdb），数据库中包含若干个表，如收件信息表、中转信息表、派件信息表等，表7－6仅给出派件信息表的结构。

表7－6　　派件信息表

字段名	字段类型	字段宽度
快递单号	Numberic	50
快递员编号	Numberic	50
寄件人	Text	50
收件员	Text	50
收件地址	Text	50
收件人电话	Numberic	50

五、总结

物流信息系统是物流系统的神经中枢，它作为整个物流系统的指挥和控制系统，可以分为多种子系统或者多种基本功能。总体而言，由于国内对信息系统的应用相对于国外起步较晚，加之快递行业在国内还处于发展阶段，充分了解与熟悉快递行业的IT人才相对匮乏，SF速运在高速的发展的过程中，IT对业务的支持还处于被动反应阶段。要构建一套主动服务的信息系统体系来支撑集劳动密集与技术密集型于一体的快递企业，可能还是个很漫长的过程。

（资料来源：https：//wenku. baidu. com/view/50007eccf524ccbff1218487. html）

第八章

物联网技术及其应用

学习目标

知识目标：1. 理解物联网的概念。
2. 掌握物联网的关键技术。
3. 理解物联网的应用。

技能目标：1. 能理解物联网的概念及其应用。
2. 运用物联网专业知识解决物流的问题。

案例导入

一张“物联网”二代“新渔夫”

同是太湖流域渔民的儿子，同样子承父业从事淡水养殖，浙江两个“渔二代”正集结在同一张“物联网”上。

沈杰，国家物联网基础标准工作组总体组组长、无锡物联网产业研究院院长、复旦大学兼职教授……是目前国内物联网领域的前沿专家。然而跳出农门15年后，2016年，他辞去了一些行政职务，返回到故乡——长三角渔业重镇湖州市菱湖镇，做了一名“博士渔夫”。

父辈、亲戚多是养鱼户，沈杰打小也在鱼塘边长大，深知养鱼艰辛。回到菱湖镇，他身负重任：用物联网消除行业“痛点”，重塑渔业生态。

物联网新技术也将另一个“渔二代”章利恩从繁重的劳作中解放出来。章利恩在菱湖镇承包了11个鱼塘，他用手机随时监控鱼塘含氧量数据，遥控开启增氧设备。

（资料来源：http：//www.xinhuanet.com/tech/2017－07/04/c_1121260732.htm）

第一节　物联网概述

当司机出现操作失误时，汽车会自动报警；早晨出门时，公文包会提醒主人忘带了什么东西；衣服会“告诉”洗衣机对颜色和水温的要求……这是国际电信联盟2005年1月报告中描绘的“物联网”时代的图景。物联网被称为继计算机、互联网之后，世界信息产业的第三次浪潮，将全面进入人们的生活，改变人们的生活方式。届时，在个人健康、交通控制、环境保护、公共安全、平安家居、智能消防、工业监测、老人护理等几乎所有领域，物联网都将发挥重要作用。

一、物联网的定义

物联网（Internet of Things）简单来说就是“物物相连的互联网”，指将各种信息传感设备，如射频识别（RFID）装置、红外感应器、全球定位系统、激光扫描器等信息传感设备，按约定的协议，把所有物品与互联网连接起来进行信息交换和通信，以实现智能化识别、定位、追踪、监控和管理的一种网络。在这个网络中，物品（商品）能够彼此进行“交流”，而无需人的干预。其实质是利用射频识别（RFID）技术，通过互联网实现物品（商品）的自动识别和信息的互联共享。

“物联网”是继计算机、互联网与移动通信网之后的世界信息产业第三次浪潮。打个比方：人的眼睛、耳朵、鼻子好比单个的“传感器”。一杯牛奶摆在面前，眼睛看到的是杯子，杯子里有白色的液体，鼻子闻闻有股奶香味，嘴巴尝一下有一丝淡淡的甜味，用手再摸一下，感觉有温度……这些感官的感知综合在一起，人便得出关于这一杯牛奶的判断。假如把牛奶的感知信息传上互联网，坐在办公室的人通过网络随时能了解家中牛奶的情况，这就是“传感网”，假如给你授权，你也可以看到这杯牛奶的情况。如果家中设置的传感器节点与互联网连接，经过授权的人通过网络了解家里是否平安、老人是否健康等各种信息，并利用传感器技术及时处理解决，这就是“物联网”。如果说互联网实现了人与人之间的交流，那么物联网可以实现人与物体的沟通和对话，也可以实现物体与物体相互间的连接和交互。物联网的概念模型如图 8－1 所示。

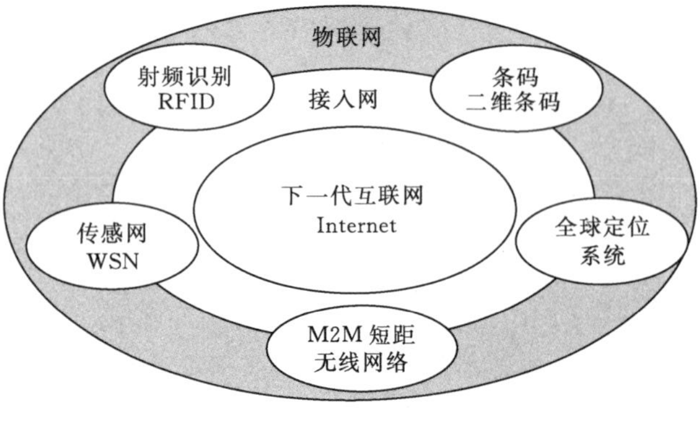

图 8－1　物联网的概念模型

2010 年 3 月召开的全国人民代表大会的政府工作报告中明确指出利用物联网技术来推动经济发展方式的转变，物联网正式成为推动经济技术发展的国家战略支柱之一。

二、物联网的发展史

（一）物联网的发展历程

1. 概念提出期

物联网的实践最早可以追溯到 1990 年施乐公司的网络可乐贩售机——Networked Coke Machine。20 世纪 80 年代，卡内基美隆大学有一群“吃货程序员”，希望每次下楼都可以买到沁人心脾的冰可乐，于是公器私用，发挥程序员的专长，将可乐贩卖机接上网络，还编写了一套程序监视可乐机内的可乐数量和冰冻情况。在 1950 年可乐贩售机的基础上，施乐公司于 1990 年推出网络可乐贩售机——Networked Coke Machine，该机运用的就是早期基于普适计算理念的物联网技术（图 8－2）。

1999 年，麻省理工学院的凯文·艾什顿（Kevin Ash－ton，物联网之父）教授首次提出物联网的概念。同年，该学院建立了“自动识别中心（Auto－ID）”实验室，实验室研究提出“万物皆可通过网络互联”的理论，即将书籍、鞋、汽车部件等物体装上微小的识别装置，Auto－ID 实验室的物联网概念以无线传感器网络和射频识别技术为支撑，就可以时刻知道物体的位置、状态等信息，从而实现智能管理。1999 年在美国召开的移动计

(a)1950 年可乐贩售机　　(b)1990 年网络可乐贩售机

图 8-2 可乐贩售机

算和网络国际会议“MOBICOM1999”上提出了传感网（智能尘埃）是下一个世纪人类面临的又一个发展机遇。同年，麻省理工学院的 Gershenfeld Neil 教授撰写了《When Things Start to Think》一书，以这些为标志开始了物联网的发展。

2. 正式提出期

2005 年 11 月 17 日，在突尼斯举行的信息社会世界峰会（WSIS）上，国际电信联盟（ITU）发布了《ITU 互联网报告 2005：物联网》，正式提出了“物联网”的概念。报告指出：无所不在的“物联网”通信时代即将来临，世界上所有的物体都可以通过互联网主动进行信息交换。射频识别技术（RFID）、无线传感器网络技术（WSN）、纳米技术、智能嵌入技术将得到更加广泛的应用。2006 年 3 月，欧盟召开会议“From RFID to the Internet of Things”，对物联网做了进一步的描述，并于 2009 年制定了“物联网研究策略的路线图”。2008 年起，已经发展为世界范围内多个研究机构组成的 Auto ID 联合实验室组织了“Internet of Things”国际年会。

3. 技术研究与实验期

2009 年，IBM 首席执行官 Samuel J. Palmisano 提出了“智慧地球”（Smart Planet）的概念，把传感器嵌入和装备到电网、铁路、桥梁、隧道、公路、建筑、供水系统、大坝、油气管道等各种应用中，并且通过智能处理，达到智慧状态。

2009 年 8 月 7 日，温家宝总理考察中科院无锡高新微纳传感网工程技术研发中心。强调“在传感网发展中，要早一点谋划未来，早一点攻破核心技术，把传感系统和 3G 中的 TD 技术结合起来”。

2009 年 9 月 21 日，中华人民共和国工业和信息化部（简称“工信部”）在相关会议上明确提出要进一步研究建设物联网、传感网，加快传感中心建设，推进信息技术在工业领域的广泛应用，提高资源利用率、经济运行效益和投入产出效率等。

2009 年 6 月 18 日，欧盟在比利时首都布鲁塞尔向欧洲议会、欧洲理事会、欧洲经济与社会委员会和地区委员会提交了以《物联网——欧洲行动计划》为题的公告。公告列举了行动计划所包含的 14 项行动，包括治理物联网、监督隐私和私人数据保护问题、物联网相关的标准、物联网方面的研究项目、RFID 再循环等问题的计划制订。

（二）物联网在美国

2005年，美国国防部规定所有军需物资都要使用RFID标签。2009年1月28日，奥巴马就任美国总统后，与美国工商业领袖举行了一次“圆桌会议”，作为仅有的两名代表之一，IBM首席执行官彭明盛首次提出“智慧地球”的最新策略。“智慧地球”的概念一经提出，即得到美国各界的高度关注，甚至有分析认为IBM公司的这一构想极有可能上升至美国的国家战略，并在世界范围内引起轰动。IBM认为，IT产业下一阶段的任务是把新一代IT技术充分运用在各行各业之中，具体地说，就是把感应器嵌入和装备到电网、铁路、桥梁、隧道、公路、建筑、供水系统、大坝、油气管道等各种物体中，并且被普遍连接，形成物联网。在策略发布会上，IBM还提出，如果在基础建设的执行中植入“智慧”的理念，不仅仅能够在短期内有力的刺激经济、促进就业，而且能够在短时间内为美国打造一个成熟的智慧基础设施平台。IBM希望“智慧地球”策略能掀起“互联网”浪潮之后的又一次科技产业革命。IBM前首席执行官郭士纳曾提出一个重要的观点，认为计算模式每隔15年发生一次变革。这一判断像摩尔定律一样准确，人们把它称为“十五年周期定律”。1965年前后发生的变革以大型机为标志，1980年前后以个人计算机的普及为标志，而1995年前后则发生了互联网革命。每一次这样的技术变革都引起企业间、产业间甚至国家间竞争格局的重大动荡和变化。

而互联网革命在一定程度上是由美国“信息高速公路”战略所催熟。20世纪90年代，美国克林顿政府计划用20年时间，耗资2000亿～4000亿美元，建设美国国家信息基础结构，创造了巨大的经济和社会效益。“智慧地球”战略被不少美国人认为与当年的“信息高速公路”有许多相似之处，同样被他们认为是振兴经济、确立竞争优势的关键战略。该战略能否掀起如当年互联网革命一样的科技和经济浪潮，不仅为美国关注，更为世界所关注。

（三）物联网在欧盟

欧洲智能系统集成技术平台（EPoSS）在《Internet of Things in 2020》论文中分析预测，未来物联网的发展将经历4个阶段，2010年之前RFID被广泛应用于物流、零售和制药领域；2010—2015年物体互联；2015—2020年物体进入半智能化；2020年之后物体进入全智能化。

2009年5月7—8日，欧洲各国的官员、企业领袖和科学家在布鲁塞尔就物联网进行专题讨论，并作为振兴欧洲经济的思路。欧盟委员会信息社会与媒体中心主任鲁道夫·施特曼迈尔说：“物联网及其技术是我们的未来”。2009年6月，欧盟发布了新时期下物联网的行动计划，围绕物联网技术和应用做了不少创新性工作。2009年11月，在全球物联网会议上，欧盟专家介绍了《欧盟物联网行动计划》，意在引领世界物联网发展。

从目前的发展看，欧盟各国家相继推出各自的物联网应用。

德国：德国电信公司近日推出了面向全球的M2M市场平台，供厂商和开发商提供与M2M（机对机）通信相关的硬件、软件、应用和整体解决方案等。该公司称，这是全球首个针对M2M的应用市场。该平台提供了9个业务分类，包括能源、医疗、交通物流、汽车、消费电子、零售、工业自动化、公共事业和安全。2010年，德国电信成立了M2M

竞争中心，目的是同欧美客户和合作伙伴共同加快 M2M 解决方案方面的创新。2011 年 6 月，德国电信发布了 M2M 开发工具包，加速向 M2M 领域扩张。据经合组织（OECD）此前公布的数据称，全球目前约有 50 亿台独立运营的 M2M 通信设备，预计到 2020 年，这一数字将达到目前的 10 倍。

英国：智能家居科技公司 AlertMe 联合英国天然气公司（British Gas）推出了一款智能仪表，旨在为英国客户提供个性化的能源效率咨询服务。这种智能仪表将代替家中原有的老式煤气表，可显示用户正使用的能量有多少。AlertMe 服务通过分解相关信息来进行同类家庭比对，提出切实可行的建议（比如通过绝缘或镶嵌双层玻璃以防止热量散失），并且针对如何节省开销和能源提出实用性的方案。

意大利：Tag Master 公司宣布，其合作伙伴 Generale Sistemi 公司已经为意大利法院成功安装 RFID 功能的车辆出入控制系统。该系统将远距离的 RFID 识别技术和光学字符识别（OCR）摄像头运用到车辆出入控制上，以提高车辆的安全性和可靠性。Generale Sistemi 公司的 CEO Adolfo Deltodesco 在一份书面声明中说："该系统的安装为法院带来了很多便利，使得建立在强大的 RFID 读写平台之上的 TGC 系统发挥其重要作用。"

丹麦：2011 年年底，丹麦政府正式启动 2011—2015 年公共部门数字化战略，提出逐步减少纸质表格和邮递信件的使用，尽可能将公民向公共部门递交申请、报告、信件等书面通信数字化。为进一步提高网上登录服务的便捷性，实现互联网公私服务一体化解决方案，丹麦自 2010 年 7 月起推出个人数字签名一体化系统 NemID，NemID 由个人预设的密码和一张可随身携带的代码卡组成。用户凭借 NemID 便可登录网上银行、税局系统及公私机构的网站，登录后可进行个人税务年报查询、信息更新、补交税款、签证申请、发送探亲访友邀请、医疗咨询等操作。NemID 的引入真正实现了"数字一卡通"，减少了密码过多或需携带众多电子银行口令卡所带来的烦恼。NemID 在丹麦的应用已成为公共部门数字化带动私营公司迅速发展的成功案例，公共部门和私营公司之间创新互动所产生的协同效应更为丹麦企业提供了新的竞争优势。

瑞典：瑞典国家运输部将 RFID 技术运用到北环线（Norra Länken）隧道内的空气质量监控，该隧道位于斯德哥尔摩北部，长达 6km，目前还处于建设中。该技术系统对隧道内气体的含量和排气扇的转速进行实时监控。此外，该人员监控系统还可以对人员进行追踪，发生紧急情况时自动打开隧道内监视器。自动通风系统还有助于工程节能，RFID 标签检测到隧道中有工人时，排气扇处于工作状态，否则关闭排气扇。

奥地利：全球领先的高性能模拟 IC 设计者及制造商奥地利微电子公司与 Nordic ID 推出高性能、新一代 Nordic ID UHF RFID 阅读器解决方案，该解决方案采用奥地利微电子市场领先的 UHF RFID 阅读器 IC。采用 AS3992 的 Nordic ID UHF RFID 阅读器 NUR－05W 是业界最小的 500m WRFID 引擎。该引擎模块可驱动最新发布的 Nordic ID Morphic、Nordic ID Merlin 和 Nordic ID Sampo 等系列移动式电脑和 ID 阅读器。

为了加强欧盟对物联网的管理，消除物联网发展的障碍，欧盟提出以下政策和建议：

（1）加强物联网管理和规则制度。制定一系列物联网的管理规则；建立一个有效的分布式管理（Decentralized Management）架构，使全球管理机构可以公开、公平、尽责的履行管理职能。

（2）完善隐私和个人数据保护。持续监测隐私和个人数据保护问题，修订相关立法，加强相关方对话等；执委会将针对个人可以随时断开联网环境开展技术、法律层面的辩论。

（3）提高物联网的可信度（trust）、接受度（acceptance）、安全性（security）。

（4）推广物联网标准化。执委会将评估现有物联网相关标准并推动制定新的标准，持续监测欧洲标准组织（ETSI、CEN、CENELEC）、国际标准组织（ISO、ITU）以及其他标准组织（IETF、EPC Global 等）物联网标准的制定进度，确保物联网标准的制定是在各相关方的积极参与下，以一种开放、透明、协商一致的方式达成。

（5）加强物联网技术相关研发。通过欧盟第 7 期科研框架计划项目（FP7）支持物联网相关技术研发，如微机电、非硅基组件、能量收集技术（Energy Harvesting Technologies）、无所不在的定位（Ubiquitous Positioning）、无线通信智能系统网（Networks of Wirelessly Communicating Smart Systems）、语义学（Semantics）、基于设计层面的隐私和安全保护（Privac - and security - by design）、软件仿真人工推理（Software Emulating Human Reasoning）以及其他创新应用，通过公私伙伴模式（PPP）支持包括未来互联网（Future Internet）等在内项目建设，并将其作为刺激欧洲经济复苏措施的一部分。

（6）建立开放式的创新环境。通过欧盟竞争力和创新框架计划（CIP）利用一些有助于提升社会福利的先导项目推动物联网部署，这些先导项目主要包括 e - Health、e - Accessibility、应对气候变迁、消除社会数字鸿沟等。

（7）增强机构间协调。为加深各相关方对物联网机遇、挑战的理解，共同推动物联网发展，欧盟执委会定期向欧洲议会、欧盟理事会、欧洲经济与社会委员会、欧洲地区委员会、数据保护法案第 29 条工作组等相关机构通报物联网发展状况。

（8）加强国际对话。加强欧盟与国际伙伴在物联网相关领域的对话，推动相关的联合行动，分享最佳实践经验。

（9）推广物联网标签、传感器在废物循环利用方面的应用。

（10）加强对物联网发展的监测和统计，包括对发展物联网所需的无线频谱的管理、对电磁影响等管理。

（四）物联网在中国

1999 年，中国开始传感网的研究。

2005 年 11 月，国际电信联盟（ITU）发布了《ITU 互联网报告 2005：物联网》报告，正式提出了“物联网”概念。

2009 年 1 月，IBM 首席执行官彭明盛提出“智慧地球”构想，其中“物联网”为“智慧地球”不可或缺的一部分，而奥巴马在就职演讲后已对“智慧地球”构想提出积极回应，并提升到国家级发展战略。

2009 年 8 月 7 日，温家宝总理在无锡视察中科院“物联网”技术研发中心时指出，要尽快突破核心技术，把传感技术和 TD 的发展结合起来。

2009 年 8 月 24 日，中国移动通信集团公司总裁王建宙访台期间解释了“物联网”概念。

2009 年 9 月 11 日，“传感器网络标准工作组成立大会暨‘感知中国’高峰论坛”在北京举行，会议提出传感网发展相关政策，推动了我国物联网进入高速发展的快车道。

2009 年 9 月 14 日，在中国通信业发展高层论坛上，中国移动总裁王建宙高调表示：“物联网”商机无限，中国移动将以开放的姿态，与各方竭诚合作。

2009 年 10 月 11 日，工业和信息化部部长李毅中在科技日报上发表了《我国工业和信息化发展的现状与展望》的署名文章，首次公开提及传感网络，并将其上升到战略性新兴产业的高度，指出信息技术的广泛渗透和高度应用将催生出一批新的经济增长点。

2009 年 11 月 3 日，温家宝总理在人民大会堂向首都科技界发表了题为“让科技引领中国可持续发展”的讲话，首度提出发展包括新能源、新材料、生命科学、生命医药、信息网络、海洋工程、地质勘探等七大战略新兴产业的目标，并将“物联网”并入信息网络发展的重要内容，并强调信息网络产业是世界经济复苏的重要驱动力。同时，在《国家中长期科学与技术发展规划（2006—2020 年）》和“新一代宽带移动无线通信网”重大专项中均将传感网列入重点研究领域。

2010 年 6 月，胡锦涛总书记在中国科学与第十五次院士大会、中国工程院第十次院士大会再次提出加快发展物联网技术并明确要求尽快建立中国传感信息中心。2013 年年初，《国务院关于推进物联网有序健康发展的指导意见》印发，提出要实现物联网在经济社会各领域的广泛应用，掌握物联网关键核心技术，基本形成安全可控、具有国际竞争力的物联网产业体系，使物联网成为推动经济社会智能化和可持续发展的重要力量，并发布了顶层设计、技术研发、标准研制、产业支撑、商业模式、法律法规、信息安全等 10 项行动计划。

2014 年 6 月，《工业和信息化部 2014 年物联网工作要点》中指出，2014 年物联网工作重点为：加强物联网顶层设计和统筹协调、突破核心关键技术、开展重点领域应用示范、促进产业协调发展、推进安全保障体系建设。2014 年 7 月《关于印发 10 个物联网发展专项行动计划的通知》（发改高技〔2013〕1718 号）要求国家发展和改革委员会、工业和信息化部、科技部、教育部、国家标准委联合物联网发展部际联席会议相关成员单位制订了 10 个物联网发展专项行动计划。

2015 年 5 月，中国在实施制造强国战略的第一个十年行动纲领《中国制造 2025》中指出，将物联网上升为国家战略。

2016 年，教育部《广义战略性新兴产业相关专业申报和审批工作的通知》对物联网专业的申报、招生和扶持政策进行了说明。2016 年 7 月，十八届五中全会通过了《中共中央关于制定国民经济和社会发展第十三个五年规划的建议》，“十三五”规划将助力物联网行业加速发展。物联网智能化已经不再局限于小型设备阶段，而是进入到完整的智能工业化领域，同时还有起到支撑作用的大数据、云计算、虚拟现实等多方位技术，共同助力支撑着整个大生态环境物联网化的变革。

2017 年 2 月 25 日，工信部要求加快 5G 等重点规划进度，包括提出 5G 在 6GHz 以下频段规划方案、做好 5G 技术试验毫米波段用频协调。

三、智慧地球

在世界不断“缩小”和“扁平化”的大环境下，IBM于2009年开始在全球高调分享其“智慧地球”概念。

根据IBM中国商业价值研究院发布的研究报告《智慧地球赢在中国》，“智慧地球”是IBM对于如何运用先进的信息技术构建这个新的世界运行模型的一个愿景。“智慧地球”从一个总体产业或社会生态系统出发，针对该产业或社会领域的长远目标，调动该生态系统中的各个角色以创新的方法做出更大、更有效的贡献，充分发挥先进信息技术的潜力以促进整个生态系统的互动，以此推动整个产业和整个公共服务领域的变革，形成新的世界运行模型。在这种新型关系中，每个个体和组织都可以自由、精确、及时地贡献和获取信息、洞察和专业知识，从而对彼此的行为施加正面的影响，达成智慧运行的宏观效果。

IBM的“智慧地球”所涵盖的行业和领域极为广泛，目前已有的报道涉及了能源、交通、食品、基础设施、零售系统、智能（决策系统）、金融和保险系统、电信、石油和天然气、医疗、城市、水系统、公共安全、建筑、铁路、日常工作、产品、教育、政府管理、云计算智慧、电力、货币、物流、气候系统等20多个方面。但是，可以预见，IBM的“智慧地球”所涵盖的领域是动态变化的，必将随着各国的实际需求的发展，而相应“智慧”的扩展。

其实，上述不少行业和领域的“智慧”提出甚至实施已久，只是现在被统一放在了IBM提出的“智慧地球”这个框架下面，比如电力行业的“智能电网”、食品行业基于RFID技术的食品跟踪解决方案、“智慧地球”的基础架构之一的“物联网”等。《纽约时报》对此发表一篇题为《I. B. M. Has Tech Answer for Woes of Economy》的报道，指出：拥有或者说能够产生某个具体行业和领域的“智慧”的厂商，除了IBM以外，在技术领域，还有思科、微软、惠普、甲骨文、SAP、埃森哲等，但是，只有IBM拥有解决上述所有行业和领域挑战的硬件、软件、服务和科研人员。同时，IBM的“智慧地球”，这种囊括多方面且粗线条的标签，也有利于激发大众的讨论和想象。

智慧地球意味着更透彻的感知，更全面的互联互通和更深入的智能化。更透彻的感知，需要数以亿计的RFID标签用以标志以及同样数以亿计的传感器用于感知。更全面的互联互通，则是让数以万亿计的事物紧密相连——汽车、家用电器、相机、道路、管道，甚至医药品和家畜，进而形成了所谓的“物联网”，同时三网融合将实现“无所不在的连接”(Pervasive Connectivity)。更深入的智能化则提供了无比强大且可扩展的计算能力。其实，互联网和“物联网”结合起来就是“智慧地球”。所以，物联网和无所不在的计算能力（Ubiquitous Computing）可以看作是“智慧地球”的核心技术所在。这两者使得人类历史上第一次出现了几乎任何东西都可以实现数字化和互联的现实，也使得“智慧地球”成为可能。

相关链接

物联网的日常应用实例

在比尔·盖茨的“未来之家”中，盖茨的每件衣服上都有一个电子标签，从衣橱中拿出一件上衣时，就能显示这件衣服搭配什么颜色的裤子，在什么季节、什么天气穿比较合适。

给放养的羊群中的每一只羊都贴上一个二维码，这个二维码会一直保持到超市出售的每一块羊肉上，消费者可以通过手机阅读二维码，知道羊的成长历史，确保食品安全。这就是“动物溯源系统”，今天，我国已经有 10 亿存栏动物贴上了这种二维码。

将带有“钱包”功能的电子标签与手机的 SIM 卡合为一体，手机就有钱包的功能，消费者可将手机作为小额支付的工具，用手机乘坐地铁和公交车，超市购物，去影剧院看影剧。重庆市已有 20 万人刷手机乘坐城市轻轨。

在电度表上装上传感器，供电部门随时都可知道用户的用电情况。江西省电网对分布在全省范围内的 2 万台配电变压器的运行状态进行实时监测，实现用电检查、电能质量监测、负荷管理、线损管理、需求侧管理等高效一体化管理，一年来降低电损 1.2 亿kW·h。

在电梯上装上传感器，当电梯发生故障时，无需乘客报警，电梯管理部门会借助网络在第一时间得到信息，以最快的速度去现场处理故障。重庆市已有 1200 部连接到电梯运行智能管理系统，效果很好。

互联网和物联网的结合，将会带来许多意想不到的效果。其最显著的特点，是使各种物品在生产、流通、消费的各个过程都具备智能，直至使智能遍及整个生态系统，这不仅可以提高管理的效率，更提高了物品和自然资源使用的效率。

（资料来源：物联网：下一个经济增长点？https：//it.sohu.com/20090901/n266376424.shtml；用移动支付来推动列车的实名售票应用案例 http：//success.rfidworld.com.cn/2012_08/293a38bd49355739.html）

第二节　物联网的关键技术

一、物联网体系架构

物联网的价值在于让物体也拥有了“智慧”，从而实现人与物、物与物之间的沟通，物联网的特征在于感知、互联和智能的叠加。因此，物联网由 3 个部分组成：感知部分，即以二维码、RFID、传感器为主，实现对“物”的识别；传输网络，即通过现有的互联网、广电网络、通信网络等实现数据的传输；智能处理，即利用云计算、数据挖掘、中间件等技术实现对物品的自动控制与智能管理等。

目前在业界物联网体系架构也大致被公认为有这 3 个层次，底层是用来感知数据的感知层，第二层是数据传输的网络层，最上面则是内容应用层，如图 8-3 所示。

在物联网体系架构中，三层的关系可以这样理解：感知层相当于人体的皮肤和五官；网络层相当于人体的神经中枢和大脑；应用层相当于人的社会分工，具体描述如下。

感知层是物联网的皮肤和五官——识别物体，采集信息。感知层包括二维码标签和识读器、RFID 标签和读写器、摄像头、GPS 等，主要作用是识别物体、采集信息，与人体结构中皮肤和五官的作用相似。感知层一般包括数据采集和数据短距离传输两部分，即首先通过传感器、摄像头等设备采集外部物理世界的数据，通过蓝牙、红外、ZigBee、工业

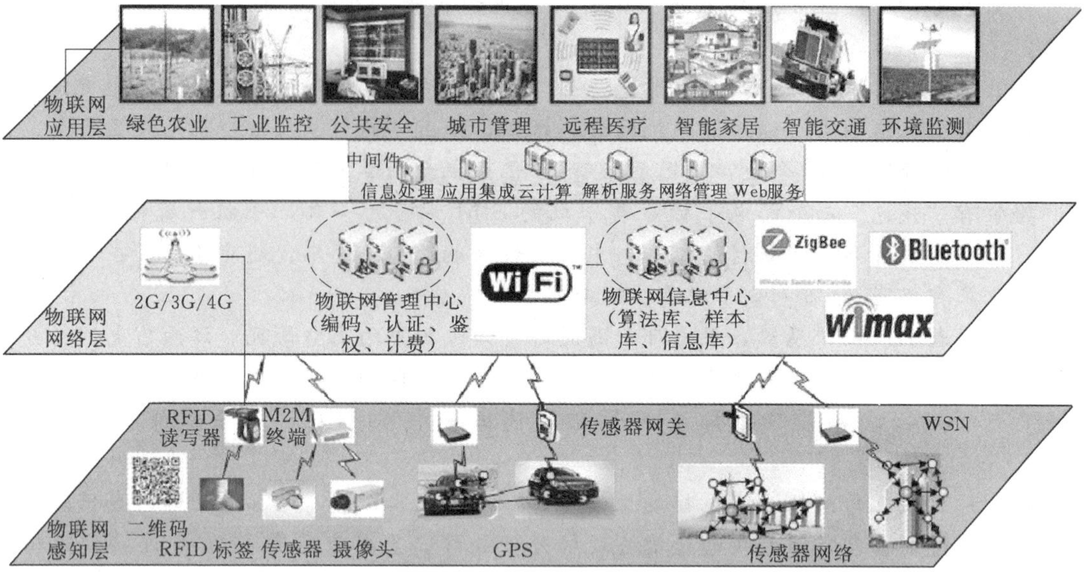

图 8-3　物联网体系架构

现场总线等短距离有线或无线传输技术进行协同工作或者传递数据到网关设备。

网络层是物联网的神经中枢和大脑——信息传递和处理。网络层包括通信与互联网的融合网络、网络管理中心和信息处理中心等。网络层将感知层获取的信息进行传递和处理，类似于人体结构中的神经中枢和大脑。

应用层是物联网的“社会分工”——与行业需求结合，实现广泛智能化。应用层是物联网与行业专业技术的深度融合，与行业需求结合，实现行业智能化，这类似于人的社会分工，最终构成人类社会。

在各层之间，信息不是单向传递的，也有交互、控制等，所传递的信息多种多样，这其中关键是物品的信息，包括在特定应用系统范围内能唯一标志物品的识别码和物品的静态与动态信息。

二、物联网相关技术

（一）物联网感知层相关技术

1. 二维条码

二维条码采用特定的几何图形按一定的规律在平面分布的黑白相间的图形记录数据符号信息。在代码编制上巧妙地利用计算机内部逻辑基础的“0”“1”比特流的概念，使用若干个与二进制相对应的几何形体来表示文字数值信息，通过图像输入设备或光电扫描设备自动识读以实现信息自动处理。二维条码能够在横向和纵向两个方位同时表达信息，因此能够在很小的面积内表达大量的信息。

2. 无线射频识别（RFID）

RFID 技术是非接触式的识别技术，它通过射频信号自动识别目标对象并获取相关数据，识别工作无须人工干预，可工作于各种恶劣环境。RFID 技术由标签、阅读器、天线、中间件、应用软件组成。RFID 按应用频率的不同分为低频（LF）、高频（HF）、超高频（UHF）、微波（MW），相对应的代表频率分别为：低频 135kHz 以下，高频 13.56MHz，超高频 860M～960MHz，微波 2.4G、5.8G。

3. 电子产品代码（EPC）

电子产品代码（Electronic Product Code，EPC）的载体是 RFID 电子标签，并借助互联网来实现信息的传递。EPC 旨在为每一件单品建立全球的、开放的标志标准，实现全球范围内对单件产品的跟踪与追溯，从而有效提高供应链管理水平，降低物流成本。EPC 是一个完整、复杂、综合的系统，如图 8-4 所示。

EPC-961 型			
01 •	0000A89 •	00016F •	000169DC0
版本号	域名管理	对象分类	序列号
8 位	28 位	24 位	36 位

图 8-4　EPC（电子产品代码）

1999 年，美国麻省理工学院的一位天才教授提出了 EPC（Electronic Product Code）开放网络（物联网）构想，在国际条码组织、宝洁公司、吉列公司、可口可乐、沃尔玛、联邦快递、雀巢、英国电信、SAP、SUN、PHILIPS、IBM 全球 83 跨国公司的支持下，开始了这个发展计划，并于 2003 年完成了技术体系的规模场地使用测试，于 2003 年 10 月在国际上成立 EPC globle 全球组织，推广 EPC 和物联网的应用。美国、日本和欧洲等发达国家和地区在全力推动符合 EPC 技术电子标签应用，其国内生产企业和零售企业都制定了在 2004—2005 年实施电子标签的方案。如全球最大的零售商沃尔玛宣布：从 2005 年 1 月开始，前 100 名供应商必须在托盘中使用 EPC 电子标签，2006 年必须在产品包装中使用 EPC 电子标签。

条码虽然现在应用很广泛，也大大提高了物流的效率，但是条码仍有很多缺点：

（1）条码只能识别一类产品，而无法识别单品。

（2）条码是可视传播技术。即扫描仪必须“看见”条码才能读取它，这表明人们通常必须将条码对准扫描仪才有效。

（3）如果印有条码的横条被撕裂、污损或脱落，就无法扫描这些商品。

（4）传统一维条码是索引代码，必须实时和数据库联系，从数据库中寻找完整的描述数据。

条码的局限性具体是：①信息标志是静态的；②信息识别是接触式的；③信息容量是有限的；④不能给每个消费单元唯一的身份；⑤数据存储、计算是集中的；⑥二维条码只解决了信息标志容量问题。总之，条码只能适用于流通领域（商流和物流的信息管理），不能透明地跟踪和贯穿供应链过程。

跟条码相比，EPC 的优势还不仅有超强的标志能力。同时，EPC 系统射频标签与视频识读器之间是利用无线感应方式进行信息交换的，因此可以进行无接触识别，“视线”所及，可以穿过水、油漆、木材甚至人体识别。EPC 1s 可以识别 50～150 件物品。

EPC 应用的是芯片，它存储的信息量和信息类别是条形码无法企及的。未来 EPC 在标志产品的时候将要达到单品层次，如果制造商愿意，它还可以对物品的成分、工艺、生产日期、作业班组，甚至是作业环境进行描述。EPC 以互联网为平台，能实现全球物品信息的实时共享，这将是继条码技术之后，再次变革商品零售结算、物流配送及产品跟踪管理模式的一项新技术。

EPC实际上是将RFID上网以实现全球物品信息的实时共享，这将是继条码技术后再次变革商品零售结算、物流配送及产品跟踪管理模式的一项新技术。EPC是条码和RFID技术的拓展和延续，EPC是EAN·UCC系统的延续和拓展。EPC已经成为全球统一标志系统（EAN·UCC系统）的一个组成部分。

4. 全球定位系统

全球定位系统是一种结合卫星及通信发展的技术，利用导航卫星进行测时和测距。全球卫星定位系统以全天候、高精度、自动化、高效益等特点，成功地应用与大地测量、工程测量、航空摄影、运载工具导航和管制、地壳运动测量、工程变形测量、资源勘查、地球动力学等多种学科，具有好的经济效益和社会效益。目前有的定位系统包括GPS、格洛纳斯、北斗导航系统。

5. 传感器（sensor）

传感器是机器感知物质世界的“感觉器官”，可以感知热、力、光、电、声、位移等信号，为网络系统的处理、传输、分析和反馈提供最原始的信息。传感器是能感受规定的被测量并按照一定的规律转换成可用信号的器件或装置，通常由敏感元件和转换元件组成。随着科学技术的不断发展，传统的传感器正逐步实现微型化、智能化、信息化、网络化，正经历着一个从传统传感器—智能传感器—嵌入式Web传感器的内涵不断丰富的发展过程。

（二）物联网网络层相关技术

1. 无线传感网（WSN）

无线传感网络（WSN）是由大量传感器节点通过无线通信方式形成的一个多跳的自组织网络系统，其目的是协作地感知、采集和处理网络覆盖区域中感知对象的信息，它能够实现数据的采集量化、处理融合和传输应用。

2. M2M

M2M是指机器与机器（machine to machine）、人与人（man to man）、人与机器（man to machine）之间的通信。

M2M机器互联技术是通信和信息技术的整合，它提供了设备实时数据在系统之间、远程设备之间以及个人之间建立无线连接的简单手段，并综合了数据采集、远程监控、电信、信息等技术，能够实现业务流程自动化。M2M互联技术原理如图8-5所示。

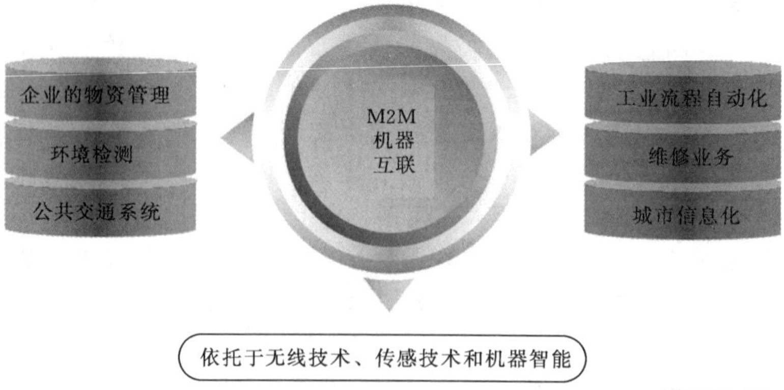

图8-5　M2M互联技术原理

3. Wi-Fi

Wi-Fi 原本是无线保真的缩写，Wi-Fi 的英文全称为 Wireless Fidelity，在无线局域网的范畴是指“无线相容性认证”，实质上是一种商业认证，同时也是一种无线联网的技术，以前通过网线连接电脑，而现在则是通过无线电波来联网；常见的就是一个无线路由器，那么在这个无线路由器的电波覆盖的有效范围都可以采用 Wi-Fi 连接方式进行联网，如果无线路由器连接了一条 ADSL 线路或者别的上网线路，则又被称为“热点”。

现代大多数人已通俗地把 Wi-Fi 等同于无线局域网，也就是 WLAN。可以说，Wi-Fi 是当前最成熟、最流行的无线局域网技术，也是为了物联网无线传输的关键核心技术。

4. 光纤分布天线系统

光纤无线电视一种模拟光通信的技术。通过适当地调制模拟半导体激光器，无线信号能够直接转变成光信号，从而极大地简化了无线信号的传输与分布。目前正在发展的 Wi-Fi 无线局域网分布天线系统（例如在医院、校园、机场或商场）能够在几十至上百米的范围内连接多个无线用户，实现多业务信号传输、分布和交换。

5. 互联网协议（IPv6）

IPv6 是 Internet Protocol Version 6 的缩写，其中 Internet Protocol 译为“互联网协议”。IPv6 是 IETF（Internet Engineering Task Force，即互联网工程任务组）设计的用于替代现行版本 IP 协议（IPv4）的下一代 IP 协议，号称可以为全世界的每一粒沙子编上一个网址。由于 IPv4 最大的问题在于网络地址资源有限，严重制约了互联网的应用和发展。IPv6 的使用不仅能解决网络地址资源数量的问题，而且也解决了多种接入设备连入互联网的障碍。

6. 无线网络协议（ZigBee）

ZigBee 是基于 IEEE 802.15.4 标准的低功耗局域网协议。根据国际标准规定，ZigBee 技术是一种短距离、低功耗的无线通信技术。这一名称（又称紫蜂协议）来源于蜜蜂的八字舞，由于蜜蜂（bee）是靠飞翔和嗡嗡（zig）地抖动翅膀的“舞蹈”来与同伴传递花粉所在方位信息，也就是说蜜蜂依靠这样的方式构成了群体中的通信网络。其特点是近距离、低复杂度、自组织、低功耗、低数据速率。主要适用于自动控制和远程控制领域，可以嵌入各种设备。简而言之，ZigBee 就是一种便宜的、低功耗的近距离无线组网通信技术。ZigBee 是一种低速短距离传输的无线网络协议。ZigBee 协议从下到上分别为物理层（PHY）、媒体访问控制层（MAC）、传输层（TL）、网络层（NWK）、应用层（APL）等。其中物理层和媒体访问控制层遵循 IEEE 802.15.4 标准的规定。

7. 蓝牙（Bluetooth）

蓝牙是一种无线数据与语音通信的开放性全球规范，和 ZigBee 一样，也是一种短距离的无线传输技术。其实质内容是为固定设备或移动设备之间的通信环境建立通用的短距离无线接口，将通信技术与计算机技术进一步结合起来，是各种设备在无电线或电缆相互连接的情况下，能在短距离范围内实现相互通信或操作的一种技术。

蓝牙采用高速跳频（Frequency Hopping）和时分多址（Time Division Multiple Access，TDMA）等先进技术，支持点对点及点对多点通信。其传输频段为全球公共通用的 2.4GHz 频段，能提供 1M/s 的传输速率和 10m 的传输距离，并采用时分双工传输方案实现全双工传输。

蓝牙除具有和 ZigBee 一样，可以全球范围适用、功耗低、成本低、抗干扰能力强等特点外，还有许多它自己的特点。

（1）同时可传输语音和数据。蓝牙采用电路交换和分组交换技术，支持异步数据信道、三路语音信道以及异步数据与同步语音同时传输的信道。

（2）可以建立临时性的点对点连接（Ad-hoc Connection）。

（3）开放的接口标准。为了推广蓝牙技术的使用，蓝牙技术联盟（Bluetooth SIG）将蓝牙的技术标准全部公开，全世界范围内的任何单位和个人都可以进行蓝牙产品的开发，只要最终通过 Bluetooth SIG 的蓝牙产品兼容性测试，就可以推向市场。

蓝牙作为一种电缆替代技术，主要有以下三类应用：语音/数据接入、外围设备互连和个人局域网（PAN）。在物联网的感知层，主要是用于数据接入。蓝牙技术有效地简化移动通信终端设备之间的通信，也能够成功地简化设备与因特网之间的通信，从而数据传输变得更加迅速高效，为无线通信拓宽了道路。ZigBee 和蓝牙是物联网感知层典型的短距离传输技术。

（三）物联网应用层相关技术

应用是物联网发展的驱动力和目的。应用层的主要功能是把感知和传输来的信息进行分析和处理，做出正确的控制和决策，实现智能化的管理、应用和服务。这一层解决的是信息处理和人机界面的问题。

具体的讲，应用层将网络层传输来的数据通过各类信息系统进行处理，并通过各种设备与人进行交互。这一层也可按形态直观地划分为两个子层：一个是应用程序层，另一个是终端设备层。应用程序层进行数据处理，完成跨行业、跨应用、跨系统之间的信息协同、共享、互通的功能，包括电力、医疗、银行、交通、环保、物流、工业、农业、城市管理、家居生活等，可用于政府、企业、社会组织、家庭、个人等，这正是物联网作为深度信息化网络的重要体现。而终端设备层主要是提供人机界面，物联网虽然是“物物相连的网”，但最终是要以人为本的，最终还是需要人的操作与控制，不过这里的人机界面已远远超出现在人与计算机交互的概念，而是泛指与应用程序相连的各种设备与人的反馈。

物联网的应用可分为监控型（物流监控、污染监控）、查询型（智能检索、远程抄表）、控制性（智能交通、智能家居、路灯控制）、扫描型（手机钱包、高速公路不停车收费）等。目前，软件开发、智能控制技术发展迅速，应用层技术将会为用户提供丰富多彩的物联网应用。同时，各种行业和家庭应用的开发将会推动物联网的普及，也给整个物联网产业链带来利润。

1. 云计算

云计算（Cloud Computing）是分布式计算（Distributed Computing）、并行计算（Parallel Computing）和网格计算（Grid Computing）的发展，或者说是这些计算机科学概念的商业实现。云计算通过共享基础资源（硬件、平台、软件）的方法，将巨大的系统连接在一起以提供各种 IT 服务，这样企业与个人用户无需再投入昂贵的硬件购置成本，只需要通过互联网来租赁计算力等资源。用户可以在多种场合，利用各类终端，通过互联网接入云计算平台来共享资源。

云计算涵盖的业务范围一般有狭义和广义之分。狭义云计算指IT基础设施的交付和使用模式，通过网络以按需、易扩展的方式获得所需的资源（硬件、平台、软件）。提供资源的网络被称为“云”。“云”中的资源在使用者看来是可以无限扩展的，并且可以随时获取、按需使用、随时扩展、按使用付费。这种特性经常被称为像水电一样使用的IT基础设施。广义云计算指服务的交付和使用模式，通过网络以按需、易扩展的方式获得所需的服务。这种服务可以是IT和软件、互联网相关的，也可以使用任意其他的服务。

云计算由于具有强大的处理能力、存储能力、带宽和极高的性价比，可以有效用于物联网应用和业务，也是应用层能提供众多服务的基础。它可以为各种不同的物联网应用提供统一的服务交付平台，可以为物联网应用提供海量的计算和存储资源，还可以提供统一的数据存储格式和数据处理方法。利用云计算大大简化了应用的交付过程，降低交付成本，并能提高处理效率。同时，物联网也将成为云计算最大的用户，促使云计算取得更大的商业成功。

2. 人工智能

人工智能（Artificial Intelligence）是探索研究使各种机器模拟人的某些思维过程和智能行为（如学习、推理、思考、规划等），使人类的智能得以物化与延伸的一门学科。目前对人工智能的定义大多可划分为四类，即机器“像人一样思考”“像人一样行动”“理性地思考”和“理性地行动”。人工智能企图了解智能的实质，并生产出一种新的能以与人类智能相似的方式作出反应的智能机器。该领域的研究包括机器人、语言识别、图像识别、自然语言处理和专家系统等。目前主要的方法有神经网络、进化计算和粒度计算三种。在物联网中，人工智能技术主要负责分析物品所承载的信息内容，从而实现计算机自动处理。

人工智能技术的优点在于：大大改善操作者作业环境，减轻工作强度；提高了作业质量和工作效率；一些危险场合或重点施工应用得到解决；环保、节能；提高了机器的自动化程度及智能化水平；提高了设备的可靠性，降低了维护成本；故障诊断实现了智能化等。

3. 数据挖掘

数据挖掘（Data Mining）是从大量的、不完全的、有噪声的、模糊的及随机的实际应用数据中，挖掘出隐含的、未知的、对决策有潜在价值的数据的过程。数据挖掘主要基于人工智能、机器学习、模式识别、统计学、数据库、可视化技术等，高度自动化地分析数据，做出归纳性的推理。它一般分为描述型数据挖掘和预测型数据挖掘两种：描述型数据挖掘包括数据总结、聚类及关联分析等；预测型数据挖掘包括分类、回归及时间序列分析等。通过对数据的统计、分析、综合、归纳和推理，揭示事件间的相互关系，预测未来的发展趋势，为决策者提供决策依据。在物联网中，数据挖掘只是一个代表性概念，它是一些能够实现物联网“智能化”“智慧化”的分析技术和应用的统称。细分起来，包括数据挖掘和数据仓库（Data Warehousing）、决策支持（Decision Support）、商业智能（Business Intelligence）、报表（Reporting）、ETL（数据抽取、转换和清洗等）、在线数据分析、平衡计分卡（Balanced Scoreboard）等技术和应用。

4. 中间件

中间件是为了实现每个小的应用环境或系统的标准化以及它们之间的通信，在后台应用软件和读写器之间设置的一个通用的平台和接口。在许多物联网体系架构中，经常把中间件单独划分一层，位于感知层与网络层或网络层与应用层之间。本书参照当前比较通用的物联网架构，将中间件划分到应用层。在物联网中，中间件作为其软件部分，有着举足轻重的地位。物联网中间件是在物联网中采用中间件技术，以实现多个系统或多种技术之间的资源共享，最终组成一个资源丰富、功能强大的服务系统，最大限度地发挥物联网系统的作用。具体来说，物联网中间件的主要作用在于将实体对象转换为信息环境下的虚拟对象，因此数据处理是中间件最重要的功能。同时，中间件具有数据的搜集、过滤、整合与传递等特性，以便将正确的对象信息传到后端的应用系统。

目前主流的中间件包括 ASPIRE 和 Hydra。ASPIRE 旨将 RFID 应用渗透到中小型企业。为了达到这样的目的，ASPIRE 完全改变了现有的 RFID 应用开发模式，它引入并推进一种完全开放的中间件，同时完全有能力支持原有模式中核心部分的开发。ASPIRE 的解决办法是完全开源和免版权费用，这大大降低了总的开发成本。Hydra 中间件特别方便实现环境感知行为和在资源受限设备中处理数据的持久性问题。Hydra 项目的第一个产品是为了开发基于面向服务结构的中间件，第二个产品是为了能基于 Hydra 中间件生产出可以简化开发过程的大的商业成功。

物联网中间件的实现依托于中间件关键技术的支持，这些关键技术包括 Web 服务、嵌入式 Web、Semantic Web 技术、上下文感知技术、嵌入式设备及 Web of Things 等。

三、物联网的技术产业链

国家信息化专家咨询委员会委员高新民表示，一旦物联网大规模普及，无数的日常生活用品需要加装更加小巧智能的传感器，或者直接升级换代，将给市场带来巨大商机。

首先，物联网需要协议。物联网既然是一个网络，那自然需要一个统一的协议基础，就像是互联网需要 TCP/IP 一样，但现实情况是在核心层面，由于物联网是互联网的延伸，同样基于 TCP/IP；在接入层面，协议类别就变得五花八门，GPRS、短信、传感器、TD-SCDMA、有线等多种通道，协议多得数不清。

其次，物联网需要地址。每个物品都需要在物联网中被寻址，就需要一个地址。在 IPv4 资源即将耗尽的背景下，物联网需要更多的 IP 地址，那就需要 IPv6 来支撑了。由于 IPv4 网络的庞大规模导致 IPv4 向 IPv6 过渡必定存在一个漫长的过程，因此物联网一旦使用 IPv6 地址，就必然会存在与 IPv4 的兼容性问题。虽然现在有了很多解决方法，但毕竟是一个痛苦、漫长的过程。中国的各个通信公司在 IPv4 时代吃尽了地址匮乏的苦头，在 IPv6 时代能否抢占先手是中国的通信公司物联网战略的决定性的保障因素，也是一个重大的不确定因素。

最后，物联网需要产业链。其实，物联网所需要的自动控制、信息传感、射频识别等上游技术和产业早已成熟或基本成熟，而下游的应用也已单体形式存在。不得不说，在物联网中，移动通信公司做的又是通道。通道的作用不仅是联系上下游，实现上下游产业的联动，也要横向联系，实现跨专业的联动。比如，智能家庭需要的不仅仅是自动控制，也有信息传感。物联网不是中国移动一家就能搞定的，要建好物联网，中国的移动通信公司必须带动整个产业链或者说推动产业链的共同发展，这是物联网成功的重要保证。物联网技术产业链如图 8－6 所示。

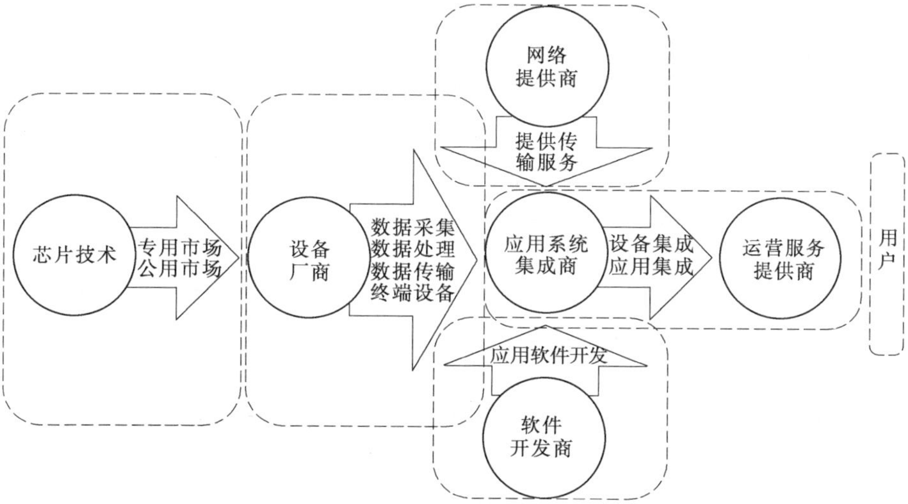

图 8－6　物联网技术产业链

案例

物联网之父长篇演讲，带你重新认识物联网（节选）

互联的世界已经有很长的时间了，飞机的网络至少存在六七十年时间了，比互联网网络存在的时间更长。但在飞机网络上流动的不是信息，航空网络包括飞机、乘客、行李。还有一个网络更为久远——航运，航运的大部分不是为个人所用，是集装箱货轮。还有光缆连接图，我们讲到物联网的时候，就是把刚才所有的网络形成一体，把生活所依赖的网络打通。

在这 3 个网络中，互联网网络其实是最不重要的，即使互联网今天瘫痪，我们还是能够照样存活的，因为我们可以忍受不使用微信，但是航运等交通网络瘫痪，这些问题会更多、更需要我们解决。互联网的二进制不是实物，尽管互联网是非常强大的技术，但是我们要谨记：实物重于互联网。一旦我们把所有网络连接起来形成统一的网络，这就是物联网。

物联网的经济影响是消费越少、生产越多。

物联网不是什么？

对于物联网的物件，我们会想到插电的电器，也有人假设物联网的组成部分中需要有智能手机上的应用，我觉得这都是有失偏颇的说法。这并不是物联网存在的前提条件，物联网不能和智能设备混为一谈。比如一个智能酒瓶，它能和手机进行交互，通过智能手机可以看自己有没有喝醉；智能比基尼，它会告诉你有没有晒伤；智能水瓶，它会告诉你会不会渴了；智能剃须刀，它用 APP 告诉你有没有刮胡子，这都不是物联网。我可以预测：

这些产品是很糟糕的，如果大家考虑互联网创业，生产这样产品的公司是不会赚钱的。

究竟什么是物联网？

首先，全世界究竟有多少数据？我的意思不是指互联网捕捉到多少数据，或者全世界的数据库有多少数据，而是现在全世界究竟存在多少数据？比如这个会场，我们就可以做个例子：多少人、水、温度、空气质量、灯泡数量、健康水平、什么样的地毯、什么样的空调，所有这间屋子相关的物都可以提出问题，以此类推。在这个房间，几乎产生了无限的数据量，每一秒过去，这些数据都会发生变化，所有的事物都在不断变化中，数据量在不断增加。那么，全世界究竟有多少数据，采集了多少数据？人类今天已经采集的数据与真正全世界的数据相比，可以忽略不计。

过去，计算机只有一个信息来源，就是我们人类通过键盘、二维码告诉计算机，给它传输数据，计算机的数据99.99%来源于人类，但是人类在采集世界的数据方面并不擅长，我们更擅长创意、交流、思考，所以我们怎么解决这个问题？

其中一个解决方案是利用库梅定律，建立遍布于世界的传感器网络，和计算机进行连接，建立自动化获得世界信息的范式，更好地收集世界的数据。我们要建立大思维，正如我们的五官等感官都在收集信息供给我们处理，你的大脑会不断比较，从而建立一个关于世界的图景。

所有的传感器收集的数据要有价值，这取决于我们的信息能够共享。在新世界中，我们需要的计算机不仅可以为人收集信息，也要为它自己收集信息。原来的数据太少，没有规模，当我们得到如此之多数据的时候，我们该做什么呢？要让计算机可以自动化决策，做出有用的决策，这个非常有趣，也很难，这个领域我们称为“机器学习”。

在我们一般的语言里，我们也称为“人工智能”，这些“机器学习系统”可以分析所有数据，然后产生决策，从而影响到人，人类从而采取干预。在正常情况下，这个决策有什么前景呢？最终的结果就是做出行为，改变世界。从分析数据、做出决策到给世界带来改变，这点就我们回到的起点：在传感器网络当中发现改变、提供数据、做出决策、改变世界，然后再次循环。这是非常深刻的信息变革，这就是我们讲的物联网，这不是一件小事，而是会不断地发生变革。

什么时候物联网会开始？物联网究竟会不会到来？这是一个有趣的问题，实际上物联网方兴正艾。在20世纪90年代，几乎没有数码照片，数字照片在2000年是打印出来的照片，现在数字摄影发展得越来越好，最后进入手机成为结果，现在每年可以销售10亿台数字相机。如果大家能够提前看到未来，你可以得到什么优势呢？我们可以利用这个行业建立企业，获得巨大成功。

当数码相机融入智能手机后，就变成了真正的物联网，这种观察的技术和传感器连接后，看起来数字摄影不是真正的数据存储，因为还需要人工按键，但是我们发现现在越来越多的摄像头不需要按键，比如自动摄影，通过自动的成像分析，得到了极大的改进，人脸识别技术就是其中一项应用。在10年之前，大家可能没办法想象这样的事情，但是现在很多社交网络可以做到人脸识别，现在的技术不仅仅局限于人脸识别，还能分析表情、情绪等，人脸识别仅仅只是第一步。

还有GPS，从2005年到现在发展非常迅猛，每年有10亿多手机的发货量都搭载了这个技术，可以自动传感，手机可以告知你所在的位置，可以通过地图搜索线路，调取地图信息之后规划出路线。这还不是唯一的功能，Uber、滴滴都是能够帮助你联系出租车、让你出行更加方便的工具。Uber 拥有传感器，可以呈现出乘客、车主的位置信息，这个系统的算法就是把乘客和最近的车主进行配对，帮助大家做决定。这里头的传感器、GPS 技术，如果没有自动化功能，就没办法实现叫车功能。之前的叫车方式是在路上叫车，司机如果在下一个街角，可能就没办法看到乘客，所以 Uber 的效率更高。

再举一个例子，自动驾驶汽车也属于物联网的范畴，它对世界有非常大的震撼和影响，可能会超过智能手机带来的影响。它是有车轮的传感器系统，它能够给你一个 360°的视角，就像一个雷达，为汽车装上了一双眼睛，让汽车可以看到周围的情况，这是自动驾驶汽车的一个基本要领。

自动驾驶汽车的驾驶速度也会比人更快，你在车里头可以看电视、瞌睡、和家人打电话、查阅电邮，它可以帮助你更精准地定制路线、泊车。这个技术已经是实现了。

温家宝总理在 2009 年说："物联网是地球的智慧。"这是一个非常有诗意而美妙的互联网技术总结，它结合了实物和数据。中国正在有意识地做物联网信息技术的投入。举个例子，有一个名为宇通客车的公司和复旦大学共同研发了自动驾驶的客车。一开始，自动驾车汽车的位置还有司机，但是司机不需要花太多的精力在驾驶上了。可见中国在物联网已经迈出了领先的步伐。如果大家能够比其他人更先看到未来，就可以具备更大的先发优势。

（资料来源：http：//www. sohu. com/a/214280031 _ 100023018）

第三节　物联网的应用

物联网可以广泛地应用于很多领域，包括物流、医疗、家居、城管、环保、交通、公共安全、农业、校园及军事等领域。

一、现代物流

在现代物流中，物联网技术可应用于车辆定位、车辆监控、航标遥测管理、货物调度及追踪等。现代物流中"虚拟仓库"的概念需要由物联网技术来支持，从神经末梢到整个运行过程的实时监控和实时决策也必须由物联网来支持。如车载物联网信息平台解决方案功能如下：①把物流企业分散信息系统整合，实现信息共享，高效协作；②GPS 定位跟踪，提高运力资源利用率；③货源、车源信息匹配，加快业务成交量，并建立信用档案，降低运营风险；④云计算技术搭建中小物流企业数据中心；⑤SaaS 服务降低物流企业信息化建设成本。

根据该方案功能要求，企业配备相关系统如下：

（1）物流企业整车业务系统。物流企业整车业务系统功能如下：基于"三网融合"技术，实现车辆、货物智能自动交易撮合、信息发布、货运跟踪管理、利润提成管理、数据统计分析等功能。

（2）工程车辆 GPS 管理系统。系统组成包括车载 GPS 终端、无线通信接收和转发设备、计算机软硬件和网络设备、GIS 软件、车辆 GPS 管理平台。

同时，物联网推动现代物流的信息化发展。现代物流打造了集信息展现、电子商务、物流配载、仓储管理、金融质押、园区安保、海关保税等功能为一体的物流园区综合信息服务平台。信息服务平台以功能集成、效能综合为主要开发理念，以电子商务、网上交易为主要交易形式，建设了高标准、高品位的综合信息服务平台。并为金融质押、园区安保、海关保税等功能预留了接口，可以为园区客户及管理人员提供一站式综合信息服务。

二、智慧医疗

一个智慧的医疗体系可以建立协同的合作伙伴关系，以提供更好的医疗保健服务，并有效地预测和预防疾病。同时，还能激励每个人做出更明智的选择。智慧医疗可在急救、医疗卫生机构和家庭保健与护理方面得到切实应用。智慧医疗系统构架如图 8-7 所示。

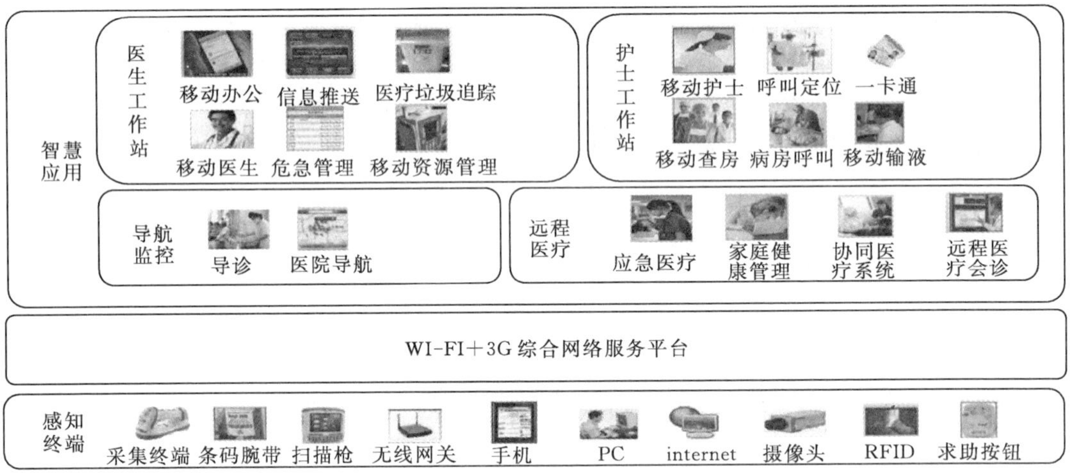

图 8-7 智慧医疗系统构架

物联网在智能医疗中的主要应用包括移动电子病历、数字医生影像、输液编码核对、RFID 母婴配对等医疗信息化服务。通过物联网，医生可以通过随身携带的具有无线网络功能的个人终端，更加准确、及时、全面地了解患者的详细信息，使患者也能够得到及时、准确的诊治。智能医疗应用和电子病历系统如图 8-8 和图 8-9 所示。

智能医疗系统借助简易实用的家庭医疗传感设备，对家中患者或老人的生理指标进行自测，并将生成的生理指标数据通过电信公司的固定网络或 3G 无线网络传输到护理人或有关医疗单位。根据客户需求，电信公司还提供相关增值业务，如紧急呼叫救助服务、专家咨询服务、终生健康档案管理服务等。智能医疗系统真正解决了现代社会子女们因工作忙碌无暇照顾家中老人的无奈，可以随时表达孝子情怀。家庭远程健康监护如图 8-10 所示。

三、智能家居

智能家居是对家庭中的冰箱、空调、微波炉、电视、电话、电灯等家居用品的控制。

智能家居系统融合自动化控制系统、计算机网络系统和网络通信技术于一体，将各种家庭设备（如音/视频设备、照明系统、窗帘控制、空调控制、安防系统、数字影院系统、

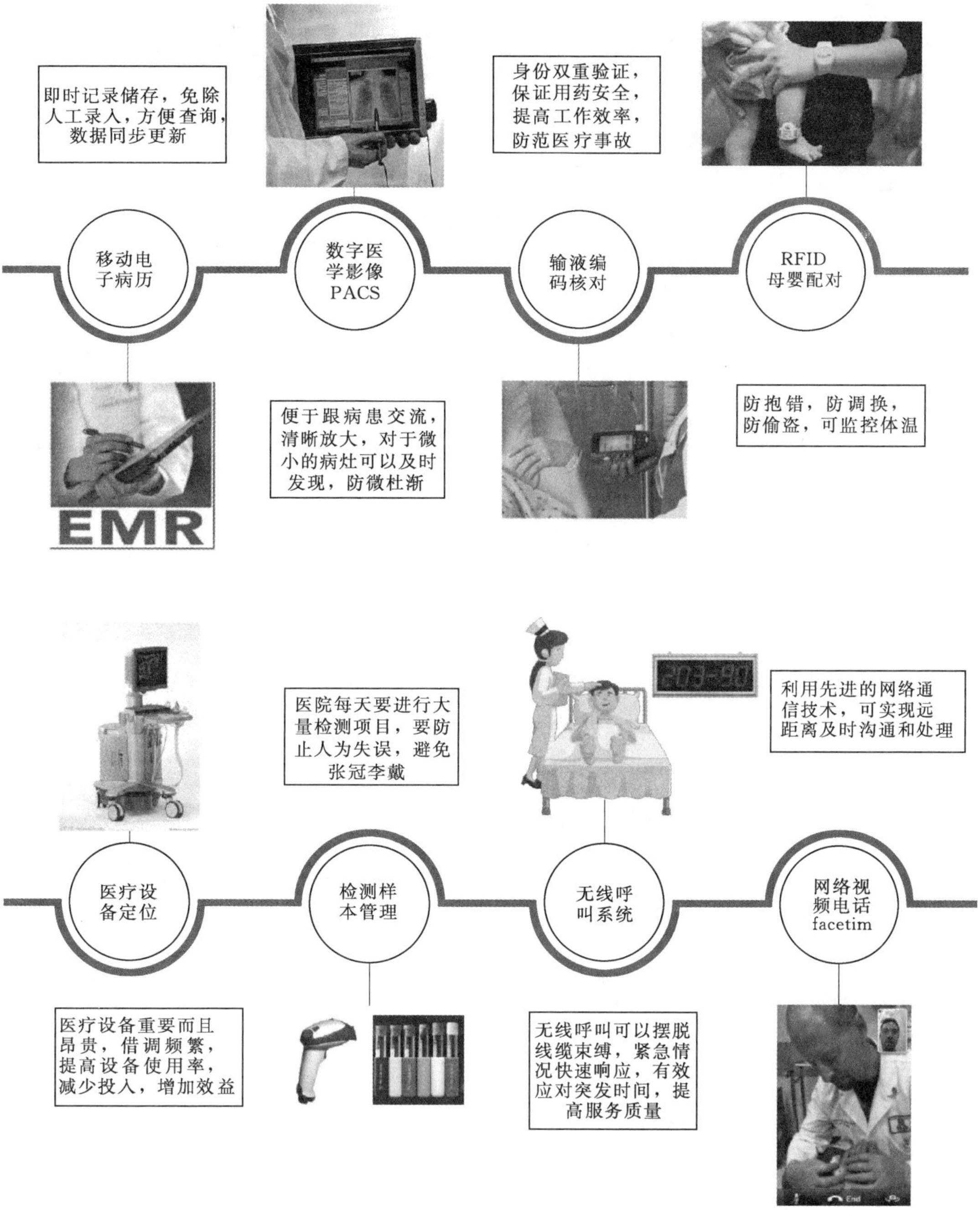

图 8-8 智能医疗应用

网络家电等）通过智能家庭网络联网实现自动化，通过电信公司的宽带、固话和3G无线网络，可以实现对家庭设备的远程操控。

与普通家居相比，智能家居不仅提供舒适宜人且高品位的家庭生活空间，实现更智能的家庭安防系统，还将家居环境由原来的被动静止结构转变为具有能动智慧的工具，提供

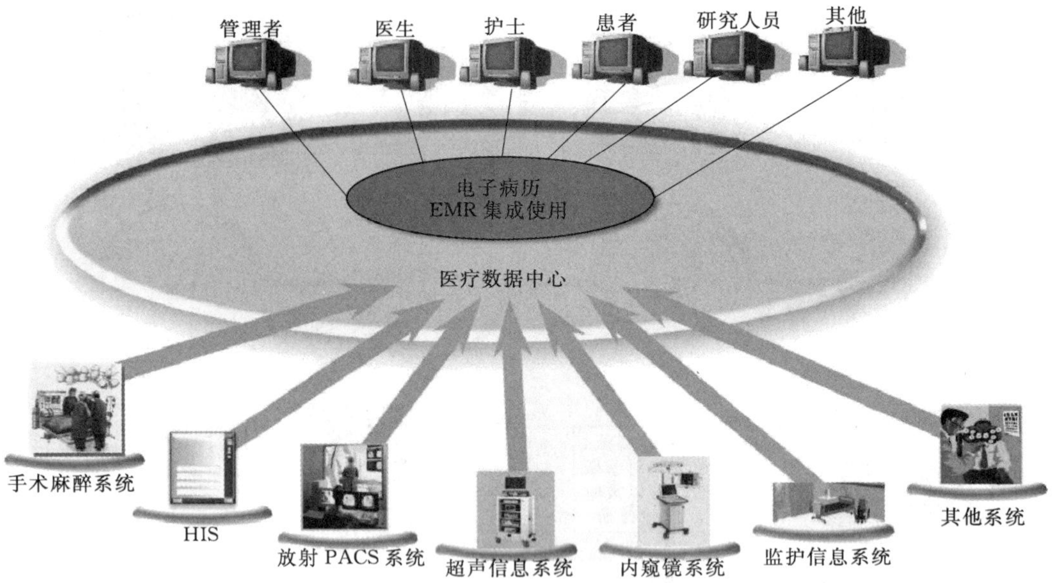

图 8-9　电子病历系统

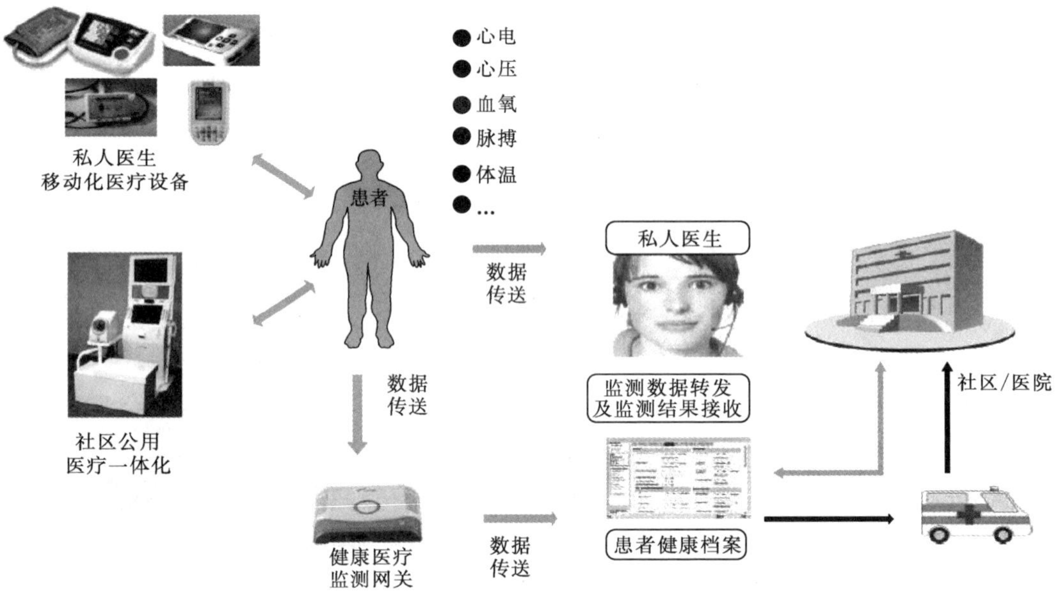

图 8-10　家庭远程健康监护

全方位的信息交互功能。

智能家居控制系统（Smarthome Control Systems，SCS），是以住宅为平台，家居电器及家电设备为主要控制对象，利用综合布线技术、网络通信技术、安全防范技术、自动控制技术、音视频技术将家居生活有关的设施进行高效集成，构建高效的住宅设施与家庭日程事务的控制管理系统，提升家居智能、安全、便利、舒适，并实现环保节能的综合智能家居网络控制系统平台。智能家居控制系统是智能家居核心，是智能家居控制功能实现的基础。

1. 智能家居控制系统的工作原理

智能家居控制系统的工作原理是命令发射零碎。

命令发射零碎的作用，主要是经过各类传感设备接纳各类传感信号，并触发控制命令或经过人的自觉遥控、手动触发对应的发射类智能设备来收回控制命令，例如：温、湿度传感器搜集室内的温、湿度变化数据，按照需求设定温、湿度变化的触发要求，当温度或湿度到达预设的触发要求时，就联动收回控制命令；当温度高时，空调开端制冷，当温度低时，空调开端制热。若装置了亮度传感器，则当室内光照亮度充足时，预设的灯光主动封闭，当室内光照亮度不够时，预设灯光主动打开。若安防人体感应器，当设防时，监测到有人在活动时，马上触发电话报警，当非设防形态时，感应到人，主动开启预设的灯光，当监测到无人时，主动封闭灯光。以上这些少许场景的完成，都是经过各类传感器来主动感应触发完成智能控制，当然也能够间接人为手动触发控制命令，例如：人们可以使用连接各类智能遥控器、墙上智能面板、家庭局域网内的电脑来触发控制命令，若人不在室内，还能经过电话或互联网远程控制室内的全部设备。

例如：开灯或关灯，主要经过智能面板来完成，智能面板收到各类控制命令后，经过剖析解码，驱动对应强电驱动电路，把灯控的电路接通或断开，这样控制就能完成；另外，像电器、窗帘等设备的控制也是一样道理，当数字窗帘开关，收到控制命令后，立刻驱动电动窗帘电机马达的对应电路接通或断开，这样就做到窗帘的开关控制。关于红外家电的控制，例如：空调、电视机、DVD等，经过装置在吸顶的人体感应器来完成，人体感应器收到控制信号后，立刻把控制信号转发成对应的红外指令，像控制DVD影碟机的开关、播放、暂停等红外控制指令。关于安防报警功效的完成，当数字安防模块收到控制命令后，会转成对应的语音信号拨打给预设的电话号码报警。关于背景音乐的控制智能，也如电视、DVD一样，当数字影音系统收到控制命令后，立刻切换外部的播放源电路，并开端播放音源。因此，当触发各类复杂的场景命令时，例如：“影院”场景键触发，这时对应的命令执行设备零碎按照收到的命令解码并一同执行控制命令，因此，对应的灯光、电器、窗帘、背景音乐就会开始按预设命令完成任务，达到预设的场景效果。

2. 智能家居控制系统的系统特点

（1）系统构成灵活。从总体上看，智能家居控制系统是由各个子系统通过网络通信系统组合而成的。可以根据需要，减少或者增加子系统，以满足需求。

（2）操作管理便捷。智能家居控制的所有设备可以通过手机、平板电脑、触摸屏等人机接口进行操作，非常方便。

（3）场景控制功能丰富。可以设置各种控制模式，如离家模式、回家模式、下雨模式、生日模式、宴会模式、节能模式等，极大满足生活品质需求。

（4）信息资源共享。可以将家里的温度、湿度、干燥度发布到网上，形成整个区域性的环境监测点，为环境的监测提供有效有价值的信息。

（5）安装、调试方便。即插即用，特别用无线的方式，可以快速部署系统。

四、数字城市

数字城市包括对城市的数字化管理和城市安全的统一监控。前者利用“数字城市”理论，基于3S（GIS、GPS、RS）等关键技术，深入开发和应用空间信息资源，建设服务于城市规划、城市建设和管理，服务于政府、企业、公众，服务于人口、资源环境、经济社会的可持续发展的信息基础设施和信息系统。

后者基于宽带互联网的实时远程监控、传输、存储、管理业务，利用通信公司无处不在的宽带和3G网络，将分散、独立的图像采集点进行联网，实现对城市安全的统一监控、统一存储和统一管理，为城市管理和建设者提供一种全新、直观、视/听觉范围延伸的管理工具。

五、数字环保

数字环保是以环境保护为核心，有基础应用、延伸应用、高级应用与战略应用等多个层面的环境保护管理平台集成的系统。数字环保包括环境测控跟踪系统、环境预测预报系统、污染源显示系统、污染源异动跟踪报警系统、环境状态速查系统等。

物联网数字环保应用的典型案例是太湖环境监控项目，它是通过安装在环太湖地区的各个监控的环保和监控传感器，将太湖的水文、水质等环境状态提供给环保部门，实时监控太湖流域水质等情况，并通过互联网将监测点的数据报送至相关管理部门。

六、智能交通

智能交通系统包括公交无线视频监控平台、智能公交站台、电子票务、车管专家和公交手机一卡通、交警业务6种业务。

公交无线视频监控平台利用车载设备的无线视频监控和GPS定位功能，对公交运行状态进行实时监控。

智能公交站台通过媒体发布中心与电子站牌的数据交互，实现公交调度信息数据的发布和多媒体数据的发布功能，同时还可以利用电子站牌实现广告发布等功能。

电子门票是二维码应用于手机凭证业务的典型应用，从技术实现的角度，手机凭证业务就是手机凭证，是以手机为平台、以手机身后的移动网络为媒介，通过特定的技术实现完成凭证功能。

车管专家利用全球卫星定位技术（GPS）、无线通信技术（CDMA）、地理信息系统技术（GIS）、中国电信3G等高新技术，将车辆的位置与速度，车内外的图像、视频等各类媒体信息及其他车辆参数等进行实时管理，有效满足用户对车辆管理的各类需求。

公交手机一卡通将手机终端作为城市公交一卡通的介质，除完成公交刷卡功能外，还可以实现小额支付、空中充值等功能。

交警业务是通过将车辆测速系统、高清电子警察系统的车辆信息实时接入车辆管控平台，同时结合交警业务需求，基于GIS地理信息系统通过3G无线通信模块实现报警信息的智能、无线发布，从而快速处置违法、违规车辆。

七、公共安全

物联网在社会公共安全中将起到十分重要的作用。物联网可用于危险区域、危险物品、危险人物的监控、管理，便于管理部门随时掌握相关情况。“电子镣铐”监狱管理系统、智能司法系统等就是其中的典型代表。

智能司法是一个集监控、管理、定位、矫正于一身的管理系统。能够帮助各级司法机构降低刑罚成本、提高刑罚效率。目前，中国电信已实现通过CDMA独具优势的GPSONE手机定位技术对矫正对象进行位置监管，同时具备完善的矫正对象电子档案、查询统计功能，并包含对矫正对象的管理考核，给矫正工作人员的日常工作提供了一个信息化、智能化的高效管理平台。

重要区域和场所的围界防入侵技术应用，涉及社会的方方面面，应用范围广阔。

八、智能农业

智慧农业信息服务平台（图8-11），利用“物联网、云计算、三网融合”技术将农业生产一线、专家平台、供应链平台连为一体，使农业生产管理、农产品加工流通、农产品销售、科研教育各环节的信息交互、智能管理，提高农业生产水平，预防生产风险，解决食品安全问题，带领农民致富，提高人们生活质量，彻底改变农业与人们的生活。

智能农业产品通过实时采集温室内温度、湿度信号及光照、土壤温度、CO_2浓度、叶面湿度、露点温度等环境参数，自动开启或者关闭指定设备。

智能农业可以根据用户需求，随时进行处理，为设施农业综合生态信息自动监测及对环境进行自动控制和智能化管理提供科学依据。

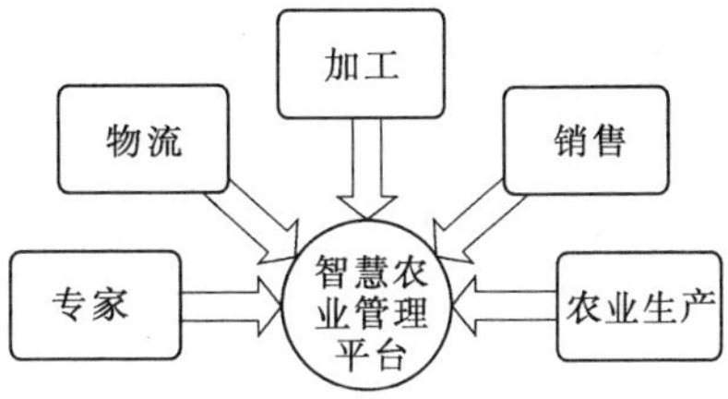

图8-11　智慧农业信息服务平台

通过温度采集模块适实采集温度传感器的信号，经由无线信号收发模块传输数据，实现对大棚温、湿度的远程控制。智能农业产品还包括智能粮库系统，该系统通过将粮库内温、湿度变化的感知与计算机或手机的连接进行实时观察，记录现场情况以保证粮库内的温、湿度平衡。

物联网技术还可应用于农产品溯源。目前国内频发食品质量与安全问题，将物联网技术应用于农产品溯源中，建立完整的产业链全程信息追踪与溯源体系，实现信息会聚，进而能够对食品安全事件进行快速、准确的溯源和快速处理。

九、智能校园

物联网技术可应用于校园中，与校园卡结合实现各类智能功能，促进校园的信息化和智能化。

通信公司的校园手机一卡通和金色校园业务，促进了校园信息化和智能化的发展。

校园手机一卡通主要实现的功能包括电子钱包、身份识别和银行圈存。电子钱包即通过手机刷卡实现主要校内消费，身份识别包括门禁、考勤、图书借阅、会议签到等，银行圈存即实现银行卡到手机的转账充值、余额查询。目前校园手机一卡通的建设，除具有普通一卡通功能外，还借助手机终端实现了空中圈存、短信互动等功能。

通信公司实施的“金色校园”方案，帮助中小学用户实现学生管理电子化、老师上课办公无纸化和学校管理的系统化，使学生、家长、学校三方可以时刻保持沟通，方便家长及时了解学生学习和生活情况，通过一张薄薄的“学籍卡”，真正达到了对未成年人日常行为的精细管理，最终达到学生开心、家长放心、学校省心的效果。

相关链接

城管物联网指挥系统　五年处理举报200万件

“西城城管局，听见请回答”，在市城管物联网指挥中心，值班指挥长于飞正在处理刚刚接到的96310热线电话。像这样的热线电话，得益于物联网指挥中心，一天可以处理上千次。据统计，五年来全市城管执法机关共处理群众举报200多万件，查处违法行为1000多万起。同时开通了有奖举报APP，将对举报人予以100～2000元的奖励。

2017年9月，北京市城管执法局组织开展了城管政务开放日主题活动，各界代表走进城管物联网指挥中心参与座谈。

“每次接到电话，接线员第一时间内派单，属地执法地尽快处理，在规定时间内反馈。”于飞边说边处理一起举报，并通过物联网切换到事件发生地的探头，放大查看现场。目前市城管物联网指挥中心可以共享公安、交管、市住建委及市城管自建的约2.2万余路视频监控探头。此外，群众举报的问题也在实时更新中。

从2017年以来，全系统持续加大执法力度，立案量同比上升1倍多。作为拆违的主责单位之一，严厉打击各类违法建设，并积极配合推进“开墙打洞”整治工作。目前已拆除违法建设2800多万平方米，同比上升2倍多，协同整治“开墙打洞”近1.6万余处。

（资料来源：http：//www.sohu.com/a/190030320_148781）

第四节　物联网在物流领域的应用

一、物联网技术在物流行业的应用发展历程

（一）启蒙阶段（1999—2004年）

在启蒙阶段，物流行业的物联网的应用是从两个独立的技术路线开始探索的，一个是基于RFID/EPC的技术路线，另一个是基于GPS/GIS的技术路线。

1. 基于RFID与EPC的物联网技术

1999年，基于RFID/EPC物联网概念提出，2003年11月，EPCglobal成立，基于RFID/EPC的物联网概念引入中国；2004年1月12日，EPCglobal在中国成立；2004年4月，中国举办了第一届EPC与物联网高层论坛；2004年10月，举办了第二届EPC与物联网高层论坛，同年关于物联网的图书首次在中国出版。在这一时期，中国物流领域掀起了第一轮物联网概念炒作与应用小高潮；2004年，中国物流技术协会召开中国物流技术创新大会，推动物联网技术创新。

2. 基于GPS技术的物联网技术

1999年开始探讨GPS技术与物流可视化管理；2001年前后开始探索GPS在物流货运监控与联网管理上的应用；从2003年前后开始出现一些成功的应用案例，开始探讨物流配货信息与GPS物流运输跟踪定位相结合；2004年前后开始结合GPS感知与定位技术和互联网技术，实现对移动中的物流运输车辆与货物联网、跟踪、定位、调度、配货等智能管理与运作，初步具备了物联网本质特征，但是当时这一技术路线及其应用案例并未纳

入物联网理念范畴。

（二）探索阶段（2005—2009 年）

2005—2009 年，物联网的应用面临 RFID 芯片成本高、基础网络覆盖率低、技术水平不过关、成功应用模式少等问题。在探索中，人们从对面临的问题探索各种解决的办法。如降低 RFID 芯片成本；尝试在高附加值产品上应用 RFID 标签；借助物流运作的单元化技术，形成以物流单元为终端节点的物联网体系；GPS 跟踪定位；局部联网等。

典型的应用案例是集装箱 RFID 货运标签系统。该系统通过 RFID 无线射频识别技术与互联网的有机结合，可为货主、港口、船公司、海关、商检等相关单位提供集装箱实时状态信息。2001 年，科研团队开展了集装箱电子标签系统的研究。2005 年 12 月 3 日，中国第一条装有电子标签的集装箱航线正式起航，完成上海至烟台的真实环境应用；2006 年，该项目从电子标签与局域网的结合拓展到与互联网的结合；2007 年 11 月 20 日，开始了中美国际集装箱航线电子标签系统实测；2008 年 3 月 10 日，“中海宁波”轮从上海港驶往美国萨瓦纳港，开始了全球第一条集装箱电子标签国际航线的商业运营。此后，加拿大、日本、俄罗斯、马来西亚、印度尼西亚等国的生产商、物流商、货主主动找到上海港，要求开通电子标签航线。该系统已在中美、中日、中加、中马等多条国际航线上应用。

2011 年 7 月 1 日，国际标准化组织（ISO）正式发布了编号为 ISO/PAS 18186 的《集装箱 RFID 货运标签系统》。ISO/PAS 18186《集装箱 RFID 货运标签系统》包括使用范围、规范性引用文件、术语和定义、RFID 货运标签系统、RFID 货运标签、读写器、RFID 货运标签系统作业、RFID 货运标签系统的可靠性和精确度、RFID 货运标签系统的安全要求等 9 个章节的内容。

可视化运输管理与在线智能配货。该系统建立了基于互联网的物流运输 GPS 追踪系统，实现对车辆在移动过程中的感知、定位、联网、追踪与智能调度管理。借助这一技术，对在途车辆的提供在线配货信息服务，实现回程空车可就近配货、在线监控与管理，从而实现货运物联网应用。

（三）发展阶段（2009 年至今）

2005 年 11 月 17 日，国际电信联盟（ITU）发布了《ITU 互联网报告 2005：物联网》，物联网理念得到了全面提升。

2009 年，温家宝总理提出“感知中国”理念；美国总统奥巴马采纳“智慧地球”理念。

中国物流业已经有很多物联网应用案例，具备物联网本质特征。作为现代信息技术的集成创新，物流业物联网的应用是逐步深入的。

目前，中国物流行业整体技术水平的应用呈金字塔结构，先进的物联网技术就是塔尖部分，占的比例不大。

物流行业物联网应用空间也是很大的。

二、物联网在智能物流中的应用

随着物联网自身的发展，物联网在智能物流领域中应用的方面也在不断扩展，下面简单介绍 4 个方面。

1. 供应链管理方面

在日益竞争激烈的今天，面对着大量的个性化需求与订单，怎样能使供应链更加智慧、怎样才能做出准确的客户需求预测是企业经常遇到的现实问题。这就需要智慧物流和智慧供应链的后勤保障网络系统支持。目前，越来越多的企业将供应链管理作为提高自己经济效益的一个重要部分，而鉴于物联网强大的信息采集和共享的特性，物联网将减缓供应链的“牛鞭效应”。

供应链管理中，通过RFID、红外视频等感知技术可以实时获取物品当前的状态，然后通过物联网的网络层将信息传达给销售商、生产商以及原料供应商，使供应链上的各个环节具备信息快速获取的能力，增加其可供处理的时间。这种供应链的智能物流信息化管理会提高客户需求预测的准确度，促使供应链上下游企业的密切合作，实现整体效益的提高，而不是利润的简单转移。

2. 智能物流配送中心方面

智能物流基于传感、RFID、声、光、机、电、移动计算等各项先进技术，建立全自动化的物流配送中心，建立物流作业的智能控制、自动化操作的网络，实现物流与制造联动，实现商流、物流、信息流、资金流的全面协同。

比如，贴有RFID标签的货物通过入库口时，读写器将自动读取货物信息，并将信息通过网络传送到数据库与订单进行对比，清点无误便可入库，系统的信息库随之更新。在配送过程中，智能软件系统根据客户需求自动安排货物出库计划，出库过程与入库相似。在平时的盘点过程中，可以用固定或者手持读写器进行自动扫描，大大提高工作效率。

当然，可以将物联网中的智能终端设备，如智能码垛机器人、无人搬运小车等与操作软件相结合，进一步提高智能物流中心的智能化程度。

3. 可视化管理方面

智能物流基于GPS卫星导航定位技术、RFID技术、传感技术等多种技术，在物流过程中可实时实现车辆定位、运输物品监控，实现在线调度与配送可视化与管理。很多先进的物流公司都建立与配备了这样的智能物流系统，以实现物流作业的透明化、可视化管理。

比如，现在的智能物流运输系统积极应用物联网技术，已经在某种程度上实现可视化。通过在运输路线上布置一些网络节点，当装有相应标签或传感器等设备的货车经过时，便可获知其运输的路线、时间、货物等相关信息，使后台管理者实现可视化管理。

当然，也可将这种技术落实在企业内部的生产线、汽车食品温度实时监控等场合，以增强整个智能物流过程的透明度。

4. 可追溯管理方面

应用物联网建立可追溯的智能系统，主要是为了实现在智能物流全过程中的质量管理和责任追究的功能。比如，将物联网中的视频技术镶嵌在生产系统中，不仅能够实时监控产品的制造过程，而且可以事后进行查询。目前，主要是在食品安全、药品安全等领域运用物联网实施可追溯管理。这些智能的产品可追溯系统为保障食品安全、药品安全提供了坚实的物流保障。

三、物联网在智能物流中应用的主要技术

物联网在智能物流中应用的主要技术可根据其体系架构划分为三大技术体系：一是感知技术体系；二是网络通信技术体系；三是智能技术体系。下面将根据物联网在智能物流中的具体应用环境进行描述。

1. 智能物流中的物联网感知技术

目前在智能物流行业常用的物联网感知技术主要有 RFID 技术、GPS/GIS 技术、传感器技术、视频识别技术、激光技术、红外技术、蓝牙技术以及视频技术等。

根据在智能物流中不同的应用范围及目的，必须针对性地采取不同的感知技术，具体分类见表 8-1。

表 8-1　　感知技术的应用分类

序号	应用范围及目的	感知技术
1	对“物”进行识别、追溯	RFID 技术、条码技术等
2	对“物”进行分类、拣选、计数	RFID 技术、激光技术、红外技术、条码技术等
3	对“物”进行定位、追踪	GPS 卫星定位技术、GIS 地理信息系统技术、RFID 技术、车载视频技术等
4	对“物”进行监控	视频识别技术、RFID 技术、GPS 技术等
5	对物品，尤其是特殊物品的性能及状态进行感知与识别	传感器技术、RFID 技术与 GPS 技术等

下面以 RFID 技术为例，简单阐述它在智能物流领域的应用。

RFID 技术是物联网最基本和目前应用最广泛的技术。在智能物流领域，RFID 技术主要应用于仓库管理、配送中心管理、供应链管理、集装箱运输管理、停车场管理、货运车辆管理以及产品防伪等多个方面。

随着物联网发展力度的加大，RFID 技术在智能物流领域的应用无论是在广度上还是深度上都在进一步升级，主要体现在以下方面：

(1) RFID 技术在智能追溯方面的应用不断加深，特别是在医疗卫生、食品安全、动物疾病预防方面发展迅速。通过 RFID 技术建立智能追溯体系，实时监控药物、食品的信息以及动物的状态，以便控制其质量或健康状态。

(2) 在供应链管理方面，通过 RFID 技术，可将信息锁定到具体的货物、托盘以及周转箱等，减缓供应链上下游之间的信息获取时间的滞后程度。但是，RFID 技术在供应链管理上的推广需要整个供应链的共同支持，需要循序渐进。

(3) 在仓库管理方面，利用 RFID 可以提高货物出入库以及盘点的效率和准确性，加快信息化的步伐。同样，可以将 RFID 的应用延伸到企业的设备或者重要的工装夹具的管理，通过 RFID 系统的追踪和定位，减少企业资产的损失。

(4) 在零售业方面，将 RFID 技术与电子银行等技术相结合，便可省去在收银台排队扫描商品和现金付账找零的环节，既方便了广大顾客，也为超市节约了相关的人力和管理成本。

总之，随着智能物流信息化趋势的加剧，作为物联网基础技术的 RFID 技术在智能物流领域的应用仍具有巨大的发展空间。

2. 智能物流中的物联网通信技术

智能物流领域常采用的网络技术是局域网技术、无线局域网技术、现场总线技术、互联网技术和无线通信技术等，以实现“物”的互联互通。

同样的，根据不同的应用范围，必须针对性地采取不同的技术，具体分类见表 8-2。

表 8-2 通信与网络技术的应用分类

序号	应 用 范 围	通信与网络技术
1	区域范围内的智能物流管理	局域网技术
2	不方便布线的地方	无线局域网技术
3	大范围的智能物流运输管理与调度	互联网技术、GPS 技术、GIS 地理信息系统技术相结合，组建货运车联网
4	以仓储为核心的智能物流中心信息系统	现场总线技术、无线局域网技术、局域网技术等
5	网络通信方面	无线移动通信技术、3G 技术、M2M 技术、直接连接网络通信技术等

下面以 WSN 技术为例，简单阐述其在智能物流领域的应用。

无线传感器网络（Wireless Sensor Networks，WSN）是由大量部署在作用区域内的、具有无线通信与计算能力的微小传感器节点通过自组织方式构成的分布式网络。它能够协同地实时感知、采集和处理网络覆盖区域中监测对象的信息，并以多跳的网络方式传送给观察者。

WSN 技术在智能物流领域中有很多应用，主要涉及生产线环境监测、危险品智能物流管理、企业设备监测、仓库环境监测、运输车辆的跟踪与监测、冷链智能物流管理等方面。

虽然 WSN 技术在智能物流领域中的应用潜力巨大，但是目前大部分 WSN 技术的应用还是停留在理论研究或者实验开发阶段，在智能物流中真正的应用仍然十分有限。因此，必须加大对关键技术的攻关力度，如传感器节点的定位、能量的管理、拓扑控制等技术急需解决，为其在智能物流中的应用开辟道路。

3. 智能物流中的物联网智能技术

智能物流领域中常采用的智能技术主要包括云计算技术、智能计算技术、智能调度技术、数据挖掘技术、专家系统技术和 ERP 技术等。

同样的，根据不同的应用范围，必须针对性地采取不同的技术，具体分类见表 8-3。

表 8-3 智能技术的应用分类

序号	应 用 范 围	智 能 技 术
1	企业厂区的生产智能物流物联网系统	ERP 技术、自动控制技术、专家系统技术等
2	大范围的社会智能物流运输系统	数据挖掘技术、智能调度技术、优化运筹技术等
3	以仓储为核心的智能物流中心	自动控制技术、智能机器人技术、智能信息管理系统技术、移动计算技术、数据挖掘技术等
4	以智能物流为核心的智能供应链综合系统、智能物流公共信息平台等领域	智能计算技术、云计算技术、数据挖掘技术、专家系统技术等

下面以智能机器人为例，简单阐述其在智能物流领域的应用。

在我国现代智能物流中，智能机器人主要有两种：一种是从事码垛作业的码垛机器人，包括直角坐标式机器人和极坐标式机器人等，主要从事码垛、成品拆码、拣选等作业；另一种是从事无人搬运的自动搬运小车（AGV），它们一般由计算机控制，通过系统软件发出搬运指令来控制 AGV 的路线和操作。

智能机器人在智能物流中的应用最早出现在我国烟草行业。卷烟厂主要采用码垛机器人对烟草成品进行码垛和拣选作业，采用自动搬运小车对烟草进行搬运作业。目前，智能机器人作为物联网智能终端的一个典型，在我国烟草、电子产品、医药、汽车等行业的智能物流系统中得到了比较广泛的应用，在提高智能物流效率、减少智能物流成本和提高智能物流自动化水平方面起到重要的推动作用。随着智能物流信息化的加剧，智能机器人已经逐渐成为现代智能物流系统的重要组成部分。

四、应用中存在的问题及其解决方案

将物联网应用到智能物流领域当中确实对企业带来了很多的积极效应，但是，不得不承认物联网的应用毕竟还处于初级阶段。因此，物联网在智能物流领域的应用当中不免出现一些问题，具体如下。

1. 商业模式方面

问题：智能物流现代化要求实行供应链管理，致使物联网的应用也将涉及整个供应链上各个企业。由于各企业自身的资金能力以及对物联网的认知程度参差不齐，致使商业模式不合理，难以实现规模产业。

对策：一方面加强政策引导，推进管理理念的转变；另一方面大力推广示范应用，加快供应链合作，以专业智能物流企业为核心引领各企业进行商业模式的转变。

2. 标准化方面

问题：鉴于物联网在智能物流中的应用刚刚起步，不同国家、地区和行业的技术标准缺乏统一性。如果继续各行其是，则感知技术无法采集信息，网络技术无法互联互通，应用技术不能兼容以致无法执行，整个物联网将无法实现其功能。

对策：加强不同国家、地区和行业之间的交流合作，加强相互之间的协调，加深物联网在智能物流中应用标准的统一性，同时确保硬件设备与软件系统的兼容性。

3. 技术方面

问题：目前，物联网的一些通用技术，如中间件技术、智能数据处理技术等还处于研发或者试应用阶段。不仅如此，智能物流业的个性化需求显然对物联网技术提出了更高的要求。

对策：加快战略规划，实现物联网与智能物流产业的协调统一。同时加大投资力度，加快相关科研机构对物联网关键核心技术的攻关进度。

4. 安全与隐私方面

问题：物联网具备互联互通性，使其面临信息盗取、信息篡改等威胁；同时，物联网信息感知设备具有暴露性，使攻击者可以通过物理手段获取存储在设备中的信息。这两个方面都将会威胁到信息的安全性，甚至是商业机密和个人隐私。

对策：首先，政府需要出台相应的法律法规来制裁不法分子；其次，提高设备和网络的安全保护技术；最后，在管理层面上做好相应的防护工作。

5. 信息化平台方面

问题：智能物流中涉及大量的信息，只有借助于信息化平台将这些信息进行有条理地整合和管理，实现有针对性的信息共享，物联网的应用才算实现，但是这类信息平台的建设相对缓慢。

对策：借助于智能物流园区建设信息平台的经验，实行资源横向整合，将分散的同类资源加以管理和分类，实现企业间的信息和资源共享。

6. 成本方面

问题：将物联网引入智能物流领域需要大量的资金投入，特别是对于那些智能物流信息化起步很低的中小企业。这笔投资主要包括硬件、软件以及人员培训等费用。因此，目前物联网的应用主要集中在产品价值高和企业利润大的领域。

对策：将物联网应用推广至整个供应链，甚至产业链。这样不仅能增加成本的共同承担者以降低各企业的相对成本，又能形成规模效益以降低应用中的绝对成本。

总之，物联网发展正推动着中国智能物流的变革。随着物联网理念的引入，技术的提升，政策的支持，相信未来物联网将给中国物流业带来革命性的变化，中国智能物流将迎来大发展的时代。

本章小结

本章阐述了物联网的定义及发展史，重点介绍了物联网的相关技术。同时介绍了物联网的应用，重点介绍物联网在物流领域的应用。

课后练习

一、单选题

1. 通过无线网络与互联网的融合，将物体的信息实时准确地传递给用户，指的是（　　）。

A. 可靠传递　　B. 全面感知　　C. 智能处理　　D. 互联网

2. 利用 RFID、传感器、二维码等随时随地获取物体的信息，指的是（　　）。

A. 可靠传递　　B. 全面感知　　C. 智能处理　　D. 互联网

3. （　　）给出的物联网概念最权威。

A. 微软　　B. IBM　　C. 三星　　D. 国际电信联盟

4. （　　）年中国把物联网发展写入了政府工作报告。

A. 2000　　B. 2008　　C. 2009　　D. 2010

5. 第三次信息技术革命指的是（　　）。

A. 互联网　　B. 物联网　　C. 智慧地球　　D. 感知中国

6. 欧盟在（　　）年制订了物联网欧洲行动计划，被视为“重振欧洲的重要组成部分”。

A. 2008　　B. 2009　　C. 2010　　D. 2004

7. 物联网的概念，最早是由美国的麻省理工学院在（　　）年提出来的。

A. 1998　　B. 1999　　C. 2000　　D. 2002

8. 2009 年 10 月（　　）提出了“智慧地球”。

A. IBM　　B. 微软　　C. 三星　　D. 国际电信联盟

9. 智慧地球是（　　）提出来的。

A. 德国　　B. 日本　　C. 法国　　D. 美国

10. 三层结构类型的物联网不包括（　　）。

A. 感知层　　B. 网络层　　C. 应用层　　D. 会话层

11. 我国开始传感网的研究是在（　　）年。

A. 1999　　B. 2000　　C. 2004　　D. 2005

12. 运用云计算、数据挖掘以及模糊识别等人工智能技术，对海量的数据和信息进行分析和处理，对物体实施智能化的控制，指的是（　　）。

A. 可靠传递　　B. 全面感知　　C. 智能处理　　D. 互联网

二、案例分析题

1. 随着时代的发展，一般养老院里的基础建设日趋完善，配套了各种娱乐设施，如健身场、运动场。这些设施确实丰富了老人们的生活，同时也给老人们带来潜在的活动风险。因为场所涉及的范围大，监管人员不可能顾及到每个角落的每位老人，所以必须采取一种有效的方式来照顾这些老人。基于物联网的养老院管理系统，引入物联网高科技信息技术，通过射频识别（RFID）、传感器、无线传输（ZigBee）等信息传感设备，实现对养老院老人的日常生活进行远程监控、实时定位和实时服务管理，符合未来养老服务需求，以应对老龄化带来的诸多问题。

（1）关于物联网养老院系统定位原理，说法正确的是（　　）。

A. 将 RFID 读写器布置在待测位置处，当有 RFID 卡经过时读取 RFID 卡，代表老人刚好经过本路段

B. 将每个 RFID 读写器分别置于图中各检查点位置，每个检查点分别代表不同的地理位置信息。例如：大门口、食堂、住宿区、娱乐室和运动场

C. 可以视频定位老人行为

D. RFID 标签卡配置于每个老人的腕带上，当老人佩戴的腕带经过每一个检查点时，读写器将从老人的 RFID 卡上读取老人的身份信息，并把信息发送到监控终端，监控终端便知道该老人刚从某个区域移动至另一个区域

（2）养老院系统分为两个主要部分：监控终端和老人移动腕带终端。监控服务器端该部分是本系统的核心部分，实现了养老院的人员综合管理，监控服务器端主要功能（　　）。

A. 人员管理：该功能允许管理人员在监控终端通过电脑查询全部老人的当前位置分布情况，以及每个老人当前的具体位置和健康状态，如血压、体温、心率等

B. 事件处理：该功能允许管理人员进行紧急事件处理，如接收老人腕带发出的警报以便及时处理或者接收老人的紧急呼叫请求等事件

C. 语音广播：该功能允许管理人员在某些情况下进行广播

D. 发送警报：该功能用于老人与监控终端进行通信。当佩戴腕带终端的老人摔倒、健康信息异常或者需要服务时向监控终端发出呼叫信息

2. 关于智能物流的说法，正确的是（　　）。(多选题)

A. 智能物流是指货物从供应者向需求者的智能移动过程，包括智能运输、智能仓储、智能配送、智能包装、智能装卸以及智能信息的获取、加工和处理等多项基本活动，为供方提供最大化的利润，为需方提供最佳的服务，同时也应消耗

B. 综合运用数据挖掘、人工智能、决策理论、知识管理及其他相关技术和方法，对物流系统的数据进行实时分析处理，为物流系统运行控制、日常决策和战略决策提供有效支持，它具有作业自动化、管理网络化、决策智能化的特点

C. 其主要支持技术信息识别与感知技术、网络通信技术、人工智能技术、数据仓库与数据挖掘技术

D. 智能物流在物品流通的过程中，系统自动记录

3. 在推动浙江经济发展方面，浙江省政府领导指出：浙江最大的优势是商业模式的创新，要依托现有的基础和条件，以开放的系统市场化应用为主攻方向，以高水平城市商业模式创新为抓手，促进“智慧浙江”的建设带动产业发展。

(1) 当“智慧浙江”建设成功后，可以带给普通市民的生活模式有（　　）。

A. 家庭医生了解你的身体健康状态　　B. 上班前了解道路交通情况

C. 下班去超市购物用手机支付　　D. 用手机与朋友聊天

(2) 建设“智慧浙江”应加强（　　）技术创新。

A. 下一代互联网　　B. 传感器技术　　C. 第四代通信网　　D. 下一代广播电视网

4. 从传统农业向现代农业转化，绿色农业、精准农业、智能农业随科技进步运用而生，特别是物联网的广泛应用促进了其发展。

(1)“智慧农业系统”主要功能是（　　）。

A. 通过实时采集农业种养殖场所（如温室大棚、水养殖场等）里的温度、湿度、光照、土壤温度、土壤水分、含氧量等环境参数

B. 根据农作物生长需要进行实时智能决策，并自动开启或者关闭指定的环境调节设备。通过该系统的部署实施，可以为农业生态信息自动监测、对设施进行自动控制和智能化管理提供科学依据和有效手段

C. 系统是通过可在大棚内灵活部署的各类无线传感器和网络传输设备，对农作物温室内的温度，湿度、光照、土壤温度、土壤含水量、CO_2 浓度等与农作物生长密切相关环境参数进行实时采集

D. 在数据服务器上对实时监测数据进行存储和智能分析与决策，并自动开启或者关闭指定设备，如远程控制浇灌、开关卷帘、加氧或 CO_2 等

(2) 关于智慧农业系统解决方案，说法正确的是（　　）。

A. “智慧农业系统”采用无线传感网技术实现对数据的采集和控制，可以采用 ZigBee 协议组建无线传感网络，采用 linux 的嵌入式技术实现远程访问与控制功能

B. 每个智能农业大棚内部署无线传感器，用来监测大棚内空气温、湿度，土壤温度，

土壤水分，光照度，CO_2 浓度等环境参数

C. 通过部署的无线网络传输设备，用来覆盖整个智慧农业园区的所有农业大棚，传输园区内各农业大棚的传感器数据、设备控制指令数据等到管理平台服务器交互；在每个需要智能控制功能的大棚内安装智能控制设备，用来接受控制指令、响应控制执行设备

D. 实现对大棚内的电动卷帘、智能喷水、智能通风等功能的实现

5. 2009 年 2 月 25 日，国务院发布《物流业调整和振兴规划》，提出“建立现代物流服务体系”，智能物流与智能电网、智能交通、环境和安全检测等关乎国计民生的重大行业，已并列成为国家十大振兴规划的行业之一。这是唯一入选的三产行业。2010 年，我国社会物流总额达到 125 万亿元，是“十五”末期的 1.26 倍，“十一五”年均增长 21%，而物流业增加值每多一个百分点，将增加 10 万个工作岗位。但据世界银行估计，中国社会物流成本相当于 GDP 的 18%，而美国 20 世纪就已低于 10%。该比例每降低 1 个百分点，我国每年就可降低物流成本 1000 亿元以上。这从侧面反映了推进我国物流产业技术升级的重要性和紧迫性。

“智慧物流”的主要特征是（　　）。（多选题）

A. 运用现代信息和传感等技术，运用物联网进行信息交换与通信，实现对货物仓储、配送等流程的有效控制，从而降低成本、提高效益、优化服务

B. 通过应用物联网技术和完善的配送网络，构建面向生产企业、流通企业和消费者的社会化共同配送体系

C. 将自动化、可视化、可控化、智能化、系统化、网络化、电子化的发展成果运用到物流系统。概括以上 3 个方面，所谓“智慧物流”，就是运用物联网和现代某些高新技术构成的一个自动化、可视化、可控化、智能化、系统化

D. 智慧物流全部有机器操作，无需工作人员

案例阅读

华为 2017 年全联接大会上演一场物联网大戏：IoT 家族全亮相

当前，人与人连接接近饱和，人与物、物与物等需求旺盛，导致物联网发展火热，技术创新活跃，商用观点众多。但很多说法也存争议，比如 NB－IoT（窄带物联网）不如 eMTC（增强机器类通信）、安全不足严重阻挠物联网发展等。

没有调查就没有发言权。我比较重视去现场体验，重视与一线专家交流，相信所见所闻。之前就曾赴深圳调查 NB－IoT 智能抄表，又去上海参观了智能停车，也在南京观看过 eLTE 无线平安城市演示。

但是，物联网的垂直行业应用千千万万，我们没法短时间体验到各类业务。要了解全貌，我们需要一个平台。在 9 月 5—7 日召开的华为全联接大会上，华为提供了这样一个便捷平台——通过展台业务展示、物联网峰会、专题讨论、媒体圆桌等方式向各方介绍物联网机遇与华为的实践。

比如现场展示的 NB－IoT“牛联网”。牧场管理员借助 NB－IoT 监控奶牛“发情”情况，可以有效提升牧场管理，提高产奶量，实现增收。因为人工监控不精准，而传统短距

无线通信功耗高、覆盖差等缺点，NB-IoT 可有效解决此问题。这个应用听起来蛮有趣，是牧场经营者十分重视的事情，也是物联网给垂直行业带来改变的典范。

与此同时，由于物联网业务碎片化严重，为满足客户需求，华为推出了各项物联网产品和方案，如 NB-IoT、eLTE（LTE 宽带集群技术）、EC-IoT（边缘计算物联网）、OceanConnect 平台、Huawei LiteOS 以及 Boudica 芯片等，涉及“云、管、端”，分布在各个产品线，也让包括笔者在内的诸多业内人士有些理不清思路。

这一次在 HC 大会上，通过参观巨大展厅的 7 方面丰富展示，全面系统地了解了华为物联网业务，十分难得。这 7 方面内容包括：①芯片和 Huawei LiteOS；②OceanConnect IoT 平台、应用套件和大数据；③NB-IoT；④生态；⑤安全；⑥eLTE；⑦EC-IoT。

而且，通过采访华为轮值 CEO 郭平、华为产品和解决方案总裁汪涛、华为物联网解决网方案总裁蒋旺成以及多位展厅工作人员，我发现“IoT 云服务、IoT 安全”成为 2017 年全联接大会华为主推的新方向，也成为参会各方关注热点话题。

华为为何要重点展示这些物联网方案，到底是什么逻辑？华为的各位领导在战略、技术和生态方面到底说了什么“干货”和观点？在此，我分享下自己此次在 2017 年全联接大会的 IoT 之旅。

9 月 5 日的中午，笔者特意来到热闹的 IoT 展区“取经”。围绕物联网解决方案，华为开展了场景化展示和互动，这让笔者全面体验到华为与合作伙伴在智能抄表、共享单车、智慧家电、智慧照明、牛联网、智慧邮筒、车联网、梯联网、智能制造、智慧仓储、设备状态监控等领域的应用探索和创新科技。

工作人员表示，华为物联网有明确的战略定位：聚焦 ICT，使能行业数字化转型。通过仔细观看华为 IoT 端到端的“端、管、云”整体架构图所显示的各典型应用场景和相应产品及各网元的连接关系，笔者对华为 IoT 业务理解更透彻。

第一站：芯片和 Huawei LiteOS

在该展区，笔者看到华为在端方面提供的 Huawei LiteOS 操作系统以及 Boudica 芯片。工作人员介绍，这些产品和方案可使能终端设备智能化，能快速接入 IoT 网络，且支持终端设备可视化、易管控。

据悉，Huawei LiteOS 是华为面向 IoT 领域，构建的物联网操作系统，通过开源及开放，为终端厂商开发人员提供“一站式”完整软件开发平台，有效降低开发门槛、缩短开发周期。

蒋旺成表示 Boudica 芯片已经走向成熟，月出货量达到 100 万片。预计到 2017 年年底，华为整体物联网芯片出货量将达到 1000 万片。

第二站：OceanConnect IoT 平台、应用套件和大数据

在平台展区，目前备受关注的华为云，可融合物联网核心网、敏捷控制器、eCore 和 OceanConnect 物联网平台等功能，使各网络高效汇聚一起，同时支持各行各业物联应用。

在此次大会上，华为重磅推出了 IoT 云服务。谈及该云服务价值，华为物联解决网方案总裁蒋旺成说：“华为 IoT 云服务支持云端协同，从而可实现海量端设备易集成，以及完备高效的设备管理，如可视化终端设备管理、远程固件升级，以及端到端故障定位；同时华为 IoT 云服务支持灵活开放的应用使能服务，并提供公共事业、智慧家庭、车联网等行业云服务套件，可加速行业应用开发及新业务上线。”

在这次 2017 年全联接大会上，最先聆听了华为轮值 CEO 郭平的主题演讲。他特别强调了 IoT 云平台的价值：“现在云已经成为 ICT 技术的主要提供方式”“IoT 平台各种管理功能等都可以通过购买云服务的方式实现”。

郭平举例表示，山东潍坊市意图构建智慧潍坊，选择与华为合作，部署了城市级的 IoT 云平台，联接了城市中的安全生产、交通出行、水利管理方方面面十几个应用，实现了海量的人与物、物与物联接的管理。以智慧路灯为例，潍坊市全市现有 4 万多盏 LED 路灯，由 IoT 平台实现的控制，运维效率提升 45%，亮灯率提升 25%。据测算，年度节省电能可达 680 万度。

据工作人员介绍，在潍坊智慧城市中，华为提供了一张 NB-IoT 网络、一个云服务平台支持跨厂商海量终端设备的快速集成；云服务平台的应用使能，开放 API、应用模板等可支持各种应用敏捷开发、部署和运营，节省软件开发工作量 20%～40%，应用开发周期缩短 20%～40%；另外，多份数据，统一呈现，多部门共享，提供城市管理效率。

可见，华为将 IoT 云平台上升到新高度，且正在积极实践。这和当前行业发展趋势相同。如三大运营商正在大力拓展云平台，而垂直行业如汽车领域也在借助云平台快速应用物联网技术，实现数字化转型。

谈及目前 IoT 平台进展，蒋旺成表示：“华为在 20 多个国家/地区部署了公有云及本地数据中心，面向全球 170 多个国家/地区提供云服务，华为 IoT 云服务可共享华为云技术和全球服务能力，可为全球客户广泛提供线上、线下 IoT 云服务。”

在此处展区，笔者也看到了一辆漂亮的敞篷车——该车展示了华为车联网行业套件，包括 6 大类：出行服务套件、车队服务套件、保养服务套件、安全服务套件、数据服务套件、互联服务套件。

车联网为什么需要这些套件？据工作人员介绍，华为基于 OceanConnect IoT 平台的连接管理、设备管理和应用使能等通用服务之上，推出针对行业需求的 API、SDK 等能力封装，帮助行业客户快速构建行业业务，方便解决方案伙伴开发行业 SaaS 应用，这个能力封装，称为行业套件。

比如车企客户需要推出共享车服务，华为 OceanConnect IoT 平台给它提供授权管理、远程开锁等车联网基础功能，客户可以基于这些功能和对应 API 进行二次开发，给最终用户提供完整的共享车服务。

第三站：NB-IoT

在“管”方面，华为正引领全球规模部署 NB-IoT、eLTE 网络，推出 EC-IoT 及智慧家庭网关有线接入网络，同时结合已全球广泛使用的 3G、4G 网络（未来还有 5G），可构建各种场景下的物联网管道，实现万物互联。

这其中，NB-IoT 无疑是当前最热门的技术，正从国内三大运营商规模商用延伸到全球规模商用。工作人员介绍，NB-IoT 是最佳 LPWA 技术，可支持 10 年电池寿命；覆盖能力相比 GSM，覆盖增益可达 20dB 以上；支持大连接，联接数为 4G 联接数的 100 倍。

在此处，华为也展示了多样化的 NB-IoT 行业应用创新成果，如：基于 NB-IoT 的共享单车智能锁，助力共享单车运营方探索基于物联网的共享经济；智能抄表、智慧路灯、智能停车等应用帮助打造智慧城市等。

蒋旺成说："从2016年标准确定到现在短短一年多时间，全球已经商用十多张NB-IoT网络，NB-IoT激活站点超过50万个，到2017年年底预计全球将商用超过30张NB-IoT网络（其中，NB-IoT智能水表将达到70万只、智能停车10万只、智能路灯10万只）。"

第四站：生态

独行快，众行远。生态构建对物联网规模发展极为重要。在此次展区，看到巨大的IoT生态墙。墙上有ARM等诸多企业logo，还内嵌了诸多合作产品和方案。如此多的企业选择与华为合作，显示了华为强大的生态能力以及开放的合作心态。

据介绍，华为已经发布了"IoT解决方案伙伴计划"，并提供三大平台（开发者社区、OpenLab、Marketplace）支持IoT解决方案的设计、开发、集成、认证以及销售。目前华为已经发展超700合作伙伴。华为加入了IIC、AIOTI、oneM2M、IEEE、OMA等物联网组织。截至2016年12月31日，华为共加入了超过300个标准组织/产业联盟/开源社区，担任超过280个重要职位。

在OpenLab方面，为了方便合作伙伴对华为IoT解决方案开放能力的调用及集成，华为建设了覆盖全球的OpenLab，在深圳、西安、上海、东京、杜塞尔多夫等地自建了14个OpenLab，并帮助全球运营商构建了8个OpenLab，通过OpenLab，华为可向合作伙伴提供开放实验室服务，与合作伙伴一起，快速地研发、集成解决方案，并快速将解决方案推向市场。

工作人员介绍，在生态中华为"做什么"和"不做什么"备受关注。在"做什么"方面，华为将提供IoT平台，无线网络及有线网络，IoT芯片、模组及华为物联网操作系统Huawei LiteOS，行业合作伙伴将提供行业应用和传感终端设备。在"不做什么"方面，华为不做应用，也不做传感终端设备。

第五站：安全

随着物联网的快速发展，安全事件屡次发生，物联网安全问题被各方提升到新高度。在此次大会上华为特地发布了《物联网安全白皮书》，帮助打造安全可信的IoT网络，有效保障IoT规模商用。

在展区，笔者看到，在端到端IoT安全上，华为打造了"3T+1M"（端/管/云安全+管控运维）纵深安全防御体系，主要体现在终端适度的防攻击能力，恶意终端检查与隔离能力，平台侧数据的管理和隐私保护能力，同时要对整网做到安全管控和运维。这其中整网的态势感知与动态攻击检测响应联动尤其重要。

据蒋旺成介绍，华为在物联网安全上对业界也有着积极的大贡献，如在终端安全方案上华为给合作伙伴提供了有力支持；积极参与物联网安全标准建设；积极参与并推动政府、国际组织、行业在IoT安全政策引导、法律颁布和产业生态等方面加大投入。

第六站：eLTE

接着笔者走进eLTE展示区。制造行业已经呈现自动化、移动化、智能化三大趋势，数百万的工业机器人将被部署，帮助企业提升制造精度和企业效率。据Gartner预计，到2020年全球将有260亿台设备实现互联，其中15%来自于制造业。

汪涛在主题演讲中表示，泛在联接将是智能制造的基础，可实现宽窄一体的 eLTE，是帮助制造企业实现泛在联接的有效解决方案之一。eLTE 引入最先进的 4.5G LTE 技术，为制造企业提供宽窄一体的无线物联，帮助制造企业实时监测、灵活调度，提升效率、降低成本。

第七站：EC - IoT

在最后一站的华为 EC - IoT 展区笔者了解到，EC - IoT 解决方案目的是将开放边缘计算引入物联网，通过边缘网关的丰富接口及协议，是为了将“物”纳入智能互联，并基于云化集中管理技术实现千万级终端云化管理，使能行业数字化变革。该方案特别适合电力物联网、城市物联网、车载&媒体和工业制造等场景。

汪涛在主题演讲中明确表示，EC - IoT 深度开放，可释放边缘智能潜力。如华为照明物联网解决方案将城市照明路灯统一接入物联网络，基于 GIS 地图进行可视化管理，管理者可以清楚地了解每一个街区、每一盏路灯的状态信息，节能效率高达 80%。这些成功的行业实践都是依托深度开放的 EC - IoT 方案。

华为 EC - IoT 方案已经落地多个行业，形成了丰富的行业子方案：与迅达电梯客户打造电梯物联网方案；与尼日利亚电力公司 IKEJA Electric 打造了电力物联网方案；与捷克电力巨头 CEZ Group 打造照明物联网方案；与德国 Holmer 客户打造了农用机械预测性维护方案。

观察：

云服务和安全短板补足，IoT 进入规模商用。众所周知，IoT 规模商用过程中仍然面临着一些挑战。一是 IoT 面临创新困境，行业创新投入大、技术门槛高；二是 IoT 面临拓展困境，生态资源难获取，全球化业务难以落地；三是和面向人的网络相比，IoT 安全面临更大的挑战。

总结此次参观和多方交流，华为主要做了三件事，第一，看过去，展示 IoT 规模商用过程中的技术及行业应用最新成果；第二，谈现在，联合业界人士共同探讨 IoT 规模商用过程中的问题及解决之道；第三，观未来，探讨如何推进 IoT 商用向纵深方向发展，与业界合作伙伴一起共创共享商业成功。

这三件事均是当前产业关心的话题。而在应对挑战方面，华为重磅推出的 IoT 云服务，具备可信、开放、端云协同的优势，可共享华为云技术和全球服务能力。华为还打造的“3T＋1M”（端/管/云安全＋管控运维）纵深安全防御体系，能很好保障物联网业务安全规模发展。

工信部通信发展司副司长陈家春在此次 2017 年全联接大会的物联网峰会上表示，当前全球经济形势纷繁复杂，物联网将成为继互联网之后的新增长引擎、新战略机遇。产业链在积极行动。正如华为物联网解决方案总裁蒋旺成所介绍的，华为提供更便捷、更安全、更高效的物联网，进一步推进物联网规模商用向纵深发展、共创共享价值。

因此笔者相信，随着 IoT 云服务和 IoT 安全的发展，在包括政府、企业、运营商、设备商在内的各方持续投入、开放合作背景下，物联网发展道路上的大小“石头”都将被搬走，业务规模商用前景可期。

（资料来源：http：//www. sohu. com/a/190930787 - 610727）

第九章

物 流 信 息 标 准 化

学习目标

知识目标：1. 了解物流信息化标准、物流信息标准化的意义及发展的主要困难。
2. 了解我国物流标准科学体系的建立与发展。
3. 掌握物流信息标准化体系的组成。
4. 熟悉物流信息分类编码标准、条码技术标准、信息交换技术标准、EAN·UCC 标准体系。
5. 了解我国物流信息标准实施对策。

能力目标：1. 能说出物流信息分类编码标准。
2. 掌握物流信息标准化体系的组成。

案例导入

厉害了！原来北京朝批是这样打造快消企业物流标准化的！

北京朝批商贸股份有限公司（简称朝批）是国内最大的快速消费品代理企业之一。朝批物流事业部依托公司成熟的资源平台，配送产品近千个品牌、约 2 万多个单品，配送范围覆盖近 20000 家零售终端，库区年吞吐量达 9000 万箱，日最高吞吐量达 60 万箱。

为提高物流效率、降低物流成本，朝批非常重视物流标准化建设，在设备配置、物流作业等方面大力推进标准化，尤其是积极推进带板运输，取得了显著效果。

一、朝批物流事业部概况

目前，朝批物流事业部有库房面积 22 万 m^2，其中，常温库 21.5 万 m^2，恒温库 $5000m^2$。库内全部安装了高位立体货架，标准储位达 16.8 万余个，可存储 800 万标准箱商品。

朝批物流运送车队采取集约化管理模式，共有 300 余辆北京市政府认定的符合环保标准的厢式货车，全部安装了 GPS 定位仪，采用 TMS 运输管理系统，以保证货物全程可监控、可追溯。

二、物流事业部标准化建设

朝批自成立物流事业部以来，一直按照标准化的要求规划建设库房，所有商品的进、销、存均采用标准托盘进行收货、出货和存储，通过不断升级信息化系统，在商品流通的各个环节实现标准化运作。

1. 标准化的物流设备

存储：库内全部安装标准的高位立体货架，标准储位达 16.8 万余个，库房配有供大型货车装卸的升降平台 14 个，以方便货物装卸。

分拣：引进两条总长2000多米的整箱自动分拣线，两条拆零自动化分拣流水线，专为中小型客户定制了电子标签拆零拣选系统。

搬运：使用林德、永恒力、丰田等品牌的叉车和电动托盘车共180余辆，便于带托盘装卸、托运。使用标准托盘10万余个，其中自有和租赁各占50%。随着业务量的不断增加及物流标准化的逐步推进，为便于上下游客户实现托盘循环共用，朝批与集保和路凯两家托盘供应商保持长期合作。

配送：物流运送车队采取集约化管理，配备了GPS定位系统、TMS运输管理系统；带升降尾板的货车300余辆，货运车辆箱体都是按照标准托盘规格定制的，车内可并排码放两个标准托盘。

2. 标准化的作业流程

收货：朝批物流提供标准托盘，不同规格商品均按照统一的堆叠标准进行码板、验收，再利用叉车存放到标准存储货位。

存储：朝批物流库内所有商品以标准托盘为单位进行存储，利用先进的信息系统实现库存管理，保证商品数量和日期的准确性。

出货：库内所有商品都可以按照整托、整箱、零散等方式出货，可以做到先进先出和指定日期出货。所有车辆配备尾板，可以利用月台、电动托盘车进行标准化搬运。

三、典型案例

朝批积极推动上下游客户进行标准化物流作业，为实行带板运输，朝批物流调整了配货流程，增加了二次验货，确保准确率，为带板运输实现免验做好基础工作，为全社会物流标准化运作进行准备。在多方反复沟通、协调和努力下，目前朝批已与一些上下游客户实行了托盘互换。

朝批通过与集保公司和路凯公司的多年合作，利用这两家托盘租赁公司的上下游客户关系网，共同摸索向供应链上下游节点推行标准托盘体系的物流协作模式。

1. 上游客户

（1）雀巢水送货业务托盘互换。物流信息标准化物流信息标准化包括以下3个方面的含义：①从物流系统的整体出发，制定其各子系统的设施、设备、专用工具等的技术标准，以及业务工作标准；②研究各子系统技术标准和业务工作标准的配合性，按配合性要求，统一整个物流系统的标准；③研究物流系统与相关其他系统的配合性，谋求物流大系统的标准统一。

雀巢供应商与朝批共同使用集保公司提供的标准化托盘。雀巢供应商送货过程中，只需要通过叉车工实现以托盘为单位的装卸作业，大大节省了装卸作业时间，收货效率提高了75%，同时提高了托盘资源的有效循环使用。从2016年1—10月带板运输5633板次，合25万多箱商品，雇佣人工装卸费等各项费用节约4万元左右。雀巢水带板运输的几年间，没有发生过货损，货损率几乎为零。

雀巢厂家送货时，朝批接收货物及托盘，收货人员核对托盘数量及种类，在托盘过户单上确认签字。每次收货后，朝批在集保系统中接收或修改托盘转移信息。

（2）达能公司脉动饮料的托盘互换。2016年1—10月，朝批与脉动饮料实现托盘互换7751板次，运输量近40万箱，节约人工装卸费用近6万元，目前货损率为0，作业效率提高了75%以上。

(3) 中粮的托盘互换。中粮、亿滋、金佰利等厂家由招商物流送货，招商物流与朝批共同使用路凯公司提供的标准化托盘。朝批积极与招商局集团沟通托盘互换事宜，中粮的粮油实施了托盘互换，互换近100板次。

此外，朝批与亿滋、金佰利的谈判进行了多次，目前由于双方货物堆叠标准不统一，托盘的每层码放数量双方很快达成一致，但在码放层数（也就是高度）上还需要进一步洽谈，相信经过努力很快将进入带板运输的具体实施阶段。

2. 下游客户

(1) 711共配中心流理箱送货。朝批与711在2012年开始合作运作共配中心，经过3年的合作，朝批重点抓好基础工作，使用标准的流理箱，通过系统升级、增加监控等手段降低差错率，实现零差错。双方从几家门店开始试行送货免验，循序渐进，逐步扩大免验范围，截至2016年上半年，已实现711全部200余家门店收货免验。2016年1—9月，实现流理箱免验或延迟验货190288箱次，送货收货时间减少50%，提高了送货效率，负责711共配送货车的部分线路每天能送货两次。

(2) 京客隆配送及试点门店的托盘标准化。朝批与京客隆配送中心、管庄店托盘互换工作正常进行，2016年1—10月，与京客隆配送中心实现托盘互换4306板次，运输344472箱商品，全部免验；与管庄店实现托盘互换近1970板次，运输90719箱零4万多拆零商品，实现10%的商品抽检，减少了收货时间，大大提高了收货效率。

京客隆配送中心原采用人工卸货模式，每托盘收货用时约8min；采用托盘卸货模式后，每托盘收货时间仅为1～2min，收货、卸货效率均提升5倍以上，花费时间大幅减少。

(3) 与其他零售门店的托盘标准化。面对有些零售门店订货量普遍达不到案板订货要求，基本上是一板多品，还有许多拆零商品的情况，朝批物流通过引入先进的信息系统，不断优化配货环节，增加二验，更多地使用机械化、自动化设备替代人工操作，库内二次验货无误后采用缠绕保鲜膜包装。

（资料来源：http：//www.toutiao.com/a6421036015713255681/）

第一节　物流信息标准化

一、物流信息标准化的意义

标准化是指行业或专业领域各分工、各部门或各单位之间为了有效协作、实现共同目标，在质量监管、生产过程、技术平台、服务水准等诸多方面制订统一遵守的规则和标准并予以执行，完成在这些行业或专业领域协调一致的行动和有效的沟通与整合，促进整个行业或领域的发展。标准化是社会化分工的必然结果，只要有分工就有标准化的需求。在全球经济一体化的形势下，标准化是企业实现跨国战略、纵横全球的基本门槛和必然选择。根据IDC的调查报告，70%以上的IT经理提出会采用标准化的产品，因为这样会大幅度降低总体成本，而世界品牌的戴尔计算机公司正是抓住用户的这一需求，大举开发国际认证的标准化IT产品，在全球获得发展商机，并能以很快的速度进入国际市场。中国的许多企业虽然在拓展全球市场中不遗余力，但由于缺乏与国际接轨的标准化产品、标准化操作方式、标准化组织管理，结果在国际市场上始终处于徘徊、观望的地位，2001 年肯德基在中国要停止销售土豆泥，原因就是在全球范围内肯德基的土豆供应跟不上，而作为传统土豆生产大国的中国上豆又不适应西方标准，没有通过国际标准认证，其结果使中国失去了 3 亿元的商业机会。

显然，标准化是行业发展和社会分工的前提和基础。同样，作为连接生产、库存、运输、批发、分销、零售的现代物流产业，要实现供应链上下游企业之间物流活动的协调，根治上下游企业之间物流活动中的重复操作、准确性差、可靠性低等问题，提高整个物流供应链的运作效率，削减物流资源占用和成本开支，提升上下游企业乃至供应链整体竞争能力，关键在于解决单一企业或系统的信息孤岛问题，在上下游企业之间建立起快速、及时和透明的信息传递和共享机制，实现 3000 多不同产业的信息互联互通，而其基础就是物流信息标准化，即必须制定出不同物流系统之间信息交流与处理的标准协议或规则，作为跨系统、跨行业和跨地区的物流运作桥梁，以顺利实现企业间的物流信息数据的交流、不同地区间物流信息的交流、供应链系统间信息的交流、不同物流软件系统的信息交流等，最终完成物流系统集成和资源整合的目的。

二、物流信息标准化的定义

1. 物流标准化

物流标准化是指在运输、配送、包装、装卸、保管、流通加工、资源回收及信息管理等环节中，对重复性事物和概念通过制定发布和实施各类标准，达到协调统一，以获得最佳秩序和社会效益。

物流标准化包括以下 3 个方面的含义：

（1）从物流系统的整体出发，制定其各子系统的设施、设备、专用工具等的技术标准，以及业务工作标准。

（2）研究各子系统技术标准和业务工作标准的配合性，按配合性要求，统一整个物流系统的标准。

（3）研究物流系统与相关其他系统的配合性，谋求物流大系统的标准统一。

2. 物流信息标准化

物流信息标准化是指以物流为一个大系统，制定系统内部设施、机械装备、专用工具等的技术标准，包装、仓储、装卸、运输等各类作业标准以及作为现代物流突出特征的物流信息标准，并形成全国以及和国际接轨的标准化体系。

中国物流信息标准化体系应重点体现在如下 3 个方面：

（1）基础标准。这是制定物流信息标准应遵循的、全国统一的标准，是制定物流信息标准必须遵循的技术基础与方法指南。

（2）业务标准。物流活动中采购、运输、装卸、仓储、包装、生产物流配送、流通加工等方面的信息交换的技术标准，对物流信息系统建设具有重要意义。

（3）相关标准。与物流信息交换有关的专门领域标准，如 EDI 标准、GPS 标准、电子商务标准等。

第二节 物流信息标准化体系

一、《物流信息标准体系表》的编制

GB/T 13016—2009《标准体系表编制原则和要求》中对于标准体系表的研究与编制提出了要求：体系表要做到全面性、系统性、先进性、预见性、可扩充性等5个方面。现代物流是一个大系统，各环节都存在着物流信息问题。《物流信息国家标准体系表》是对物流信息技术现有、应有和将要制订的一系列国家标准经过研究、分析以后进行科学合理的安排，形成一个技术先进、层次分明、结构合理、系统配套的图表，是我国物流信息标准化工作的基础。编制《物流信息国家标准体系表》既要遵守制定标准体系表应遵守的原则，也要考虑物流信息本身的技术特点以及在物流管理过程中的应用特点，本体系表的编制需要遵循如下内容：

（1）完整性。系统分析物流的各个环节中所应用到的信息技术，提出完整的信息标准体系。在一段时间内，根据物流工作需要，标准体系表应包括现有的、应有的和预计发展的物流信息国家标准。

（2）可扩展性。物流信息标准体系表充分考虑了物流及信息技术的发展，尤其是物流信息技术的发展。标准体系框架充分考虑物流的发展，为将来增加新的标准留有余地。当前有些物流信息技术正处在研发和推广阶段，这些技术的标准化对于推广其应用以提高物流效率有非常大的促进作用。对于这些尚未成熟的新技术在标准体系表中也应给出相应的位置，列出了标准体系的框架，以便于将来推广。

（3）层次性。层次性反映出标准适用的范围。适用范围大的标准处于标准体系表的顶端，反之处于较低层次上，具体的个性标准处于最低层次。

（4）协调性。物流标准体系表中的子体系既相互独立，又相互依存，子体系间有边界，也有交叉。同一标准不能列入两个子体系中。

（5）先进性。物流标准体系表应该能够适应现代物流对物流信息标准的需求，强调并突出发展现代物流需要制定和推广的关键的物流信息标准，并能指导物流信息标准化的发展方向。

在标准体系的结构方面，我们依据GB/T 13016—2009《标准体系表编制原则和要求》，按照全面成套、层次恰当等要求编制。充分借鉴和吸收其他行业的研究成果，以信息技术为主线，同时强调物流信息的服务和管理来编制物流信息标准体系表。在物流信息技术标准中，以信息的采集、加工、处理、交换和应用为主线，把物流信息技术标准分为物流信息分类编码标准、物流信息采集标准、物流信息交换标准和物流信息系统及信息平台标准。

物流信息标准体系表为应用部门与单位提供了查询、检索当前和未来物流技术标准的资料，通过本标准体系表可了解与物流信息技术有关的国际标准、国外先进标准的情况，对于尽量等同或修改采用国际标准和国外先进标准，促进我国物流尽快与国际物流的接轨，增强我国物流相关企业在国际市场上的竞争能力，加速我国物流业的发展有极大的推动作用。

二、物流信息标准化体系

物流信息标准化体系主要由基础标准、工作标准、管理标准和技术标准以及单项标准组成，构成如图 9－1 所示的三层次结构，其中基础标准处于第一层，工作标准、管理标准和技术标准处于第二层，各单项标准处于第三层。下面就几个关键的物流信息标准进行介绍。

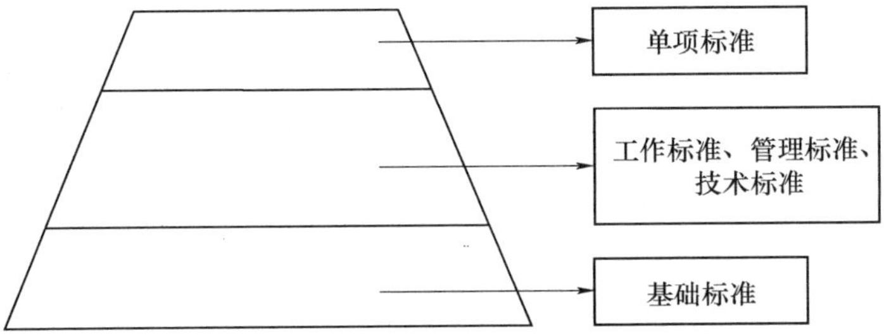

图 9－1　物流信息标准的三层次结构图

1. 物流术语标准

物流用语常常因国家、地区、行业、人员的不同而具有不同含义，在传递物流信息时可能引起误解和发生差错，因此，必须统一物流专业术语，为物流信息交流提供标准化的语言，这是物流信息标准化的基础工作。2001 年 8 月，中国物流与采购联合会和中国物流学会颁布施行的 GB/T 18354—2001《物流术语》国家标准，收入并确定了当前物流领域已基本成熟的 145 条术语及其定义，为我国物流信息标准化创造了一个良好的开端。

2. 物流信息分类编码标准

物流信息分类编码标准是物流信息标准化工作的一个专业领域和分支，核心就是将大量物流信息进行合理化的统一分类，并用代码加以表示，构成标准信息分类代码，便于人们借助代码进行手工方式或计算机方式的信息检索和查询，这是物流信息系统正常运转的前提。物流信息分类编码标准由三个层次组成，第一层次为门类，第二层次为类别，第三层次为项目。美国从 1945 年起就开始研究标准信息分类编码问题，1952 年起正式着手物资编码标准化工作，经过 6 年的时间完成了国家物资分类编码。我国从 1979 年起着手制定有关标准，到现在已经发布了几十个信息分类编码标准，特别是干部、人事管理信息系统指标体系分类与代码，基本做到了数据元与分类代码齐备，构筑了一个较为完整的代码体系，而物流信息分类编码标准尚处于建设和开发中。

3. 物流信息采集标准

对物流信息的采集方法、手段、格式等进行统一规定，如在条形码标准中，对使用条形码的种类、使用范围以及每种条码的排列规则、起始符、终止符、数据符、校验符和空白区等参数进行规定，并统一条码的阅读和处理程序标准等；在射频识别（RFID）的电子标签（tag）标准中，对电子标签的信息存储格式、外形尺寸、电源形式、工作频率、阅读方式、有效距离、信号调制方式等进行统一规定；全球定位系统（GPS）技术标准中，对覆盖范围、可靠性、数据内容、准确性以及多用性等指标进行规定。

4. 物流信息传输与交换标准

对物流信息的通信协议、传输方式、传送速度、数据格式、安全保密、交换程序等进行统一规定。如在电子数据交换（EDI）标准中，国际物品编码协会（EAN）对数据格式和报文标准进行了制定，在联合国的 UN/EDIFACT 标准基础上制定了流通领域的 EAN-COM 标准；通信标准在 ISO－OSI 国际标准化组织开放系统互连参考模型的基础上，针对不同的对象采取不同的标准，如对于食品杂货采用 UCS 标准（Uniform Communication Standards，即统一通信标准），对于大多数商人采用 VICS 标准（Voluntary Inter－Industry Standards Committee，即自发的行业内通信标准委员会）、对仓库采用 WINS 标准（Warehouse Information Network Standards，即仓库信息网标准）、对运输经营者采用 TDCC 标准（Transportation Data Coordinating Committee，即运输数据协调委员会）、对汽车行业采用 AIAG 标准（Automotive Industry Active Group，即汽车行业行动小组）；通信方式采用点对点（PTP）、增值网络（VAN）和报文处理系统（MHS）3 种方式等。我国在 EDI 方面应用较多的有 GB/T 15191—2010《贸易数据交换 贸易数据元目录 数据元》、GB/T 16833—2011《行政、商业和运输业电子数据交换（EDIFACT）代码表》等标准。

5. 物流信息记录与存储标准

对物流信息的记录、存储和检索模式等进行规定。如对存储介质、存储形式、存储过程、数据库类型、数据库结构、索引方法、压缩方式、查询处理、数据定义语言、数据查询语言、数据操纵语言、完整性约束等制定统一标准。目前有关的标准有 GB/T 16505.2—1996 的《信息处理系统 开放系统互连 文卷传送、访问和管理 第 2 部分：虚文卷存储器定义》、GB/T 6550—1986《信息处理交换用 9 磁道 12.7mm 宽 63 行/毫米调相制记录磁带》等。

6. 物流信息系统开发标准

对物流信息系统的需求分析、设计、实现、测试、制造、安装检验、运行和维护到软件引退（为新的软件所代替）等建立起标准或规范，如过程标准（如方法、技术、度量等）、产品标准（如需求、设计、部件、描述、计划、报告等）、专业标准（如职别、道德准则、认证、特许、课程等）以及记法标准（如术语、表示法、语言等）。目前有关的标准有 GB/T 1526—1989《信息处理 数据流程图、程序流程图、系统流程图、程序网络图和系统资源图的文件编制符号及约定》、GB/T 13502—1992《信息处理 程序构造及其表示的约定》、GB/T 17175.1—1997《信息技术开放系统互连 管理信息构造 第 1 部分：管理信息模型》等。

7. 物流信息安全标准

为防止或杜绝对物流信息系统（包括设备、软件、信息和数据等）的非法访问（包括非法用户的访问和合法用户的非法访问）而制定的一系列技术标准，如物流信息系统中的用户验证、加密解密、防火墙技术、数据备份、端口设置、日志记录、病毒防范等。当前我国的有关标准有 GB/T 20010—2005《信息安全技术 包过滤防火墙评估准则》、GB/T 31502—2015《信息安全技术 电子支付系统安全保护框架》、GB/T 20273—2006《信息安全技术 数据库管理系统安全技术要求》、GB/T 31507—2015《信息安全技术 智能卡通用安全检测指南》、GB17859—1999《计算机信息系统 安全保护等级划分准则》、GB 15851—1995《信息技术 安全技术 带消息恢复的数字签名方案》等。

8. 物流信息设备标准

对交换机、集线器、路由器、服务器、计算机、不间断电源、条码打印机、条码扫描器、存储器、数据终端等一系列物流信息设备所制定的通用标准和技术规范，现有的标准如 GB/T 15533—1995《信息处理系统 小型计算机系统接口》、GB 9254—2008《信息技术设备的无线电骚扰限值和测量方法》等。

9. 物流信息系统评价标准

对物流信息系统产品进行测试、评价的统一规定和要求，现有的标准如 GB/T 25000.1—2010《软件工程 软件产品质量要求与评价（SQuaRE）SQuaRE 指南》、GB/T 17917—2008《零售企业管理信息系统基本功能要求》、GB/T 15532—2008《计算机软件测试规范》等。

10. 物流信息系统开发管理标准

对物流信息系统开发的质量控制、过程管理、文档管理、软件维护等一系列管理工作所制定的统一标准。现有的如 GB/T 16680—2015《系统与软件工程 用户文档的管理者要求》、GB/T 14394—2008《计算机软件可靠性和可维护性管理》、GB/T 8567—2006《计算机软件文档编制规范》等。

三、我国物流标准科学体系的建立与发展

1. 我国物流标准化面临的困难

物流从 20 世纪 50 年代发展至今，在标准化方面却存在很大的困难和很多的问题。物流信息标准化工作复杂，难度大。其主要原因如下：

（1）涉及面广，物流包含了从运输、保管到搬运、包装、信息处理等多方面的内容，因此要实现物流的标准化牵涉到很多方面的问题。

（2）物流信息标准化系统属于二次系统，或称后标准化系统（物流系统思想形成晚，各子系统已实现了各自的标准化），由于在不同国家、地区，不同行业之间已经有了存在多年的自身的经营标准，因此，连接这些方面的物流，等于要将这些标准统一起来，可想而知其所存在的困难。

（3）要求更高地体现科学性、民主性和经济性。

（4）有非常强的国际性，要求与国际物流信息标准化体系相一致，因为随着世界经济一体化的到来，地球变为地球村，物流涉及的必然是整个国际的流通，因此，实现物流的标准化，最终要实现国家物流的标准化。

尽管物流信息标准化存在着许多困难，但物流信息标准化必然推动物流业的发展和世界经济的进步，因而意义重大。

2. 我国物流标准科学体系的发展对策

（1）积极做好组织协调，全力推进《物流标准化中长期发展规划（2015—2020 年）》的贯彻落实。

（2）深入进行课题研究，做好重点项目的制修订。

（3）完善物流标准工作体系，保证《物流标准化中长期发展规划（2015—2020 年）》项目的全面落实。

（4）建立物流标准化信息交流工作平台，加强标准项目落实的沟通与协调。

（5）加强国家标准的宣贯力度，进一步提高企业的标准化意识。

第三节　物流信息分类编码标准

物流信息分类编码标准化是信息分类标准化工作的一个专业领域和分支，其核心是将信息分类编码标准化技术应用到现代物流系统中，实现物流信息系统的自动数据采集和系统间的数据交换与资源共享，促进物流活动的社会化、现代化和合理化，在实践中做到“货畅其流”。

所谓信息分类编码就是对大量的信息进行合理分类，然后用代码加以表示。将信息分类编码以标准的形式发布，就构成了标准信息分类编码，或称标准信息分类代码。人们通常借助代码进行手工方式或计算机方式的信息检索和查询，特别是在用计算机方式进行信息处理时，标准信息分类编码显得尤为重要。统一的信息分类编码是信息系统正常运转的前提。美国从 1945 年起就开始研究标准信息分类编码问题，1952 年起正式着手物资编码标准化工作，经过 6 年的时间完成了国家物资分类编码。我国从 1979 年起着手制定有关标准，到现在已经发布了几十个信息分类编码标准，特别是干部、人事管理信息系统指标体系分类与代码，基本做到了数据元与分类代码齐备，构筑了一个较为完整的代码体系。

物流信息分类编码标准体系分为基础标准、业务标准、相关标准。

1. 基础标准

基础标准是制定标准时所必须遵循的、全国统一的标准，是全国所有标准的技术基础和方法指南，具有较长时期的稳定性和指导性。基础标准包括：GB/T 13016—2018《标准体系构建原则和要求》、GB/T 20001.3—2015《标准编写规则 第 3 部分：分类标准》、GB/T 7027—2002《信息分类和编码的基本原则与方法》、GB/T 16733—1997《国家标准制定程序的阶段划分及代码》、GB/T 10091.1—1995《事务特性表定义和原理》、GB/T 17710—2008《信息技术 安全技术 校验字符系统》、GB/T 10113—2003《分类与编码通用术语》。

2. 业务标准

业务标准是针对物流活动（装卸、搬运、仓储、运输、包装和流通加工）的技术标准，对物流信息系统建设具有指导意义。

业务标准分为 6 个类别：①物品分类编码标准（201），描述和表征物品的分类代码，其中不同的分类代码标准适用于不同的场合；②参与方分类代码标准（202），用来标志物流活动参与各方（如发货人、收货人和保险人等）；③位置分类编码标准（203），可实现对物理位置和地理位置的唯一标志，如位置码可标志出仓库、货位等具体详细物理位置；④运输分类编码标准（204），主要针对车辆、船舶和集装箱等进行标志；⑤单证分类编码标准（205），规定标准单证，包括单证格式、单证指标和编码等；⑥时间和计量分类编码标准（206），规定时间表示法和标准计量单位系统，是物流的基础。

这六大类别业务标准的具体应用如下：

（1）201 物品分类编码标准主要包括：GB/T 7635.1—2002《全国主要产品分类与代码 第 1 部分：可运输产品》[该标准是对 GB/T 7635—1987《全国工农业产品（商品、物资）分类与代码》的部分修订]、GB/T 12904—2008《商品条码 零售商品编码与条码表示》、GB/T 16830—2008《商品条码 储运包装商品编码与条码表示》、GB/T 16472—2013《乘客及货物类型、包装类型和包装材料类型代码》、GB 12268—2012《危险货物品名表》、GB 6944—2012《危险货物分类和品名编号》、GB/T 16772—1997《中国煤炭编码系统》、GB/T 16163—2012《瓶装气体分类》等。

（2）202 参与方分类编码标准主要包括：GB 11714—1997《全国组织机构代码编制规则》、GB/T 16987—2002《组织机构代码信息数据库（基本库）数据格式》、GB/T 16828—2007《商品条码参与方位置编码与条码表示》、GB/T 11643—1999《公民身份号码》等。

（3）203 位置分类编码标准主要包括：GB/T 2260—2007《中华人民共和国行政区划代码》、GB/T 10114—2003《县以下行政区划代码编制规则》、GB/T 15514—2015《中华人民共和国口岸及相关地点代码》、GB/T 7407—2015《中国及世界主要海运贸易港口代码》、GB/T 2659—2000《世界各国和地区名称代码》并采用国际标准 ISO 3166—2013、GB/T 14395—1993《城市道路交叉口、街坊、市政工程管线编码规则》、GB/T 16828—2007《商品条码参与方位置编码与条码表示》、建议制定国家标准《中国机场名称代码》和《仓储货位分类代码编码规则》等。

（4）204 运输分类编码标准主要包括：GB/T 15419—2008《国际集装箱货运交接方式代码》、GB/T 1836—2017《集装箱 代码、识别和标记》、GB/T 15119—1994《集装箱常用残损代码》、GB/T 14945—2010《货物运输常用残损代码》、GB 918.1—1989《道路车辆分类与代码 机动车》、GB 918.2—1989《道路车辆分类与代码 非机动车》、GB/T 16158—1996《内河船舶分类与代码》、GB/T 16300—1996《民用航空业信息分类与代码》、GB/T 16735—2004《道路车辆 车辆识别代号（VIN）》等。

（5）205 单证分类编码标准主要包括：GB/T 14392—2009《国际贸易单证样式》、GB/T 15423—1994《国际贸易交货条款代码》、GB/T 16963—2010《国际贸易合同代码编制规则》、建议制定国家标准《物流单证数据元、指标体系分类编码》等。

（6）206 时间和计量分类编码标准主要包括：GB/T 7408—2005《数据和交换格式 信息交换 日期和时间表示法》、GB/T 12406—2008 和 ISO 4217—2001《表示货币和资金的代码》、GB/T 17295—2008《国际贸易计量单位代码》等。

3. 相关标准

相关标准是指伴随人类社会技术进步（特别是通信和信息处理技术进步）而产生的专门领域标准。其中 EDI（电子数据交换）应用与商业贸易和政府审批（如报关等），它与物流活动密切相关，而 GPS（全球定位系统）则是提供对运输工具（含运输物品）的动态实时跟踪和导航的工具系统，也与物流活动密切相关。

第四节　EAN · UCC 物品编码标准体系

条码技术产生于 20 世纪的中期，经过几十年的不断改进、完善，得到了迅速的普及、应用，从单纯的产品内编码逐步发展到多行业的应用，条码技术已经成为全球统一标志系统和通用商业语言 EAN·UCC 系统。

1. EAN·UCC 组织机构的形成

（1）欧洲物品编码系统（EAN）。起初欧共体 12 国（英国、联邦德国、法国、丹麦、挪威、比利时、芬兰、意大利、奥地利、瑞士、荷兰、瑞典）的制造厂商和销售商于 1977 年联合成立的欧洲物品编码协会（EAN）总部设在比利时首都布鲁塞尔。1981 年更名为“国际物品编码协会”。

（2）美国统一编码委员会（Uniform Code Council，UCC）。美国统一编码委员会是一家致力于全球贸易标准化的非盈利组织。

1970 年，美国超级市场委员会制定了通用商品代码 UPC 码，1973 年，美国统一编码委员会建立了 UPC（Universal Product Council）条码系统，并全面实现了该码制的标准化。

（3）EAN 与 UCC 的联盟计划。1989 年，EAN 和 UCC 双方共同合作，开发了 UCC/EAN－128 码，简称 EAN－128 码。2002 年 11 月 26 日，EAN 正式接纳 UCC 成为 EAN 的会员。UCC 的加入有助于发展、实施和维护 EAN·UCC 系统，助于实现制定无缝的、有效的全球标准的共同目标。

2. EAN·UCC 系统的发展

EAN－13 由 13 位数字代码构成，因为它是在考虑与 UPC 条码兼容的基础上设计而成的，因此，一般来讲，EAN 系统的扫描设备可以识读 UPC 条码符号。因此，双方是兼容的。

EAN·UCC 系统开始建设全球产品分类数据库、推广应用射频标签对流通中的单品分别标志以及用于流通领域电子数据交换规范（EANCOM/ebXML）等新技术。

3. EAN·UCC 系统的主要内容

EAN·UCC 全球统一标志系统的主要内容包含三部分：编码体系、可自动识别的数据载体和电子数据交换标准协议。

编码体系是整个 EAN·UCC 系统的核心，它实现了对不同物品的唯一编码；数据载体是将供肉眼识读的编码转化为可供机器识读的载体，如条码符号等；然后通过自动数据采集技术（ADC）及电子数据交换（EDI），以最少的人工介入，实现自动化操作。

（1）编码体系。编码体系包括贸易项目、物流单元、资产、位置和服务关系等的标志代码及附加属性代码。附加属性不能脱离标志代码独立存在。

EAN·UCC 系统的物品编码体系主要包括 6 个部分：全球贸易项目代码（Global Trade Item Number，GTIN）、系列货运包装箱代码（Serial Shipping Container Code，SSCC）、全球可回收资产标识符（Global Returnable Asset Identifier，GRAI）、全球单个资产标识符（Global Individual Asset Identifier，GIAI）、全球位置码（Global Location Number，GLN）和全球服务关系代码（Global Service Relation Number，GSRN）。

（2）数据载体。

1）条码符号。条码是目前 EAN·UCC 系统中的主要数据载体，是应用比较成熟的一种自动识别技术。

EAN·UCC 系统的条码符号主要有 EAN/UPC 条码、ITF－14 条码和 UCC/EAN－

128 条码三种。零售业智能使用 EAN/UPC 条码，仓库或进货等应用中可选用一种条码符号中的任何一种。EAN/UPC 条码用于零售商品的标志，包括 EAN－13、EAN－8、UPC－A、UPC－E 条码。ITF－14 条码（交叉二五码）只用于非零售贸易项目的标志。该符号较适合直接印制于瓦楞纸纤维板上。UCC/EAN－128 条码是 CODE128 的子集，属于 EAN 和 UPC 专用，它是 EAN、UCC 唯一承认的用于表示附加信息的条码符号。

2）射频识别。射频识别的基本原理是电磁理论，它是利用射频标签承载信息，射频标签和识读器间通过感应无线电波或微波能量进行非接触式双向识别。

（3）电子数据交换协议。EAN・UCC 系统的电子数据交换（Electronic Data Interchange，EDI）用统一的报文标准传送结构化数据。它通过电子方式从一个计算机系统传送到另一个计算机系统，使人工干预最小化。EAN・UCC 是一套以 EAN・UCC 编码系统为基础的标准报文集。

4. EAN・UCC 系统的应用领域

EAN・UCC 系统目前有六大应用领域，分别是贸易项目的标志、物流单元的标志、资产的标志、位置的标志、服务关系的标志和特殊应用。EAN・UCC 系统是一个动态的系统，广泛应用与工业、商业、出版业、医疗卫生、运输业、物流、金融保险和服务业等领域，大大提高了供应链的有效管理。把 EAN・UCC 系统标志用于电子数据交换（EDI），可以提高通信的速度和准确性，简化电子商务流程，促进电子商务的发展。

EAN・UCC 的编码系统涉及三个部分：全球贸易项目代码（Global Trade Item Number，GTIN）、系列货运包装箱代码（Serial Shipping Container Code ，SSCC）、全球位置码。

全球贸易项目标志代码（GTIN）是为全球贸易项目提供唯一标志的一种代码（或成数据结构）。贸易项目式指一项产品或服务，对于这些产品和服务需要获取预先定义的信息，并且可以在供应链的任意一点进行标价、订购或开具发票，以便所有贸易伙伴进行交易。对贸易项目进行编码和符号表示，能够实现商品零售（POS）、进货、存货管理、自动补货、销售分析及其他业务运作的自动化。

系列货运包装箱代码（SSCC）是一种代码（或称数据结构），用于物流单元（运输和/或存储）的唯一标志。物流单元式未来便于运输或仓储而组成的任何保证单元，在供应链中需要对其进行管理。SSCC 用 EAN/UCC－128 条码表示。通过识读每个物流单元上的 SSCC 建立商品物理流动与相关信息间的链接，就能使物流单元的实际流动被逐一跟踪和自动记录，也为诸如直接换装、运输行程安排、自动收货等的广泛应用提供了实施机会。

全球位置码（GLN）是用来表示作为一个法律实体的机构或组织的代码。全球位置码还可用来表示物理位置或公司内的功能实体。全球位置码的应用是有效实施 EDI 的前提。

本 章 小 结

本章主要介绍 EAN・UCC 系统的标志代码体系、附加信息编码体系、应用标识符体系、条码符号体系、用于电子数据交换（EDI）的 EANCOM 报文标准与可扩展标识语言

(XML/EDI) 和射频识别 (RFID) 等。

课　后　练　习

1. 物流标准化的三层含义是什么?
2. 什么是物流信息标准化?
3. 简述物流信息标准化体系的内容。
4. 物流信息分类编码标准分为哪三部分?
5. 什么是 EAN · UCC 系统?
6. EAN · UCC 系统的六大应用领域分别是什么?
7. EAN · UCC 编码系统涉及的三大部分是什么?
8. EAN · UCC 系统的三大内容是什么?

案例阅读

全球统一标志系统的应用现状

全球统一标志系统 (GSI 系统), 起源于美国, 由美国统一代码委员会 (UCC, 于 2005 年更名为 GSI US) 于 1973 年创建。UCC 创造性地采用了 12 位的数字标志代码 (UPC), 并在 1974 年将标志代码和条码首次应用在开放的贸易中。继 UPC 系统成功之后, 欧洲物品编码协会, 即早期的国际物品编码协会 (EAN International, 2005 年更名为 GSI), 于 1977 年成立并开发了与之兼容的系统并在北美以外的地区使用, EAN 系统设计意在兼容 UCC 系统, 主要用 13 位数字编码。

2005 年 2 月, EAN 和 UCC 正式合并更名为 GSI, GSI 系统为在全球范围内标志货物、服务、资产和位置提供了准确的编码。这些编码能够以条码符号来表示, 以便进行商务流程所需的电子识读, 从而克服了厂商、组织使用自身的编码系统或部分特殊编码系统的局限性, 提高了贸易的效率和对客户的反应能力。

目前, 全球 150 多个国家和地区, 共 120 万家企业采用全球统一标志系统的国际标准, 应用领域包括食品、医药、物流、建材、服装、军事、图书音像、电子商务、移动商务等 30 多个领域。全球每天通过扫描商品条码实现交易超过 60 亿次; 每年为全球快销企业节省 170 亿美元的成本。

作为致力于通过制定全球统一的产品标志和电子商务标准 (全球统一标志系统, GSI 系统), 实现供应链的高效运作与可视化的全球性中立非营利组织, 国际物品编码协会 (GSI) 的前身是成立于 1973 年的欧洲物品编码协会 (EAN International)。随着世界各主要国家的编码组织相继加入, EAN 于 1981 年更名为国际物品编码协会。

国际物品编码协会总部设在布鲁塞尔, 在全球拥有 108 个成员组织 (MO)。GSI 的组织机构包括会员大会, 为权力机构, 每年召开一次, 主要任务是修改章程、审查通过财务预决算、讨论通过年度报告及工作计划、讨论吸收新会员、选举主席和副主席等重大事项; 会员组织领导人会议, 负责技术咨询; 战略委员会, 负责发展战略研究; 管理委员会，负责行政管理；技术委员会，负责具体技术问题；秘书处，为常设机构，负责处理日常事务。

（资料来源：http：//www.cqn.com.cn/zggmsb/content/2017-08/04/content_4674971.htm）

参 考 文 献

［1］ 吴砚峰，阎子刚．物流信息技术［M］．3版．北京：高等教育出版社，2014．

［2］ 郑利亚．物流信息技术［M］．北京：中国劳动社会保障出版社，2013．

［3］ 米子强，邓子云．物流信息技术与应用［M］．北京：电子工业出版社，2010．

［4］ 张谦．现代物流与自动识别技术［M］．北京：中国铁道出版社，2008．

［5］ 李忠国，蔡海鹏．物流信息技术［M］．北京：化学工业出版社，2007．

［6］ 李贞．物流信息技术与应用［M］．北京：航空工业出版社，2011．

［7］ 缪兴锋．物流信息技术应用［M］．北京：华中科技大学出版社，2015．

［8］ 薛红．条码技术［M］．北京：中国轻工出版社，2007．

［9］ 黄梯云，李一．管理信息系统［M］．6版．北京：高等教育出版社，2016．

［10］ 邓明镜，刘国栋，徐金鸿，等．全球定位系统（GPS）测量原理及应用［M］．四川：西南交通大学出版社，2014．

［11］ 黄丁发，熊永良，袁林果．全球定位系统（GPS）——理论与实践［M］．四川：西南交通大学出版社，2006．

［12］ 李颖，孙海梅．物流信息技术与应用［M］．北京：机械工业出版社，2014．

［13］ 陈淑仪．EDI技术［M］．北京：人民邮电出版社，1997．

［14］ 安庆权，于晓红．论商品条码印刷资格认定制度及条码印刷品质量的重要性［J］．技术监督纵横，2000（2）：36．

［15］ 全莺歌．ERP系统在烟草工业企业物流管理中的作用［J］．物流技术，2009，28（4）：111-113．

［16］ 王保云．物联网技术研究综述［J］．电子测量与仪器学报，2009，23（12）：1-7．

［17］ 钱志鸿，王义君．物联网技术与应用研究［J］．电子学报，2012，40（5）：1023-1029．

［18］ 张成海．物联网与产品电子代码（EPC）［M］．武汉：武汉大学出版社，2010．

［19］ 刘强，崔莉，陈海明．物联网关键技术与应用［J］．计算机科学，2010，37（6）：1-4．

［20］ 谢明．物联网在交通运输物流中的推广应用研究［J］．物流工程与管理，2011，33（5）：10-11．

［21］ 张惠青．快速发展的EAN·UCC系统［J］．安徽科技，2002（11）：31．

［22］ 王彦哲，谭英丽，王亚涛．RFID技术在医疗行业中的应用［J］．电脑知识与技术，2011，7（15）：3723-3724．

［23］ 胡琳祝．物流信息标准化的研究［J］．重庆职业技术学院学报，2005，10（14-4）：41-43．